Eltern

Die richtige ERZIEHUNG von A-Z

Bildnachweis
Fotos und Illustrationen: Nomi Baumgartl, Laura Cornell, Antje Hain, Janosch, S. Kracke, Moody Meyer, Marina Raith, Helmut Rüffler, Norbert Schäfer, Gerhard Steiner, Angie Wolf

Eltern-Bücher in der Naumann & Göbel Verlagsgesellschaft mbH
in der VEMAG Verlags- und Medien Aktiengesellschaft, Köln

Redaktion: Oliver Steinbach
Mitarbeit: Ursula Arens, Rudolf Böhler, Erik Braunreuther, Xenia Frenkel, Claudia Greiner-Zwarg, Dorette Gühlich, Christine Heide, Doro Kammerer, Ursula Kronenberger, Birgit Leimbeck, Maria Leistner, Marie-Luise Lewicki, Sabine Maus, Lajos Schöne, Dr. Petra Schrand, Rosemarie Wetscher, Anke Willers
Lektorat: Michaela Angermair
Dokumentation: Walter List
Grafische Gestaltung: Rita Gerstenbrand
Gesamtherstellung: Naumann & Göbel Verlagsgesellschaft mbH, Köln
Printed in Germany

ISBN 3-625-10290-0

Eltern

Die richtige ERZIEHUNG von A-Z

Herausgegeben von der
Redaktion ELTERN, der größten europäischen
Zeitschrift für junge Mütter und Väter

NAUMANN & GÖBEL

Liebe Leserin, lieber Leser,

warum sind unsere Kinder, wie sie sind? Wieso gibt es Gescheite und Langsame, Schläger und Heulsusen, Sanfte und Jähzornige? Wieso entwickelt sich die eine zum rauchenden Teenager, die andere zum schüchternen Backfisch? Unbestritten spielt die Gen-Ausstattung eine Rolle. Doch sie erklärt nur einen Teil der Persönlichkeit. Es kommt schließlich darauf an, was mit der genetischen Mitgift passiert.
Hat die Gruppe der Gleichaltrigen den entscheidenden Einfluß auf die Persönlichkeit? Das behaupten einige Wissenschaftler in letzter Zeit. Oder sind die Eltern hauptverantwortlich für den Werdegang ihres Kindes? Wirklich widerlegt werden konnte das bis jetzt nicht, und auch der gesunde Menschenverstand sagt uns, daß es so ist.
Freunde, Nachbarskinder, Kindergarten- und Schulkameraden mögen mit zunehmendem Alter für Ihr Kind immer wichtiger werden. Doch von Ihnen, den Eltern, mit denen es seine ersten Lebensjahre verbringt, übernimmt es seine wichtigsten Grundeinstellungen: zum Zusammenleben der Geschlechter, zu Lernen und Leistung, zu Ordnung und vielem mehr.

Dieses Buch will Ihnen helfen, Ihr Kind bei seiner gesunden Entwicklung zu unterstützen, ihm unter die Arme zu greifen, wenn es nötig, ihm Entfaltungsfreiheit zu lassen, wann immer es möglich ist. Für ganz normale, aber auch weniger alltägliche Probleme bietet ihnen der Ratgeber praktische Lösungen an – egal, ob es um Bettnässen, Nägelkauen oder schlechte Noten geht.
Mehr als 120 Artikel informieren ganz gezielt über die häufigsten Fragen zur Erziehung. Dabei profitieren Sie vom Know-how der ELTERN-Redaktion, die Monat für Monat Europas größte Zeitschrift für junge Mütter und Väter herausgibt, zugleich vom Wissen zahlreicher Erziehungsexperten, mit denen die Zeitschrift zusammenarbeitet – und nicht zuletzt von den Erfahrungen des ELTERN-Leserdienstes, den wöchentlich mehrere hundert Briefe erreichen.

Werden Sie unter den Stichworten von A–Z nicht auf Anhieb fündig, schauen Sie einfach ins Register am Ende des Buches: Es wird Sie zu dem von Ihnen gesuchten Begriff führen. Außerdem finden Sie am Ende eines Artikels Verweise auf verwandte bzw. ergänzende Themen.
Möglicherweise werden Sie manchmal schlichte Handlungsanweisungen vermissen. Aus gutem Grund: Nicht jede Schwierigkeit im Familienalltag läßt sich nach Rezept beheben. Auch nützt, was einem Kind hilft, dem anderen noch lange nicht. Wenn Ihnen dieses Buch jedoch dabei hilft, ein Gespür für die Einzigartigkeit Ihres Kindes zu entwickeln, dafür, was es gerade braucht und worauf es in der jeweiligen Situation ankommt, dann hat es seinen Zweck erfüllt.

Oliver Steinbach, Redaktion ELTERN

A

Aggression

Schlimme Gefühle hat jedes Kind. Sie zu leugnen wäre genauso sinnlos, wie sie zu verteufeln. Jeder Mensch empfindet in bestimmten Situationen Wut oder Angriffslust – und ist deswegen noch nicht brutal und gewalttätig. „Aggression" läßt sich auch ganz positiv übersetzen, mit „auf jemanden zugehen" oder „etwas in Angriff nehmen".

Solche Vorstöße können ganz und gar unterschiedlichen Zwecken dienen. Der Verhaltensbiologe Joachim Bensel unterscheidet:

● **Aggression als Selbstverteidigung.** Das Kind greift an, weil es sich bedrängt oder bedroht fühlt.

● **Aggressive soziale Exploration** oder, auf deutsch: das Auskundschaften des eigenen Spielraums. Beispiel: Ein Einjähriger zupft Blätter von der Grünpflanze. Seine Mutter verbietet es. Kaum hat sie das Verbot ausgesprochen, geht die Hand des Kindes schon wieder an den Blumentopf, wobei das Kind die Mutter aufmerksam beobachtet. Es will wissen: Wie weit kann ich gehen?

● **Spielerische Aggression.** Oft balgen sich Kinder laut, aber nicht ernsthaft. Mit Aggression erproben sie dann spielerisch Möglichkeiten, Konflikte zu lösen.

● **Aggression aus Frustration.** Kinder reagieren oft mit Angriff, wenn sie etwas nicht bekommen, was sie gern hätten. „Auch wenn uns die Aggression von Kindern befremdet – sie hat biologisch gesehen doch einen Sinn", sagt Joachim Bensel. „Sie kann Schutz gegen Überbehütung oder Vernachlässigung durch die Eltern sein. Sie ist aber auch ein Mittel, den eigenen Verhaltensspielraum und die Stellung innerhalb der Gruppe auszuloten."

Heißt das nun, daß Eltern den Provokationen und Wutausbrüchen ihrer Kinder freien Lauf lassen sollten? Nein.

Die Frage lautet: Wieviel aggressives Verhalten soll man dulden? Was ist noch normal, was nicht mehr?

Normal ist, daß aggressives Verhalten in den ersten drei Lebensjahren kontinuierlich zunimmt: von den Wutanfällen kleiner Babys bis zu den Attacken 30 Monate alter Kinder, die nicht nur handgreiflich werden, sondern auch schon mit Worten um sich werfen können.

Bereits im ersten Lebensjahr sind Jungen meist aggressiver als Mädchen.

Ab Ende des dritten Lebensjahres beginnen Kinder zu begreifen, daß es bessere Strategien als Draufhauen gibt, um zum Ziel zu kommen. Sie lernen, Kompromisse zu schließen.

Erwachsene sollten mit dem Eingreifen immer dann warten, wenn sie zu einem Streit hinzukommen und nicht genau wissen, worum es geht und wer angefangen hat. Manchmal entdecken sie erst auf den zweiten Blick, daß es sich bei der vermeintlichen Schlägerei in Wirklichkeit um spielerische Aggression handelt. (Wie man mit Streithähnen reden sollte, lesen Sie unter *Streit.*)

In folgenden Fällen müssen Eltern einschreiten:

■ wenn Kinder Konflikte untereinander nicht auf die Schnelle lösen können, sondern ein Konflikt sich hochschaukelt.

SOLL MEIN KIND SICH WEHREN?

? *Wenn ich die Kinder auf dem Spielplatz beobachte und ihre Schubsereien sehe, frage ich mich: Sollte ich meinen Sohn nicht dazu erziehen, daß er sich wehrt, wenn jemand ihn ärgert?*

! Er muß sich in Ausnahmefällen wehren dürfen, wenn ihm danach zumute ist. Sie sollten ihn aber nie mit dem üblichen Spruch „Nun wehr dich doch endlich" dazu auffordern. Viele Kindern wollen oder können nicht zurückschlagen. Sie beziehen dann nicht nur Prügel von dem anderen Kind, sondern fühlen sich auch noch von den Eltern gedemütigt, deren Erwartungen sie enttäuschen. Bringen Sie Ihrem Kind besser bei, je nach Situation angemessen zu reagieren: Manchmal ist es gut, einfach wegzulaufen, manchmal läßt sich der Angreifer ablenken, oft reicht es, ihn nicht zu beachten. Das klappt bei Vierjährigen meist schon genauso wie bei Zehnjährigen. Wenn Sie sehen, daß Ihr Kind hoffnungslos überfordert ist, sollten Sie eingreifen.

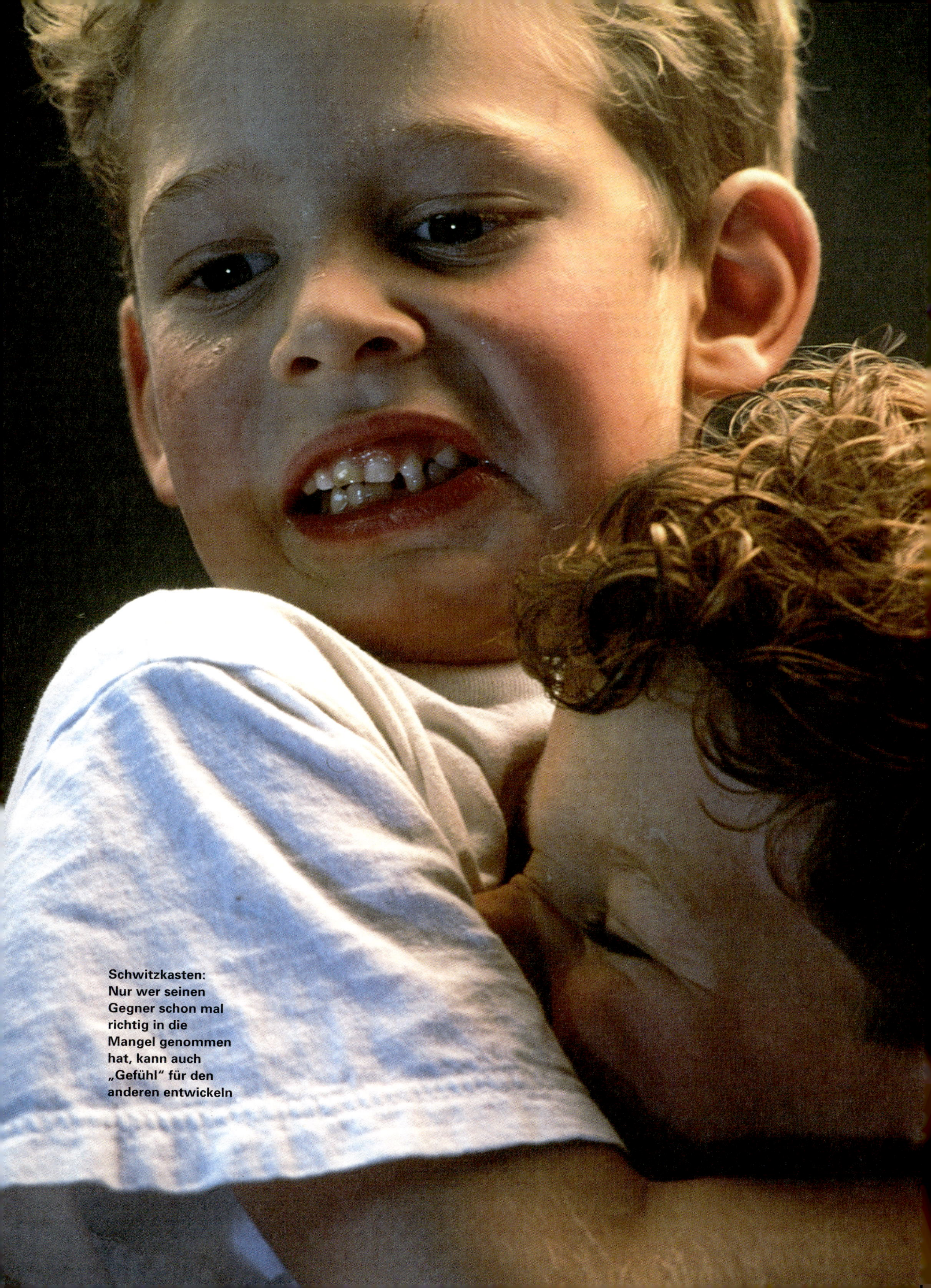

Schwitzkasten:
Nur wer seinen Gegner schon mal richtig in die Mangel genommen hat, kann auch „Gefühl" für den anderen entwickeln

Dann hilft nur noch eines: die Streithähne zu trennen;
■ wenn Verletzungsgefahr droht oder ein Kind weint, verzweifelt ist und offensichtlich Hilfe und Trost braucht;
■ wenn sich die Aggression eindeutig gegen Schwächere richtet. Die Erwachsenen sollten im Prinzip den Kleineren beistehen und an die Vernunft der Größeren appellieren. Aber Achtung: Manchmal nutzen die Kleinen den Nesthäkchen-Bonus aus und reizen ihre größeren Geschwister so lange, bis sie zuhauen;
■ wenn Kinder ihre Grenzen austesten wollen. Sinn des aggressiven Auskundschaftens (Gleichaltrige ärgern, Eltern provozieren) ist ja gerade zu erfahren: Wie weit kann ich gegenüber anderen Menschen gehen? Welche Freiheiten habe ich? Eltern dürfen ihrem Kind diese Orientierung (ob es sich um Tischmanieren handelt oder Respekt vor anderen Menschen) nicht verweigern.

Für die Eltern bleibt es eine Gratwanderung: Auf der einen Seite dürfen sie aggressives Verhalten nicht dulden. Andererseits haben Kinder ein Recht darauf, wütend zu sein und ihre Wut gelegentlich zu zeigen.

Am ehesten entwickeln sich Kinder zu friedfertigen Menschen,
● wenn sie in ihrer Familie Sicherheit und Geborgenheit erfahren;
● wenn ihre Eltern ihnen Fairneß vorleben;
● wenn sie genügend Möglichkeiten und Freizeitangebote erhalten, um eigene Interessen (Sport, Basteln, Musik ...) zu entwickeln;
● und wenn Streiten, Raufen und Toben nicht tabu sind, sondern wenn Kinder lernen, auf faire Weise Dampf abzulassen.

Erst wenn sie nur noch über körperliche oder verbale Angriffe mit anderen Menschen Kontakt aufnehmen oder wenn ernste körperliche Aggressionen wie Schlagen und Beißen über einen längeren Zeitraum (sechs Monate und mehr) auftreten, sprechen Fachleute von einem „aggressiven Kind". Dann wird es Zeit, einen Kinderpsychologen oder Kinder- und Jugendlichen-Psychotherapeuten um Rat zu fragen.

Alleinerziehend

Jede fünfte Familie mit Kindern in Deutschland ist heute eine Ein-Eltern-Familie, Tendenz steigend. Von den knapp drei Millionen Alleinerziehenden sind 90 Prozent Frauen.

Neben dem emotionalen Chaos, das eine Trennung oder der Tod des Partners hinterläßt, türmen sich vor Alleinerziehenden Probleme organisatorischer und finanzieller Art auf: Viele Mütter sind gezwungen, wieder arbeiten zu gehen, oder sie werden zu Sozialhilfeempfängern. Hinzu kommt die schwierige Suche nach einer geeigneten und bezahlbaren Wohnung. Was dem alleinerziehenden Elternteil aber meist schwerer zu schaffen macht als die materiellen Widrigkeiten, sind Gefühle der Einsamkeit und das schlechte Gewissen gegenüber dem Kind. Beides kann dazu führen, daß sich die Mutter besonders stark an ihr Kind bindet.

Typisch ist der Bericht einer 38jährigen: „Nach der Trennung von meinem Mann ist für mich alles zerbrochen. Ich weinte ganze Nächte durch. Und wenn ich es allein nicht mehr aushielt, holte ich meinen vierjährigen Sohn Bernd nachts zu mir ins Bett, bis er endlich immer bei mir schlief. Einerseits wurde er immer unselbständiger, andererseits kam er mir manchmal vor wie ein kleiner Erwachsener. Er schien alles zu verstehen und konnte mich gut trösten."

Gerade kleinere Kinder geben sich oft die Schuld an der Trennung der Eltern. Weil sie Angst haben, auch vom zweiten Elternteil verlassen zu werden, klammern sie sich nun ganz eng an ihn. Manche versuchen, der Mutter oder dem Vater jeden Wunsch von den Lippen abzulesen, und wachsen langsam in die Rolle eines Ersatzpartners hinein. Andere lassen sich einfach kräftig bemuttern. Verwöhnung und Überanpassung können die Folge sein. Das Übernehmen der Partnerrolle bringt einem Kind zwar Anerkennung und das Gefühl, gebraucht zu werden. Doch diese Rolle überfordert das Kind schnell und verhindert, daß es sich ohne schlechtes Gewissen von der Mutter oder dem Vater lösen kann.

Vor allem alleinerziehende Mütter und Väter von Einzelkindern sollten also darauf achten, daß Tochter oder Sohn genügend Freiräume bekommt. Damit die Zweisamkeit nicht allzu eng wird, sollte das Kind immer die Möglichkeit haben, Kontakt zum anderen Elternteil zu halten – auch wenn die eigenen Verletzungen und Ängste noch sehr stark sind.

Lernt eine Alleinerziehende wieder jemanden kennen, ergibt sich eine ganz neue Situation. Dies kann eine Chance sein, weil das Kind im günstigen Fall eine neue Bezugsperson

INFOS UND KONTAKTE FÜR ALLEINERZIEHENDE

Erste Anlaufstelle ist der Verband alleinerziehender Mütter und Väter (VAMV). Dort gibt es wertvolle Tips für den Umgang mit Ämtern, die wichtigsten Adressen und bei Bedarf auch Kontakt zu anderen Alleinerziehenden. Beim VAMV-Bundesverband (Beethovenallee 7, 53173 Bonn, Tel. 02 28/35 29 95) gibt es gegen Einsendung von zehn Mark in Briefmarken die Broschüre „Alleinerziehend". In den östlichen Bundesländern sind besonders die Selbsthilfegruppen Alleinerziehender (SHIA) aktiv (SHIA-Bundesverband, Rudolf-Schwarz-Str. 29, 10407 Berlin, Tel. 0 30/4 25 11 86).
In vielen Städten und Gemeinden unterhalten Wohlfahrtsverbände und Kirchen Beratungstellen, Begegnungsstätten oder Gesprächskreise für Alleinerziehende. Darüber informieren die örtlichen Ordinariate, Pfarreien, der „Arbeitskreis Alleinerziehender Mütter" oder die Arbeitsstelle für Frauenseelsorge der Deutschen Bischofskonferenz (Prinz-Georg-Str. 44, 40477 Düsseldorf, Tel. 02 11/44 99 20). Hilfe gibt es auch in den Frauen- und Mütterzentren (Adressen im Telefonbuch).

bekommt und damit in seiner engen Beziehung zur Mutter entlastet wird.
Oft tauchen aber auch neue Probleme auf, weil das Kind seine Mutter plötzlich mit einem „Eindringling" teilen muß. Diese Eifersucht, aber auch Solidarität der Kinder mit dem leiblichen Vater, erfordern von allen Beteiligten Geduld. Viele Alleinerziehende bevorzugen deshalb eine lockere Beziehung zu ihrem neuen Partner mit getrennten Haushalten. Alleinerziehende sollten sich nicht scheuen, professionelle Hilfe zu suchen, wenn ihnen die Probleme über den Kopf zu wachsen drohen (siehe *Beratungsstellen*).

Altersabstand

Den „richtigen" Altersabstand für Geschwister gibt es nicht. Jede Konstellation hat ihre Vor- und Nachteile. Die folgende Checkliste kann Eltern aber helfen, eine Entscheidung zu treffen, die zu ihnen paßt:

Fruchtbarkeit: Wie alt sind Sie?

Wenn eine Frau beim ersten Kind schon jenseits der 35 war, bleibt ihr nicht viel Zeit, wenn sie ein zweites will. Denn die Chance, noch einmal schwanger zu werden, wird jetzt rasch kleiner – mit 40 dauert es laut Statistik dreimal so lang wie mit 25, bis man empfängt (durchschnittlich 20 Zyklen). Leider steigt bei späten Müttern auch die Fehlgeburtsrate steil an.

Beruf: Wie wichtig ist Ihnen Arbeit?

Wer vorwärtskommen will, kann sich keine langen Erziehungspausen leisten. Das spricht für den größeren Altersabstand. Ausnahme: sehr junge Frauen. Mütter, die beide Kinder in der ersten Hälfte der Zwanziger kriegen und dann um die 30 wieder in den Beruf wollen, werden zwar wie Anfängerinnen behandelt, aber erhalten immerhin die Möglichkeit, sich eine berufliche Karriere aufzubauen. Jenseits der 40 und nach einer langen Pause wieder an den Arbeitsplatz zurückzukehren ist dagegen extrem schwer. Eine neue Stelle zu finden ist sogar so gut wie aussichtslos.

Ehe: Wieviel Zeit brauchen Sie füreinander?

Zwei Kinder rasch hintereinander – das bedeutet auch für die Beziehung eine Belastung. Ehe- und Familienberatungsstellen wissen: Erst wenn auch das Zweite um die zwei Jahre

Wann kommt es? Solange die „Konkurrenz" im Bauch steckt, sind die Geschwistergefühle der Erstgeborenen noch durchweg positiv

Orgelpfeifen: Harmonie und schräge

Drei Kinder in vier Jahren – ideale Familienplanung oder selbstgemachter Streß? ELTERN-Redakteur Oliver Steinbach berichtet aus der Zeit, als seine Kinder sieben, fünf und drei Jahre alt waren

Vor fünf Jahren bekam unsere Tochter Luise ihren ersten Bruder. Mitten in ihrer Trotzphase und während das Bewußtsein in ihr wächst, das Wichtigste im Leben ihrer Eltern zu sein, tritt plötzlich ein anderes Kind in unsere glückliche Dreier-Beziehung.

Wie schmerzhaft muß es sein, mit anzusehen, wie Mama den kleinen Schreihals an die Brust nimmt und behauptet, zum Spielen habe sie jetzt keine Zeit. Luise gehört zwar nicht zu denen, die den Eindringling am liebsten im Stubenwagen die Treppe hinuntergestürzt hätten. Aber der Entthronungsschock ist bis heute zu spüren: Von unseren dreien achtet sie am genauesten darauf, daß niemand eine Erbse mehr auf dem Teller hat als sie.

Gute zwei Jahre nach Kaspar wurde Moritz geboren. Doch seine Geburt störte die Kinder fast gar nicht. Luise war Kummer ja sozusagen gewöhnt. Sie freute sich sogar über das Baby. Aber auch Kaspar fühlte sich nicht bedroht. Er war ja nie der alleinige gewesen und konzentrierte sich ohnehin schon stark auf Luise.

Nur uns zeigte das Dritte, wo unsere Grenzen sind. Denn wie seine Geschwister war auch der kleine Moritz kein guter Schläfer. Wir konnten uns also aussuchen, ob wir die Nacht auf dem Boden vor einem der Kinderbetten, zwischen Schlaf- und Kinderzimmer hin und her wandernd oder im überfüllten Elternbett verbringen wollten. Eine unvergeßliche Zeit, in der die banalsten Dinge zum Problem wurden und ein Einkauf zur Staatsaffäre. Mal schnell Milch und Nudeln besorgen hieß: Moritz wickeln, Buggy ins Auto hieven, Fläschchen machen, Luises Schuhe suchen, Kaspar beim Anziehen helfen – eine Himalaya-Expedition ist nichts dagegen.

Das Verhältnis der beiden Großen zu ihrem kleinen Bruder ist okay. Luise und Kaspar übertreffen sich mit Liebesbezeugungen und umsichtigem Verhalten. Vor kurzem konnte Moritz noch den Kopf seiner Schwester mit dem Baufix-Hammer bearbeiten, und Luise gelang das Kunststück, vor Freude über Mut und Frechheit ihres Bruders zu gackern, während ihr gleichzeitig Tränen des Schmerzes aus den Augen quollen.

Richtig spannend blieb bis heute die Beziehung zwischen Luise und Kaspar, jetzt 5. Neulich wollte ich von meiner Tochter wissen, ob sie eigentlich froh sei, Kaspar als Bruder zu haben. Die ernüchternde Antwort: „Nein!" Und nach längerem Zögern: „Na ja, vielleicht manchmal." Kaspar braucht seiner Schwester nur aus Versehen auf den Fuß zu treten, und schon hat er eine Keilerei am Hals. Weil die beiden sich so nah sind, wie es zwei Menschen nur sein können. Jeder weiß, was der andere gerade denkt und sagen will. Deshalb blafft Luise schon mal: „Sei still!", bevor Kaspar überhaupt den Mund aufgemacht hat.

Ist Geschwisterliebe ein Hirngespinst?

Nein, sonst würden die beiden nicht genauso oft für Stunden in ihrem Kinderzimmer verschwinden, um ausdauernd und mit blindem Verständnis „Vater-Mutter-Kind" zu spielen, oder abends im Bett eine halbe Stunde lang Kindergarten-Lieder singen.

Töne

Kaspar hat an dem geringen Altersabstand aus einem anderen Grund zu knabbern. Luise nah zu sein heißt auch, mit ihr verglichen zu werden. Vergleicht man aber einen Fünf- mit einer Siebenjährigen, ist klar, wer den kürzeren zieht. Als Luise beispielsweise lernte, Fahrrad zu fahren, kam es zu herzzerreißenden Szenen. Kaspar sträubte sich damals wild gegen die Einsicht, daß er mit seinen drei Jahren für das Zweirad einfach noch zu klein war. Auch Stürze hielten ihn nicht davon ab, sich von Luise immer wieder auf den Sattel ihres Fahrrads heben zu lassen. Er wurde mit jedem Versuch wütender: auf unser Schimpfen, seine kurzen Beine und auf die Erkenntnis, daß er beim besten Willen etwas nicht schafft, was Luise schon kann. Andererseits verblüfft uns Kaspar mit seinen Lesekünsten. Das ewige Schule-Spielen mit seiner Schwester, die gerade die erste Klasse beendet, trägt Früchte. Er schreibt sogar schon kleine Briefe – eine Entwicklung, die vor allem Luise langsam unheimlich wird. Sie sieht ihre Überlegenheit auf vielen Gebieten schrumpfen. Kinderpsychologen beobachten es immer wieder: Bei Geschwistern mit geringem Altersunterschied beschleunigt das ältere die Entwicklung des jüngeren Kindes, während das jüngere umgekehrt die Fortschritte des älteren bremst. Das Ältere muß sich in seinem Niveau etwas herablassen und das Jüngere sich besonders anstrengen.

Was können wir also tun, um unseren Kindern ihr Schicksal ein wenig zu erleichtern?

Jedes Kind muß spüren und wissen, daß wir es liebhaben, so wie es ist. Denn auch das ist eine alte Weisheit der Geschwisterforschung: Je sicherer die Bindung der Kinder an Mutter und Vater, desto freundschaftlicher ihr Verhältnis untereinander.

Zum zweiten müssen wir verhindern, daß Kaspar sich überschätzt und Dinge tut, die er noch nicht können kann. Weil er sich oft selbst genug Streß macht, neigen wir dazu, ihn nicht noch zusätzlich unter Leistungsdruck zu setzen. Und müssen wahrscheinlich aufpassen, ihm damit nicht das falsche Signal zu geben: „Von Luise erwarten wir etwas, von dir nicht. Luises Leistungen sind uns wichtig, deine nicht." Auf einmal würde er so in die unglückliche Rolle des mittleren Kindes rutschen, das zwischen Erstgeborenem und Nesthäkchen unterzugehen droht. Deshalb darf Erziehung von Geschwistern nie heißen: totale Gleichbehandlung, sondern die individuellen Stärken entdecken und fördern.

Fazit: Die Geburtenforschung hat zwar recht. Der geringe Abstand macht es für alle Beteiligten wirklich nicht leichter. Wir würden aber trotzdem wieder so entscheiden, weil Vertrautheit und Liebe zwischen den Kindern doch stärker sind als die Konkurrenzgefühle.

ist, bleibt den Eltern wieder ein bißchen Zeit für ihre Ehe.

Geld: Kommt es bei Ihnen auf den Pfennig an?

Für das zweite Kind braucht man keine Ausstattung zu kaufen, wenn es in einem kurzen Abstand kommt – vom Bett bis zum Mützchen ist ja alles da. „Teurer" sind meist Kinder, die nach längerem Abstand geboren wurden. Vieles hat man da schon weitergegeben, manches ist auch veraltet.

Geschwister: Wieviel Eifersucht vertragen Sie?

Ganz klar: Kinder um die fünf sind nicht so eifersüchtig auf das neue Baby wie Zweijährige. Ist die schwierige erste Zeit (etwa ein Jahr) aber vorbei, können die Geschwister mehr miteinander anfangen, wenn der Altersabstand nicht so groß ist.

Medizin: Keine Sorge!

Früher sagten Frauenärzte, daß zwischen den Schwangerschaften etwa zwei Jahre liegen sollten, damit der Körper gut mit der Belastung zurechtkommt. Heute wissen die Gynäkologen: Vom Medizinischen her gibt es bei gesunden Frauen keinen Grund, einen bestimmten Abstand einzuhalten.

□ Siehe auch *Eifersucht, Geschwister, Geschwisterstreit*

Angst

Das Kleinkind- und Vorschulalter ist geprägt von Ängsten: der Furcht vor Trennung von den Eltern, vor Gewitter, vor Gespenstern unter dem Bett.

Später werden die Ängste realer. Da spielen plötzlich Mörder, Entführer und Sexualverbrecher eine bedrohliche Rolle. Dazu kommt die Furcht vor Schulversagen oder Ärger mit Gleichaltrigen. Weit verbreitet sind Sorgen um die Natur. Bei einer Umfrage des Münchner Instituts für Jugendforschung rangierten Angst vor dem Aussterben der Tiere und der Luftverschmutzung bei Sechs- bis 14jährigen ganz oben, noch vor der Sorge, daß einem Familienmitglied etwas zustoßen könnte.

Solange sich Kinder die Welt noch nicht rational erklären können, brauchen sie die schützende Nähe ihrer Eltern. Kinderängste sind normal, schädlich werden sie erst, wenn das Kind das Gefühl hat: Meine Eltern lachen darüber, sie nehmen meine Furcht nicht ernst und tun deshalb auch nichts zu meinem Schutz. Kinder, die sich auf Mutter und Vater, auf deren Nähe und Trost nicht verlassen können, entwickeln sich oft zu unsicheren Menschen mit gestörten Sozialkontakten. Das gilt besonders dann, wenn die Eltern Angst als Druckmittel einsetzen, wenn sie also zum Beispiel mit bösen Geistern drohen oder ihr Kind in einen dunklen Raum sperren.

Allerdings hilft auch übertriebenes Beschützen und Umsorgen Kindern nicht beim Selbständigwerden. Gönnen Eltern ihrem Kind gar keine Mißerfolge und lassen sie es nichts selbst machen, lernt es nur schwer, sich selbst zu behaupten. Es wird Widerständen eher aus dem Weg zu gehen versuchen.

WIE NIMMT MAN KINDERN DIE ANGST VORM ARZT?

? *Seit meiner Tochter Ellen nach einem Spielplatzunfall eine Platzwunde genäht werden mußte, hat sie panische Angst vorm Arzt. Wie kann ich ihr helfen?*

! Zunächst können Sie sich gemeinsam mit Ellen der Situation spielerisch nähern: Sie können Bilderbücher ansehen, in denen Kinder zum Arzt gehen. Vielleicht hilft Ellen auch ein Doktorköfferchen, mit dem sie selbst die Ärztin spielen kann, während Sie die Patientin sind, und umgekehrt.
Sie sollten in nächster Zeit Arztbesuche nicht vermeiden, sondern im Gegenteil zum Kinderarzt gehen, wenn Ellen gar nichts Ernstes hat. Zum Beispiel mit Schnupfen – dann wird Ihre Tochter nur abgehört, der Arzt wirft einen Blick in den Rachen und in die Ohren. Das tut nicht weh. Ellen kann auch ein Schmusetier in die Praxis mitnehmen, das zuerst vom Arzt untersucht wird, bevor sie an der Reihe ist. Nach diesem Prinzip der Verhaltenstherapie – sich einer angstbesetzten Situation aussetzen, wenn nichts passieren kann – baut Ellen ihre Angst vor Ärzten vielleicht langsam ab.
Steht aber doch eine möglicherweise schmerzhafte Behandlung bevor, sollten Sie dafür sorgen, daß Sie bei Ihrer Tochter bleiben können, um ihr die Hand zu halten oder sie auf den Schoß zu nehmen. Sie können Ihr auch eine kleine Belohnung versprechen, falls sie gut durchhält. Und: Zerstören Sie nicht das Vertrauen des Kindes, indem sie ihm vorher vorschwindeln, es werde überhaupt nicht weh tun.

Viele Mütter und Väter stehen massiven Ängsten ihres Kindes ratlos gegenüber, sie leiden regelrecht mit. Doch sie können etwas tun:
Je größer das Kind ist, desto eher helfen Gespräche. Eltern müssen mit ihrem Kind gemeinsam überlegen, was man tun könnte, z. B. um den Müllberg abzubauen, weniger Strom zu verbrauchen, oder um das Haus einbruchsicher zu machen.
Bei Kindern unter zehn zieht das vernünftige Reden nicht immer. Vielleicht hilft eine Methode, die der amerikanische Kinderarzt und -psychiater Jeffrey L. Brown „Imaginationstraining“ nennt. Er geht davon aus, daß Kinder bis zu zehn, zwölf Jahren über eine unbegrenzte Phantasie verfügen und diese auch dazu benutzen können, die „bösen Geister des Alltags“ in den Griff zu bekommen. Angst entsteht vor allem durch das Gefühl, die Kontrolle über eine Situation zu verlieren; diese Kontrolle müssen die Kinder wiedererlangen.
● **Wenn ein Kind Angst vor einem Ereignis hat,** etwa einem Chorauftritt, dem Stuhlkreis im Kindergarten oder einer Klassenarbeit, empfiehlt Brown, ihm einen verzauberten Talisman als Kraftspender mitzugeben. Das kann ein Pfennig, ein Stein oder ein Bleistift sein, mit dessen Hilfe die Klassenarbeit „garantiert“ gelingt. (Natürlich nur, wenn das Kind gelernt hat.) Man kann den Talisman durch ein einfaches Ritual verzaubern: Das Kind reibt ihn dreimal über den Ellenbogen, und schon wird er zum „Kraftspender“. Klingt einfach, funktioniert aber, wenn Eltern dieses Ritual überzeugend mit den Worten vorschlagen: „Hör mir genau zu. Ich kann dir helfen.“ Auch neue Schuhe können auf diese Weise in Zauberstiefel und Gürtel in Zaubergürtel verwandelt werden.
● **Wenn ein Kind von Monstern, Räubern oder Gespenstern heimgesucht wird,** kann es lernen, mit Rollenspielen die Eindringlinge abzuwehren. Eltern beginnen das Phantasiespiel mit der Frage: „Was sollte passieren, damit du keine Angst mehr hast?“ Das Kind wird sich wünschen, daß die unheimlichen Gestalten weg sind oder daß es sie überwältigen kann. Schritt für Schritt können Eltern mit ihrem Kind Phantasien entwickeln, wie dieses Ziel zu erreichen ist. Und allmählich wird es spüren, wie es selbst die Kontrolle über die angstauslösenden Gruselgestalten zurückgewinnt.
● **Wenn ein Kind sich vor fremden Menschen oder Situationen fürchtet,** hilft die Phantasie vom „Wolkenflieger“. Die Eltern erzählen von einem kleinen imaginären Teppich, auf den sich Kinder setzen und in Gedanken einfach wegfliegen können, wenn es schwierig wird. Drei- bis Zehnjährige haben eine so gewaltige Vorstellungskraft, daß ihnen das auch gelingt. Hilfreich ist, wenn der Erwachsene noch bestätigt: „Ich weiß, daß es funktioniert!“
Jeffrey L. Browns Imaginationstraining enthält auch Übungen, mit denen die Kleinen lernen, das, was sie ängstigt, einfach auszublenden. Er nennt das „selektive Wahrnehmung“. Mehr darüber finden Sie in dem dtv-Taschenbuch „Keine Räuber unterm Bett“ von Jeffrey L. Brown (14,90 Mark).
□ Siehe auch *Selbstvertrauen, Träume, Überbehüten*

Aufklärung

Für die sexuelle Aufklärung ist es nie zu früh. Mit drei, vier Jahren tauchen oft schon die ersten Fragen auf: Warum die Nachbarin so einen dicken Bauch hat, oder wieso Papa unten ganz anders aussieht als Mama.
Auf diese Fragen muß man sich nicht groß vorbereiten. Die Kinder interessieren sich in diesem Alter ohnehin weniger fürs Technische, für die genauen Abläufe von Zeugung, Schwangerschaft und Geburt. Wenn Vierjährige nach ihrer Herkunft fragen, wollen sie Gefühle spüren. Sie möchten hören, wie es den Eltern ging, als das Baby im Bauch wuchs, und was sie taten, als es endlich da war. Da brauchen Eltern gar nicht nach bedeutsamen Worten zu suchen. Wenn sie erzählen, klingt automatisch mit, was es mit der Liebe auf sich hat.
Ob ein Kind mehr Details wissen will, das kann man seinen Reaktionen meist ansehen. Anfangs genügen in der Regel kurze Antworten. Erst mit der Zeit interessiert sich ein Kind dafür, wie genau das Baby in Mamas Bauch gekommen ist.
Bis es in die Schule kommt, sollte jedes Kind wissen, wie die Geschlechtsorgane von Männern und Frauen aussehen, wie

die Kinder gezeugt werden. Unter Grundschülern sind diese Dinge oft schon Thema, und ein Kind, das nicht aufgeklärt ist, wird unnötig verunsichert und manchmal verspottet. Wenn ihr Kind bis dahin noch keine Fragen zur Sexualität gestellt hat, und das kommt nicht so selten vor, sollten Eltern das Thema von sich aus anstoßen – ohne zu drängen.
Welche Wortwahl ist angebracht, wenn Erwachsene ihre Kinder aufklären wollen? Am besten reden Eltern so, wie es ihnen problemlos über die Lippen geht. Natürlich sollten Kinder die korrekten Bezeichnungen wie Penis und Vagina kennen, aber wer das als gestelzt empfindet, kann ja auch Pimmel und Muschi sagen. Hauptsache, die Erwachsenen verfallen nicht in einen völlig unnatürlichen Ton. Das würde nur Distanz schaffen. Wer sonst nur Dialekt spricht, sollte bei diesem Thema nicht plötzlich anfangen, Hochdeutsch zu reden.
Wenn Eltern sich schwertun, die richtigen Worte zu finden, erleichtern Aufklärungsbücher ein unbefangenes Gespräch über Sexualität. Wer sie gemeinsam mit seinem Kind anschaut, findet auch schnell heraus, ob es zum Beispiel Geschlechtsteile schon richtig benennen kann.
□ Siehe auch *Geschlechterrollen, Sexualität, Verhütung*

Nasenkuß: Ein positives Körpergefühl steht am Beginn der Aufklärung

BÜCHER FÜR ELTERN UND KINDER

- „Vom ersten Schrei zur ersten Liebe", Ursula Neumann, Kreuz Verlag, 19,90 Mark
- „Woher kommen die kleinen Jungen und Mädchen?", Kurt Seelmann, Gabriele Haug-Schnabel, Reinhardt Verlag, 24,80 Mark
- „Als Leo ein Baby bekam", Claudia Filker, Ingrid und Dieter Schubert, Oncken Verlag, 24,80 Mark
- „Was macht das Baby in Mamas Bauch?", Thomas Svensson, Dressler Verlag, 19,80 Mark
- „Wo komm' ich eigentlich her?", Thaddäus Troll, Hoffmann und Campe, 29,80 Mark
- „Wo kommst Du her?", Sonja Härdin, Löwis Verlag, 14,80 Mark
- „Peter, Ida und Minimum", Greta Fagerström, Gunilla Hansson, Otto Maier Verlag, 18 Mark
- „Mami hat ein Ei gelegt", Babette Cole, Verlag Sauerländer, 28 Mark
- „Wie Vater und Mutter ein Kind bekommen", P. H. Knudsen, Quelle & Meyer Verlag, 22 Mark

Aufräumen

Kaum etwas sorgt in Familien so regelmäßig für Ärger wie das Ordnungsbedürfnis der Eltern und die Unfähigkeit des Nachwuchses, diese Ordnung aufrechtzuerhalten. Kein Wunder: Ein Zimmer aufzuräumen, dessen Boden mit einer gleichmäßig verteilten Masse aus Matchbox-Autos, Bücherfetzen, Plastikteilen, Keksresten und Stofftieren bedeckt ist, erfordert Organisationstalent und am besten ein paar professionelle Müllsortierer.
Allerdings haben auch Mütter und Väter ein Recht darauf, daß ihr Ordnungsempfinden respektiert wird, und deshalb müssen sich Eltern und Kinder irgendwie einigen.
In Wirklichkeit haben Kinder nichts gegen Ordnung. Sie mögen aufgeräumte Zimmer, weil sie nur dann ihre Haarspangen oder die Batterien für den Gameboy finden. Sie empfinden Ordnung als praktisch, aber nicht als Wert an sich. Schließlich kann auch Chaos ganz gemütlich sein. Und für kleinere Kinder sind Stofftiere und Lego-Autos irgendwie lebendige Wesen, die nicht in Reih' und Glied ins Regal gehören.
Eltern sollten ihr Kind also bei seinem Sinn fürs Praktische packen, ihm klarmachen, daß Ordnung zwar nicht Ziel und Zweck des Lebens ist, aber ein Werkzeug, den Alltag besser zu bewältigen. Wie schafft man das?
Ein Rezept dafür kennen auch die Psychologen nicht. Nur wie es garantiert nicht klappt, das können sie

sagen: mit Drill. Wenn man Kindern eine Ordnung aufzwingt, die nicht die ihre ist, lernen sie nie, eigene Aufräum-Strategien zu entwickeln. Sie lernen nicht, sich später einmal ihre Arbeit individuell einzuteilen, sondern verschwenden immer wieder Energie darauf, die von außen anerzogene Ordnung herzustellen. Kinderpsychologen meinen: Wenn die Eltern mit gutem, aber eben nicht übertriebenem Beispiel vorangehen, entwickeln die Kinder irgendwann von selbst einen gesunden Ordnungssinn.

Die Aufgabe, ein Kinderzimmer kurzfristig betretbar zu machen, ist damit freilich immer noch nicht gelöst.

Zunächst sollte man seinem Kind die Verzweiflung angesichts des aufzuräumenden Zimmers abnehmen. Je jünger es ist, desto eher fühlt es sich von der Aufgabe, das Durcheinander von Klamotten und verschiedensten Spielsachen zu entflechten, überfordert.

Das Problem steckt in der Systematik: Was gehört wozu und in welches Fach? Bei Autos ist es noch einfach. Aber wo kommt die fahrbare Tigerente hin? Zu den Fahrzeugen, zu den Tieren, zum Holzspielzeug? Fragen über Fragen, hundertmal pro Aufräumaktion.

Wenn Geschwister gemeinsam klar Schiff machen sollen, wird es nicht einfacher, weil jeder behauptet, der andere habe alles verursacht und helfe überhaupt nicht mit.

Möglicherweise läßt sich das schlimmste Chaos mit einem Fünf-Punkte-Programm eindämmen:

1. **Beim Aufräumen helfen.** Wenn Eltern mitmachen, fällt den Kindern das Aufräumen leichter. Größere Kinder sollte man ruhig einmal längere Zeit ihrem Chaos überlassen – solange es hinter geschlossener Kinderzimmertür stattfindet.
2. **Klare Aufgaben formulieren.** Wenn Geschwister gemeinsam aufräumen, ist es sinnvoll, vorher festzulegen, wer für Anziehsachen zuständig ist und wer für Autos und Stofftiere.
3. **Für Stauräume sorgen.** Kisten, Kästen und offene Regale lassen sich gut ein- und ausräumen. Man kann sie beschriften oder mit Symbolen (für Autos, Lego etc.) bekleben.
4. **Nicht pedantisch sein.** Das Zimmer muß ja vielleicht nicht jederzeit in perfektem Zustand sein. Gründlich aufräumen kann man an einem festen Tag in der Woche, an einem Regentag, oder bevor Besuch kommt.
5. **Basteleien respektieren.** Mühsam errichtete Lego-Bauten oder Höhlen aus Stühlen und Decken sollten über Nacht stehen bleiben dürfen.

Im Wohnzimmer oder in der Küche müssen die Regeln der Eltern gelten. Doch was das Kinderzimmer angeht, sollte Ordnung nicht zum Prinzip werden, das Kindern die Lust am Bauen, ihre Phantasie und hochfliegenden Pläne wegputzt.

Autorität

In dem Begriff „Autorität" steckt „Ansehen" ebenso wie „Macht". Die Macht haben Eltern. Ob dazu auch Geltung, Gewicht und Ansehen kommen, hängt davon ab, wie sie mit ihrer Macht umgehen.

Autorität hat immer noch einen merkwürdigen Klang, weil es nach „autoritär" klingt. Doch autoritäres Gehabe ist im Zusammenleben mit Kindern fehl am Platz. Eltern brauchen Autorität, gerade um nicht autoritär sein zu müssen.

Eltern sollten sich eingestehen, daß sie gegenüber ihrem Kind einen Vorsprung an Wissen, Können und Erfahrung besitzen. Er wird im Laufe der Jahre immer kleiner, aber ihr Kind ist deshalb sehr lange auf sie angewiesen. Je selbstbewußter Mütter und Väter diese Verantwortung wahrnehmen, desto mehr helfen sie ihrem Kind. Wer seinem Kind nicht manchmal sehr klar sagt, was er für klug oder dumm, für gut oder böse, für höflich oder ungezogen hält, verweigert ihm Orientierung in einer ziemlich komplizierten Welt.

Autorität darf aber nicht in Diktatur enden. Autoritäre Menschen gründen ihre Macht auf Angst, Drohungen und Strafe, Menschen mit Autorität dagegen auf Vertrauen. Autorität in der Erziehung bedeutet: Mein Kind weiß, daß es sich auf mich verlassen kann. Es fühlt sich geliebt und geborgen. Auch im Streit mit seinen Eltern weiß es: Mutter und Vater

sitzen zwar am längeren Hebel, aber es geht ihnen nicht darum, daß ich als Verlierer dastehe.
Gelegentlich wird gesagt, Autorität habe man oder man habe sie nicht. Das ist falsch. Manche Menschen tun sich – durch ihr Temperament, ihre Ausstrahlung oder ihr Wissen – nur leichter als andere, sie auszuüben.

Was zeichnet Eltern mit Autorität aus?

- Sie hören die Meinung ihres Kindes an und zeigen ihm, daß sie es ernst nehmen. Nur so schaffen sie es, daß es auch ihnen zuhört.
- Ihr Kind erfährt Liebe, Geborgenheit und Wärme.
- Sie sind mit sich selbst einigermaßen im reinen und überfordern sich nicht selbst durch zu hoch gesteckte Ziele.
- Sie argumentieren und erklären, aber nicht weitschweifig. Sie finden die richtige Mischung zwischen Labern und Kasernenhofton.
- Sie haben die Größe, Fehler zuzugeben.
- Sie setzen auf Einsicht. Wenn es sein muß, sprechen sie Verbote aus, bemühen sich aber, sparsam damit umzugehen.
- Sie stehen zu dem, was sie sagen.
- Sie lassen, so weit es möglich ist, Demokratie walten. Das Kind darf vieles mit entscheiden, vom Essensplan bis zur Auswahl seiner Kleidung. Andere Entscheidungen treffen die Eltern allein.

☐ Siehe auch *Disziplin, Erziehungsstil, Familienkonferenz, Grenzen setzen, Konsequenz, Laissez-faire, Schlagen*

B

Belohnen

Das Belohnen ist, wie das Loben auch, eine Möglichkeit, erwünschtes Verhalten bei einem Kind zu verstärken. Beispiel: ein Eis nach einem langen Einkauf, fünf Mark für die Zeugnis-Zwei in Mathe.
Eine Belohnung ist wie ein Dankeschön. Man zeigt dem Kind damit, daß man seine Leistung schätzt.
Doch Eltern sollten maßvoll damit umgehen. Wenn sie nämlich eine Belohnungsinflation produzieren oder ihrem Kind bei jeder akzeptablen Schulnote rituell einen Schein in die Tasche stecken, läßt der Verstärkungseffekt rasch nach. Er kann sich in eine Art von Motivation verkehren, die eigentlich gar nicht erwünscht ist: Ein Kind, das nach jeder Eins oder Zwei mit Geld rechnen kann, strengt sich in der Schule möglicherweise nur noch an, um sein Sparschwein zu füllen. Dabei ist der Spaß am Lernen die bessere Voraussetzung für gute Zensuren.
Belohnungen können ein äußerer Anstoß sein. Daneben sollten Eltern aber alles tun, um die innere Motivation ihres Kindes zu erhalten bzw. zu stärken. Es muß lernen, sich über seine Leistungen zu freuen und seinem eigenen Urteil zu vertrauen. Ein Kind, das materielle Belohnungen gewöhnt ist, wartet zunehmend auf die Bestätigung von außen.
Wenn also ein Achtjähriger in Mathe immer schlechter wird, bringt es wenig, ihn zu motivieren, indem man ihm eine höhere Belohnung in Aussicht stellt. Besser, die Eltern versuchen herauszufinden, welche Ursachen das Abrutschen in der Leistung haben kann.
Oft freuen sich Kinder übrigens viel mehr über ein ehrliches lobendes Wort als über ein schnell in die Hand gedrücktes Fünfmarkstück.
In Familien, in denen Kinder von ihren Eltern viel Zuneigung erhalten, aufbauende Kritik erfahren und öfter mal ein Lob hören, sind Belohnungen als Erziehungsmittel selten nötig.

☐ Siehe auch *Loben, Motivation, Strafen, Verwöhnen*

Betreuung

Ein kleines Kind in fremde Hände zu geben fällt allen Eltern schwer, doch oft muß es sein, weil ein Gehalt nicht für die ganze Familie reicht, weil die Mutter ihr Kind allein erzieht und für den Lebensunterhalt sorgen muß, oder weil ihr die Decke auf den Kopf fällt, und sie nach 18 Monaten Erziehungsurlaub wieder unter erwachsene Menschen gehen will.
Wer kann, läßt sein Kind bei der Oma. Immerhin wurde Anfang der neunziger Jahre noch fast jedes zweite Kleinkind während der Arbeitszeit seiner Eltern von den Großeltern betreut. Kommt das nicht in Frage, bleibt noch die Krippe. Doch Plätze sind rar, und zudem hat Krippenbetreuung bei uns immer noch keinen guten Ruf – meist zu Unrecht.
Welche Alternativen gibt es? Welche ist die richtige für Ihr Kind? Hier einige Entscheidungshilfen:

Tagesmutter – fast ein Familienersatz?

Die weitaus meisten außer Haus betreuten Kleinkinder in Deutschland gehen zur Tagesmutter. Besonders in ländlichen Gebieten, wo Kinderkrippen rar sind, kommt kaum etwas anderes in Frage. Eine Tagesmutter nimmt ein oder mehrere

Kinder zu sich nach Hause, die sie oft zusammen mit den eigenen betreut. Eltern schätzen die Flexibilität der Betreuung; hier sind sie nicht auf die starren Öffnungszeiten einer Tagesstätte festgelegt. Der Kontakt ist persönlicher, im Idealfall findet das Kind Geborgenheit.
Die Nähe und die Flexibilität werden allerdings mit einigen Risiken erkauft: Was passiert zum Beispiel, wenn die Tagesmutter krank wird? Was ist, wenn sich nach einiger Zeit herausstellt, daß sie nicht den Erwartungen entspricht?
Tagespflege-Verhältnisse scheitern überdurchschnittlich oft. Jedes dritte Tageskind zwischen null und drei Jahren wechselt drei- bis sechsmal die Tagesmutter – mit all dem damit verbundenen Schmerz für das Kind. Oft führt nämlich gerade das intime Verhältnis zwischen Kind und Tagesmutter zu Problemen zwischen den Müttern, die in handfester Eifersucht gipfeln können.
Eltern sollten von der Tagesmutter keine perfekte Bemutterung erwarten, sie nicht als Ersatz für sich selbst sehen, sondern als freundschaftliche Betreuungspartnerin, die einiges anders macht und damit die Erziehung der Eltern ergänzt. Eltern und Tagesmutter müssen sich jedoch sympathisch sein und ähnliche Erziehungsvorstellungen haben.
Es kann vorteilhaft sein, wenn das leibliche Kind der Tagesmutter deutlich älter oder jünger ist als das Tageskind. Die Kinder akzeptieren sich dann oft besser, sind weniger vergleichbar und müssen weniger konkurrieren.
Die Kosten: Üblich sind 400 bis 500 Mark monatlich für einen Halbtagsplatz, also fünfmal wöchentlich etwa fünf Stunden; für einen Ganztagsplatz sollte man nicht ganz das Doppelte rechnen. Unter bestimmten Voraussetzungen beteiligt sich die Stadt oder Kommune, am besten beim Jugendamt nachfragen.
Und so findet man eine Tagesmutter:
Erste Anlaufstelle ist das Jugendamt oder der Sozialdienst. Wer dort keine Adressen oder Vermittlungsstellen genannt bekommt, sollte sich an Wohlfahrtsverbände wie Caritas oder Diakonisches Werk wenden. In manchen Städten gibt es auch sogenannte Kinderbüros, die weiterhelfen.

Au pair – kein Luxus

Eine Betreuungsalternative für alle, die ein Zimmer frei haben oder frei machen können: Man nimmt ein Au pair, zwischen 18 und 27 Jahren alt, bei sich auf, das mehr über Kultur und Sprache unseres Landes lernen möchte. Dafür sollen Au pairs bei leichten Hausarbeiten mithelfen, allerdings keine Putzfrau ersetzen. Vor allem aber kümmern sie sich um den Nachwuchs. Au pairs arbeiten an fünf bis sechs Tagen, etwa 30 Stunden pro Woche, plus Babysitten an zwei, drei Abenden.
Für Familien, die offen und kommunikativ sind, kann ein Au pair zur echten Bereicherung werden. Oft sind die Mädchen (und Jungen) noch sehr nah an ihrer eigenen Kindheit und gehen daher natürlich und liebevoll mit kleinen Kindern um. Damit machen sie ihre Unerfahrenheit wett.

AB WANN KÖNNEN GESCHWISTER BABYSITTEN?

? *Ich besuche demnächst einen Nachmittag pro Woche für zwei Stunden eine Fortbildung. Kann ich meine siebenjährige Tochter beauftragen, in dieser Zeit auf ihren zweijährigen Bruder aufzupassen?*

! Überlegen Sie, wie Sie selbst Ihre Tochter einschätzen. Maßgeblich für solche Babysitter-Dienste ist nämlich nicht das Alter (unter sieben Jahren sind Kinder allerdings sicher noch überfordert), sondern die geistige Reife des älteren Geschwisters.
So sollte Ihre Tochter die Uhr lesen können, damit sie abschätzen kann, wann Sie wiederkommen. Auch sollte sie im Notfall telefonisch Hilfe rufen können und somit gesichert ist, daß etwa Nachbarn schnell kommen können. Eine wichtige Voraussetzung ist zudem, daß sich die Geschwister gut miteinander verstehen, die Große also nicht eifersüchtig auf den Kleinen ist und so mit ihm spielen kann, daß er Freude daran hat.
Wenn Sie Ihrer Tochter bisher schon eine gewisse Autorität über ihren Bruder zugestanden haben, ist das auch von Nutzen. Denn Zweijährige haben eine starke Selbstbehauptung und beugen sich zum Beispiel der Anordnung, ins Bett zu gehen, sicher nicht gleich beim ersten Versuch.

Man kann natürlich auch Pech haben: Böse Zungen behaupten, mit einem Au pair hole man sich ein zusätzliches Kind ins Haus. Man sollte sich darüber im klaren sein, daß der Gast aus einem anderen Land selbst noch Unterstützung braucht.
Weil sie durch Krankheit oder persönliche Schwierigkeiten ausfallen können, eignen sich Au pairs für Familien, in denen beide Partner feste Arbeitszeiten haben, nur bedingt.
Ein Au pair bekommt Kost und Logis, dazu 350 bis 400 Mark Taschengeld im Monat und eine Dauerkarte für den öffentlichen Nahverkehr. Die Gasteltern müssen Kranken- und Unfallversicherung für den Gast abschließen. Hinzu kommen die Vermittlungsgebühren für die Agentur (300 bis über 1000 Mark).
Die Vermittlung durch eine professionelle Organisation ist sinnvoll: Die Agentur hat schon eine Vorauswahl getroffen und erledigt viele Formalitäten. Adressen findet man beim Arbeitsamt oder im Telefonbuch.

Coupons und Kindertausch – die originelle Alternative

Das Coupon-System: Mütter, die sich z. B. in einem Geburtsvorbereitungs- oder Krabbelkurs kennengelernt haben, bilden eine Gruppe, in der jede Mutter drei selbstgebastelte Kinderbetreuungs-Gutscheine bekommt. Paßt die eine auf das Kind einer anderen auf, bekommt sie dafür von dieser einen Coupon. Mit dem kann sie dann später bei einem anderen Gruppenmitglied eine Betreuung für ihr eigenes

Kind einlösen. Wer seine Coupons aufgebraucht hat, kann sich jederzeit neue verdienen. Durch das Gutscheinsystem fühlt sich niemand ausgenutzt: Jede Mutter kann nur so viel Betreuungszeit in Anspruch nehmen, wie sie selbst geleistet hat. Ein Coupon gilt für vormittags, nachmittags oder abends, ohne daß dabei genau die Stunden nachgezählt werden.

Der Dienstag-Mittwoch-Tausch: Zwei Mütter mit mehreren Kindern verabreden an zwei Tagen in der Woche einen Kindertausch. Ihre großen Kinder besuchen morgens den gleichen Kindergarten, die Kleinen sind zu Hause. Wenn Mutter A dienstags ihre beiden Größeren zum Kindergarten bringt, übernimmt sie dort die Zweijährige von Mutter B, die dann bis zum Mittag mit ihrem Dreijährigen spielt.

Am Mittwoch ist es umgekehrt. Dann übernimmt Mutter B morgens im Kindergarten den Dreijährigen von Mutter A, und die beiden Kleinen spielen den Vormittag im Hause B. Wenn mittags der Kindergarten aus ist, sortieren sich die Familien wieder.

□ Siehe auch *Kindergarten, Kinderkrippen*

Bettnässen

Jede zweite Nacht auf einem nassen Laken aufzuwachen, das ist für ein Schulkind eine enorme Belastung. Vom Bettnässen sind mehr Kinder betroffen, als man denkt: knapp 16 Prozent der Fünfjährigen, etwa zehn Prozent der Siebenjährigen und immer noch über sieben Prozent der Achtjährigen. Selbst unter Jugendlichen und Erwachsenen nässen noch ein bis zwei Prozent nachts ein.

Frühestens ab dem zweiten Geburtstag können Kinder ihre volle Blase spüren und die Harnabgabe willkürlich in Gang setzen oder einhalten. Viele brauchen aber länger, um diese Kontrolle zu gewinnen, vor allem nachts. Eltern sollten dem Kind deshalb Zeit geben. Ärzte sprechen erst von Bettnässen, wenn der kleine Patient bereits fünf Jahre alt ist und organische Ursachen für sein Problem ausgeschlossen werden können.

Eine Enuresis, so der medizinische Begriff fürs Einnässen, läßt sich nicht generell auf seelische Konflikte zurückführen. Es handelt sich vielmehr um eine Reifungsverzögerung, bei der mehrere Faktoren eine Rolle spielen.

1. Betroffene Kinder weisen eine leicht erhöhte Rate von feinneurologischen Störungen auf. Das heißt beispielsweise, daß sowohl ihr Wachstum wie auch die motorische Entwicklung verlangsamt sein können.
2. Die Kinder schlafen sehr tief und lassen sich dementsprechend schwer wecken.
3. Bei manchen Bettnässern wird ein spezielles Hormon, das dafür sorgt, daß sich nachts weniger Urin bildet als am Tag, nicht zur richtigen Zeit ausgeschüttet.
4. Bettnässen kann erblich sein.

Mediziner teilen das Bettnässen in zwei Kategorien ein: **Primäre Enuresis.** Sie ist die häufigste Form des Bettnässens. Von ihr spricht man, wenn das Kind noch nie länger als sechs Monate hintereinander trocken war. Psychische Ursachen spielen hier kaum eine Rolle. Wenn diese Kinder Verhaltensauffälligkeiten zeigen, dann sind sie nicht Ursache, sondern Folge des Bettnässens.

Sekundäre Enuresis. Kinder, die unter diesem Symptom leiden, waren schon einmal länger als sechs Monate trocken und haben dann wieder begonnen einzunässen. Wie bei der primären Enuresis ist auch hier eine genetisch bedingte Reifungsverzögerung schuld. Der Unterschied bei der **sekundären Enuresis** liegt darin, daß das Bettnässen durch belastende Lebensereignisse ausgelöst werden kann. Anders ausgedrückt: Kinder, die eine genetisch bedingte Neigung dafür besitzen, reagieren auf seelische Konflikte mit Bettnässen.

Normalerweise müssen mehrere Konfliktsituationen zusammenkommen, um das Auftreten einer Enuresis zu begünstigen. Gravierende Ereignisse wie Trennung und Scheidung der Eltern oder die Geburt eines Geschwisterchens genügen allerdings manchmal schon, um das Bettnässen auszulösen.

In den allermeisten Fällen gibt sich das nächtliche Einnässen mit der Zeit von selbst. Trotzdem sollte es behandelt werden, denn der Leidensdruck der Kinder ist groß.

Dr. Alexander von Gontard, Vorsitzender des Enuresis-Informationszentrums (EINZ): „Abends das Trinken zu verbieten hilft nicht. Ebenso nutzlos ist es, das Kind nachts zu wecken und auf die Toilette zu führen. Auch ein Blasentraining, bei dem die Kinder üben, Urin willentlich zurückzuhalten, bleibt erfolglos. Tadel und Strafen sind tabu. Betroffene Kinder brauchen die Liebe und Zuwendung ihrer Eltern, das Gefühl, mit ihrem Problem ernst genommen zu werden, jemanden zu haben, mit dem sie darüber sprechen können."

Dr. von Gontard rät zu einer Behandlung in mehreren Schritten: Am Anfang steht der Besuch beim Kinderarzt, der die Eltern berät und gegebenenfalls an einen Spezialisten überweist.

Für die betroffene Familie sind diese Gespräche entlastend. Eltern lernen, daß sie nicht schuld daran sind, wenn ihr Kind nicht trocken wird. Das Kind erfährt, daß es nicht allein mit seinem Problem ist.

Danach sollte das Kind vier Wochen lang einen Kalender führen. Jede trockene Nacht wird mit einem lachenden, jede nasse mit einem traurigen Gesicht gekennzeichnet. Erstgespräch und Kalenderführung motivieren die Kinder so, daß fast 20 Prozent danach trocken

HIER FINDEN SIE HILFE

Im Enuresis-Informationszentrum (EINZ) können Eltern und Patienten um Rat fragen und Informationsbroschüren anfordern: EINZ, Sabine Seifert, Hauptstr. 93 a, 61440 Oberursel.
Fax: 0 61 72/30 48 39.
Telefonische Beratung: montags von 9 bis 14 Uhr, Tel. 0 61 72/30 61 99

werden. Als nächsten und entscheidenden Schritt empfiehlt der Arzt ein batteriebetriebenes Klingelgerät – Klingelhose oder Klingelmatratze –, das nachts bei den ersten Urintropfen Alarm auslöst. Viele Eltern (und auch Psychologen) haben Vorbehalte gegen die Geräte und ihre Wirksamkeit. Sie sorgen sich, daß ihr Kind die Therapie als Strafe auffaßt, seelisch und körperlich Schaden nimmt. Dr. von Gontard beruhigt: „Vergleichende Studien haben ergeben, daß Klingelgeräte mit Abstand den größten Heilungserfolg bringen.“ Eine Psychotherapie wirkt bei 21 Prozent der Bettnässer, aber 66 Prozent von ihnen werden dank eines Klingelgerätes trocken.

Ein Klingelgerät zu benutzen hat aber nur dann Sinn, wenn Eltern und Kind motiviert sind, es auf diese Weise zu versuchen. Die Methode verlangt von der Familie große Kooperationsbereitschaft.

Bei „sekundärer Enuresis“ sind zusätzliche therapeutische Maßnahmen erforderlich. Das Kind muß lernen, seine seelischen Konflikte zu verarbeiten, die Eltern brauchen Rat und Unterstützung. Je nach seelischer Störung und Belastung hilft Spieltherapie, Psychotherapie oder Erziehungsberatung.

Wenn diese Maßnahmen nicht greifen, kann eine medikamentöse Therapie helfen – allerdings nur in Ausnahmefällen und mit strikter ärztlicher Begleitung.

Bewegung

Sportlehrer und Ärzte berichten von einem erschreckenden Leistungsrückgang bei der heutigen Schülergeneration. Der Frankfurter Sportmediziner Professor Ernst Kiphard etwa klagt: „Wir laufen Gefahr, daß unsere Kinder und Jugendlichen sich zu einer Generation von Weichlingen, Schlaffis und Stubenhockern zurückentwickeln.“ Und das, obwohl immer mehr Kinder mit teuren Turnschuhen herumlaufen, die Sportvereine sich über regen Zulauf freuen und mit Inline-Skates, Carving-Ski und Mountainbikes Milliarden-Umsätze gemacht werden.

Dennoch: Nur fünf Prozent aller Kinder sind Mitglied in einem Sportverein. Mädchen und Jungen, die regelmäßig schwimmen, Fußball spielen oder Skateboard fahren, sind in der Minderheit. Sportlehrer und Mediziner geben den Schülern von heute schlechte Noten in Ausdauer, Schnellkraft, Körperkoordination. Und sie prophezeien gravierende gesundheitliche Probleme für später: Rückenleiden, Herz-Kreislauf-Krankheiten, Stoffwechselstörungen. Schon jetzt diagnostizieren Sportärzte bei über 50 Prozent der Schulanfänger Haltungsschwächen und -schäden. Die Zahl der

Dem natürlichen Bewegungsdrang freien Lauf lassen: Kinder sollten viel draußen spielen – auch wenn es dort nur Betonflächen gibt

Kinder mit mindestens 30 Prozent Übergewicht hat sich in den letzten 15 Jahren verdoppelt. Die zunehmende Unbeweglichkeit führt dazu, daß Kinder häufiger verunglücken. Laut einem Gutachten der Deutschen Verkehrswacht hat sich zwischen 1990 und 1996 die Zahl der Schulwegunfälle, an denen nicht Autos oder andere Verkehrsmittel beteiligt waren, verdoppelt.
Die meisten dieser Unfälle passierten durch Abrutschen, Ausgleiten, Umknicken, Hinfallen, Über-etwas-Fallen, Stolpern. Die Gründe für diese Entwicklung liegen auf der Hand: Viele Eltern haben zuwenig Zeit, sich so um ihre Kinder zu kümmern, wie sie gern möchten; Spielmöglichkeiten um die Ecke sind eine Seltenheit, wenn man nicht auf dem Land wohnt; immer mehr Kinder wachsen ohne Geschwister auf; die elektronischen Medien werden immer verführerischer.
Doch man kann gegensteuern. Dabei müssen Eltern, Kindergarten und Schule zusammenarbeiten.

Die Eltern

- Geben Sie Ihrem Kind Bewegungs-Freiheit! In den ersten Lebensjahren müssen Eltern nicht viel mehr tun, als ihr Kind machen zu lassen – toben, rennen, wippen und schaukeln.
- Trauen Sie Ihrem Kind mehr zu! Kinder können ihre Kraft und Geschicklichkeit meist sehr gut einschätzen. Klettert Ihre Tochter auf den Baum oder aufs Mülltonnen-Häuschen, sollten Sie das weder verbieten noch ihr dabei helfen.
- Seien Sie Ihrem Kind ein Vorbild! Das heißt nicht, daß Sie zum Leistungssportler werden sollen. Aber überwinden Sie wenigstens in Gegenwart des Kindes Ihre eigene Bequemlichkeit. Lassen Sie so oft wie möglich das Auto stehen und gehen Sie mit Ihrem Kind zu Fuß! Ziehen Sie Treppen dem Fahrstuhl vor!
- Sorgen Sie dafür, daß sich Ihr Kind einmal täglich körperlich verausgaben kann! Wer öfter mal an den Rand der Erschöpfung gelangt, lernt, die Signale seines Körpers besser wahrzunehmen.
- Locken Sie Ihr Kind vom Bildschirm weg! Sie sollten Fernsehen und Computerspiele nicht tabuisieren. Jedes Kind hat ein Recht auf Unterhaltung. Aber wenn es über Monate täglich mehrere Stunden vor dem Bildschirm verbringt, wirkt sich das eindeutig negativ auf die Gesundheit aus. Die Zeit fehlt für Bewegung.
- Geben Sie Ihrem Kind Anregungen! Schenken Sie ihm Geräte (Hüpfseil, Balancierbalken, Hüpfbälle, Stelzen, Tretroller etc.), und üben Sie mit ihm Bewegungsspiele.
- Helfen Sie Ihrem Kind, eine geeignete Sportart zu finden.

Der Kindergarten

In den Kindergarten-Alltag muß mehr Bewegung! Die Drei- bis Sechsjährigen verbringen dort einen Großteil des Tages. Da reicht die halbe oder dreiviertel Stunde Turnen, die in vielen Einrichtungen pro Woche angeboten wird, nicht.
Wie einfach es ist, schon mit relativ wenig Aufwand die körperliche Leistungsfähigkeit zu verbessern, beweisen Untersuchungen von Dr. Torsten Kunz von der Unfallversicherung der Stadt Frankfurt: Bereits 15 Minuten Bewegungsspiele am Tag führten dazu, daß die Kinder nach acht Wochen um 15 Prozent weiter sprangen und um 20 Prozent schneller liefen.

Die Schule

Bildungspolitiker liegen falsch, wenn sie glauben, am Sportunterricht könne man ohne weitere Folgen sparen. Sport ist nicht irgendein Fach. Kanadische Studien haben gezeigt, daß eine zusätzliche Sportstunde pro Woche nicht nur die körperlichen Leistungen steigert, sondern sich auch positiv auf die Noten in anderen Fächern auswirkt.
Aber noch etwas wäre wünschenswert: Erlöst die Grundschüler endlich vom stundenlangen Stillsitzen! Manche Lehrer lockern ihren Unterricht bereits durch kleine Bewegungs-, Entspannungs- und Atemübungen auf. Davon profitieren vor allem die motorisch schwächeren Kinder, die im leistungsorientierten Sportunterricht nur selten auf einen grünen Zweig kommen.

☐ Siehe auch *Gefahren, Sport, Toben*

C

Computerspiele

Stirbt mit den elektronischen Medien langsam die Kindheit unserer Töchter und Söhne? Werden sie die künstliche Welt eines Tages dem realen Leben vorziehen? Die Zuwachsraten auf dem Markt der Kindersoftware und der Konsolenspiele legen diese Befürchtung nahe. Sieht man genauer hin, stellt sich heraus: Nur die allerwenigsten Kinder und Jugendlichen sitzen täglich Stunden am Joystick. Bücherlesen und Fernsehen sind in der Gunst der Kinder immer noch vorn.
Was viele Eltern beruhigen wird: Wenn sich Kinder vor den Computer setzen, dann wollen die meisten nicht ballern, sondern Sport-, Strategie- oder Geschicklichkeitsspiele machen. Schulkinder nutzen zum großen Teil Lernsoftware, Vorschul-

AB WANN VOR DEN COMPUTER?

? *Wir haben seit einigen Monaten einen neuen PC. Unsere fünfjährige Tochter interessiert sich schon sehr dafür. Ab wann dürfen wir sie guten Gewissens damit spielen lassen? Ist eine Computerschule sinnvoll?*

! Einen bestimmten Zeitpunkt, ab dem ein Kind reif ist für den Computer, gibt es nicht. Allerdings besteht auch kein Grund, Kinder schon möglichst früh damit vertraut zu machen. Bevor sie die Maus schieben, sollten sie die Welt erst einmal mit allen sieben Sinnen begreifen lernen.
Wenn Sie einen PC besitzen, werden Sie auf Dauer nicht vermeiden können, daß Ihre Tochter ab und zu damit spielt. Solange Sie dabei sind und mit ihr noch genügend andere Dinge unternehmen, wird ihr der frühe Computerkontakt nicht schaden.
Brauchen Kinder spezielle Computerschulen? Der Unterricht schadet sicher nicht, außer daß er Geld kostet. Aber großen Nutzen bringt er auch nicht. Die Angst mancher Eltern, ihr Kind werde den Anschluß an die Zukunft verpassen, wenn es mit sechs nicht schon programmieren kann, ist wohl unbegründet.
Kaufen Sie sich lieber ein paar Bücher oder Zeitschriften und probieren Sie selbst mit Ihrer Tochter aus, was man mit dem PC alles anstellen kann.
Und spendieren Sie Ihrer Tochter statt Computerunterricht einen Sportkurs oder Musikunterricht.

kinder und Grundschüler häufig Edutainment-Programme, also eine Mischung aus Spielen und Lernen.
Selbst die Spielekonsolen-Hersteller verkaufen nur zum geringen Teil Ballerspiele. Lediglich zehn bis 15 Prozent der von Sega in Deutschland verkauften Spiele fallen nach eigenen Angaben in die Kategorie „Action“, 23 Prozent dagegen unter die Sparte „Sport“ und 54 Prozent gehören zur Rubrik „Jump-and-Run“. So heißen Geschicklichkeitsspiele, bei denen vorwiegend gehüpft oder gerannt wird.
Eine Befragung von über 500 Bremer Schülern, die Computerspiele besitzen, hat ähnliches ergeben: Einen größeren Stellenwert nehmen gewaltstrotzende Spiele nur bei Jungen im Grundschulalter ein. Mit zunehmendem Alter läßt das Interesse an „Knöpfchenspielen“ (Geschicklichkeit, Ballern) nach, und das an „Köpfchenspielen“ (Adventure-, Rollen-, Simulations-, Strategiespiele) nimmt zu.
Dennoch machen sich Eltern Sorgen, wenn sie sehen, daß ihr Kind sich von Computer- und Videogames fesseln läßt.

Was macht diese Spiele für Kinder verführerisch?

- Sie versprechen Spannung und Unterhaltung. Sie bieten den Kick, die „Action“, die viele im Alltag vermissen. In Adventure-Spielen finden Kinder eine abgeschlossene Welt, in die sie eintauchen können, die bunter und ausgefeilter ist als jedes Brettspiel.
- Der Computer hat immer Zeit. Anders als Eltern oder Freunde ist er als Spielpartner stets verfügbar.
- Video- und Computerspiele verkörpern Ordnung in einer unübersichtlichen Welt. Alle Spiele folgen relativ klaren Strukturen, die vom Spieler meist schnell durchschaut werden.
- Sie machen eigene Leistungen meßbar. Jedes Spiel fängt auf niedrigem Niveau an. Wer sich bemüht, erreicht das nächste „Level“. Der Spieler kann die Anforderungen selbst festlegen, Fehlleistungen jederzeit korrigieren und bestimmte Abläufe so lange wiederholen, bis er sie beherrscht. Er bemerkt unmittelbar Fortschritte, die sofort positiv bestätigt werden.
- Computerspiele sind „gerecht“. Eine angenehme Erfahrung für viele Schüler, die täglich anderes erleben. Zitat eines Hauptschülers: „Der Computer linkt mich nicht. Wer verliert, wird nicht verarscht.“
- Die Spiele verleihen Macht. Für einige Kinder ist auch das ein kaum bekanntes Erlebnis: endlich mal über etwas Kontrolle auszuüben.
- Mit Videospielen läßt sich eine Gegenwelt aufbauen. Wie andere Heranwachsende mit Rauchen, politischen Thesen oder verrückten Klamotten Mutter und Vater provozieren, gelingt das Videospiel-Fans mit ihrem elektronischen Hobby.

Zusammengefaßt: Videospiele kommen den Wünschen, Bedürfnissen, aber auch den Nöten vieler Kinder auf verführerische Weise entgegen. Gefährlich kann die Anziehungskraft von Mega Drive und Super Nintendo dann werden, wenn sich ein Kind mit seinem Joystick langsam, aber sicher, aus der Wirklichkeit herausdrückt, wenn echte, aufbauende, beglückende Erlebnisse zu Hause und in der Schule so selten geworden sind, daß die Computerspiele zur wichtigsten Beschäftigung am Tag werden. Falls also ein Neunjähriger bei schönem Wetter im Zimmer sitzt und „FIFA Soccer“ spielt, statt draußen zu kicken, ist das als Aufforderung zu werten, sich um ihn besonders zu kümmern.
Ein Vorurteil gilt es allerdings auszuräumen: Die intensive Beschäftigung mit Unterhaltungssoftware führe zur Vereinzelung der Kinder, ist immer wieder zu hören. Mehrere Studien haben das widerlegt. Mehr als zwei Drittel aller Video- und Computerspieler gehen ihrem Hobby gemeinsam mit Freunden oder Geschwistern nach. Viele Spiele machen mehr Spaß, wenn man sie miteinander oder gegeneinander spielt. Außerdem wollen die meisten ihre Erfahrungen mit anderen austauschen.
Leider begeistern sich einige Kinder, vor allem Jungen, für Prügel- oder Kriegsspiele. „Noch nie hat Krieg soviel Spaß gemacht“ – dieser Werbespruch eines Spieleherstellers zeigt den ganzen Zynismus der Branche.
Man sollte jedoch Kindern, die gern ballern, nicht unterstellen, sie seien kriegslüstern und verdorben. Viele sagen: „Das mit den Panzerfäusten ist geil, aber im Spiel selbst achte ich nicht mehr so auf die Bilder. Eigentlich ist mir egal, ob ich auf Umweltschleim, Luftballons oder Menschen schieße.“
Die Wirkungsforschung hält sich mit eindeutigen Aussagen zurück. Nur soviel ist sicher: Kein Kind wird selbst gewalttätig, nur weil es brutale Videospiele spielt. Aber: Der regel-

mäßige Umgang damit kann dazu führen, daß Kinder die Muster solcher Spiele übernehmen oder es zumindest für normal halten, daß Panzerfäuste geeignete Mittel sind, Konflikte zu lösen.

Eine Möglichkeit, Kinder und Jugendliche vor den schlimmsten Spielen zu schützen, ist die Indizierung durch die Bundesprüfstelle für jugendgefährdende Schriften (BPS). Dadurch kann der Vertrieb eingeschränkt werden. Ob das viel nützt, bezweifeln viele Experten. Denn wer auf indizierte Spiele scharf ist, kann sie sich auch besorgen. „Heiße Ware" wird auf vielen Schulhöfen gehandelt und läßt sich meist problemlos kopieren. Nach Beobachtung des Freiburger Soziologen Andreas Beierwaltes gilt die Indizierung durch die BPS bei Spiele-Freaks eher als „Oscar" denn als Warnung.

Wenn Eltern wissen, daß ihr Kind im Besitz indizierter Spiele ist, sollten sie ihm klar sagen, daß sie damit nicht einverstanden sind. Dabei nützt es meist wenig zu sagen: „Das schadet dir." Durchaus können sie aber mit Normen und Werten argumentieren. Wenn sie sagen: „Ich finde dieses Abschlachten einfach grauenvoll, es widerstrebt allem, was ich für richtig halte", dann können Kinder das eher respektieren. Nur so kommt ein Denkprozeß in Gang.

Grundsätzlich gilt: Mütter und Väter sollten das Videospiel-Interesse Ihres Kindes nutzen, um sich selbst über diese elektronische Unterhaltung zu informieren. Nur wenn sie mitreden können, wird ihr Kind akzeptieren, daß sie über Spiele urteilen und über neue Käufe mit entscheiden.

Vielleicht gelingt es ihnen sogar, die eigene Hemmschwelle zu überwinden und selbst zu spielen. Meist reichen schon ein paar Stunden mit dem Game Boy und „Tetris", um festzustellen, wie man sich festbeißen kann, wie man es immer wieder von neuem versucht, um die 50 000 oder 100 000 zu schaffen, und wie befriedigend das Gefühl ist, es gepackt zu haben. Und auf einmal ist einem das eigene Kind gar nicht mehr so fremd.

Bei allem Verständnis – Eltern sollten auch Regeln aufstellen, etwa indem sie eine maximale Wochenspielzeit festlegen oder bei kleineren Kindern das Spielen direkt vorm Schlafen verbieten.

Computerspiele faszinieren Kinder, keine Frage. Machtlos stehen Eltern der elektronischen Invasion dennoch nicht gegenüber. Gerade Vorschul- und Grundschulkinder unternehmen immer noch lieber etwas mit Mutter und Vater, als vor dem Bildschirm zu sitzen.

□ Siehe auch *Internet, Lernhilfen*

WIE MAN SCHUND ERKENNT

Wollen Sie sich gezielt über bestimmte Video- und Computerspiele informieren, können Sie sich an Ihr Jugendamt wenden. In den meisten Jugendbehörden sitzt jemand, der über gängige Software Bescheid weiß.

Einige Organisationen bieten auch Broschüren mit aktuellen Spiele-Bewertungen an. Die Bundeszentrale für politische Bildung, Referat Neue Medien, verschickt z. B. zwei- bis dreimal jährlich kostenlos ihre Blätter „Computerspiele auf dem Prüfstand" (Postfach 2325, 53013 Bonn, Tel. 02 28/51 50).

Auch empfehlenswert: die Broschüre „Computer- und Videospiele – pädagogisch beurteilt", zu bestellen bei Wolfgang Fehr, Jugendamt Köln, Johannisstr. 66 – 80, 50668 Köln, Tel. 02 21/22 12 54 99.

Im Heyne Verlag erscheint das Buch „Kinder Software-Ratgeber" von Thomas Feibel mit Beschreibungen und Bewertungen aktueller Kinder-Software. Preis 19,95 Mark (auch als CD-ROM mit jeder Menge Demos erhältlich, digital publishing 39,95 Mark).

D

Daumenlutschen

Am Anfang wollen alle Babys lutschen – aus einem angeborenen Reflex heraus, der ihnen die Nahrungszufuhr sichern soll. Sie nuckeln an allem, was ihnen in den Mund kommt. Am liebsten natürlich an Busen und Fläschchen, aber zur Not tut's auch ein Schnuller. Hauptsache, das Saugbedürfnis wird gestillt.

Durch Zufall entdecken viele Babys zusätzlich ihren Daumen als Sauger, wenn sie sich mit den Händen in ihr Gesicht verirren. Und beim Berühren der Wange gleich erwartungsvoll den Mund aufsperren – auch ein Reflex übrigens. Dann dauert es oft nicht lange, bis – schwupp – ein Finger zwischen den Lippen landet. Meist ist es der Daumen, weil der so praktisch absteht.

Nuckeln beruhigt. Nicht umsonst ist die englische Bezeichnung für Schnuller „pacifier" – was so viel heißt wie „Beruhiger". In seinem Daumen oder seinem Schnuller erkennt das Kleinkind einen jederzeit verfügbaren „Blitzableiter" für unbehagliche Gefühle. Etwa dann, wenn es Hunger kriegt, die Mutter sich aber zuviel Zeit mit dem Anlegen läßt bzw. das Fläschchen nicht schnell genug beibringt.

Der Daumen oder der Schnuller hilft auch beim Abschalten, wenn das Baby nach einer aufregenden Spielphase seine Ruhe haben möchte und gibt damit Halt in fremder Umgebung.

Daumenersatz: In einem bestimmten Alter lutschen Kinder an allem, auch an den Ohren von Stofftieren

Andere Möglichkeiten, sich zu entlasten, hat das Kind anfangs kaum. Aktiv Dampf abzulassen, sich buchstäblich abzureagieren, lernt ein Kind erst, wenn es mobil wird. Dann kann es zunehmend selbst entscheiden, ob es etwas erleben oder lieber eine Weile dösen will, ob es auf Entdeckungstour gehen will oder sich lieber auf Mamas Schoß kuschelt.

SPEZIALSCHNULLER GEGEN SPRACHFEHLER

Zur Entwöhnung bzw. als Schnuller-Ersatz eignet sich die sogenannte „Mundvorhofplatte". Sie liegt wie ein breites Band vor den Zähnen und wird in dieser Position mit den Lippen festgehalten.
Die Mundvorhofplatte hilft auch bei Sprachstörungen wie Lispeln und bei Kiefer- und Zahn-Fehlstellungen. Denn: Mit der Platte schließt das Kind automatisch die Lippen; es atmet nicht mehr durch den Mund, und auch die Zunge verlagert sich zurück.
Vorgefertigte Ersatzschnuller kosten unter 20 Mark.
Muß die Mundvorhofplatte individuell gestaltet werden, entstehen Kosten bis zu 400 Mark. Sie werden von den Kassen getragen, wenn der Zahnarzt oder der Kieferorthopäde das Hilfsgerät verordnet.

Immer besser bekommt das Kind seine Gefühlswelt in den Griff. Höchstens beim Einschlafen oder wenn es müde ist, muß Daumen oder Schnuller noch trösten. Aber auch das ist nur noch eine Frage der Zeit und für die Eltern kein Grund, sich Sorgen zu machen.
Erst wenn ein Kind im Kindergarten oder sogar noch in der Schule einen „Stöpsel" zur Beruhigung braucht, sollten Eltern aufmerken. Warum kann das Kind auf dieses Spannungsventil einfach nicht verzichten?
Oft handelt es sich nur um einen kurzfristigen Rückfall. Das Kind braucht wieder diesen Trost aus Babytagen, weil es durch ein besonderes Ereignis aus dem Gleichgewicht gebracht ist. Zum Beispiel durch die Geburt eines Geschwisterchens oder den Umzug der Familie. Chronisches Lutschen dagegen ist in der Regel ein Zeichen, daß das Kind mit irgend etwas in seinem Leben dauerhaft nicht fertig wird. Findet es in der Schule keinen Anschluß? Kommt es mit der Lehrerin nicht zurecht? Oder sehnt es sich nach mehr Zärtlichkeit?
Wer sein Kind aufmerksam beobachtet und ihm viel Zuwendung schenkt, findet meist schon des Rätsels Lösung. In ganz hartnäckigen Fällen sollte man sich an einen Kinderpsychologen oder an eine Erziehungsberatungsstelle (siehe *Erziehungsberatung*) wenden.

Keinesfalls sollten Eltern ihrem Lutschkind den Nuckel mit rabiaten Methoden vergällen. Bittermittel auf den Daumen zu schmieren oder den Schnuller einfach wegzuwerfen bringt gar nichts. Wenn das Kind das Lutschen braucht, wird es einen Weg finden, es zu tun. Oder es steigt dann eben um auf ein anderes „Laster“ wie Nägelknabbern oder Lippenbeißen. Der Lutsch-Stop funktioniert nur freiwillig. Doch sein muß er. Das dauernde Nuckeln verformt nämlich Kiefer, Mund und Zähne. Bei Daumen- und bei Schnullerkindern kann sich der Oberkiefer nicht richtig entwickeln, denn der Nuckel liegt im Gaumen und verdrängt die Zunge ganz in den Unterkiefer. Außerdem wachsen die oberen und unteren Schneidezähne nicht richtig aufeinander zu, weil sie beim Saugen ständig in den Kiefer zurückgestaucht werden. Es bildet sich ein regelrechtes Loch zwischen oberer und unterer Zahnreihe (offener Biß).

Speziell das Daumenlutschen richtet noch mehr Schäden an:

- Der Oberkiefer wird durch den Daumen in die Länge gezogen, die Frontzähne werden nach vorn gedrückt.
- Gleichzeitig preßt das Gewicht der ganzen Hand den Unterkiefer nach hinten.

Die Folgen können Hasenzähne und ein fliehendes Kinn sein. Aber nicht nur das. Hinzu kommt: Die Backenzähne von Ober- und Unterkiefer passen nicht aufeinander, die Schneidezähne treffen sich nicht. Im schlimmsten Fall bekommt das Kind Sprachprobleme.

Deshalb: Je eher die Lutsch-Entwöhnung stattfindet, desto besser.

☐ Siehe auch *Entwöhnen*

Disziplin

Zucht und Ordnung, auf lateinisch: disziplina, ist für aufgeklärte Eltern zum Glück nicht mehr ein Wert an sich. Dennoch möchte niemand mit Kindern zusammenleben, die nie gehorchen, sondern tun und lassen, was sie wollen.

Disziplin wird in Kindheit und Jugend in zweierlei Hinsicht bedeutsam: Zum einen geht es um die Einhaltung von Anordnungen, Verhaltensregeln in Familie, Schule, Verein und später im Beruf.

Zum anderen bedeutet das Wort Disziplin: Ordnung im Inneren. So wie ein Kind äußere Normen kennenlernen soll, muß es auch in die Lage versetzt werden, seine Gedanken, seine Wünsche und Bedürfnisse zu ordnen. Disziplin heißt auch Selbstkontrolle und Selbststeuerung oder, salopp, sich zusammenzureißen, um ein bestimmtes Ziel zu erreichen. Ich habe mir eine gute Mathe-Note im Zeugnis vorgenommen, also schaue ich mir noch eine halbe Stunde das Distributivgesetz an – obwohl ich viel mehr Lust hätte, meine neue CD in den Player zu legen.

Wer mit sich selbst, wenn es darauf ankommt, diszipliniert umgeht, der steigert auch sein Selbstwertgefühl.

Innere Disziplin braucht ein Mensch ebenso wie äußere. **Ohne ein Minimum an Gehorsam und Rücksichtnahme (von beiden Seiten) ist das Familienleben kaum denkbar.** Manchmal muß allein aus Gründen der Sicherheit Schluß sein, wenn Eltern „Schluß“ sagen. Gelegentlich erfordert auch die nervliche Belastbarkeit der Eltern ein „Stop“. Wer hier auf eigene Kosten stets seinem Kind nachgibt, tut sich und ihm auf Dauer keinen Gefallen.

Früher, als Zucht und Ordnung noch oberstes Erziehungsziel waren, versuchte man, Disziplin auf Biegen und Brechen durchzusetzen, mit dem Rohrstock und anderen rabiaten Strafen.

Warum das heutzutage aus der Mode gekommen ist? Zum einen weil man ein Kind damit demütigt und erniedrigt. Und zweitens, weil die Wirkung brutaler Disziplinierungsversuche meist nur von kurzer Dauer ist.

Wenn ein Kind ständig unter die Nase gerieben bekommt, daß seine Eltern immer siegen, weil sie körperlich stärker und überhaupt mächtiger sind, tritt folgender psychologischer Effekt ein: Es versucht sich zu rächen, mit seinen Mitteln. Es wird selbst gewalttätig, oder es kapselt sich von den Eltern völlig ab. Es provoziert bei jeder Gelegenheit, oder es wählt die Strategie des Dauerquengelns. Kinder, die ständig von außen diszipliniert werden, lernen nie, sich selbst gegenüber Disziplin zu üben.

„Education by terror“ führt also nicht weiter, aber ein Patentrezept, das aufmüpfige Kinder zu frommen Lämmern macht, ist auch zu Beginn des dritten Jahrtausends nicht in Sicht.

Um zu erreichen, daß Kinder in den entscheidenden Momenten gehorchen, brauchen Eltern Geduld – das ist eine langfristige Unternehmung. Der Erfolg steht auf mehreren Säulen:

- Die Eltern besitzen so etwas wie natürliche Autorität, das heißt, ihre Worte haben Gewicht. Die Kinder fühlen: Meine Eltern wollen bei allen Meinungsverschiedenheiten eigentlich mein Bestes.
- Die Kinder kapieren, warum die Eltern um dies bitten und jenes verlangen. Mutter und Vater müssen ihre Wünsche, wann immer möglich, begründen. Einsicht ist eine wichtige Voraussetzung, um einer Bitte zu folgen.
- Wenn ihr Kind sehr ungehorsam ist, müssen die Eltern nach möglichen Ursachen forschen. Oft handelt es sich beim Nicht-Gehorchen nur um ein Symptom für ein tieferliegendes Problem. Für manche Kinder ist Aufmüpfen die einzige Chance, Aufmerksamkeit zu bekommen – häufiges Phänomen nach der Ankunft eines Geschwisters.
- Je mehr Vertrauen und Vertrautheit zwischen Eltern und Kind herrscht, desto weniger Probleme gibt es mit der Disziplin. Wie schafft man das?

Indem man vom Fahrradausflug bis zum gemeinsamen Kochen so viel wie möglich zusammen unternimmt – und seinem Kind dabei so wenig wie möglich dreinredet, vorschreibt und aus der Hand nimmt. Kindern geht es doch nicht anders als uns: Einem Menschen, der uns offensichtlich

vertraut und etwas zutraut, tun wir lieber einen Gefallen zuviel als zuwenig.
Eltern sollten Machtkämpfe vermeiden, wo es geht. Doch wenn sie sich nicht vermeiden lassen, sollten sie auch hart bleiben. Hart nicht im Sinne von unbarmherzig, sondern von konsequent. Bei kleineren Kindern hilft es oft, den Aufrührer wegzutragen oder ihn abzulenken. Bei größeren Kindern wird es schwieriger. Wenn alle Stricke reißen, versuchen es die meisten Eltern mit Strafen – mehr oder weniger erfolgreich. Wer es schafft, unnachgiebig, aber ruhig zu bleiben, erreicht sein Ziel eher.
☐ Siehe auch *Autorität, Erziehungsstil, Familienkonferenz, Grenzen setzen, Konsequenz, Laissez-faire, Schlagen, Strafen*

Doktorspiele

Mit zwei, drei Jahren beginnen Kinder, sich mehr und mehr für ihre Geschlechtsorgane zu interessieren, bald auch für die Genitalien anderer Kinder.
Sie forschen, wann immer sich die Gelegenheit ergibt. Aufregend ist nicht nur, die anatomischen Eigenheiten des anderen Geschlechts zu entdecken und zu fühlen. Etwas Geheimnisvolles umgibt die Sache auch, weil man nicht genau weiß, wie die Erwachsenen darauf reagieren. Mädchen und Jungen können sich in diesem Alter durch Berührungen schon Gefühle von Lust verschaffen. Etwa zwischen drei und sechs Jahren spielen Kinder die eigentlichen Doktorspiele: Oft liegt der „Patient" auf einem Bett, auf dem Tisch oder zur Not auch auf dem Boden, während der „Arzt" ihn eingehend untersucht. Manchmal ziehen sich die Kinder dabei aus und betasten einander, manchmal reicht es schon, einen kurzen Blick auf das Geheimnis des anderen zu erhaschen.
Die Kinder wissen durchaus, daß sie etwas machen, das nicht für die Öffentlichkeit bestimmt ist, und ziehen sich bei den Doktorspielen meist in einen Raum oder eine Ecke zurück, wo sie ihre Ruhe haben.
Die Eltern sollten diesen Wunsch nach Intimität respektieren. Das fällt nicht leicht, denn oft haben sie jetzt zum erstenmal das Gefühl, ihr Kind habe eine Geheimnis vor ihnen.
Doktorspiele sind etwas sehr Normales und kein Grund, sich Sorgen zu machen: In aller Regel geschehen sie in gegenseitigem Einverständnis und nur unter Kindern, die ohnehin Sympathien füreinander entwickeln.
☐ Siehe auch *Sexualität*

Geheimnis: Die Neugier aufs andere Geschlecht wächst von Jahr zu Jahr

DOKTORSPIELE: WANN SOLLEN ELTERN EINGREIFEN?

? *Neulich entdeckte ich bei einem Blick ins Kinderzimmer, wie der Nachbarsjunge meine fünfjährige Tochter am Po untersuchte. Eine komische Situation. Wie reagiert man darauf?*

! Es kommt ganz darauf an, wie sich Ihre Tochter während des Doktorspiels und danach verhält. Wenn sie die Sache offensichtlich anregend und lustig findet und von sich aus später nicht davon redet, besteht kein Grund, daß Sie das Thema anschneiden.
Aufmerken sollten Sie nur, falls Ihre Tochter nach solchen Spielen verändert wirkt, wenn sie stiller ist als sonst oder bedrückt scheint.
Probleme kann es geben, wenn eines der Kinder deutlich älter ist und das Jüngere nicht mehr mitbestimmen kann. Oder wenn die Kinder sich mit spitzen Gegenständen untersuchen oder in irgendeiner Form Gewalt mit im Spiel ist. Dann sollten Sie das Thema möglichst behutsam zur Sprache bringen. Machen Sie Ihrer Tochter klar, daß Doktorspiele nichts Unrechtes sind, daß sie aber ihrem Freund unbedingt sagen soll, falls ihr etwas unangenehm ist. Und daß sie nein sagen soll, wenn sie keine Lust hat.

E

Eifersucht

Eifersüchtig werden Kinder immer dann, wenn sie Angst haben, jemand wolle ihnen die wichtigsten Menschen im Leben, nämlich Mutter oder Vater (oder beide), wegnehmen. Das Problem taucht zum Beispiel bei Alleinerziehenden auf, die nach längerer Zeit wieder einen Partner haben (siehe *Alleinerziehende*). Vor allem aber betrifft es Kinder, die ein Geschwister bekommen.

Zwei-, Drei-, Vier- oder Fünfjährige sind zunächst einmal stolz, wenn ein Schwesterchen oder Brüderchen kommt.

Erst nach einigen Monaten wird aus dem Stolz Unbehagen. Da wird dieses Bündel von Mama und Papa herumgetragen – und man selbst muß zehnmal betteln, bis sie einen auf den Arm nehmen. Da kommt die Tante zu Besuch und kriegt sich gar nicht mehr ein vor lauter „Ja, wo isser denn", bis sie sich endlich daran erinnert, daß es auch noch ein größeres Kind gibt.

Und irgendwann beginnt das kleine Krabbel-Monster unter Beifall, auf wackligen Beinen durch die Wohnung zu stapfen. „Wenn ich laufe, klatscht keiner", denkt sich das große Kind.

Besonders bitter ist die Eifersucht für Erstgeborene, die zwischen eineinhalb und fünf Jahren alt sind, wenn das Baby kommt. Denn im Laufe des zweiten Lebensjahres entdeckt ein Kind sein Ich und sieht sich selbst als eigenständige Person. Es will sich von den Eltern lösen, braucht sie aber gleichzeitig als sichere Basis. Die Geborgenheit scheint nun durch den Neuankömmling gefährdet.

Daß die Großen die Kleinen dann hier mal zwicken und ihnen dort ein Spielzeug wegnehmen, ist normal. Manch ein Vierjähriger, der eigentlich schon sauber ist, macht auf einmal wieder in die Hose oder verlangt nach dem Schnuller. Auch Tritte gegen Mama und ein Schubs gegen den kleinen Bruder sind bei älteren Geschwistern nichts Ungewöhnliches.

Es kommt aber vor, daß solche Aggressionen das familiäre Klima dauerhaft beeinträchtigen oder sogar zum zentralen Familienproblem werden. Allerdings darf man das nicht verwechseln mit einer gesunden Geschwister-Rivalität, durch die Kinder wichtige soziale Fähigkeiten wie Zusam-

NOCH EINMAL BABY SEIN!

Als sehr hilfreich gegen Geschwister-Eifersucht hat sich die „Babyspiel-Therapie" des Lichtenfelser Familienberaters Hans Berwanger erwiesen. Berwanger ist überzeugt, daß alle Beteuerungen von Eltern, ihr älteres Kind doch genauso liebzuhaben wie das Baby, sinnlos sind. Das Ältere glaubt ihnen nicht. Er empfiehlt daher, sie in die Zeit zurückzuversetzen, an die sie sich nicht mehr bewußt erinnern können, sie also für kurze Zeit wieder Baby zu sein zu lassen.

Und so funktioniert es: Die Mutter (der Vater) sollte einen ruhigen Abend nutzen, um sich vor dem Schlafengehen beim älteren Kind ans Bett zu setzen. Vielleicht ein Album mit Babyfotos holen und dem Kind von der Zeit vorschwärmen, als es noch ganz klein war.

Dieses Gespräch darf nicht gestört werden. Am besten, das jüngere Kind schläft schon oder wird vom anderen Elternteil versorgt. Das Gespräch sollte unter vier Augen stattfinden, es muß sein wie ein schönes Geheimnis.

Die Mutter schwärmt also von der schönen Zeit mit ihrem ersten Baby, von ihren Glücksgefühlen und ihrem Stolz, vom Baden, vom Stillen und Fläschchengeben, vom ausgiebigen Schmusen. Und dann stellt sie die Testfrage: „Ich fände es zu schön, wenn du noch mal mein Baby sein könntest. Möchtest du wieder mein Baby sein und auf meinem Arm gewiegt werden?"

Ein eifersüchtiges Kind wird in der Regel nicken oder begeistert ja sagen. Es will sich ja der elterlichen Geborgenheit und Liebe versichern. Manche fallen schlagartig in die Babysprache zurück, klettern auf Mutters Schoß und lassen Arme, Beine und Kopf hängen. Andere beginnen, wie ein Säugling mit den Händen zu spielen oder wie ein Baby zu glucksen.

Aber natürlich gibt es auch Kinder, die das Babyspiel nicht annehmen, die es albern finden und sich ganz einfach zu groß dafür fühlen. Sie antworten auf die Testfrage wahrscheinlich: „Also wirklich, Mama. Ich bin doch schon so groß!" Dann kann die Mutter lächelnd antworten: „Das habe ich mir schon gedacht. Ich freue mich ja auch, daß du so groß und selbständig bist."

Wenn ihr Kind aber auf das Babyspiel eingeht, dann sollte sie auch weiterspielen: zum Beispiel ein Fläschchen mit Milch oder Tee bereiten, ihr Kind dann wie in alten Zeiten auf den Arm nehmen und es füttern. Sie kann es baden oder ihm Windeln anbieten (keine Sorge, die Sauberkeitserziehung wird dadurch nicht in Frage gestellt). Sie darf es ins Bett tragen, ihm Schlaflieder vorsingen und überhaupt alles tun, was ihr möglich und passend erscheint. Nach dem Einschlaflied verabschiedet sie sich mit den Worten: „Und wenn du morgen abend wieder mein Baby sein willst, mußt du es nur sagen." Am nächsten Morgen allerdings behandelt sie ihr Kind wieder altersgemäß – oder sogar, als wäre es seiner Zeit voraus.

Durch das Babyspiel kann sich das ältere Kind wieder in die Zeit zurückfallen lassen, als es selbst noch die bedingungslose Liebe der Eltern spürte. Mehr als durch tausend Worte können die Eltern ihrem Kind damit zeigen: „So haben wir dich damals geliebt."

Nach der Erfahrung von Hans Berwanger spielt es keine Rolle, ob das Kind drei, vier oder fünf Jahre alt ist. Selbst Kinder im Grundschulalter können sich darauf einlassen.

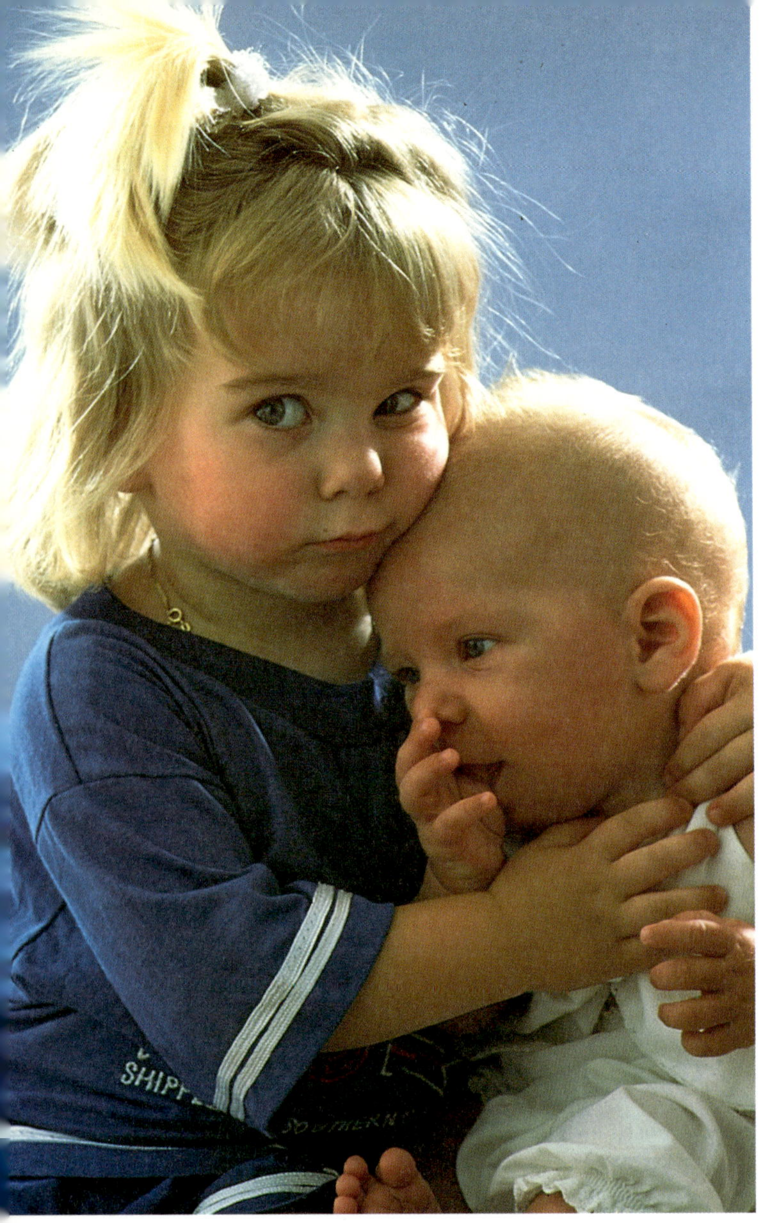

An mein Herz, Brüderchen! Liebe und Eifersucht liegen bei Geschwistern oft ganz nah beeinander

menhalten, Teilen, Streiten und Versöhnen erwerben. Hier einige Tips gegen die Eifersucht:

● **Schon vor der Geburt des neuen Babys können Eltern etwas tun.** Sie sollten sich nicht nur untereinander von dem Baby vorschwärmen, sondern das Ältere bewußt einbeziehen. Kleineren Kindern aber erst, wenn der Bauch deutlich sichtbar wird, von dem Ereignis erzählen – damit die Wartezeit nicht zu lang wird. Einem Vier- oder Fünfjährigen kann man auch schon Bilder von Embryos in den verschiedenen Entwicklungsstadien zeigen. Man sollte ihm aber nicht erzählen, wie toll es sein wird, einen Spielkameraden zu haben. Die Enttäuschung wäre groß. Denn zunächst wird das Baby vor allem Mama und Papa mit Beschlag belegen.

● **Der Vater sollte seiner Frau nach der Geburt (im Haushalt, mit dem Baby) so viel Arbeit abnehmen wie möglich.** Um so mehr Zeit hat sie, sich auch um das ältere Kind zu kümmern.

● **Die Familie muß in der Freizeit nicht alles gemeinsam machen.** Besser, sie teilt sich ab und zu so auf, daß das große Kind etwas mit einem Elternteil allein unternehmen kann. Dann spürt das ältere Kind, daß es für Mutter und Vater wichtig geblieben ist.

● **Bekannte und Verwandte sollten wissen, wie wichtig es ist, das große Kind zuerst zu begrüßen,** ihm vielleicht sogar ein Extra-Geschenk mitzubringen. Das Baby legt darauf noch nicht viel Wert.

● **Das Große sollte in die Pflege des Babys einbezogen werden, etwa** den Po pudern oder das Fläschchen halten dürfen. Und die Eltern können dann loben: „Das Baby kann froh sein, so eine tolle Schwester / einen großen Bruder zu haben!"

☐ Siehe auch *Alleinerziehend, Altersabstand, Geschwister, Geschwisterstreit*

Einschlafprobleme

Wie kommt es, daß viele Kinder ihre Eltern abends lange auf Trab halten, während andere ganz ohne Zutun einschlafen? Die Ursachen sind vielfältig: Die einen brauchen weniger Schlaf, die anderen mehr. Die einen sehen ihre Eltern tagsüber nur wenig und brauchen daher abends besonders viel Zuwendung, die anderen nicht. Oder es haben sich aufwendige Einschlafrituale eingeschlichen, die man seinem Kind auf die Schnelle nicht mehr abgewöhnen kann.

Sehr häufig überschätzen Eltern den Schlafbedarf ihres Kindes, der in erster Linie genetisch festgelegt ist. Sind die Eltern Kurzschläfer, wird auch das Kind relativ wenig schlummern.

Um herauszufinden, wieviel Schlaf ein Kind braucht, empfehlen Schlafforscher, zehn bis 14 Tage lang ein Schlafprotokoll zu führen. Das heißt, alle Schlaf- und Wachzeiten tagsüber und nachts festzuhalten. Häufiges Resultat dieser Aufzeichnungen: Das Kind liegt zu lange im Bett.

Kein Wunder also, wenn es über eine halbe Stunde zum Einschlafen braucht oder nachts ein, zwei Stunden wach liegt beziehungsweise in aller Frühe bereits munter ist.

Da hilft nur, die Schlafzeit zu verkürzen: bei Kindern, die abends ewig nicht einschlafen können oder morgens um fünf Uhr schon auf der Matte stehen, die Zubettgehzeit nach hinten zu verschieben. „Oft wirkt auch Wecken Wunder", schreibt die Psychologin und dreifache Mutter Annette Kast-Zahn in ihrem Buch „Jedes Kind kann schlafen lernen" (ObersteBrink, 29,80 Mark). Konkret heißt das: Ein Kind, das

WANN GEHEN KINDER ZU BETT?

Unter sechs Jahren:	
Vor 19 Uhr 30	26 %
Vor 20 Uhr 30	54 %
Nach 20 Uhr 30	20 %
Über sechs Jahre:	
Vor 19 Uhr 30	15 %
Vor 20 Uhr 30	65 %
Nach 20 Uhr 30	20 %

Ergebnisse einer ELTERN-Umfrage unter 3200 Leserinnen und Lesern

WIE LANGE BRAUCHEN KINDER ZUM EINSCHLAFEN?

Unter sechs Jahren:	
Bis zu 15 Minuten	47 %
Bis zu 30 Minuten	30 %
30 Minuten und länger	23 %
Über sechs Jahre:	
Bis zu 15 Minuten	34 %
Bis zu 30 Minuten	29 %
30 Minuten und länger	37 %

den fehlenden Nachtschlaf regelmäßig morgens nachholt, einfach eine Viertelstunde früher wecken. Ein paar Tage später noch eine Viertelstunde früher – bis es nachts durchschläft. Eine andere Möglichkeit: Den ausgedehnten Mittagsschlaf etwas kappen, damit die längste Wachzeit des Tages direkt vor dem nächtlichen Zubettgehen liegt. „Diese Umstellung des Rhythmus erfordert allerdings etwas Geduld", warnt Annette Kast-Zahn. „Bis sich das Kind an die neuen Zeiten gewöhnt hat, kann es zwei, drei Wochen dauern. Manchmal müssen Eltern bestimmte Eigenarten ihres Kindes auch einfach akzeptieren. Etwa, daß es untertags nur 20 bis 30 Minuten am Stück schläft."

Schwieriger, als den Schlafrhythmus umzustellen, ist es, die Einschlafgewohnheiten zu ändern, das Kind also dazu zu bringen, allein einzuschlafen. Verständlicherweise hängt es an seinen Gewohnheiten und verteidigt sie mit Gebrüll.

Bevor Eltern also etwas unternehmen, sollten sie sich deshalb fragen, ob ihr Leidensdruck wirklich groß genug ist, um entsprechende Maßnahmen durchhalten zu können. Wenn ja, können sie versuchen, mit der Methode des amerikanischen Kinderarztes und Schlafexperten Richard Ferber das zermürbende Schlafverhalten ihres Kindes zu ändern.

Zuallererst gilt: das Kind nicht mehr herumtragen oder an der Brust einschlafen lassen, sondern wach ins Bettchen legen. Auch keine Flasche mehr geben. Eltern sollten diese Änderung jedoch vorher ankündigen, damit sich ihr Kind darauf einstellen kann. Schon mit Einjährigen kann man darüber reden. Dennoch wird das Kind sicher zuerst lautstark protestieren.

Dann gibt es mehrere Möglichkeiten:

- Setzen oder stellen Sie sich neben das brüllende Kind und sagen Sie in regelmäßigen Abständen so lange einen beruhigenden, formelhaften Satz (wie: „Schön schlafen. Mama/Papa ist ja da"), bis es eingeschlafen ist. Dabei sollten Sie dem Kind jedesmal kurz über den Kopf streicheln, es aber auf keinen Fall wieder aus dem Bett holen oder schimpfen.
- Setzen Sie sich in Sichtweite des Kindes und trösten Sie es ebenfalls wieder in regelmäßigen Abständen mit einem formelhaften Satz. Von Mal zu Mal rücken Sie den Stuhl näher in Richtung Zimmertür, bis Sie außerhalb des Blickfeldes Ihres Kindes sitzen.
- Nach dem Gutenachtkuß verlassen Sie zunächst das Zimmer. Hört das Kind nicht auf zu weinen, gehen Sie nach einigen Minuten wieder hinein und beruhigen es auch in diesem Fall mit einer Standardformel, bevor Sie wieder gehen. Wiederholen Sie diese Prozedur in regelmäßigen Abständen von einigen Minuten, bis das Kind eingeschlafen ist. Auf die gleiche Weise können Sie Ihr Kind auch „vertrösten", wenn es in der Nacht nach Ihnen schreit.

Das Erscheinen in kurzen, regelmäßigen Abständen verhindert, daß beim Kind Verlassensängste auftreten.

Was aber tun, wenn das Kind immer wieder aus dem Bett klettert und ein wortloses Zurückbringen wenig Wirkung zeigt? Hier empfiehlt Annette Kast-Zahn die „Tür auf-, Tür zu-Methode", eine Art „Auszeit". Nach dem Zurückbringen wird für eine Minute die Tür des Kinderzimmers geschlossen. Mutter oder Vater wartet draußen und geht dann wieder hinein. Ist das Kind in seinem Bett geblieben, bekommt es ein kurzes Lob oder eine Liebkosung, und die Tür bleibt wieder offen. Ist es herausgeklettert, wird die Tür wieder geschlossen, diesmal zwei Minuten, beim nächsten Mal drei Minuten. Jedesmal machen die Eltern aber ihrem Kind das Angebot: Bleibst du im Bett, bleibt die Tür offen.

SCHWIERIGKEITEN, ALLEIN EINZUSCHLAFEN HABEN

44 % der unter Dreijährigen
32 % der Drei- bis Fünfjährigen
25 % der Sechs- bis Zehnjährigen

Manchen Eltern wird diese Methode zu hart erscheinen. Dann sollten sie sie auch nicht anwenden. Denn an den ersten Abenden wird das Kind sicher länger weinen. Bis es die Änderung akzeptiert, kann es in hartnäckigen Fällen zwei Wochen und mehr dauern. Das auszuhalten und dabei ruhig und konsequent zu bleiben, kostet viel Kraft und Nerven. Braucht das Kind in einer bestimmten Phase sehr viel Zuwendung, sollten Eltern das Programm nicht durchführen.

☐ Siehe auch *Schlafprobleme, Träume*

KINDERN FÄLLT DAS EINSCHLAFEN LEICHTER, WENN SIE ...

- sich tagsüber viel draußen bewegen;
- mindestens eine Stunde vor dem Schlafengehen nicht mehr wild toben oder vor dem Fernseher sitzen;
- möglichst immer zur selben Zeit ins Bett gehen und aufstehen;
- täglich mit einem gleich ablaufenden Ritual ins Bett gebracht werden. Zum Beispiel Abendessen, Spielen und Schmusen, Ausziehen, Zähneputzen, Vorlesen oder Beten, Gutenachtkuß;
- mit einem kleinen Licht im Zimmer oder mit offener Zimmertür einschlafen dürfen;
- in einem kühlen, ruhigen Raum liegen;
- mit einem Kuscheltier, einem Schmusetuch oder einem Kleidungsstück der Mutter/des Vater das Bett teilen;
- einen von Mama oder Papa gemalten Schutzengel über dem Bett hängen haben.

Einzelkinder

In jeder dritten Familie wächst heute nur noch ein Kind auf. Nicht immer haben die Einzelkind-Eltern diesen Zustand bewußt gewählt. Die Tatsache, daß in Umfragen nur fünf bis zehn Prozent aller Eltern die Ein-Kind-Familie für erstrebenswert halten, deutet darauf hin. Und sie zeigt: Es gibt noch immer handfeste Vorurteile gegen Kinder, die ohne Geschwister aufwachsen.

Noch zu Beginn des 20. Jahrhunderts, als die Großfamilie die übliche Lebensform war, verdammte der US-Psychologe Stanley Hall Einzelkinder als „egoistisch, abhängig, aggressiv, dominierend, zänkisch“. Sein Wiener Kollege und Zeitgenosse Alfred Adler schrieb: „Manchmal ähnelt das Leben von Einzelkindern dem von Parasiten, die nur genießen, während andere alles für sie besorgen müssen.“

In den sechziger und siebziger Jahren begann sich das Bild zu wandeln. Experten wie die Bevölkerungsforscherin Judith Blake beschrieben Einzelkinder ganz anders: Klüger seien sie, ehrgeiziger, aktiver als Kinder mit Geschwistern.

Verwöhnt und egoistisch, klug und optimal gefördert – zwischen diesen beiden Polen bewegt sich das Bild des Einzelkindes auch heute noch. Dabei zeigen neuere Studien, daß weniger die Anzahl der Geschwister für die Entwicklung eines Kindes wichtig ist als die Art und Weise, wie die Familienmitglieder miteinander umgehen. Ob Einzelkind oder Geschwister, alle Kinder können klug, glücklich, einsam, aufsässig, egoistisch, einfühlsam, selbstbewußt, schüchtern sein. Auf uns Eltern kommt es an und darauf, wieviel Kontakt zu Gleichaltrigen wir ihnen ermöglichen.

Wo können in Ein-Kind-Familien Probleme auftauchen?

Einzelkinder wachsen mit weniger strengen Regeln auf als Kinder mit Geschwistern. Es besteht die Gefahr einer überstarken Bindung zwischen Eltern und Kind, auch die Gefahr des Verwöhnens. Doch das Risiko ist geringer als früher, weil Kleinkindergruppen, Tagesmütter mit mehreren Kindern, Kindergarten und Hort viel selbstverständlicher sind als noch vor 25 Jahren. In diesen Einrichtungen erleben Einzelkinder das Zusammenleben mit Gleichaltrigen hautnah und täglich. Dabei schulen sie ihre sozialen Fähigkeiten.

Schwerer haben es Einzelkinder bei Familienkonflikten da stehen dann zwei Erwachsene einem Kind gegenüber – oder das Kind sitzt zwischen zwei Stühlen. Geschwister geben einander Rückendeckung, die fehlt Einzelkindern.

Wo sind die Chancen des Einzelkind-Daseins?

Kinder ohne Geschwister genießen die ungeteilte Liebe, Aufmerksamkeit und Förderung von Mutter und Vater. In der Regel leiden sie nicht darunter, daß kein anderes Kind im Haus ist. Schon gar nicht, wenn ihre Eltern ihnen früh Kontakte zu Nachbarskindern, Kindergarten- und Schulfreunden ermöglichen.

Das Gefühl, etwas ganz Besonderes zu sein, kann einem Kind lebenslang viel Stärke und Selbstbewußtsein geben. Es sollte allerdings auch von den Eltern darauf vorbereitet werden, daß die Umwelt oft keine Rücksicht auf solche Exklusiv-Ansprüche nimmt.

□ Siehe auch *Geschwister*

Entwöhnen

Manchmal ist es nicht einfach für Kinder, von liebgewonnenen Gewohnheiten Abschied zu nehmen. Meist gelingen solche Übergänge ganz natürlich – weil das Kind selbständiger wird. Es will nicht mehr von Mama angezogen werden, es verzichtet auf die bequeme Windel und geht irgendwann von allein auf Topf oder Toilette, wie es die Großen tun.

Oft sind es auch die Eltern, die eine Gewohnheit beenden wollen, weil sie z. B. meinen, die Tochter sei für den allnächtlichen unbequemen Besuch im Elternbett wirklich zu groß geworden.

Gar nicht so einfach gestaltet sich das Entwöhnen, wenn es um orale Genüße geht, also Nuckeln, Lutschen, Essen, Trinken – schließlich stecken oft wirklich Hunger und Durst oder das legitime Bedürfnis nach Beruhigung dahinter.

Die Entwöhnung des Babys von der Mutterbrust ist für die Mutter oft schmerzhafter als für ihr Kind. Sie empfindet sicher ein bißchen Wehmut, wenn ihr Kind immer häufiger den Kopf wegdreht, sobald sie ihm die Brust anbietet. Im Idealfall entwöhnt sich das Kind selbst – das mag im dritten Lebensmonat sein, im siebten Monat oder erst im dritten Lebensjahr.

Ärzte halten sechs Monate Stillen für gerade richtig, danach überwiegen die Vorteile (etwa für die Stärkung des Immunsy-

SO KLAPPT DER FLÄSCHCHEN-ENTZUG

Haben sich Kinder erst einmal so an die Nuckelflasche gewöhnt, daß sie sie nicht nur zum Trinken, sondern auch zum Trösten benutzen, dürfen die Eltern den Plastikfreund nicht von einem auf den anderen Tag verschwinden lassen. Die Münchner Kindertherapeutin Karin Schneider-Henn empfiehlt einen langsamen Entzug. Auch Eineinhalbjährige verstehen die Erklärung, daß Flaschenuckeln die Zähne kaputtmacht. In Rollenspielen läßt man Teddy und Puppe aus Bechern oder Gläsern trinken, gemeinsam wird ein schönes Trinkgefäß gekauft. Die Flasche darf beim Kind bleiben – allerdings ohne Füllung. Sie kann als Spielzeug benutzt werden. Nach ein paar Monaten wird das Kind das Interesse daran verlieren. Wichtig ist, daß die Kleinen, auch wenn sie vor dem Einschlafen oder nachts Durst haben, aus Schnabeltassen oder Gläsern trinken, denn sonst schleicht sich die Nuckelflasche wieder ein. Eltern werden feststellen, daß der „Entzug“ schneller klappt, wenn sie selbst davon überzeugt sind, daß die Flasche ihrem Kind schadet. Ganz ohne Protest wird die Umstellung nicht vor sich gehen.

SO GELINGT DAS ABSTILLEN BESSER

- Als erste Brustmahlzeit sollte eine am Vormittag, Nachmittag oder frühen Abend ersetzt werden. Dann ist die Brust nicht so prall gefüllt, und das Baby ist weder zu hungrig noch zu müde, um geduldig vom Löffel zu essen.
- Wenn das Baby vor jeder Brustmahlzeit ein paar Löffelchen Brei angeboten bekommt, saugt es danach nicht so heftig, die Milchbildung wird nicht so stark angekurbelt.
- Während der Abstillzeit sollte die Frau unbedingt einen BH tragen, damit die Brust eng am Körper anliegt.
- Das ideale Abstill-Getränk ist Salbeitee, er reduziert die Milchmenge. Alkoholische Getränke regen dagegen den Milchfluß an.

stems oder Allergievorbeugung) mögliche Nachteile (z. B. Eisenmangel oder andere Mangelerscheinungen) kaum noch. Dennoch spricht nichts dagegen, daß Mütter ihr Kind länger stillen, solange das Familienleben nicht darunter leidet. Manchmal müssen oder wollen Mütter ihr Kind aber auch zu einem bestimmten Zeitpunkt abstillen.

Eine medizinische Notwendigkeit besteht dagegen, exzessiven Fläschchentrinkern ihre Nuckelflasche abzugewöhnen. Etwa 200 000 Kinder in Deutschland leiden unter schwarzen, verfaulten Milchzähnen, weil sie zu lang zu viel getrunken haben. Die Gefahr besteht nicht nur bei Säften und süßen Tees, sondern auch bei Milchgetränken. Die Wirkung bleibt immer gleich: Durch das ständige Saugen und Umspülen wird der Zahnschmelz angegriffen, der Zahn ist nicht mehr ausreichend geschützt. Am verheerendsten wirken sich Einschlaf-Fläschchen aus. Manche Kinder sind geradezu süchtig nach ihrem Fläschchen. Vor allem dann, wenn es als Tröster für jede seelische Not herhalten muß – und sei sie auch noch so klein. Kommt der Trost aus der Flasche, erhalten die Kinder eine fatale Botschaft: Fühle ich mich unwohl, geht es mir besser, wenn ich etwas zu mir nehme. Dabei wissen Experten: Die Grundlage jeder Sucht ist der Wunsch, sich bei Frust irgend etwas einzuverleiben, ob Alkohol, Rauschgift, Tabletten oder einfach nur Unmengen von Essen.

Kinderärzte und -therapeuten empfehlen heute folgendes:

Erstens: Kinder sollen sich nicht mit leichten Plastikfläschchen, die im Bett oder im Buggy liegen, selbst versorgen. Sind

Inniges Verhältnis: Dennoch muß Abstillen kein schmerzhafter Prozeß sein

ABSCHIED VOM SCHNULLER

Wenn der Schnuller auch besser ist als das Fläschchen – mit zwei, drei Jahren sollte damit spätestens Schluß sein.

- Vereinbaren Sie mit Ihrem Kind einen Tag, an dem die Schnuller in den Müll kommen oder an jemanden verschenkt werden. Das können Sie mit einem Fest feiern.
- Sie können auch einen Tausch gegen ein Schmusetier oder die zahnfreundlichere Mundvorhofplatte (beim Zahnarzt erkundigen, s. auch *Daumenlutschen*) vorschlagen.
- Manche Eltern hatten damit Erfolg: Mit Lebensmittelfarbe ein Gesicht auf den Schnuller malen und seinem Kind erklären, das sei ein neuer Freund. Nur habe der leider eine fürchterliche Angst vor der Dunkelheit im Mund.
- Wenn Ihr Kind ohne Schnuller nicht einschlafen kann – führen Sie neue Abend-Rituale ein: mit ihm Musik hören, ihm vorlesen. Kinder genießen es viel mehr, sich gemeinsam mit den Eltern zu entspannen als allein mit Schnuller.

sie durstig, dann sollen sie etwas zu trinken bekommen. Ab dem ersten Geburtstag am besten aus dem Glas. Und wenn es unbedingt aus der Flasche sein muß, dann halten die Erwachsenen sie und stellen sie auch wieder weg. Schwierig wird es, wenn sich die Kleinen erst einmal an die Nuckelflasche gewöhnt haben. Aber auch sie können wieder entwöhnt werden (siehe Kasten auf Seite 28).
Zweitens: Saug- und Beruhigungsbedürfnisse sollen ab dem zweiten Lebensjahr nicht mit Nahrungsmitteln oder Getränken befriedigt werden. Der Schnuller reicht vollkommen aus – aber auch er sollte nur sparsam eingesetzt werden.
□ Siehe auch *Daumenlutschen, Eßstörungen, Familienbett*

Erziehungsberatung

Erziehung ist ein schwieriges Geschäft. Jungen Müttern und Vätern fehlen heute die Vorbilder und die Hilfe, die es früher, in größeren Familien, in denen mehrere Generationen unter einem Dach lebten, noch gab. Gleichzeitig sind die Ansprüche an Erziehung gewachsen.
Es ist also keine Schande, wenn in der Familie mal etwas aus dem Ruder läuft: wenn Fünfjährige anfangen, extrem Fingernägel zu kauen, wenn Siebenjährige plötzlich nicht mehr in die Schule wollen, wenn Kinder aggressiv oder depressiv werden. Zumal viele Auffälligkeiten, wie etwa das hyperkinetische Syndrom oder Legasthenie, biologischen Ursprungs sind und nicht von den Eltern verursacht.
Zeit, professionelle Beratung zu suchen, ist immer dann, wenn die Eltern das Gefühl haben, aus eigener Kraft nicht mehr weiterzukommen, wenn trotz Bemühen und Hilfe sich nichts ändert, wenn Eltern nicht mehr in der Lage sind, ihrem Kind Grenzen zu setzen, oder sich nur noch mit Druck und Strafen durchzusetzen glauben.
Fast die Hälfte aller kleinen Klienten kommt zum erstenmal im Grundschulalter zur Erziehungsberatung. Dabei liegen die Wurzeln für Schulprobleme oft schon im Vorschulalter: Kinder mit Sprachproblemen, sehr schüchterne Kleine oder Zappelphilippe fallen bereits im Kindergarten auf. Doch erst wenn Lernschwierigkeiten auftauchen, suchen die Eltern Rat. Oft helfen ganz einfache Maßnahmen aus dem Dilemma heraus. Ein unbeteiligter Dritter kann das manchmal schneller erkennen als Eltern, die neben der Kindererziehung einen anstrengenden Alltag zu bewältigen haben.
In den Erziehungs- und Familienberatungsstellen, die es überall im Bundesgebiet gibt, treffen Eltern auf psychologisch oder sozialpädagogisch ausgebildete Fachleute. Im ersten Gespräch versuchen diese abzuklären, wo das Problem steckt: Ist etwas Besonderes vorgefallen? Wer leidet am meisten unter dem Problem? Wie hat sich die Familie in der letzten Zeit verändert?
Dann entscheiden die Berater in der Regel, ob es reicht, sich mit dem Kind und/oder seinen Eltern noch ein paarmal zu treffen, um ganz konzentriert an einem konkreten Problem zu arbeiten. Und vielleicht ein paar Kniffe zu zeigen, mit denen man die Stimmung und den gegenseitigen Respekt in der Familie wieder aufbauen kann oder ob tiefergehende Gespräche mit Spezialisten sinnvoll sein können. Oft ist gar nicht das Kind allein die Ursache, sondern ein Geflecht von Verhaltensweisen innerhalb der Familie. Dann hilft eine Familientherapie. Da jedes Familienmitglied Teil des Systems ist, sollte daran auch wirklich die ganze Familie teilnehmen.
In anderen Fällen braucht nur das Kind Hilfe und Entlastung. Dann empfiehlt die Beratungsstelle eine psychotherapeutische Behandlung.
Oder aber das Verhalten des Kindes ist nur Symptom für einen Konflikt zwischen Mutter und Vater. Für diesen Fall sollten die Eltern einer Ehe- oder Paartherapie den Vorzug geben.
Welche Art von Familientherapie (systemische? analytisch orientierte?) in Frage kommt oder welche anderen Behandlungsmöglichkeiten es gibt (Bewegungstherapie, Musiktherapie, autogenes Training etc.) – darüber kann die Erziehungsberatung ebenfalls Auskunft geben.
□ Siehe auch *Verhaltensstörung*

WER HILFT? WAS KOSTET ES?

Beratungseinrichtungen werden von Kommunen und Landkreisen getragen. Oder von privaten Trägern unterhalten. Adressen gibt es über die Wohlfahrtsverbände wie Caritas, Diakonie oder Arbeiterwohlfahrt bzw. in den örtlichen Telefonbüchern. Eine vollständige Liste aller Erziehungsberatungsstellen verschickt die Bundeskonferenz für Erziehungsberatung, Herrnstr. 53, 90763 Fürth, Tel. 09 11/9 77 14-0. Die Liste ist auch im Internet unter www.bke.de/ratsuchende einzusehen.
Wie sind die Wartezeiten? In Großstädten dauert es in der Regel ein bis zwei Wochen bis zum ersten Gespräch, manchmal auch länger. Auf dem Land brauchen Sie oft mehr Geduld: Zwei bis vier Wochen Wartezeit sind hier der Schnitt. Aber: Sie können jederzeit auch bei einer besser besetzten Stelle in der nächsten größeren Stadt anfragen. In Notfällen sind die Berater selbstverständlich auch sofort für Sie da!
Erziehungsberatung muß übrigens immer kostenfrei sein.
Welche Rechte haben Eltern? Der Gesetzgeber hat im Kinder- und Jugendhilfegesetz den Rechtsanspruch auf Erziehungsberatung verankert: Jede Familie kann sich an eine Erziehungsberatungsstelle wenden. Die Beraterinnen und Berater unterliegen der Schweigepflicht und dürfen keine Daten preisgeben. Das gilt auch dann, wenn nur ein Elternteil zur Beratung kommt und er den Partner davon nicht informieren möchte. Auch Fälle von Mißbrauch oder Mißhandlung müssen vertraulich behandelt werden.
Im Durchschnitt kommen die Klienten zu einer bis zehn Beratungsstunden, die Betreuung kann bei Bedarf aber auch über Jahre gehen.

Erziehungsstile

Werden Eltern in Deutschland nach ihren Erziehungszielen gefragt, so sind sie sich erstaunlich einig: Sie wollen Kinder mit einem hohen Maß an Selbstsicherheit und Selbständigkeit heranziehen. Sie sollen eigenverantwortlich, glücklich und gesund durchs Leben gehen.

Doch die Wege dahin sind höchst unterschiedlich. Jeder hat seinen Erziehungsstil, und der unterscheidet sich garantiert von dem des Partners, der Oma oder der Lehrerin. Die einen helfen und unterstützen viel, aber tadeln auch häufig. Andere loben gern, lassen das Kind aber sonst einfach machen. Wieder andere meinen, nur durch konsequentes Strafen sei ein Kind auf dem rechten Weg zu halten.

Die Kombination aus Laufen-Lassen und Grenzen-Setzen, aus Unterstützen und Selbst-Machen-Lassen, aus Lob und Tadel, Anteilnahme und Desinteresse, Strafe und gutem Zureden, aus Wärme und Sachlichkeit macht den Erziehungsstil.

Sicher gibt es erfolgversprechende und weniger erfolgversprechende Mischungen. Aber man kann nicht sagen: Das ist die einzig richtige Erziehung. Zu viele andere Faktoren spielen in die Entwicklung eines Kindes mit hinein: die genetische Mitgift, der Freundeskreis, das soziale Umfeld und einschneidende Erlebnisse.

Man kann deshalb mit einigem Recht behaupten: Wenn ein Kind verschiedene Erziehungsstile erfährt, ist das gar nicht so schlecht. Die Sorge vieler Eltern, das Kind leide unter ihren unterschiedlichen Erziehungsvorstellungen, erweist sich in aller Regel als unbegründet. Erziehungsstile können sich nämlich wunderbar ergänzen. Man nehme nur diesen typischen Fall: auf der einen Seite der Vater, der schon immer der Meinung war, ein bißchen körperlicher Einsatz schade den Kindern nicht. Der, wenn seine zweijährige Tochter auf einem Mäuerchen steht und ihn erwartungsvoll anschaut, sagt: „Na los, spring!"

Auf der anderen Seite seine Frau, die das für leichtfertig hält. Die sich auch darüber aufregt, daß er nichts tut, wenn eine Wespe auf dem Kopf der Tochter sitzt, oder daß er ruhig sitzen bleibt, wenn der sechsjährige Sohn ein steiles Seeufer hinunterkrabbelt.

Dafür läßt sie den Kindern in anderen Situationen Freiheiten oder erfüllt ihnen Wünsche, bei denen ihr Mann denkt: Da hätte man jetzt besser hart bleiben müssen.

Die Forschung bestätigt es: Mütter spielen weniger als die Väter „körperbetonte" Spiele mit ihren Kindern und lassen ihnen auch nicht so viel Erkundungsfreiheit. Dafür neigen Väter, wenn sie gestreßt sind, zu etwas mehr Strenge als ihre Partnerinnen.

Irritieren die Meinungsverschiedenheiten der Eltern ein Kind? Nein, wenn Mutter und Vater ein paar Punkte beachten:

- Sie sollten einander immer ausreden lassen,
- den anderen auf keinen Fall persönlich angreifen oder beleidigen,
- keine Leichen aus dem Keller holen (nach dem Motto: Aber damals hast du doch ...), um selbst besser dazustehen,
- dem anderen keine böse Absicht unterstellen und
- sich auch vor den Kindern einigen!

Allerdings sollte nicht jeder Streit vor den Kindern ausgetra-

Den Schatz auf Händen tragen – auch ein Erziehungsstil, aber einer, der auf Dauer anstrengt

gen werden. Gerade wenn die Eltern über die Persönlichkeit ihres Kindes reden, sollte das hinter geschlossenen Türen geschehen. Sonst kann dessen Selbstwertgefühl deutlich gestört werden.

Kinder sollen ruhig sehen, daß ihre Eltern trotz gleicher Grundüberzeugungen gelegentlich zu verschiedenen Urteilen kommen. Sie lernen dadurch, daß es im Leben nicht nur eine Wahrheit gibt.

Natürlich sollten Eltern aufpassen, daß ihre Kinder die Meinungsverschiedenheiten nicht ausnutzen und vom einen zu bekommen versuchen, was der andere gerade verboten hat.

Zuviel Einigkeit der Eltern wiederum kann für ein Kind unerträglich sein. Eine Doppelfront, die oft auch gegen die Überzeugung eines einzelnen Elternteils niemals nachgibt, wirkt auf das Kind hart und unbarmherzig. Das kann nicht das Ziel von Erziehung sein.

Eßgewohnheiten

Alle Kinder sind heikel. Keines ißt alles. Viele verschmähen Obst und alles, was grün ist. Manche essen keinen Käse, andere wollen sich wochenlang nur von Spaghetti mit Butter ernähren.

Deutlich werden Vorlieben und Abneigungen meist, wenn die Kinder im zweiten Lebensjahr beginnen, festere Nahrung zu sich zu nehmen und mit den Erwachsenen zusammen zu essen. Dann ist zunächst einmal alles verdächtig, was auf dem Feld, an Bäumen oder Sträuchern wächst.

Wieder Spaghetti! Auch das Lieblingsessen kommt einem mal zu den Ohren raus

Sorgen machen sich Eltern auch, wenn ihr Kind morgens zum Frühstück nichts herunterbekommt, wenn es generell wenig oder viel ißt. Die Gründe für ausgeprägte Eßgewohnheiten sind vielfältig:

Zum einen müssen Eltern akzeptieren, daß Geschmack von früh auf sehr verschieden sein kann. Kinder kommen mit unterschiedlichen Eigenschaften auf die Welt – warum sollte der eine auf bestimmte Gerüche und Geschmacksrichtungen nicht empfindlicher reagieren als ein anderer?

Zum zweiten machen Eltern auch mal Fehler. Bereits im Säuglingsalter werden die Weichen dafür gestellt, ob jemand zum Genießer oder Vielfraß, zum Mäkler oder „schlechten Esser" wird. Alles hängt davon ab, ob das Kind mit dem – notwendigen – Vorgang der Nahrungsaufnahme etwas Angenehmes oder etwas Unangenehmes verbindet. **Nichts ist einfacher, als einem Kind den Spaß am Essen auszutreiben.** Man braucht ein Einjähriges nur zu zwingen, seinen Brei aufzuessen, obwohl es nicht mag – am besten mittels eines Wutausbruchs und gewaltsamen Löffel-zwischen-die-Zähne-Schiebens. Oder dem Zweijährigen sein Lieblingsessen vorzuenthalten.

Der Göttinger Psychologe und Ernährungsspezialist Professor Volker Pudel steht auf dem Standpunkt: „Es ist verboten, Kindern Lebensmittel zu verbieten." Er plädiert sogar dafür, Kindern ihre Lieblingsspeisen so lange vorzusetzen, bis sie selbst nach Abwechslung verlangen.

Was können Eltern tun, um mögliche Konflikte um das Essen von vornherein zu vermeiden oder wenigstens zu entschärfen?

- Sie sollten den Fachleuten glauben, daß Kinder sich über kurz oder lang die Nährstoffe holen, die sie brauchen. Diverse wissenschaftliche Versuche haben gezeigt, wie vernünftig sich schon Kleinkinder ihre Mahlzeiten zusammenstellen, wenn man sie frei wählen läßt. Es kommt zwar vor, daß sie mehrmals hintereinander eher fetten und süßen Speisen den Vorzug geben. Doch solch energiereichem Essen folgen immer energieärmere Mahlzeiten.
- Eltern sollten versuchen, die Kinder mit ihren komplizierten Vorstellungen von gesunder Ernährung zu verschonen. Weder Drei- noch Sechsjährige interessieren sich für Vitamine, Kalorien und Ballaststoffe.
- Machtproben am Eßtisch sollten tabu sein. Das heißt nicht, daß man seinem Kind jeden Wunsch erfüllen sollte. Aber man kann es bei jeder Mahlzeit höflich bitten, von allem zu probieren.

MEIN KIND MAG KEIN FRÜHSTÜCK! WAS TUN?

? *Mein Sohn mag morgens partout nichts essen, bevor er in die Schule radelt. Ist das schlimm? Was sollen wir ihm anbieten?*

! Viele Kinder haben morgens Anlaufschwierigkeiten und wollen nichts frühstücken. Bei manchen ist niedriger Blutdruck die Ursache, anderen schnüren die morgendliche Eile oder Schulsorgen die Kehle zu. Vielleicht hilft es also schon, wenn Ihr Sohn eine Viertelstunde früher aufsteht.
Auf jeden Fall sollten Sie ihn zu nichts zwingen. Es ist kein Drama, wenn er frühmorgens nichts zu sich nimmt. Hauptsache, er hat dann für die erste Pause etwas zu essen und zu trinken dabei.
Trotzdem können Sie versuchen, ihm zum Frühstück ein paar Alternativen zu dem bei Ihnen üblichen Essen anzubieten. Getränke wie Fruchtsäfte, Kakao, Milch, Dickmilch oder Trinkjoghurt sind gute Energielieferanten, und Energie können Kinder morgens gut brauchen. Leichtverdauliche Kohlenhydrate, die sich vom Körper schnell auswerten lassen und den Stoffwechsel nicht belasten, sind morgens das beste. Sie stecken außer in Trinkmilch und Joghurt in Müsli, Brot, Cornflakes.

● Manchmal helfen kleine Tricks, um z. B. ein Stück Gemüse in den Mund seines Kindes zu befördern. Sie alle basieren auf einem Grundprinzip: Das Kind muß sein Gesicht wahren können, denn heiklen Essern ist ihre Empfindlichkeit meist peinlich, weshalb sie nicht ständig darauf gestoßen werden wollen. Gut sind Kompromisse, etwa so: „Probier' doch mal einen Löffel von dem Apfelmus." „Nein, jetzt nicht, aber morgen." Am nächsten Morgen wird das Kind bestimmt davon versuchen.
Oder es bittet sich aus, die Bratkartoffel nicht in den Mund zu stecken, sondern nur zu lecken. Das sollten die Eltern akzeptieren. Eine weitere Möglichkeit: Die Mutter versteckt eine Erbse unter dem Kartoffelbrei.

● Beim Essen darf es locker zugehen. Abgesehen von einigen grundlegenden Manieren sollten keine allzu strengen Tischsitten herrschen. Lassen Sie Ihr Kind so viel trinken, wie es will, und reden, wenn es den Mund leer hat. Das Essen soll möglichst eine angenehme Familienveranstaltung sein.

● Mit größeren Kindern können Eltern einen Speiseplan für die ganze Woche aufstellen – ein hervorragendes Rezept, um ständige Nörgeleien zu vermeiden, denn auf das, was die Kinder sich für den jeweiligen Tag gewünscht haben, kann man sie festnageln. Heiklen Essern erlaubt die Essensplanung, sich seelisch auf Milchreis mit Aprikosen oder Gemüsesuppe einzustellen.
Ein Trost: Je älter Kinder werden, je mehr sie (im Kindergarten oder in der Schule) gemeinsam mit Gleichaltrigen speisen, desto normaler werden ihre Eßgewohnheiten.

□ Siehe auch *Eßstörungen*

Eßstörungen

Magersucht, Bulimie (Eß-Brechsucht) und Eßsucht sind die klassischen Eßstörungen. Nach Schätzungen deutscher Wissenschaftler leiden zehn Prozent der Frauen (und knapp ein Prozent der Männer) zwischen 15 und 30 Jahren an einer dieser Störungen. Was die Forscher alarmiert: Es sind nicht mehr nur junge Frauen (und Männer) betroffen, sondern zunehmend Jugendliche und Kinder. Eine Studie aus Boston/USA mit 2379 Mädchen ergab, daß 40 Prozent der Mädchen zwischen neun und zehn Jahren bereits mindestens einmal versucht haben, ihr Gewicht deutlich zu reduzieren. Jedes dritte Mädchen mit völlig normalem Gewicht will dünner werden. Und selbst von den Kindern, die untergewichtig sind, hungern 14 Prozent, um noch mehr Gewicht zu verlieren.
Die Ursachen sind vielfältig. Offenbar will eine zunehmende Zahl von Kindern und Jugendlichen einem bestimmten Schönheitsideal entsprechen und superschlanken Models nacheifern. Auch Diäten werden verantwortlich gemacht.
Damit sich aber eine echte Eßstörung entwickelt, muß mehr dazukommen: Zu Magersucht und Bulimie neigen Menschen, die nach Zuneigung und Anerkennung hungern. Oft leiden sie unter einer gestörten Autonomie-Entwicklung, das heißt, sie sind nicht oder nur unzureichend in der Lage, ihren eigenen Wert zu bestimmen und ihre Bedürfnisse zu erkennen. Auch frühe Ernährungsfehler können zur Entstehung einer Eßstörung beitragen, etwa wenn Babys gedankenlos abgefüttert werden oder wenn Kleinkinder essen müssen, obwohl sie keinen Hunger haben.
Leider erkennen auch aufmerksame Eltern nicht immer rechtzeitig, wann eine „normale" Fastenkur ihres Kindes in eine Störung umschlägt. Die sogenannte Pubertäts-Magersucht (Anorexie) und die Bulimie bleiben deshalb oft lange verborgen. Die ersten Symptome dieser Störungen sind meist seltsame Eßgewohnheiten und eine Verweigerung der Nahrung. Die Mädchen geben zum Beispiel vor, verstopft zu sein, und nehmen deshalb große Mengen von Abführmitteln ein. Manche beginnen, sich nach den Mahlzeiten zu erbrechen, andere klagen über Magenweh oder Übelkeit.
Besonders charakteristisch: Die Monatsblutungen setzen aus. Experten schätzen, daß zwei von drei Mädchen, bei denen die Monatsblutung wieder aufhört, an einer Eßstörung leiden.
Wenn Eltern den Verdacht haben, daß ihr Kind an Magersucht oder Bulimie leidet, sollten sie sich bei einer Selbsthilfegruppe oder einer Beratungsstelle für Eßstörungen informieren. Anschriften gibt es beim ELTERN-Leserdienst, Gruner + Jahr, 81664 München, Kennwort „Eßstörungen" (bitte adressierten und frankierten Rückumschlag beilegen).
In einer Therapie lernen die Betroffenen, ein gesundes Körpergefühl zurückzugewinnen und ihre eigenen Bedürfnisse besser kennenzulernen. Ziel ist es, das Selbstwertgefühl zu stärken.

F

Familienbett

Eltern und Kinder teilen sich regelmäßig das Bett: das bedeutet für manche Familien die Lösung aller Schlafprobleme, für andere Paare ist es eine Schreckensvision.
Für das Familienbett spricht der Genuß, die Wärme eines kuscheligen Kindes neben sich zu spüren; die Erleichterung in der Stillzeit, weil das Kind nicht lange schreien muß, bis sich einer darum kümmert, und die Tatsache, daß die Mutter ihr Kind versorgen kann, ohne daß sie richtig aufwachen muß. Die Kinder genießen die Geborgenheit, die so wunderbar gegen Gespensterträume vorbeugt.

SO ENTWÖHNT MAN EIN KIND VOM ELTERNBETT

- Bevor Sie versuchen, Ihr Kind dauerhaft in sein eigenes Bett umzuquartieren, prüfen Sie genau: Will ich das wirklich? Oder finde ich es ab und zu doch ganz angenehm, den warmen Körper neben mir zu spüren? Wenn Sie nicht konsequent sein können, wird die Entwöhnung schwerer.
- Bereiten Sie Ihr Kind rechtzeitig auf seinen Auszug vor! Machen Sie ihm klar, daß es bald in seinem eigenen schönen Bett schlafen soll. Wenn es schon zwei Jahre oder älter ist, sollten Sie ihm auch die Gründe erklären, etwa: „Du bist jetzt so groß, daß wir im Bett nicht mehr genug Platz haben. Außerdem brauchen Mama und Papa nachts wieder mehr Ruhe für sich."
- Machen Sie Ihrem Kind sein eigenes Bett besonders schmackhaft: Sie können schöne Bettwäsche mit ihm aussuchen, ihm ein neues Kuscheltier als Einschlafgefährten schenken, die Wände im Schlafzimmer neu gestalten.
- Je mehr das Kinderzimmer in den Familienalltag integriert ist, je öfter Sie sich dort mit Ihrem Kind auch tagsüber aufhalten, desto leichter fällt ihm das Einschlafen im eigenen Bett.
- Erleichtern Sie Ihrem Kind den Übergang, indem Sie ein schönes Einschlafritual (Singen, Vorlesen, Geschichten erzählen, Schmusen) einführen. Gehen Sie ruhig auch auf spezielle Wünsche ein, z. B. die Tür anlehnen oder das Licht im Flur anlassen.

Dagegen spricht die Unbequemlichkeit im Bett; die Angst, dem Kind in der Nacht weh zu tun; der schlechte Schlaf, weil der Nachwuchs mal wieder die ganze Nacht quer lag; die notgedrungene sexuelle Enthaltsamkeit, weil ein Kind normalerweise jeden Annäherungsversuch zwischen Mutter und Vater unterbindet.
Fachleute streiten darüber, wie sehr Kinder die nächtliche Nähe der Eltern brauchen. Ob sie im Elternbett besser schlafen als im eigenen Bett, das läßt sich generell nicht beantworten. Für manche Kinder ist es in einer bestimmten Phase eine gute Lösung, nachts ganz nah bei Mutter und Vater zu sein, anderen hilft es bei der Überwindung von Schlafschwierigkeiten nicht.
Das Familienbett ist keine Bedingung für eine gute Eltern-Kind-Bindung, aber es kann sie stärken – vorausgesetzt, alle Beteiligten wollen den Gemeinschafts-Schlaf. Eltern tun damit etwas für das Selbstvertrauen ihres Kindes, sagen viele Forscher. Andere dagegen meinen, jahrelanger „Familienschlaf" mache es einem Kind schwerer, sich von den Eltern abzunabeln.
Sicher ist allerdings: Wenn die ganze Familie über Jahre zusammen schläft, kann das die Partnerschaft auf eine harte Probe stellen – vor allem dann, wenn die Beteiligten irgendwie in die Situation hineingeschlittert sind und sich nie bewußt für das Familienbett entschieden haben. Oder wenn nach mehreren Geburten zwischen Mann und Frau im Bett ohnehin nicht viel los ist (Partner, die die Lust aufeinander wachhalten wollen, finden auch außerhalb des Ehebetts Gelegenheit für Sex).
Ein schlechtes Gewissen sollte sich niemand einreden lassen – weder diejenigen, die die Nähe im Familienbett genießen, noch diejenigen, die feststellen: „Nein, ein Rest von Distanz tut uns allen gut."
Den Familienbett-Fans wird gern vorgeworfen, sie verwöhnten ihr Kind. Aber schadet es denn wirklich, auf das kindliche Bedürfnis nach Wärme und Nähe zu seinen Eltern einzugehen? Entwicklungspsychologen sind sich einig: Ein Zuviel an körperlicher Nähe kann es in den ersten Lebensjahren nicht geben.
Die Gegner des Familienbetts müssen sich dagegen anhören, daß es herzlos sei, ein schutzbedürftiges Kind aus dem Bett zu verstoßen. Doch wer macht das schon? Kaum eine Mutter wird ihr Kind zurückschicken, wenn es krank ist oder bei einem Gewitter unter die Decke gekrabbelt kommt. Und was nutzt auf der anderen Seite die nächtliche Nähe, wenn am Tag schlechte Laune und Unzufriedenheit den Familienalltag bestimmen?
Jedes Elternpaar muß – gemeinsam – entscheiden, ob das Familienbett zur regelmäßigen Einrichtung werden soll, ob das Ehebett konsequent gesperrt bleibt oder nach Lust und Laune geöffnet wird.
Wer nicht sicher ist, was für ihn das beste ist, sollte ausprobieren. (In einem Zwei-Meter-Bett oder mit seitlichen Matratzen-Anbauten werden die ersten Erfahrungen sicher

Das Familienbett kann eine echte Idylle sein – wenn es groß genug ist und sich niemand zu breit macht

positiver ausfallen als zu dritt oder zu viert im 1,60-Meter-Doppelbett.)
Ausprobieren? Aber werden wir dann, heißt die oft gestellte Frage, unseren Mitschläfer jemals wieder los?
Natürlich läßt sich das nicht pauschal beantworten. Aber so viel ist wahr: Hat sich ein Baby erst mal daran gewöhnt, bei Mama und Papa zu schlafen, wird es dieses Privileg freiwillig nicht so leicht wieder aufgeben wollen. Darauf muß man sich einrichten.
Wer sein Kind wieder ausquartieren will, bevor es aus eigenen Stücken auszieht, sollte sich mit ein bißchen Geduld wappnen (im Kasten lesen Sie, wie man seinem Kind den Übergang möglichst leicht macht).
Wer dagegen mit seinem anschmiegsamen Kleinkind das Familienbett wirklich genießt, der braucht dennoch keine Angst zu haben. Mit einem pubertierenden Teenager wird er seinen Schlafplatz sicher nicht mehr teilen müssen. Schon weit vor der Schulzeit fühlen sich die meisten Kinder reif für die eigene „Falle".
Genauso wie sie irgendwann freihändig die ersten Schritte tun, von sich aus aufs Töpfchen gehen oder nicht mehr so häufig auf Papas Schoß wollen, möchten sich Kinder eines Tages auch ins eigene Bett verkriechen – die Zeit des Abschieds aus dem Elternbett ist gekommen.
☐ Siehe auch *Einschlafprobleme, Schlafprobleme*

Familienkonferenz

In jeder Familie gibt es widerstreitende Interessen: Die Jungs wollen glotzen, bis der Fernseher heißläuft, die Eltern halten Fernsehen für schädlich. Die Tochter möchte abends bis neun wegbleiben dürfen, die Mutter hat deswegen Angst. Die Eltern möchten sonntags gern einen Mittagsschlaf machen, den beiden Söhnen fällt keine Beschäftigung ein, die dafür leise genug wäre.
Eine Familienkonferenz bietet Gelegenheit, ruhig über solche Interessenskonflikte zu reden, die sonst unweigerlich zu Streit, mieser Laune, Mißverständnissen, Rachegefühlen und schlechtem Gewissen führen würden. Bei den Kindern stellen sich diese Gefühle um so eher ein, je mehr ihre Eltern dazu neigen, Auseinandersetzungen mit einem Machtwort zu beenden: Keine Diskussion. Basta!
Die totale Demokratie wird in einer Familie niemals herrschen, dazu ist die Abhängigkeit der Kinder von ihren Bezugspersonen viel zu groß. Aber wer seine Kinder respektiert und sie zu selbständigen Menschen heranziehen will, sollte versuchen, ihnen so viel Mitsprache wie möglich einzuräumen, auch im eigenen Interesse.
Nur wenn Kinder merken, daß sie außer Pflichten auch Rechte haben, sind sie langfristig dazu zu bewegen, mitzuarbeiten

und ihren Eltern entgegenzukommen. Wer z. B. im Haushalt mithelfen soll, möchte zu Recht mitreden dürfen, welcher Art diese Hilfe sein soll.
Bevor sich Unmut oder Wut anstaut, empfiehlt sich eine Familienkonferenz, in der alle Familienmitglieder sagen dürfen, was sie stört und was sie sich wünschen. Da kommen die Argumente auf den Tisch, die man sich beim Streit im Eifer des Gefechts nicht gesagt hat.

- Die Familienkonferenz sollte regelmäßig stattfinden, vielleicht alle zwei oder vier Wochen, z. B. samstags nach dem Frühstück. Natürlich kann sie bei Bedarf auch kurzfristig angesetzt werden.
- Es ist erlaubt, über alles zu reden: über Wünsche, Klagen, Pläne, Putzdienst und Taschengeld.
- Bestimmte Regeln sind wichtig: Jeder hat das Recht zu sprechen, ohne unterbrochen zu werden. Wer viel kritisiert, muß auch Verbesserungsvorschläge bringen.
- Oft ist es sinnvoll mitzuschreiben. Sonst kann sich der eine oder andere plötzlich nicht mehr an bestimmte Abmachungen erinnern.
- Eine Konferenz eignet sich schon für Dreijährige. Dann sollte man die Zeit aber auf 15 bis 20 Minuten begrenzen.
- Manchen Familien widerstrebt der offizielle Charakter der Familienkonferenz. Sie können selbstverständlich die Regeln auch lockerer fassen, das Ganze „Samstags-Runde", „Familienrat" oder „Quasselstunde" nennen bzw. den Meinungsaustausch mit einer angenehmen Unternehmung verbinden.

Alles in allem hilft die Familienkonferenz nicht nur, innerfamiliären Streit in Grenzen zu halten. Die Kinder lernen dabei auch grundsätzlich, wie man sich bei Konflikten fair mit anderen Menschen auseinandersetzt. Auftrieb bekam die Institution der Familienkonferenz in den sechziger und siebziger Jahren durch das gleichnamige Buch des amerikanischen Therapeuten Thomas Gordon. Gordons Anliegen: Eltern sollten ihren Kindern mehr zuhören und angemessen mit ihnen reden, sie nicht ständig bevormunden und bewerten.

□ Siehe auch *Familienprobleme, Streit*

Familienprobleme

Die Familie ist ein System mit intensiver Interaktion oder, auf deutsch: Jeder hängt von jedem ab und wird von jedem beeinflußt. Man kann die Familie auch mit einem Mobile vergleichen. Zieht man an einer Stelle, bewegt sich alles. Geht es der Mutter schlecht, leiden auch alle anderen. Ändert sich in einer Familie das Verhältnis zwischen Mutter und Sohn, bleibt auch das Verhältnis Vater-Tochter nicht gleich.
Die Familiengemeinschaft ist anfällig. Kleine Ereignisse und Entwicklungen können die Balance stören:

- Krankheit bzw. Behinderung eines Kindes oder eines Elternteils,
- berufliche Schwierigkeiten des Vaters oder der Mutter,
- starke Unzufriedenheit eines Elternteils,
- die Geburt eines Kindes und die daraus entstehenden Geschwisterkonflikte,
- der Tod eines Familienmitglieds oder eines nahen Verwandten,
- Probleme in der Partnerschaft.

Kinder leiden unter Störungen des Familienlebens besonders, weil sie diese meist nicht einordnen können – z. B., wenn sie nicht wissen, warum ein Elternteil ständig schlecht gelaunt oder bedrückt ist, oder wenn sie keine Ahnung haben, warum sich Mutter und Vater nicht mehr vertragen.
Grund für die meisten Familienprobleme sind Konflikte in der Partnerschaft. **Mehr als ein Drittel der Kinder in Deutschland müssen miterleben, wie ihre Eltern sich trennen oder scheiden lassen.**
„Ist es für die Kinder besser, wenn wir auseinandergehen, oder sollen wir wegen der Kinder zusammenbleiben?" Vor dieser Frage stehen jährlich Hunderttausende Paare. Sie wissen, wie ihre Kinder sich fühlen, nämlich genauso unglücklich wie sie selbst. Und trotzdem schreien sich die Ehepartner gegenseitig an oder reden gar nicht mehr miteinander, sind aggressiv oder leiden still.
Für die Trennung spricht: Das Kind hat zwar nur noch einen Elternteil, aber dafür eine Mutter / einen Vater, die / der mit sich im reinen ist. Die ewigen Streitereien hören auf.
Gegen die Trennung spricht: Das Kind verliert einen Elternteil (trotz gemeinsamen Sorgerechts ist es leider meist noch so). Als Alleinerziehende(r) steht man oft vor schwer zu bewältigenden finanziellen und organisatorischen Problemen.
Psychologen wissen, daß die meisten Menschen um ihre Ehe kämpfen, solange noch ein Funken Hoffnung besteht. Erst wenn alle Hoffnung und Achtung verbraucht ist, wird ein Schlußstrich gezogen. Zu diesem Zeitpunkt ist die Spannung oft schon so groß, daß eine Trennung für alle besser ist – auch für die Kinder.
Wenn Enttäuschung, Rachegelüste, Verdächtigungen, Kränkungen und Vorwürfe das Zusammenleben prägen, ist das für die Kinder nach Ansicht der Fachleute meist belastender als eine Scheidung.
Wer eine Trennung der Kinder wegen ausschließt und das tägliche Zusammensein der Familie trotzdem nicht durch ständige Streitereien vergiften möchte, hat nur noch eine Möglichkeit: eine Art Versorgungsehe, bei der Liebesbeziehung und Elternaufgaben getrennt sind.
In einer solchen Zweckbeziehung darf man nicht erwarten, vom Partner geliebt zu werden. Man muß z. B. Außenbeziehungen seines Partners nicht nur erdulden, man muß sie sogar unterstützen können. Und zwar auch dann, wenn man sich selbst schrecklich einsam fühlt. Ein solches Zusammenleben setzt vor allem Respekt voraus – und die Fähigkeit, kühlen Herzens Vereinbarungen treffen zu können. Ein solches Arrangement ist nicht leicht zu leben.

□ Siehe auch *Erziehungsberatung*

Fernsehen

Das „Lagerfeuer der Moderne" übt nach wie vor eine ungeheure Faszination auf Kinder aus. Fernsehen nimmt oft viel Platz in ihrem Leben ein, aber zur Panik besteht kein Anlaß. Noch immer verbringen Schüler vier- bis fünfmal mehr Zeit mit Spielen und Sport als mit Fernsehen. Und noch immer geben Kinder in Umfragen an, daß sie lieber etwas mit ihren Eltern oder mit Gleichaltrigen unternehmen, als sich vor den Bildschirm zu setzen.
Trotzdem sollten Eltern einige Ratschläge beherzigen:

Fangen Sie nicht zu früh an!

Kinder unter vier gehören nicht vor die Glotze! Kleinkinder kennen noch zu wenig von der echten Welt, als daß sie schon in die künstliche eintauchen sollten. Es besteht also keine Veranlassung, ihr Interesse an den bewegten Bildern zu wecken.
Ein Problem gibt's, sobald größere Geschwister da sind. Wer kann dem Kleinen das Zuschauen verbieten, wenn die Große die „Maus" sieht? Faustregel: Gemeinsam dürfen alle nur das sehen, was für den Jüngsten in der Familie geeignet ist, der Rest wird für die Größeren aufgezeichnet. Keine Angst: Ab und zu eine halbe Stunde „Sesamstraße" schadet einem Zweijährigen nicht.

Ein Zeitlimit muß sein!

Stellen Sie Regeln auf, z. B.: Kein Fernsehen vor den Hausaufgaben. Oder: Keine spannenden Sendungen kurz vor dem Schlafengehen. Und begrenzen Sie die wöchentliche Fernsehzeit! Auf zwei, fünf oder zehn Stunden? Das hängt vom Alter, von den Bedürfnissen des Kindes ab und sehr stark auch von den Fernsehgewohnheiten der Eltern. Wie so oft sind sie Vorbild: Wenn bei ihnen ab 18 Uhr der Fernseher den ganzen Abend durchläuft, werden sie es schwer haben, bei ihrem Kind die Fünf-Stunden-Woche durchzusetzen.
Die Grenzen des Vernünftigen sind auf jeden Fall dann überschritten, wenn das Kind

- monatelang täglich mehrere Stunden vor dem Fernsehgerät sitzt;
- von nichts anderem mehr spricht als von seinen Serienhelden;
- seinen Alltag nur noch nach dem Programm-Rhythmus organisiert.

Wählen Sie gemeinsam aus!

Sie als Mutter oder Vater sind Programmdirektor und haben das letzte Wort darüber, was Ihr Kind sehen darf und was nicht. Das bedeutet, daß Sie über Sendungen, die Ihren Nachwuchs interessieren, im Groben informiert sein müssen. Da hilft manchmal nur mitschauen.
Versuchen Sie es auch mit einem Wochenplan, den Sie mit Ihrem Kind gemeinsam aufstellen, sobald die neue Programmzeitschrift da ist. Vorteil: Das tägliche Feilschen entfällt. Wer weniger schaut als geplant, bekommt einen Gutschein. Für gesammelte Gutscheine gibt es einen tollen Ausflug mit den Eltern oder ein kleines Geschenk.

WIE SCHÄDLICH IST FERNSEH-WERBUNG?

? *Werbung nimmt immer mehr Raum im Fernsehen ein. Welchen Einfluß hat das auf die Kinder?*

! Je älter sie werden, desto kritischer äußern sich Kinder über Werbung. Das fand eine Studie für die Landesanstalt für Rundfunk in Nordrhein-Westfalen (LfR) heraus. Kleine Kinder mögen die Spots meist, aber nur noch 20 Prozent der Elf- bis 14jährigen sagen, daß ihnen Werbung gefällt.
Vorschulkinder nehmen in der Regel ungefiltert auf, was die Spots versprechen. Was sie auf dem Bildschirm sehen, glauben sie. Bei Grundschulkindern ist das anders. Die meisten wissen bereits, was Werbung von ihnen will, und sind auch in der Lage, Programm und Werbung auseinanderzuhalten. Dennoch zeigen die flotten 30-Sekünder ihre Wirkung: Laut LfR-Studie wollen fast die Hälfte aller Kinder die Produkte, die sie in der TV-Werbung sehen, auch besitzen.
Was können Eltern tun? Beispielsweise begehrte Sendungen aufzeichnen – und beim gemeinsamen Anschauen der Bänder dann die Werbung überspringen.
Medienpsychologen raten, Kindern ein paar Grundkenntnisse über Werbung und Konsum zu vermitteln. Eltern sollten also alles tun, um den Blick ihrer Kinder für die Absichten der Werbestrategen zu schärfen. Die Kinder müssen lernen zu erkennen, was ein Produkt wirklich wert ist. Mit acht, neun Jahren können sie langsam begreifen, welche Produkte ihnen nutzen, was hochwertige und was schlechte Spielsachen sind.
Eltern sollten ihre Kinder Konsumerfahrungen machen und selbst testen lassen, ob die Schokoriegel wirklich so gut schmecken, daß man die Augen verdrehen muß.

Gönnen Sie Ihrem Kind Spaß!

Was sollen sich Kinder anschauen dürfen? Geeignet ist, was ihren Verständnis- und Aufnahmemöglichkeiten entspricht: Thema und Wortwahl sind dem Alter des Kindes angemessen. Es kann Dramaturgie und Bildschnitten folgen. Die Sendung gibt ihm genug Zeit, um intensive Sinneseindrücke zu verarbeiten.
Natürlich ist Anerkanntes wie „Pingu", „Sesamstraße" oder „Siebenstein" zu empfehlen. Kinder haben aber genau wie Sie ein Recht auf pädagogikfreie Unterhaltung. Sie müssen sich auch bei „Biene Maja", „Alf" und den „Simpsons" entspannen dürfen. Wer ältere Kinder hat, sollte ausnahmsweise auch über geschmackliche Verirrungen wie „Baywatch" oder „Gute Zeiten, schlechte Zeiten" hinwegsehen.

Bitte keine reale Gewalt!

Wann sollten Sie nein sagen? Grundsätzlich sind Nachrichten nichts für Vorschulkinder, ebenso Reality TV. Auch für Ältere sind Sendungen, die echte Unglücke, Verbrechen, Katastrophen zeigen, allenfalls in Eltern-Begleitung zu empfehlen. Die dort vorgeführte reale Gewalt verstört Kinder und kann sogar wiederholte Angstträume zur Folge haben.

Genau das ist nach dem Konsum von „sauberer" Gewalt in Action-Serien wie „Das A-Team" oder Zeichentrickfilmen wie „Saber Rider" ausgeschlossen. Experten halten sie aus einem anderen Grund für problematisch: Wer solche Schießereien regelmäßig konsumiert, findet diese Art der Konfliktlösung womöglich irgendwann normal.

Vorsicht schließlich noch bei Filmen, die mysteriöse Gewalt darstellen, bei Horrorfilmen also oder Fantasy-Streifen wie „Akte X".

ORIENTIERUNGSHILFE FÜR ELTERN

Eine unabhängige Bewertung regelmäßig ausgestrahlter Kindersendungen und Infos rund ums Fernsehen bietet die viermonatlich erscheinende Broschüre „Flimmo" (Programmberatung für Eltern e.V., Postfach 801344, 81613 München; das Abo kostet 16 Mark im Jahr.) Im Internet wird Flimmo alle 14 Tage aktualisiert (www.flimmo.de).

Nicht mit TV-Entzug strafen!

Benutzen Sie das TV-Gerät weder als Druckmittel noch als Belohnung. Dadurch würde es eine Bedeutung erhalten, die ihm nicht zusteht. Ein Fernsehverbot ist nur dann sinnvoll, wenn die Strafe in direktem Zusammenhang mit den Fernsehregeln steht. Schlechtes Benehmen etwa mit Fernsehentzug zu ahnden, würde die Glotze dagegen nur attraktiver machen.

Beim Fernsehen ist Reden Gold!

Niemand in der Familie sollte mit seiner Meinung hinterm Berg halten. Die Diskussion ist erwünscht: bei der Auswahl der Sendungen und natürlich nach dem Anschauen. Sie als Eltern sollten keinesfalls verschweigen, was Ihnen warum nicht gefällt. Sie müssen eine Serie ja deshalb nicht gleich verbieten.

Besonders wichtig aber ist, daß Ihr Kind nicht wortlos glotzen muß: Wenn Sie mit ihm vor dem Fernseher sitzen, muß es reden dürfen, auch wenn ihm dann manches Detail entgeht. So verarbeiten Kinder manche Eindrücke schon beim Schauen. Und Sie lernen mehr über Ihr Kind: wovon es fasziniert ist, was ihm angst macht, welche geheimen Wünsche es hegt.

Kleineren Kindern macht es übrigens ungeheuren Spaß, Fernsehgeschichten nachzuspielen (dazu eignet sich „Pumuckl" genauso wie „Captain Planet"). Ermuntern Sie Ihr Kind zu solchen Rollenspielen. Es hat dabei zusätzlich Gelegenheit, seine Fernseherlebnisse zu bewältigen.

Nutzen Sie den Videorecorder!

Gerade für Familien mit kleinen Kindern ist Video von Vorteil. Damit kann eine Mutter, wenn sie gerade im Haushalt beschäftigt ist, ihren Fünfjährigen auch mal allein vor dem Fernseher sitzen lassen – sie weiß ja, was er sieht.

Ein Recorder kann auch verhindern, daß sich der Tagesablauf nach der Glotze richtet. So ist ein Ausflug selbst am Sonntagmorgen möglich, die „Maus" läßt sich schließlich aufnehmen und nachmittags schauen.

Holen Sie sich Anregungen!

Die Glotze ist nicht nur gut zum Einschlafen. Wer danach sucht, findet neben Unterhaltung immer auch Anregungen für Freizeitbeschäftigungen jenseits des Fernsehsessels: Musiksendungen, die Lust darauf machen, selbst zu musizieren, Naturfilme, die das Interesse an der eigenen Umwelt wecken. Und warum drehen Väter mit ihren Kindern nicht einen kleinen Video- oder Super-8-Film? Dabei lernt man viel über das Medium Fernsehen.

Helfen Sie Ihrem Kind zu lernen, wie man das Programmangebot selbstbewußt für sich nutzt, wie man gezielt auswählt. Dann wird die Glotze nie mächtiger werden als Buch, Comic-Hefte oder Kassettenrecorder.

Fördern

Für ihr Kind wünschen sich alle Eltern das Beste: Es soll gesund sein und zufrieden, ausgeglichen, glücklich, aber auch gerüstet für die Härten des Lebens. Und es soll optimal gefördert werden. Was aber heißt Fördern?

In den sechziger Jahren bedeutete es, Kinder schon möglichst frühzeitig mit möglichst viel Wissen zu füttern. Einer, der bei der Verbreitung dieses Gedankens kräftig mitgeholfen hat, war der Amerikaner Glenn Doman mit seinem „Better Baby Institute", einer Art Wunderkinder-Fabrik in Philadelphia, in der Babys Mathematik, Atomphysik und Japanisch lernten.

Kinder, denen solche Förderung widerfährt, nennt ein anderer Amerikaner, der Entwicklungspsychologe Professor David Elkind, „Superkids" – und das ist nicht schmeichelhaft gemeint. Elkinds Überzeugung nach ist leistungsorientierte Früherziehung zum Scheitern verurteilt. Der Intelligenzquotient lasse sich so vielleicht kurzzeitig anheben – um einen hohen Preis. Gestörte Eltern-Kind-Beziehungen, überforderte, unglückliche, schwierige Kinder seien oft die Folge.

Die sechziger und siebziger Jahre waren in den USA, aber auch bei uns, von großem erzieherischem Optimismus geprägt. Neue Erkenntnisse der Hirnforschung hatten viele Wissenschaftler zu der Annahme verleitet, das Gehirn schon ganz kleiner Kinder sei praktisch unbegrenzt aufnahmefähig. Ein Vierteljahrhundert später ist von der Euphorie nur noch wenig übriggeblieben. Denn jahrelange Erfahrungen mit

Superkids und Jahrzehnte intensiver Forschung haben gezeigt: Am besten entwickelt sich ein Kind immer noch in der anregenden Atmosphäre einer normalen, intakten Familie. Und: Intelligenzförderung bei Kleinkindern ist zwar möglich, aber sehr kompliziert. Werden Kinder zu Leistungen gedrängt, für die sie die geistigen und körperlichen Fähigkeiten noch nicht besitzen, sind Selbstzweifel und Versagensängste vorprogrammiert.

Dabei bleibt der Kopf eines Babys überhaupt nicht leer, wenn man es nicht ständig mit Informationen füttert. Babys warten nicht darauf, Lese- und Rechenstoff zu bekommen, sondern verwenden von sich aus sehr viel Energie darauf, die Welt um sich herum zu erkunden und zu verstehen.

Wer das Gehirn seines Kindes leistungsfähig halten will, muß im Grunde nichts anderes tun, als dieses spontane Lernen zu unterstützen. Das heißt: nicht (wie die Superkids-Eltern) abrufbare Leistung fordern, sondern helfen und loben.

Gerade im ersten Lebensjahr können Eltern nicht viel falsch machen. Sie passen ihr Verhalten automatisch den Bedürfnissen ihres Babys an.

Ohne daß es ihnen jemand gesagt hätte, halten sie ihr Gesicht im richtigen Abstand zum Baby, in etwa 20 Zentimeter. In dieser Entfernung kann ein Säugling sie am besten sehen. Und sie reden mit ihm so einfach, deutlich und langsam (Ammensprache), sie wiederholen die Sätze so oft und verwenden so deutliche Mimik, daß ihr Kind sie schnell versteht. Auch später, wissen Entwicklungspsychologen, spielen Eltern mit ihrem Kind immer so, daß sie ihm nur einen kleinen Schritt voraus sind – in der Zone der proximalen Entwicklung, wie Wissenschaftler das nennen.

Beispielsweise schießt jeder Vater beim Fußballspiel mit seinem Sohn automatisch gerade so fest, daß sein Kind den Ball noch halten könnte.

Aber reicht der Instinkt allein? Nein, ein bißchen müssen Eltern schon tun:

● Kinder brauchen Zeit und Zuwendung. Je mehr davon Eltern ihrem Kind schenken, desto positiver verläuft seine sprachliche und intellektuelle Entwicklung. Eltern, die viel Zeit mit ihrem Kind verbringen, kennen es genauer; sie können auf seine Interessen differenzierter eingehen, seine Stärken besser fördern.

● Kinder brauchen Anregungen – nicht Kärtchen mit Zahlen oder Buchstaben, sondern Dinge zum Anfassen. Eltern sollten ihrem Baby jede Gelegenheit geben, die Welt um sich

Lesestunde: Nicht der Blick auf die Buchstaben, sondern die Geborgenheit in Papas Arm fördert die Entwicklung dieses Einjährigen

herum zu befühlen und zu begreifen, zu hören und zu sehen.

● Viel Ruhe und die Freiheit zu forschen sind wichtig. Ein Kind braucht Zeit, um Informationen zu verarbeiten. Manchmal muß es gewisse Handgriffe zehnmal ausführen oder ein bestimmtes Spiel 20mal spielen, bis es „sitzt".

● Kinder schätzen eine berechenbare Umwelt. Informationen und Anregungen, die Eltern ihren Kindern geben, sollten möglichst klar und eindeutig sein: Morgen dürfen nicht andere Regeln gelten als heute.

● Kinder brauchen Bewegung, um lernen zu können (siehe auch *Bewegung* und *Sport*).

Solange Eltern das alles nicht aus den Augen verlieren, wird sich ihr Kind gesund entwickeln und mit wachem Blick durch die Welt gehen.

Mit zunehmendem Alter werden sich spezielle Interessen bilden. Damit bietet sich für Mutter und Vater endlich Gelegenheit, ihr Kind gezielter zu fördern. Etwa, wenn die Dreijährige minutenlang die Regenwürmer auf der nassen Wiese beobachtet, wenn der Vierjährige an jeder Baustelle fasziniert stehenbleibt oder der Fünfjährige unbedingt alle Buchstaben des Alphabets lernen will. Wo das Interesse ihres Kindes erwacht, sollten Eltern einhaken und jeden Tag neue Würmer und Bagger suchen – bis ihr Kind genug hat.

Soll eine Fünfjährige Zahlen addieren lernen? Klar, wenn sie es will! Wenn sie das Tempo vorgibt.

Soll ein knapp Fünfjähriger schreiben lernen? Warum nicht? Wenn er Eltern und Geschwister doch immer löchert.

Im Schulalter ist es an der Zeit, seinem Kind noch andere Angebote zu machen, seinen Neigungen entsprechend und nicht zuviel: Wie wäre es mit einem Musikschulkurs? Würde dem achtjährigen Pop-Fan Englisch Spaß machen?

Zum Abschluß noch ein interessantes Forschungsergebnis. Schon vor Jahren konnten niederländische Forscher zeigen: Je besser die Bindung eines Kindes zu Mutter bzw. Vater, desto explorativer und ich-flexibler ist es. Auf deutsch: Kinder, die zu Hause Vertrauen und Geborgenheit spüren, sind unternehmungslustiger und besser in der Lage, Probleme zu lösen.

□ Siehe auch *Intelligenz, Kreativität, Langeweile, Lernen, Lesen, Motivation, Musik, Sport*

DIE WICHTIGEN ERSTEN JAHRE – WAS EIN KIND WANN KANN

	MOTORISCH	SOZIAL	GEISTIG
BIS ZUM 3. MONAT	Lernt den Kopf heben und drehen, kann mit seinen Händen spielen, streckt sich aus der Beugehaltung in die Länge	Lächelt spontan, hält Blickkontakt	Erkennt die Mutter am Geruch und an der Stimme, horcht auf Musik, imitiert den Gesichtsausdruck von Mutter oder Vater
BIS ZUM 6. MONAT	Kann den Kopf in jeder Körperlage sicher halten, fängt an, sich zu drehen, greift zielstrebig, oft auch mit einer Hand	Reagiert freudig, wenn es angesprochen wird, lacht laut, wenn es geneckt wird, spricht lallend mit freundlichen Personen	Sucht nach einem Geräusch mit den Augen, lallt oder hört auf zu weinen, wenn es Musik hört
BIS ZUM 9. MONAT	Kann frei sitzen, beginnt zu krabbeln oder zu robben, wechselt Gegenstände von einer Hand in die andere	Verhält sich unterschiedlich zu fremden und vertrauten Personen	Findet verstecktes Spielzeug, sitzt längere Zeit am Boden und spielt allein, zeigt Reaktion auf sein Spiegelbild
MIT EINEM JAHR	Krabbelt schnell und geschickt, zieht sich in den Stand hoch und macht erste Schritte	Befolgt einfache Bitten wie „Gib mir die Tasse!", macht Winkewinke, kann seine Gefühle verbergen, läßt sich gern Bilderbücher erklären	Baut Türme aus Klötzchen, kann mit dem Zeigefinger zeigen, entwickelt Ich-Bewußtsein
MIT ZWEI JAHREN	Geht in die Hocke, steht freihändig auf, klettert	Imitiert viel (Mütze aufsetzen, Schuhe anziehen), verteidigt eigene Spielsachen	Kann Spielzeug aufschrauben, zeigt mindestens zwei Körperteile an der Puppe, kann sie eventuell auch benennen
MIT VIER JAHREN	Steht für Momente auf einem Bein, setzt beim Treppensteigen die Füße abwechselnd auf	Macht gern Rollenspiele mit anderen, erkennt, daß seine Gefühle sich von denen anderer Kinder unterscheiden	Malt einfache Figuren, erkennt die Strukturen von Ereignissen, kann erste Regelspiele

Fremdeln

Freunde, Omas und Onkel, alle kennen das Gefühl: Das Baby sieht einen freundlich lächelnd zur Tür hereinkommen, da fängt es plötzlich an zu brüllen und versteckt den Kopf an Mamas Schulter. Obwohl der letzte Besuch noch keine zwei Wochen her ist.

Das Kind fremdelt, wie es alle Kinder auf der Welt tun. Kibbuzkinder in Israel, die neben den Eltern von Geburt an die Erzieher im Hort kennen, durchleben genauso eine Phase der Fremdenangst wie Kinder in kleinen Dörfern Guatemalas, die von mehreren Frauen erzogen werden, und wie europäische Kinder, die in einer Kleinfamilie mit den Eltern leben. Natürlich gibt es Unterschiede: Einige Babys fremdeln früher, andere später, einige reagieren heftig mit Geschrei, andere nur mit scheuen Blicken – aber alle Kinder begegnen irgendwann im zweiten Lebenshalbjahr Fremden mit äußerster Skepsis. Warum? Und weshalb liegt der statistische Höhepunkt des Fremdelns ausgerechnet bei acht Monaten (daher der Ausdruck „Acht-Monats-Angst")?

Babys wissen schon sehr früh, wohin sie gehören: Neugeborene erkennen die Stimme der Mutter. Ihren Hautgeruch erschnüffeln sie nach einer Woche. Mit zwei bis drei Monaten können sie das Gesicht der Mutter auf einem Foto wiedererkennen. Nach dem ersten Vierteljahr führt die vertraute Gegenwart der Mutter zur Entspannung. Neues macht neugierig – und nicht ängstlich.

In den nächsten Monaten vervollständigt das Baby sein Bild von seiner Mutter. Es lernt, sie dieselbe bleibt, wenn sie eine neue Brille hat, frisch vom Friseur kommt oder ein Tuch um den Kopf trägt. Längst hat das Kind auch seinen Vater und unter Umständen die Geschwister in seinen „Bekanntenkreis" mit einbezogen.

Im ersten Lebenshalbjahr lebt jedes Kind nach dem Aus-den-Augen-aus-dem-Sinn-Prinzip: Man kann es beispielsweise von einem glitzernden Kristallglas ablenken, indem man das Glas einfach wegstellt.

Im zweiten Lebenshalbjahr lernt das Kind, daß Dinge weiter existieren, wenn man sie nicht sieht; daß beispielsweise die Mutter unsichtbar im Nebenraum ist, aber kommt, wenn sie gerufen wird. Das Kind kann jetzt seine Eltern vermissen – ein ganz enormer geistiger und seelischer Fortschritt.

Im dritten Vierteljahr, im Alter zwischen sieben und neun Monaten, machen Babys auch körperlich einen großen Entwicklungsschub. Die Knochen festigen sich, die Muskeln wachsen. Die Kinder können sich mehr bewegen, sie robben oder krabbeln durch die Wohnung. Nun beginnt das Suchverhalten. Sie können selbst auf Erkundungsreise gehen und suchen Spielsachen, Mutter oder Vater auch in anderen Räumen.

Mobilität und Suchverhalten gemeinsam können das Kind theoretisch in Gefahr bringen – es könnte wegkrabbeln und dabei in Situationen geraten, denen es noch nicht gewachsen ist. Deshalb hat die Natur das Fremdeln als eine Art Sicherheitsschloß eingebaut. Es sorgt dafür, daß das Kind in der Nähe der Mutter bleibt.

Es muß sich seiner Bezugsperson immer wieder vergewissern, um Sicherheit für neue Erkundungen zu tanken. Wenn die Eltern aufmunternd lächeln, ist das Kind sofort beruhigt. Wer diese Entwicklung kennt, dem erscheint das Fremdeln logisch.

DAS MACHT DEM KIND DIE FREMDELPHASE LEICHTER

Ob ein Baby stark oder wenig fremdelt, hängt von seinem Temperament, aber auch von den Lebensgewohnheiten der Familie ab. Folgende Erkenntnisse können Eltern helfen, ihrem Kind die Fremdelphase zu erleichtern:

- Zu Hause fremdelt ein Kind weniger als in unbekannter Umgebung.
- Auf dem sicherheitsgebenden Arm von Mutter oder Vater fremdelt es weniger als allein in einem Raum, in den jemand Unbekanntes kommt.
- Das Zutrauen des Kindes gewinnt man mit vertrautem Spielzeug leichter als mit neuem.
- Sieht das Kind eine „Fluchtmöglichkeit", kann es sich z. B. hinter den Beinen der Eltern verstecken, dann fremdelt es weniger als im Hochstuhl oder im Buggy, wo es sich festgesetzt fühlt.
- Ist die Mutter freundlich zu ihrem Besuch, merkt das Kind: „Die sind in Ordnung. Wenn Mama keine Angst hat, muß ich mich auch nicht fürchten."
- Schnelles Eingreifen des Fremden (also beispielsweise ein Kind sofort anzufassen) empfinden Kinder in der Fremdelphase als Angreifen. Besser ist es, wenn Kinder selbst das Tempo bestimmen können, in dem sich ein unbekannter Erwachsener nähert.

Freunde

Im Kindergartenalter ist es meist soweit: Eines Tages kommt die Tochter oder der Sohn nach Hause und sagt: „Ich habe jetzt einen Freund." Für Drei-, Vierjährige bedeutet es einen Riesenschritt, erstmals bewußt eine engere emotionale Bindung mit einem Gleichaltrigen einzugehen, auch wenn Freunde in diesem Alter noch mehr Spielkameraden als Verschworene sind.

Als die Zeit der ersten großen Kinderfreundschaften gilt das Alter ab sechs Jahren. Eltern staunen über die neue Selbständigkeit ihrer Erst- und Zweitkläßler, und wie sie jetzt schon ganz selbstverständlich von sich aus außerhalb der Familie Bindungen eingehen.

Die Freundschaft, sagt die Berliner Erziehungswissenschaftlerin Professor Renate Valtin, ist „eine Quelle der Anerkennung, aber auch der Kritik und Zurückweisung". Sie ermöglicht

Ein Herz und eine Seele: Bis zum Beginn des Grundschulalters sind auch Mädchen und Jungen oft noch dick miteinander befreundet

dem Kind, ein realistisches Weltbild zu entwickeln. Bei Freunden regiert nicht – wie zu Hause – das Prinzip von Überordnung und Unterordnung, sondern das Prinzip von Gleichberechtigung und Gleichrangigkeit. Deshalb sind Freunde für Kinder enorm wichtig.

Im Kindergartenalter sind gemischte Freundschaften keine Seltenheit, doch im Laufe der Grundschulzeit gehen Mädchen und Jungen zunehmend getrennte Wege. Während Mädchen mit ihrer Freundin ihre Gefühle teilen, sich intensiv austauschen und ihr auch intime Geheimnisse anvertrauen wollen, ist Freundschaft zwischen Jungen „sachbezogener". Jungen reden weniger miteinander. Für sie ist wichtig, ob man mit dem anderen gut spielen und gemeinsam etwas unternehmen kann.

Je älter Kinder werden, desto mehr werden enge Freunde zu Vertrauenspersonen, die oft viel mehr Persönliches wissen als Mutter oder Vater – eine ganz normale Entwicklung, die für Eltern dennoch nicht einfach zu verkraften ist.

Oft haben Eltern schon früh Probleme mit den Kumpanen ihrer Kinder. Bereits im Kindergarten kommt es vor, daß der Nachwuchs Kinder aus völlig anderen Verhältnissen kennenlernt. Kinder, deren Eltern vielleicht besonders streng oder besonders nachlässig erziehen, die überzeugte Vegetarier oder Fast-Food-Anhänger, fanatische Fernsehgegner oder „Dauerglotzer" sind.

Die meisten Kinder gehen unbefangen mit diesen neuen Eindrücken um, ohne Vorurteile oder Ängste. Darüber sollten Eltern froh sein. Ihr Kind lernt andere Verhaltensweisen und Umgangsformen, fremde Kulturen und Religionen kennen.

Trotzdem fürchten Mütter und Väter manchmal den Einfluß eines anderen auf ihr eigenes Kind. Mißliebige Entwicklungen des eigenen Kindes werden dann gern auf die Freunde geschoben. Von allein – so denken Eltern – wäre mein Sohn doch nie auf die Idee gekommen, die Wand in der Küche mit Filzschreiber vollzukrakeln und seine neun Monate alte Schwester mit Hundekuchen zu füttern. Vermutlich war es der neue Kindergartenfreund, der ihn dazu angestiftet hat.

Man sollte da vorsichtig sein. Kinder setzen sich selten von ungefähr einem bestimmten Einfluß aus. Daß ein rotzfrecher Junge Eindruck auf einen braven Kerl macht, sagt möglicherweise etwas über dessen innere Verfassung aus. Vielleicht wünscht er sich mehr Aufmerksamkeit. Bei dem Frechdachs hat er erlebt, wie man sie blitzschnell bekommt. Vielleicht wünscht er sich schon seit langem, seiner kleinen Schwester, auf die er eifersüchtig ist, eins auszuwischen. Getraut hat er sich die Sache mit den Hundekuchen aber erst, als er mitbekam, wie sein Kindergartenfreund am laufenden Band solche Dummheiten machte, ohne daß die Welt davon unterging.

Schwierige Freundschaften bedeuten für Eltern die Chance, einiges über die unerfüllten Sehnsüchte ihres Kindes zu erfahren.

Eltern befürchten oft, daß ihr Kind nur von den unerfreulichen Seiten des neuen Freundes beeinflußt wird. Das stimmt nicht. Kinder, die vorher auffallend still und angepaßt waren, blühen an der Seite eines Wildfangs oft auf. Sie lernen, Ängste zu überwinden, sich körperlich und geistig mehr zuzutrauen und sich schwierigen Situationen zu stellen. Unliebsamen Kindergartenfreunden mit Hausverbot zu begegnen ist daher der falsche Weg. Besser läuft es, wenn Sie versuchen, den Bedürfnissen Ihres Kindes gerecht zu werden:

- Laden Sie den neuen Freund zu gemeinsamen Unternehmungen ein. Gehen Sie ins Schwimmbad, in den Zoo oder zum Spielen in den Park. Auf neutralem Terrain haben Sie Gelegenheit, die Kinder miteinander zu erleben und sich ein besseres Bild von der neuen Bekanntschaft zu machen.
- Wenn es sich machen läßt, nehmen Sie Kontakt mit den Eltern des befreundeten Kindes auf. Dann verstehen Sie das Kind besser.
- Läßt sich Ihr Kind dauernd von den Einfällen seines Kindergartenfreundes anstecken, schimpfen Sie möglichst nicht im Beisein des Freundes. Das ist für Ihr Kind eine schmerzliche Demütigung. Schreiten Sie ein, aber ohne viele Worte zu machen. Und reden Sie abends in Ruhe mit Ihrem Kind darüber.
- Bitten Sie Ihr Kind, daß es seinem Freund das nächste Mal die häuslichen Gepflogenheiten erläutert, bzw. tun Sie es selbst. Kinder akzeptieren es normalerweise sehr gut, daß woanders andere Regeln herrschen.

Bei allen Problemen sollten Sie eines nicht vergessen: Ihr Kind macht Ihnen ein großes Geschenk, wenn es jemanden mit nach Hause bringt: Es zeigt, wie stolz es auf seine Familie ist.

□ Siehe auch *Verliebtsein*

WARUM ERFINDET MEINE TOCHTER SICH FREUNDE?

? *Unsere Tochter, 4, hat eine blühende Phantasie: Sie kommt aus dem Kindergarten und erzählt uns wilde Geschichten von sich und ihren Freunden – dabei existieren die gar nicht. Müssen wir uns Sorgen machen?*

! Im Alter von zwei, drei Jahren erleben sich Kinder als Mittelpunkt der Welt. Manchmal verschwimmen auch die Grenzen zwischen Phantasie und Realität: Da ist es ganz normal, daß die Kinder sich Freunde erfinden, Phantasiegefährten, mit denen sie Abenteuer erleben oder die sie beschützen. Zwischen vier und fünf Jahren entwickelt sich die Unterscheidungsfähigkeit zwischen Traumwelt und Wirklichkeit. Jetzt wissen Kinder z. B., daß Stofftiere nicht wirklich sprechen können. Je zufriedener Kinder in der Realität leben, desto weniger besteht nun die Notwendigkeit für Phantasiefreunde. Wenn Ihre Tochter jetzt noch Freunde für sich erfindet, kann das verschiedene Ursachen haben: Sie fühlt sich im Kindergarten nicht wohl oder wünscht sich Freunde, die ihr fehlen. Vielleicht bewundert sie ein anderes Kind und hätte gern dessen Eigenschaften. Möglich ist auch, daß Ihr Kind ein starkes Bedürfnis nach Geborgenheit hat und sich eine Freundin einbildet, die immer bei ihr ist.

G

Gefahren

Für gefährliche Situationen haben Eltern vom ersten Tag an ein besonderes Gespür. Ihre Wachsamkeit nimmt zu, wenn das Kind anfängt sich fortzubewegen. Dann ist nichts mehr vor dem Krabbler und umgekehrt auch der Krabbler vor nichts mehr sicher. Da wird jedes Gefäß mit heißer Flüssigkeit und jede ungesicherte Treppe zur echten Gefahr.
Sehr kleine Kinder gehen Risiken trotz der Gefahr ein, größere wegen ihr. Von Natur aus mögen Sechsjährige den Kitzel, wenn sie aufs Garagendach klettern. Wenn sie oben ankommen, sind sie genauso stolz wie das elf Monate alte Baby, das zum erstenmal freihändig steht oder der Bergsteiger, der seinen ersten Viertausender erklommen hat. Eine Gefahr überwunden zu haben ist ein äußerst befriedigendes Gefühl.
Das Problem: Die meisten Bergsteiger können ihr Risiko einschätzen, Kinder wissen von vielen Gefahren noch gar nichts. Deshalb dürfen Eltern ihre Kinder nicht alles machen lassen. Sie müssen eingreifen, verbieten, verhindern und sich damit manchmal auch über ihre Erziehungs-Grundsätze hinwegsetzen. Zum Beispiel nehmen sich viele Mütter (ganz zu Recht) vor, sich nicht einzumischen, wenn Kinder streiten. Sobald aber zwei Jungs mit harten Gegenständen aufeinander losgehen, darf das nicht mehr gelten. Dann muß sie eingreifen.
Insbesondere die Gefahr des Straßenverkehrs können Kinder bis zehn, elf Jahre nicht abschätzen. Mitbestimmung hat da ihre Grenzen, wo eine Sechsjährige mit dem Fahrrad – auf einer verkehrsreichen Straße – zur Schule will.
Vor manchen Gefahren müssen Eltern ihre Kinder einfach schützen, notfalls mit knallharten Verboten. Gleichzeitig müssen sie alles tun, damit ihr Kind lernt, mit der Gefahr umzugehen. Fernhalten reicht irgendwann nicht mehr.
Im Gegenteil: Wer einem Kind zuviel hilft, hilft ihm nicht wirklich. Die Angst, daß sich mein Kind die Finger verbrennen könnte, darf nicht dazu führen, daß ich ihm mit acht noch das Anzünden eines Streichholzes verbiete. Kinder sollen schon früh mit dem Feuer spielen – unter Aufsicht. Der Sechsjährige soll zusammen mit Mutter oder Vater ruhig öfter eine Kerze anzünden, nur so lernt er frühzeitig, wie man ein Streichholz hält und wie man es ausbläst. Wer das Feuer tabuisiert, riskiert, daß sein Kind heimlich zündelt.
Oder das berühmte Bäumeklettern: Wenn ihr Kind auf einem Ast balanciert, ist das für die Eltern eine Gratwanderung. Sollen sie es verbieten oder nicht? Das hängt davon ab, über welche motorischen Fähigkeiten das Kind schon verfügt und ob der Baum das zuläßt. Natürlich spielt auch das persönliche Risikoempfinden des Erwachsenen eine Rolle.

Einsturzgefahr – kein Problem, wenn nur ein Schutzengel drüber kreist

Nur eines ist klar: Man darf seinem Kind nicht jede Gefahr aus dem Weg räumen, es nicht überbehüten. Vorsicht um jeden Preis ist zwar meist gut gemeint, doch sie hindert Kinder an einer gesunden Entwicklung. Kinder müssen Gelegenheit haben, sich Schritt für Schritt mit den Gefahren des Alltags vertraut zu machen, ob es Elekrizität ist oder der Straßenverkehr. Wer von allem ferngehalten wird, lernt nicht, seine Gefühle und Grenzen wahrzunehmen. Es passiert dann oft, daß sich diese Kinder später entweder sehr wenig oder zu viel zutrauen. Beides ist gefährlich.

□ Siehe auch *Selbstvertrauen, Toben, Überbehüten*

Geldverdienen

Viele Kinder und Jugendliche möchten ihr Taschengeld durch Jobs aufbessern – um sich endlich den Gameboy zu kaufen oder die Reitstunden zu finanzieren.

Der Wunsch nach selbstverdientem Geld ist völlig legitim. Bei vielen Jobs bekommen Jugendliche einen frühzeitigen Einblick in die Arbeitswelt. In der Regel macht es ihnen auch einfach Spaß, mit Erwachsenen zu arbeiten und außerhalb der Schule Anerkennung zu erhalten.

Arbeit von Kindern hat freilich ihre rechtlichen Grenzen. Geregelt werden die Schülerjobs über das Jugendarbeitsschutzgesetz: So muß das Kind mindestens 13 Jahre alt sein und die Zustimmung seiner Eltern haben. Und es muß ausgeschlossen sein, daß der Job körperlich schwer oder gefährlich ist. Außerdem darf ein Kind nicht mehr als zwei Stunden am Tag arbeiten, nicht zwischen sechs Uhr abends und acht Uhr morgens und nicht vor dem oder während des Unterrichts. Welche Tätigkeiten Kinder ab 13 Jahren und voll schulpflichtige Jugendliche ausüben dürfen, wird über die Kinderarbeitsschutzverordnung geregelt, die seit dem 24. 6. 98 gilt: Erlaubte Jobs sind z. B. Babysitting, Nachhilfeunterricht geben, Zeitungen austragen oder Haustiere hüten. Bei der Bezahlung der meisten dieser Tätigkeiten kann man sich an 630-Mark-Jobs orientieren, die einen Mindeststundenlohn von gut zehn Mark vorsehen. Ein älterer Schüler, der Nachhilfe gibt, kann mehr verlangen. Ist der Arbeitgeber tarifgebunden, gelten die im Tarifvertrag festgesetzten Löhne. Ganz unumstritten sind die Regelungen für jobbende Jugendliche nicht. Der Deutsche Kinderschutzbund zum Beispiel würde die Altersgrenze lieber heraufsetzen, auf 14 oder 15 Jahre. Auch weist er darauf hin, daß in Deutschland immer noch viel Mißbrauch getrieben wird: 13- und 14jährige etwa, die hart in der Landwirtschaft, auf dem Bau oder in der Kneipe arbeiten müssen. Das könne für die Jugendlichen, die noch mitten im Wachstum sind, zu gesundheitlichen Problemen führen und sich deutlich negativ auf die schulischen Leistungen auswirken.

In jedem Fall sollten Eltern darauf achten, daß trotz Job noch genug Zeit für Entspannung und Freizeit bleibt.

Gerechtigkeit

Gerechtigkeit ist eine elterliche Tugend, die besonders gefragt ist, wenn mehrere Kinder da sind. Natürlich bemühen sich Mütter und Väter von Anfang an, jedem Kind die gleiche Liebe und fürsorgliche Behandlung zuteil werden zu lassen.

Doch bald müssen sie feststellen, daß sich Gerechtigkeit kaum durchhalten läßt. Ohne daß die Eltern es wollen, bekommt das Erstgeborene in seinen ersten Lebensjahren mehr Zeit, Zuwendung und Förderung als das zweite oder dritte Kind. Dafür erlebt es seine Entthronung meist sehr schmerzlich.

Und – auch da sollten sich Mütter und Väter nichts vormachen – verschiedene Kinder rufen unterschiedliche Gefühle hervor. Niemand fühlt sich immer zu jedem Kind in gleicher Weise hingezogen. Wenigstens phasenweise, bedingt durch einen Entwicklungsschub oder durch Krankheit, bekommt das eine Kind mal mehr Aufmerksamkeit als das andere.

Nur wer sich das eingesteht, kann versuchen, seine Kinder dieses Ungleichgewicht nicht allzusehr spüren zu lassen. Denn klar ist: Eine dauernde Zurücksetzung durch einen oder beide Elternteile kann eine fatale Wirkung auf die Persönlichkeit des Kindes haben – dann nämlich, wenn das Kind spürt: Ich kann tun, was ich will, Mama (oder Papa) hat mich weniger lieb als meinen Bruder. Mangelndes Selbstwertgefühl und Verhaltensstörungen sind die logischen Folgen.

Eindeutiges Lieblingskind zu sein ist allerdings auch kein leichtes Los. Das stärkt zwar das Selbstvertrauen, kann aber leicht zu Selbstüberschätzung führen. Damit sind Enttäuschungen im späteren Leben vorprogrammiert.

Eltern sollten ihren Kindern zeigen, daß sie sich Mühe geben, jedem gerecht zu werden. Das hat nichts mit konsequenter Gleichbehandlung zu tun. Schließlich brauchen die Kinder je nach Alter, Temperament und seelischer Verfassung eine ganz unterschiedliche Art von Zuwendung. Niemandem ist gedient, wenn eine Dreijährige und ein Siebenjähriger zur gleichen Zeit ins Bett müssen.

Jeder Elternteil sollte sich manchmal ganz bewußt um das Kind kümmern, das bei ihm sonst vielleicht etwas zu kurz kommt. Im Zweifelsfall sind getrennte Unternehmungen besser, als wenn die Familie alles gemeinsam macht.

Besonders intensiv erleben Kinder Gerechtigkeit oder Ungerechtigkeit, wenn ihre Eltern im Geschwisterstreit Partei nehmen. Dabei sind Mütter und Väter meist schlechte Schiedsrichter, weil sie selten objektiv sein können. Auch wenn sie bei Streit zwischen den Geschwistern manchmal dazwischenfahren möchten, einen Schuldigen finden und bestrafen wollen – besser ist es, sich zurückzuhalten.

Manchmal liegt auch mehr Gerechtigkeit darin, nicht einen einzelnen Täter herauszupicken, sondern die versammelte Mannschaft ins Gebet zu nehmen. So erzeugt man bei den Kindern das Gefühl des „In-einem-Boot-Sitzens".

□ Siehe auch *Eifersucht, Geschwister, Geschwisterstreit*

Zu Hause bei den Erbsenzählern

ELTERN-Redakteur Oliver Steinbach über Gerechtigkeit im Alltag. Im Alter von drei, fünf und sieben Jahren registrierten seine Kinder penibel jeden persönlichen Vor- und Nachteil

„Ganzschönbahnhofheutedieeizinigeangstravioli mitmayoplatschblabla..." – „Ruuuheee! Ich verstehe kein Wort. Könnt ihr nicht nacheinander reden?"
„Mayomitravioliheutganzschönbahnhofplatschdieeinzigeangstblabla..."
Ich schlage mit der Faust auf den Tisch: „Luise, Moritz, laßt jetzt bitte den Kaspar ausreden!" Schmollen, Proteste der Ältesten und des Jüngsten: „Warum der?" „Blöder Papa!"
Es ist stets das gleiche: Moritz, 3, Kaspar, 5, und Luise, 7, wollen mir am Abend die Erlebnisse vom Tage erzählen, leider immer gleichzeitig, einer schneller und lauter als der andere. Wie immer bin ich „ungerecht", bloß weil ich etwas verstehen will und nur einen sprechen lasse.
Was wäre denn gerecht? Auslosen, wer zuerst an der Reihe ist? Einen Wochenplan aufstellen, wer wann die Tischgespräche eröffnet? Eine Rednerliste einführen wie im Parlament? Nein, irgendwo ist Schluß. Wir sind schließlich nur eine Familie.
Doch in dieser Familie reagiert der Nachwuchs auf alles, was nach Bevorzugung oder Parteinahme riecht, sehr empfindlich. Objektiver Klärung bedürfen keineswegs nur die großen Fragen (Wer darf zum Judo, wer ins Ballett? Wer hat das größte Weihnachtsgeschenk bekommen?)
Wahre Ungerechtigkeit erweist sich im Detail: Wer darf als erster reden? Wen holt Mama auf den Schoß? Wem schenkt Papa zuerst Apfelsaft ein? Der Argwohn, die anderen könnten besser behandelt werden, ist allgegenwärtig.
Dabei besteht doch überhaupt keine Veranlassung für solchen Neid. Wir lieben unsere Kinder, eines wie das andere, und wünschen uns nichts weniger als Geschwisterkonkurrenz.
Wir haben getan, was wir konnten, damit sich unsere Kinder mögen, von Anfang an: Wir haben Luise behutsam auf Kaspars Ankunft vorbereitet. Wir haben es dem zweijährigen Kaspar nicht übelgenommen, daß er seinen frischgeborenen Bruder Moritz verschenken wollte, und ihn auch nicht in Grund und Boden verdammt, als er ausprobierte, wie tief man mit einem Buntstift in Moritz' Nase bohren kann. Keiner sollte darunter leiden, daß er Geschwister hat. Kaspar muß zwar Luises Jeans und Pullover auftragen, aber dafür darf er mitbestimmen, wenn es um die Wahl eines neuen Fahrrads geht, das er später einmal von Luise erben wird.
Ein Grund für die Eifersüchteleien muß die existenzielle Angst sein, nicht genug geliebt zu werden. Und die befällt wohl eher Kinder, die Geschwister haben. Weil sie glauben, die Liebe der Eltern reiche vielleicht nicht für alle.
Die Eifersucht ist bei den Erstgeborenen meist noch ein bißchen größer als bei den Jüngeren. Durch die Geburt des Geschwisterchens erfahren sie den sogenannten Entthronungsschock. Das Gefühl, nicht mehr einziges Kind zu sein und alles mit dem Eindringling teilen zu müssen, verläßt sie wahrscheinlich nie ganz.
Manchmal kommt Luise, unsere Erstgeborene, und fragt ganz unschuldig: „Bin ich euer liebstes Kind?" Und will natürlich – wie Schneewittchens Stiefmutter von ihrem Zauberspiegel – hören, daß sie die Schönste, Beste, Liebste im ganzen Land oder wenigstens in der ganzen Familie sei.
Damit haben wir den Schwarzen Peter, denn was wir auch antworten, es ist falsch. Sagen wir „nein", tut es ihr weh, sagen wir „ja", ist es pädagogisch unklug. Deshalb erwidere ich dann, genauso unschuldig (und sehr zum Unwillen meiner Tochter): „Du bist unser bestes Mädchen."
Doch wenn wir ernster über das Thema reden, versuchen wir den Kindern klarzumachen, daß unsere Liebe für sie aus einem großen Füllhorn kommt, daß bestimmt immer genug für alle da ist.
Aber was nutzen Worte? Kinder müssen spüren, was ihre Eltern für sie empfinden. Deshalb dürfen wir mit Schmusen und anderen Zärtlichkeiten nicht knausern. Das brauchen Achtjährige genauso wie die Einjährigen, auch wenn die Großen manchmal so tun, als hätten sie das nicht nötig.
Aber es gibt noch einen weiteren Grund, warum unsere Kinder so empfindliche Gerechtigkeits-Sensoren haben: ihren

geringen Altersabstand. Ob wir wollen oder nicht – wir vergleichen sie, und sie vergleichen sich in vielem, was sie tun, trotz ihrer Verschiedenheit. Luise und Kaspar spielen gemeinsam Schule und kämpfen miteinander wie Gleichaltrige. Auch Moritz mischt heute schon kräftig mit.
Vergleichbarkeit aber heißt: Konkurrenz. Und das bedeutet letztlich: Je gleicher wir unsere Kinder behandeln, desto mehr verstärken wir Konkurrenz und Eifersucht. Psychologen sagen: Gerechte Behandlung setzt voraus, daß die Eltern ein Gespür für die Bedürfnisse ihrer Kinder entwickeln, daß sie jedem Kind sein Spezialgebiet zubilligen. Sie müssen ihnen zeigen: „Hier bist du für mich Spitze. Ich kenne keinen, der so gut Lego-Raketen baut / Klavier spielt wie du!"
Wie funktioniert das im Alltag? Sollen Eltern nur noch Extrawürste braten? Nein, ein bißchen Gleichschritt muß sein. Wenn es um Murmeln oder ums Essen geht, wird bei uns kühl gerechnet und durch drei geteilt – soweit sich Erbsen oder Pommes auszählen lassen. Aber schon bei der Wochenend-Gestaltung beginnt es, kompliziert zu werden. Was macht allen Spaß? Wenn das Wetter nicht nach Zoo oder Fahrradausflug ist, stehen wir meistens auf dem Schlauch. Egal, ob wir ins Kino gehen oder Spiele spielen wollen: Entweder Luise findet es „langweilig, für Babys", oder Moritz versteht nur Bahnhof.
Deshalb machen wir jetzt immer häufiger getrenntes Programm. Die Kinder genießen es. Endlich hat man Mama, Papa oder beide ganz für sich allein. Wollen Corinna und Luise lang ausschlafen und herumgammeln, dann machen Moritz, Kaspar und ich eben einen Herren-Tag und schauen uns im Deutschen Museum die Flugzeug-Abteilung an. Dafür darf an einem der nächsten Wochenenden einer der Jungen mit Corinna oder mir ins Kino, und so weiter. Auf diese Weise haben die Kinder wenigstens für ein paar Stunden pro Woche dieses Einzelkind-Verwöhn-Gefühl.
Um auf das Anfangsbeispiel zurückzukommen: Gerechtigkeit heißt nicht, für jedes Kind fünf Minuten Redezeit festzulegen. Gerechtigkeit besteht darin, jedes Kind dann reden zu lassen, wenn es etwas mitzuteilen hat und Antworten sucht.
Dafür muß man dann auch manchmal Prinzipien kippen: Obwohl Corinna und ich sonst genau darauf sehen, daß nach dem Gutenachtkuß keine Wanderungen ins Wohnzimmer mehr stattfinden, saß Kaspar neulich von neun bis halb zehn bei uns auf dem Sofa. Er fragte sich, warum er überhaupt auf der Welt ist, und wollte wissen, ob einer der vielen Sterne am Himmel vielleicht sein verstorbener Uropa Willi sei. Den Sinn des Lebens haben wir in diesem Gespräch zwar nicht gefunden. Aber vielleicht wird sich Kaspar in 50 Jahren noch an diese halbe Stunde erinnern.

Geschlechterrollen

Warum wird bei Jungen in einem gewissen Alter jede Banane zum Schießeisen? Und wieso schnippeln kleine Mädchen sie lieber in Scheibchen, um sie dann in Blumenform auf dem Teller zu drapieren und ihrer Puppe zu servieren?
Über der Frage, ob die klassischen Geschlechterrollen auf ewig festgeschrieben sind, verzweifeln viele Eltern. Sie bemühen sich, ihren Jungen nicht typisch männlich und ihr Mädchen nicht typisch weiblich zu erziehen – meist ohne Erfolg.
Treten etwa Puppen und Pistolen heimlich, durch eine biologische Hintertür, ins Kinderleben? Gibt es ein Auto-Gen, das kleine Jungen beim Anblick von vier Rädern brummen läßt? Und ein Barbie-Gen, das Mädchen befiehlt, Lackschuhe zu tragen?
Die Antwort der Wissenschaft bleibt vage. Man weiß, daß bereits Einjährige gleichgeschlechtliche Spielkameraden suchen. Kleine Mädchen krabbeln auf kleine Mädchen zu, die Jungen bleiben lieber unter sich. Das heißt, ihre Geschlechts-Zugehörigkeit spüren Kinder demnach schon sehr früh. Was wohl auch daran liegt, daß Jungen und Mädchen sich im Temperament tatsächlich unterscheiden. Diesen kleinen Unterschied sollten Eltern ihren Kindern auch lassen.
Zwar hat jedes Kind eine eigene kleine Persönlichkeit. Viele Mädchen sind mit ganzem Herzen Puppenmutti. Für andere ist eher Toben und Raufen das größte. Und mancher Junge sitzt lieber still über seinen Bausteinen, als sich an Ringkämpfen zu beteiligen.
Nimmt man jedoch das statistische Mittelmaß, gibt es auffällige Häufungen von typischem Verhalten bei Mädchen und Jungen. Schon männliche Säuglinge sind im Durchschnitt aktiver, haben längere Wachphasen, schreien häufiger und lassen sich schwerer beruhigen als Mädchen. Auch unter Schreibabys gibt es mehr Buben.
Mädchen gehen mit ihren Bedürfnissen meistens angepaßter um als Jungen. Sie stellen weniger massiv Forderungen und fressen ihren Ärger häufiger in sich hinein. Das zeigt sich deutlich im Trotzalter: Jungen bekommen mehr und heftigere Wutanfälle als die meisten Mädchen. Und manche gestreßte Buben-Mutter fängt an, heimlich von einem sanften Mädchen zu träumen.
In der Pubertät wird dann der Umgang mit Töchtern häufig schwieriger. Anders als viele Jungen, die ihren Frust laut hinausschreien können, leiden sie mehr unter Stimmungsschwankungen, manchmal bis hin zu Depressionen.
Forscher-Streit herrscht immer noch darüber, ob solche Unterschiede wirklich angeboren sind. Oder sind sie die Reaktion der Kinder auf eine – oft unbewußte – Erwartungshaltung der Erwachsenen?
Klar, sagen vor allem feministische Psychologinnen und Soziologinnen: Wir werden nicht als Mädchen geboren, zu Mädchen werden wir gemacht. Und die Erkenntnisse der Verhaltensforscher bestätigen sie: Auch wenn Babys heute nicht

mehr automatisch am rosa oder blauen Strampler als Monika und Peter zu erkennen sind, werden sie doch nicht gleich behandelt. Wissenschaftler haben nachgewiesen: Erwachsene ordnen schon Neugeborenen weibliche und männliche Eigenschaften zu.

Versuchspersonen bezeichneten als männlich ausgewiesene Babys als „robust", ausgestattet mit einem „energischen Kinn", und als „durchsetzungsfähig". Vermeintlich weibliche Säuglinge wurden mit Merkmalen wie „lieb", „zart" und „ängstlich" bedacht. Die Tücke der Forscher: Die angegebenen Geschlechter stimmten nicht, die Versuchspersonen tappten in eine „Vorurteilsfalle".

Biologen fanden aber auch Beweise dafür, daß männliche und weibliche Gehirne von Geburt an unterschiedlich ausgestattet sind. So können Jungen etwas besser räumlich denken. Mädchen lernen in der Regel früher sprechen. Sicher ist auch, daß das Hormon Testosteron für die Aggressivität verantwortlich ist. Testosteron ist ein männliches Hormon, das im weiblichen Körper nur in geringen Mengen vorkommt.

Die amerikanische Verhaltenswissenschaftlerin Melissa Hines fand heraus, daß Mädchen mit einer angeborenen Hormonstörung und einem dadurch erhöhten Testosteron-Spiegel sich verstärkt männlichen Spielkameraden anschlossen, mit ihnen rauften und balgten und die Puppenecke mieden.

Aber was nützt es einer Mutter, wenn sie weiß, daß ein Hormon ihrem Zweijährigen den Finger krümmt und ihn zum „Peng-peng" drängt?

Psychologen raten, das nicht überzubewerten. Oft übertreiben Kinder ihre Geschlechterrolle, um Ordnung in ihre kleine Welt zu bringen. Jedes Kind muß herausfinden, welchem Geschlecht es angehört. Deshalb ahmt es in übertriebener Weise nach, was es als männlich und weiblich kennengelernt hat.

Auf Plakatwänden, in Zeitschriften, im Fernsehen entdecken schon kleine Kinder den coolen Rennfahrer, die putzwütige Hausfrau oder die hochhackige Blondine, die an der breiten Männerbrust lehnt. Die Klischees leben, und sie werden (auch) von Kindern aufgesogen.

Können und sollen Eltern dagegenhalten?

Es hat wohl wenig Sinn, bei Kindergartenkindern gegen Autos oder Modepuppen zu kämpfen. Das macht die verpönten Spielsachen nur interessanter. Und es verunsichert die Kinder: Alle Jungs spielen Autorennen, warum soll ich nicht? Man sollte seinem Kind seine Vorlieben lassen, ihm aber zusätzliche Angebote machen. Spaß machen beispielsweise Rollenspiele, die die männliche und die weibliche Seite unter einen Hut bringen. Etwa beim Indianerspiel. Zeigen Sie Ihrem kleinen „Schwarzfuß", daß Indianer nicht nur heulend das Kriegsbeil schwingen, sondern auch Zelte bauen und ausschmücken. Jungen und Mädchen können Pfeil und Bogen schnitzen, „auf die Jagd gehen", vielleicht sogar ein Lagerfeuer machen und Suppe für den ganzen Stamm kochen.

Spätestens mit sieben Jahren fühlen sich Mädchen und Jungen ihrem Geschlecht zugehörig. Jetzt wird ihr Rollenverständnis stark vom Elternhaus geprägt. Das heißt: Im Schulalter hängt das Selbstverständnis der Kinder entscheidend davon ab, wie Mutter und Vater zu Hause miteinander umgehen, wie sie Arbeit und Macht verteilen. Wenn ein Vater regelmäßig und selbstverständlich im Haushalt mitmacht, wird es seinem Sohn kaum in den Sinn kommen, daß Hausarbeit ausschließlich Frauensache sei. Jetzt kann man Kindern durchaus auch erklären, daß gängige Meinungen wie „Weiber weinen wegen allem" oder „Alle Jungs prügeln" nicht stimmen.

Geschwister

Kommt ein zweites Kind, krempelt sich das Leben um: für die Eltern, aber vor allem für das Erstgeborene.

Das ältere Kind muß erfahren, daß es plötzlich nicht mehr im Mittelpunkt steht. Psychologen sprechen vom „Entthronungs-Schock". Ihn machen sie auch dafür verantwortlich, wenn die Erstgeborenen sich nach der Geburt eines Geschwisters wieder wie ein Baby benehmen, nach einem Fläschchen verlangen oder gar eine Windel möchten.

Aber noch aus einem anderen Grund stagnieren die Großen vorübergehend in ihrer Entwicklung: Ein Baby übt auf das ältere Kind in der Regel eine große Faszination aus. Trotz aller

PRINZEN, SANDWICH-KINDER UND NESTHÄKCHEN

Manche Forscher messen dem Rang in der Geschwisterreihe sehr viel Bedeutung bei. Sie halten es für charakterprägend, daß z. B.

- ein Erstgeborenes entthront wurde und das Gefühl, es sei ihm etwas weggenommen worden, sein Leben lang nicht loswird,
- ein mittleres Kind an zwei Fronten kämpfen, sich gegen ein älteres und ein jüngeres Geschwister behaupten muß,
- ein letztgeborenes Kind mit dem Nesthäkchen-Bonus aufwächst, weil die Eltern meist alles etwas lockerer sehen als noch beim ersten und nicht mehr so stark auf die Einhaltung von Regeln pochen.

Andere Wissenschaftler sagen: Es gibt viel mehr Faktoren, die die Persönlichkeit eines Menschen prägen, und viele davon sind wichtiger als der Geburtsrang. Allerdings ist sich die Forschung in einem sicher: Vorsicht ist bei den Mittelkindern, den „Sandwiches" geboten. Sie entwickeln sich überdurchschnittlich oft zu Problemkindern. Der Hauptgrund: Sie bekommen in der Regel deutlich weniger Aufmerksamkeit als die Erstgeborenen, die für die Eltern interessant sind, weil sie jede Entwicklung zum erstenmal durchmachen. Sie erfahren aber meist auch geringere Beachtung als die kleinen süßen Nesthäkchen. Hier müssen Eltern ganz bewußt gegensteuern!

Gutes Verhältnis: Geschwister nehmen sich gegenseitig öfter mal hoch, greifen sich aber genausooft auch unter die Arme

schlimmen Gefühle, die ein Erstgeborenes für den Eindringling hegt, wächst jetzt eine einzigartige Beziehung.
Eltern spüren das und sehen es: Die Art, wie ein Dreijähriges dem Baby über den Kopf streicht, mit ihm lacht oder weint, drückt viel von dem tiefen Verständnis füreinander aus.

Geschwister haben viel voneinander:

- Sie lernen, zu streiten und sich wieder zu vertragen. Da sie nicht voneinander loskommen, sind sie gezwungen, Kompromisse zu suchen. Manchmal müssen sie offene Meinungsverschiedenheiten einfach ertragen. Schon im Kindergarten haben es solche Kinder leichter – aber auch später, in der Partnerschaft oder im Beruf.
- Gesunde Rivalität schadet nicht. Geschwister können sich zu produktiven Leistungen anspornen.
- Sie geben einander Stärke. Geschwister können sich gegenseitig nicht nur trösten, sondern auch Bündnisse gegen ihre Eltern eingehen, sich gegenseitig schützen. Gerade bei einer sehr behütenden oder einer sehr strengen Erziehung stellt eine Schwester oder ein Bruder eine Art Puffer dar, der elterliche Härte bzw. Über-Fürsorge abmildern kann.

Ein echtes Vertrauensverhältnis zwischen Geschwistern wächst allerdings nur, wenn Eltern sich nicht zu stark einmischen. Insbesondere sollten sie die natürliche Rivalität nicht noch verstärken, indem sie z. B. die Kinder ständig miteinander vergleichen oder eines bevorzugen bzw. benachteiligen.

Mehrere Kinder zu haben – das bedeutet für Eltern in den ersten Jahren unbestreitbar mehr Arbeit. Doch hat sich erst einmal eine einigermaßen harmonische Geschwisterbeziehung entwickelt, nimmt das den Eltern auch wieder eine Menge ab. Ist der Altersabstand nicht allzu groß, beschäftigen sich Geschwister viel miteinander und entlasten damit Mutter und Vater.

Erst wenn das Ältere in die Schule, das Jüngere in den Kindergarten geht, trennen sich erstmals die Wege. Manchmal sind Kinder dann hin- und hergerissen zwischen der Freude über den großen Schritt in die Selbständigkeit und der Trauer, ihn allein gehen zu müssen. Doch er ist wichtig für die Entwicklung einer eigenständigen Persönlichkeit. So wie sich Kinder langsam von ihren Eltern abnabeln, müssen sie das auch von Bruder und Schwester tun. In der Pubertät verlieren sie sich deshalb sogar oft völlig aus den Augen. Allerdings finden sie nach aufregenden Sturm-und-Drang-Jahren nicht selten wieder zueinander. Die Liebe zu Geschwistern kann tatsächlich die längste unseres Lebens sein.

☐ Siehe auch *Altersabstand, Eifersucht, Einzelkinder, Gerechtigkeit, Geschwisterstreit*

Geschwisterstreit

Psychologen sagen, daß Kindern eigentlich nichts Besseres passieren könne, als Geschwister zu haben, mit denen sie sich so richtig fetzen können. So lernen sie erstens, wie unproduktiv Zank häufig ist (weil man in dieser Zeit etwas Schönes hätte spielen können), zweitens, daß es meist sinnvoller ist, einen Kompromiß zu schließen, als den eigenen Standpunkt durchzuboxen (besser ein halber Erfolg als das Risiko einer kompletten Niederlage), und drittens, daß Streiten gar nicht so sehr eine Frage von Gut oder Böse ist, sondern von verschiedenen, aufeinanderprallenden Interessen. Wer das alles in der Kindheit begreift, hat es später leichter.

Von der psychologischen Warte aus betrachtet, ist eine mehrköpfige Familie ein „sozialer Übungsraum".

Regelmäßiger Streit unter Geschwistern muß gar nicht heißen, daß die Kinder sich nicht mögen. Gründe für Streit gibt es schließlich wie Sand am Meer. Mal sind es Launen, mal möchte einer bei den anderen mitspielen, was die aber ablehnen. Oder aber einer hat etwas, was der andere umgehend auch gern hätte.

Hinter allen Streitigkeiten steckt das, was man Geschwisterrivalität nennt: das Gefühl, um den besten Platz in Mamas und Papas Herzen kämpfen zu müssen.

Die Erstgeborenen sehen in ihrem jüngeren Geschwister stets den Eindringling, der sie einst entthront hat. Die Jüngeren dagegen glauben immer, daß sie, die Kleinen, nichts, die Großen dagegen alles dürfen.

Die meist unterschiedlichen Temperamente führen dazu, daß jeder mit seinen persönlichen Waffen kämpft: der eine mit Tricks und kleinen Hinterhältigkeiten, der andere mit offenem Visier, die eine mit Worten, die andere mit Tritten. Läuft alles normal, bekommen die Kinder so eine ganze Menge Übung in der Kunst der Auseinandersetzung.

Allerdings geht es in Familien mitunter so laut zu, daß die Eltern manchmal am liebsten ausziehen würden. Da das nicht geht, grübeln sie darüber nach, wie sie angemessen reagieren sollten: schlichten, strafen oder sich heraushalten?

In diesem Fall ist – ausnahmsweise – die bequemste Lösung auch mal die vernünftigste: Am besten, man mischt sich nicht ein.

Nur so lernen die Kinder, wie man einen Streit, den man vom Zaun gebrochen hat, auch aus eigener Kraft wieder beendet. Außerdem taugen Eltern nicht als Richter. Sie sind meist nicht in der Lage, den „Schuldigen" zu finden. Schon deshalb nicht, weil sich im nachhinein vielleicht klären läßt, wer zuerst zugehauen hat, aber nicht, welche Provokationen dem Angriff vorausgegangen sind.

Es sollte für Eltern nur drei Gründe geben, sich einzumischen:

- Wenn sie direkt betroffen sind, wenn sich also beispielsweise beim Essen die Emotionen so weit hochschaukeln, daß nicht nur ihre Laune, sondern auch Schüsseln und Gläser zu kippen drohen.
- Wenn eines der Kinder bewußt provoziert und gleichzeitig weiß, daß Mutter oder Vater zuschaut. Dann muß der Erwachsene Stellung beziehen.
- Wenn die Wut so groß geworden ist, daß Verletzungsgefahr droht.

Eltern mit mehreren Kindern werden oft den Verdacht nicht los, daß Geschwisterstreit gar nicht immer Ausdruck schlimmer Auseinandersetzungen ist, sondern den Kindern manchmal auch höllischen Spaß macht – ebenso wie Herumtoben im Garten oder durch Schlammpfützen stapfen.

Kann man es ihnen verdenken? Nie wieder läßt sich leichter stänkern und raufen als in diesem Alter: Mit Geschwistern macht Streiten deshalb so viel Freude, weil man ihre Schwächen im Detail kennt und das gnadenlos ausnutzen kann. Außerdem darf man so richtig hinlangen, ohne – wie im späteren Leben – ernsthaft Konsequenzen fürchten zu müssen.

□ Siehe auch *Geschwister, Gerechtigkeit*

Grenzen setzen

Brauchen Kinder Grenzen? Unter Fachleuten ist das heute keine Diskussion mehr. Niemand würde mehr behaupten, daß nur die totale Freiheit eine optimale Entwicklung garantiert. Zwischen den Zucht-und-Ordnung-Methoden unserer Urgroßeltern und den antiautoritären Idealen der 68er-Elterngeneration ist das Pendel heute zum Stillstand gekommen.

Wissenschaftliche Untersuchungen legen nahe, daß das vernünftig so ist. Diana Baumrind zum Beispiel, eine angesehene Entwicklungspsychologin aus Berkeley in Kalifornien, kam nach jahrelangen Forschungen zu dem Schluß: Besonders selbstbewußt und kontrolliert, zufrieden, unternehmungslustig und unabhängig werden Kinder, deren Eltern einerseits klare Grenzen setzen, die aber gleichzeitig – trotz Anweisungen und Verboten – eine Atmosphäre menschlicher Wärme erleben.

Grenzen sind notwendig,

- um Kinder vor Gefahren zu schützen. Sie müssen klare Grenzen möglichst frühzeitig kennenlernen – ob es sich um die Bordsteinkante handelt oder um die Herdplatte;
- um den Kindern auch die legitimen Bedürfnisse der Eltern klarzumachen – mag dies das halbe Stündchen Ruhe sein, das die Mutter am Tag braucht, oder die Unversehrtheit von Vaters Hi-Fi-Turm;
- damit sich das Kind in einer unübersichtlichen Welt orientieren kann. Kinder wollen oft Grenzen.

Zuviel Freiheit kann auch angst machen – sehr schön hat das einmal die amerikanische Pädagogin Teri Degler mit einer Geschichte aus ihrer Kindheit illustriert. Die Geschichte han-

delt von Fohlen, die in einer eingezäunten Weide grasten und herumsprangen. Als einmal ein Fohlen ausbrach, galoppierte es nicht etwa frei und wild über das weite Feld. Es war vielmehr voller Panik, jagte – völlig verängstigt von den Autos auf der Schnellstraße – hin und her, stolperte über Maulwurfshügel. Am Ende war es glücklich, als man es fand und zurück zu seiner Weide brachte, wo es sich in Sicherheit wußte.
Ganz so einfach klappt das Grenzensetzen bei Kindern nicht. Einpferchen kommt als Lösung wohl kaum in Frage.
Den Eltern hilft es meist, sich klarzumachen, was für ein Typ ihr Kind ist und was sie selbst für ein Typ sind.
Von Natur aus lebhafte, quecksilbrige Kinder brauchen mehr Grenzen als ruhige und beobachtende. Manche Kinder sind Worten nur schwer zugänglich, andere reagieren schon auf die leiseste Warnung. Nur wer sein Kind genau beobachtet, kann angemessene Grenzen ziehen.
Andererseits: Was ist uns, den Eltern, eigentlich wichtig? Wann kennen wir kein Pardon, und wo kann man schon mal ein Auge zudrücken? Auch dies sollte man sich vorher überlegen.
Wenn Grenzensetzen wirklich seinen Zweck erfüllen soll, muß es klar und berechenbar sein:
Zunächst erklärt man seinem Kind, warum es etwas machen oder unterlassen soll – wieso der Zweijährige z. B. die Blätter der Grünpflanze lassen soll, wo sie sind. Oder warum die Siebenjährige den Computer nicht allein anschalten darf. Ruhig und freundlich sollte das geschehen.
Kann sich das Kind dann trotzdem noch nicht zurückhalten, müssen die Eltern bestimmter werden und versuchen, das Kind mit einem sehr ruhigen und ganz klaren Nein wegzuholen.
Fruchtet auch das nicht, kann man (wenn möglich) entweder das Corpus delicti entfernen oder das Kind wegtragen (bei kleineren funktioniert das noch). Je kleiner das Kind, desto eher läßt es sich auch durch etwas anderes, Interessanteres ablenken.
Bei größeren Kindern kann man zwar ebenfalls versuchen, ihre Aufmerksamkeit auf etwas anderes zu lenken. Manchmal hilft jedoch nur noch eine leichte Drohung und in Notfällen die klare Strafe. Sie sollte allerdings stets nur letztes Mittel sein.
Wichtig bei allem: konsequent bleiben, liebevoll, soweit es geht – und vor allem ruhig. Die Reaktion der Eltern sollte nie so interessant sein, daß das Kind auf die Idee kommen könnte, sie durch Provokation häufiger hervorzurufen.
□ Siehe auch *Konsequenz, Strafen*

„Bis hierhin wirfst du deine Autos – und keinen Meter weiter!“

H

Hausaufgaben

Für Hausaufgaben gibt es einige gute Gründe: Sie sollen den Stoff vertiefen, der im Unterricht erarbeitet wurde und gleichzeitig zu eigenverantwortlichem, selbständigem Arbeiten anregen. Sie haben auch erzieherischen Wert, weil das Kind lernen kann, Pflichten pünktlich, zuverlässig und ordentlich zu erledigen, sich seine Freizeit einzuteilen und einen eigenen Arbeitsrhythmus zu finden. So weit die Theorie. In der Praxis leider stellt sich immer wieder heraus,

- daß Schüler mit den Hausaufgaben – manchmal rein zeitlich – überfordert sind,
- daß die Hausaufgaben oft so unüberlegt gegeben werden, daß von Vertiefung keine Rede sein kann,
- und daß viele Kinder nicht mit den gleichen Chancen antreten können wie ihre Mitschüler – weil die häuslichen Gegebenheiten (z. B. kein eigenes Zimmer) eine ruhige Arbeit nicht ermöglichen. Manche Eltern können ihre Kinder noch bis weit ins Gymnasium unterstützen, andere nicht.

Doch es wird immer Hausaufgaben geben, denn neun von zehn Erziehungsberechtigten sind davon überzeugt, daß sie sinnvoll sind. Was können Eltern und Kinder also tun, um die Pflicht so gut wie möglich zu erledigen?

■ Sie sollten gemeinsam den richtigen Zeitpunkt finden. Unter dem biologischen Gesichtspunkt wäre es sinnvoll, nach der Schule erst einmal eine Pause einzulegen. Die Leistungskurve der meisten Menschen zeigt nämlich zwischen 12.30 Uhr und 15 Uhr ein deutliches Tief.

Aber: Gerade dann, am Nachmittag, ist auch die Zeit, in der die Nachbarskinder zum Spielen klingeln. Man sollte seinem Kind also nicht verbieten, die Hausaufgaben gleich nach dem Mittagessen zu erledigen, um dann frei zu haben.

Jedes Kind sollte selbst herausfinden, wann seine beste Zeit ist. Daran sollte es sich dann halten. Viele Grundschüler sind überfordert, wenn sie jeden Tag neu entscheiden müssen, wann sie arbeiten.

■ Das Kind sollte einen angenehmen Arbeitsplatz für sich finden: am besten dort, wo es sich entspannt und konzentriert hinsetzen kann, wo ihm alle Arbeitsmaterialien zur Verfügung stehen und wo nichts Störendes oder Ablenkendes (Spielzeug) herumliegt. Das ist bei einigen Kindern der Eßtisch, bei anderen der eigene Schreibtisch.

■ Den Schüler möglichst selbständig arbeiten lassen (siehe Kasten). Viele jüngere Schüler mögen es allerdings, wenn Mutter oder Vater in der Nähe ist. Es spricht nichts dagegen, daß die Mutter ihrem Kind ab und zu mal über die Schultern schaut, aber sie sollte nicht ständig dabeisein. Nur wenn ihr Kind offensichtlich überfordert ist, kann sie sich dazusetzen und das Kind z. B. eine Mathe-Aufgabe laut durchdenken lassen: „Wenn ich acht plus sechs rechnen muß, rechne ich erst bis zehn, das sind schon zwei. Dann bleiben von der Sechs noch vier ...“ So merkt sie in diesem Fall, ob Ihr Kind den Zehner-Übergang überhaupt beherrscht. Lassen Sie Ihr KInd die Fragestellungen in eigenen Worten wiederholen und einen Text zuerst mündlich zusammenfassen: Das zeigt, ob ein Schüler die Aufgabe verstanden hat.

Wie lange dürfen Hausaufgaben dauern?

Dazu gibt es in den Bundesländern unterschiedliche Auffassungen. In manchen sind die Kultusministerien der Meinung, eine Viertel- bis halbe Stunde sei für Schüler in den ersten Jahrgangsstufen genug, woanders gilt eine Stunde für Erst- und Zweitkläßler als normal.

Haben Eltern den Eindruck, daß ihr Kind zu lange an den Hausaufgaben sitzt, sollten sie sich zunächst mit anderen Eltern austauschen. Brauchen mehrere Kinder ebenfalls zu lange, ist das ein Thema für den nächsten Elternabend in der Schule.

□ Siehe auch *Leistung, Lernen, Lernhilfen, Nachhilfe, Schule*

HAUSAUFGABEN KORRIGIEREN?

? *Mein Sohn Felix, 8, ist nicht gerade ein As in der Schule. Und manchmal strotzen die Hausaufgaben vor Fehlern. Mir ist es unangenehm, wenn er sein Heft dann dem Lehrer vorzeigt. Kann ich meinen Sohn auf die Fehler hinweisen und sie korrigieren?*

! Vieles spricht dagegen: Je schneller einem Kind seine Fehler gezeigt werden, um so weniger lernt es daraus. Es fühlt sich nicht mehr verantwortlich für die Hausaufgaben, weil sie ja doch korrigiert werden. Oder wird unsicher und macht noch mehr Fehler. Und: Der Lehrer bekommt einen falschen Eindruck vom Wissensstand des Schülers.

Lassen Sie Ihrem Sohn deshalb die Wahl, ob er Ihnen seine Hausaufgaben zeigt oder nicht und ob er mit Ihnen die Fehler verbessern will oder nicht. Falls er es will: Wenn Sie einen Fehler entdeckt haben, zeigen Sie nicht darauf und nennen Sie nicht die richtige Lösung. Sagen Sie lieber: In dieser Aufgabe oder in diesem Satz steckt ein Fehler. Den soll Ihr Sohn dann finden und selbst verbessern. Daran erkennen Sie, ob er die Aufgabe oder die Regel wirklich verstanden hat. Falls nicht, überlegen Sie gemeinsam, wie man den Lehrer am besten auf das Problem aufmerksam machen kann.

Hochbegabte

Manche Kinder kommen mit besonderen geistigen Gaben zur Welt. Haben sie einen Intelligenzquotienten von über 130 (100 ist der statistische Durchschnitt), spricht man von Hochbegabung. Auf mindestens zwei Prozent aller Kinder trifft dies zu.

Aufmerksame Eltern merken meist schon in den ersten drei, vier Jahren, daß ihr Kind deutlich weiter ist als die Gleichaltrigen. Viele können mit drei schon erste Wörter lesen, mit vier schreiben und mit fünf das kleine Einmaleins.

Aber nicht immer wird Hochbegabung früh erkannt. Viele dieser Kinder wollen um keinen Preis auffallen und passen sich bereits im Kindergarten stark an. In der Schule wollen oder können sie ihre Fähigkeiten nicht zeigen. Oft genug führt die Unterforderung zu Langeweile, Unaufmerksamkeit und mittelmäßigen bis schlechten Noten. Bei einigen Kindern zeigt sich die hohe Intelligenz erst, wenn sie schon besondere Probleme verursacht hat. Sie ziehen sich extrem zurück oder aber spielen in der Schule den Klassenkasper.

Für die Eltern anstrengend sind aber auch diejenigen Hochbegabten, die die Erwachsenen schon weit vor dem Schulalter mit ungewöhnlichen Fragen löchern und einfach alles sofort wissen wollen – von der Funktionsweise eines Computers über Pflanzenkunde bis zur Astrologie.

So stolz Eltern sein können, ein kleines Genie in der Familie zu haben, so viele Probleme wirft es auch auf.

Die emotionale und körperliche Entwicklung dieser Kinder hinkt der geistigen meist weit hinterher. Hier müssen die Eltern alles tun, damit ihr Kind nicht „verkopft", sondern viel Kontakt zu anderen hat, sowohl zu „normalen" wie auch zu anderen hochbegabten Kindern. Vor allem körperlich müssen viele Hochbegabte gefördert werden.

Was den Eltern aber mindestens genausoviel Arbeit bereitet: immer genügend intellektuelles Futter zu beschaffen. Sie sollten dem Kind reichlich Anregungen verschaffen, mit ihm in Museen gehen und Konzerte besuchen, ihm viel neues Spielzeug und Material zum Basteln und Bauen anbieten.

WER KANN HELFEN?

Informationen zum Thema „Hochbegabung", Literaturhinweise, Adressen von Schulen und anderen Fördereinrichtungen sowie psychologische Beratung gibt es bei den Selbsthilfegruppen:

- Deutsche Gesellschaft für das hochbegabte Kind e.V., Bundesgeschäftsstelle, Falkentalersteig 92 a, 13467 Berlin. Unter der Telefonnummer 0 30/4 04 14 16 lassen sich die Adressen der Regionalverbände erfragen.
- Hochbegabtenförderung e.V., Bundesgeschäftsstelle, Am Pappelbusch 45, 44803 Bochum. Die Adressen der regionalen Gruppen unter Tel. 02 34/93 56 70

Da viele Mütter und Väter mit ihrem Latein bald am Ende sind und sich von der Wißbegier ihres Nachwuchses überfordert fühlen, sollten sie alles daran setzen, daß ihr Kind eine angemessene institutionelle Förderung erhält.

Spezielle Kindergärten für Hochbegabte existieren bei uns erst in zwei Städten (Hannover und Nürnberg). Für ältere Kinder sieht es etwas besser aus: Da gibt es Ferienseminare und Privatschulen für Hochbegabte, an einem Münchner Gymnasium z. B. eine Hochbegabtenklasse.

An allen Schulen ist das Überspringen einer oder mehrerer Klassen möglich und wird von der Deutschen Gesellschaft für das hochbegabte Kind immer dann empfohlen, wenn ein Kind auch von seiner sozialen Entwicklung her reif dafür ist und wenn der aufnehmende Lehrer keine Vorbehalte gegen solche Schüler hat.

□ Siehe auch *Bewegung, Fördern, Intelligenz, Sport*

IST MEIN KIND HOCHBEGABT?

? *Unsere Tochter ist erst fünf Jahre alt und kann perfekt lesen, schreiben und auch schon etwas rechnen. Ist mein Kind hochbegabt? Wenn ja, was können wir tun?*

! Das kommt darauf an, wie Ihr Kind diese Fähigkeiten erlangt hat – ob also Sie ihm lesen und schreiben langsam beigebracht haben oder ob Ihre Tochter das alles von sich aus gelernt hat. Wenn ein Mädchen oder Junge mit fünf schon ganze Sätze lesen und schreiben kann, ist dies – bei entsprechender Förderung durch die Eltern – für sich genommen noch kein Beweis für Hochbegabung, aber vielleicht ein Hinweis.

Ein hochbegabtes Kind braucht wenig Übung, erfaßt Neues zwei- bis dreimal schneller als ein normal begabtes Kind und denkt von Anfang an in komplexeren Strukturen. Deshalb haben Hochbegabte auch oft Probleme, mit gleichaltrigen Kindern zu spielen.

Wenn Sie vermuten, Ihre Tochter könnte hochbegabt sein, sollten Sie sie einem Psychologen vorstellen, der einen standardisierten, wissenschaftlich anerkannten Test durchführt.

Höflichkeit

Gutes Benehmen und Höflichkeit stehen in unserem Land laut einer Allensbach-Studie an erster Stelle der Erziehungsziele, weit vor „Durchsetzungskraft", „Liebe zur Natur" oder „Toleranz gegenüber Andersdenkenden".

Eltern wünschen sich höfliche Kinder, weil sie wissen, daß Höflichkeit das Leben leichter macht. Wer anderen gegenüber freundlich und hilfsbereit ist, kann zu Recht hoffen, daß man auch ihm gern einen Gefallen tut. Außerdem gibt es Sicherheit, die gesellschaftlichen Spielregeln zu kennen.

Aber der Weg zu höflichem Auftreten ist mühsam. Eltern stel-

len immer wieder fest, daß sich „bitte“ und „danke“ kaum erzwingen lassen. Generationen von Tanten und Großmüttern sind schier darüber verzweifelt, daß die Nichten, Neffen und Enkel ein Wort des Dankes nur unter Androhung schlimmster Strafen herauspressen – wenn überhaupt.
Kinder tun sich leichter, wenn ihre Eltern ihnen vermitteln können, daß nicht Floskeln gefragt sind, sondern so etwas wie Herzenshöflichkeit, Respekt vor dem anderen.
Es müssen ja gar nicht immer „bitte“ und „danke“ sein. Oft drückt ein herzliches Lächeln oder eine Tat die Dankbarkeit ebensogut aus. Manchem Kind fällt es leichter, der Oma mit dem Malkasten, den es von ihr bekommen hat, ein Bild zu malen, als ihr offiziell die Hand zu drücken und sich in wohlgesetzten Worten seiner Dankespflicht zu entledigen.
Tischsitten sind ein ähnlich schwieriges Thema. Man muß seinem Kind wohl immer wieder erklären und vielleicht sogar vorführen, warum es für das Gegenüber eine Zumutung ist, wenn laut geschmatzt oder mit den Fingern gegessen wird oder daß die anderen enttäuscht sind, wenn jemand den Tisch verläßt, während sie noch essen.
Allerdings sollten Eltern nicht zu viele Tischregeln aufstellen und ihr Kind nicht zu häufig auf seine Fehler stoßen. Sonst verliert es irgendwann den Spaß an der Nahrungsaufnahme und die Freude am Ritual des gemeinsamen Familienessens.
Gerade beim Thema Höflichkeit scheint das Vorbild der Eltern eine große Rolle zu spielen. Mütter und Väter, die einen guten Umgang mit anderen Menschen pflegen, werden irgendwann die Früchte ernten können.
Es reicht jedoch nicht, daß sie sich dem Nachbarn oder der Verkäuferin an der Fleischtheke gegenüber freundlich verhalten. Sie müssen ihrem Kind den gleichen Respekt entgegenbringen, den sie von ihm erwarten. Ihr Kind muß merken: Meine Eltern bedanken sich, wenn ich geholfen habe, den Tisch abzudecken, oder wenn ich den Besuch bei meiner Freundin abgesagt habe, um mit zu Oma zu kommen.
Es gibt Eltern, die von verblüffenden Erfolgen berichten, wenn sie folgenden Trick anwenden: Sie verhalten sich gegenüber dem Partner betont zuvorkommend. Gerade kleine Kinder im zweiten oder dritten Lebensjahr gewöhnen sich einen positiven Umgangston schnell an, wenn Mutter und Vater wirklich bei jeder sich bietenden Gelegenheit bitte und danke zueinander sagen und sich besonders höflich verhalten. Allzu aufgesetzt darf es natürlich nicht klingen.
All die Eltern, deren kleine Rüpel sich nicht so leicht beeinflussen lassen, können sich dennoch trösten: Außerhalb der Familie funktioniert es meist viel besser. Die Kinder zeigen ihre Höflichkeit oft woanders. Während sie zu Hause von sich aus keinen Finger rühren, tragen sie, wenn sie bei Freunden zu Besuch sind, ihr Geschirr unaufgefordert in die Küche und fragen, ob sie sonst noch etwas helfen können.

Hygiene

Sauberkeit scheint etwas zu sein, das Kindern von Natur aus fremd ist. Sie suhlen sich mit Vergnügen im Schlamm und haben nichts dagegen, zwei Tage lang mit Marmelade im Gesicht oder Ei auf der Hose herumzulaufen. Mit dem Händewaschen nehmen sie es meist auch nicht so genau.
Eltern dagegen wollen in Sachen Hygiene verständlicherweise keine Fehler machen. Schließlich geht es um die Gesundheit ihrer Kinder und auch um Ästhetik, obwohl das eine nicht immer Bedingung des anderen ist: Kleine Schlamm-Indianer sind vielleicht keine Augenweide, aber dennoch nicht in Gesundheitsgefahr. Ein optisch einwandfreies Schneidebrettchen in der Küche kann dagegen durchaus ein Hort gesundheitsschädlicher Keime und Bakterien sein.
So natürliche Dinge wie Matsch, Schlamm, Sand und Erde sind unter gesundheitlichem Aspekt kein Dreck, beruhigen Kinderärzte. Da besteht praktisch kein Infektionsrisiko durch Bakterien oder Pilze. Spielen und Toben an der frischen Luft hat im Gegenteil höchst positive Effekte: Die Abwehrkräfte werden gestärkt, so daß die Kinder Widerstandskraft gewinnen. Im Zweifelsfall hat also jedes Kind mehr von einem heißen Fußballmatch als von einem heißen Schaumbad. Wer draußen mit vollem Einsatz spielen darf, macht im Zweifelsfall weniger Infekte durch als ein Stubenhocker.

Panik ist auch nicht angebracht, wenn ein Kleinkind mal etwas „Grassalat“ ißt oder vom „Sandkuchen“ nascht – auch dadurch bleibt das Immunsystem auf Trab. Im übrigen darf man davon ausgehen, daß die Magensäure solche Snacks „desinfiziert“. Gefahr besteht nur, wenn der Sandkasten auch als Hunde- oder Katzenklo dient – dann drohen Wurmerkrankungen.

Dennoch ist Händewaschen vor jedem Essen empfehlenswert – nicht nur aus ästhetischen Gründen. Daran sollten sich alle halten, auch der Vater, der den Vormittag im Hobbykeller zugebracht hat. Und wenn sich die Mutter nach jedem Toilettenbesuch die Hände wäscht, tun sich auch die Kinder leichter, dies als ganz normal zu empfinden. Sind solche Standards in der Familie gesetzt, entwickelt sich das Sauberkeitsempfinden der Kinder fast von allein.

Mit etwa vier Jahren sollten Kinder soweit sein, daß sie „schädlichen Dreck“ erkennen und beispielsweise keine Zigarettenkippen aufklauben oder in der Garage nicht mit altem Motoröl spielen. Dabei liegt es aber vor allem bei den Eltern, solche Gefahren im Haushalt auszuschließen – nicht umsonst steht auf vielen Reinigungsmitteln: „Für Kinder unzugänglich aufbewahren!“

Bei diesen Chemikalien ist das Gesundheitsrisiko für Kinder deutlich höher als bei herumfliegenden Keimen. Und vor allem stellt sich die Frage: Braucht man die chemischen Keulen überhaupt?

Deutschlands bekanntester Hygieniker Professor Franz Daschner antwortet mit einem klaren Nein. Im Haushalt braucht man nur Wasser und einen biologisch abbaubaren Reiniger. Desinfektionsmittel und dergleichen sind überflüssig. Zudem würden sie, so Daschner, noch oft am falschen Ort angewandt. „In deutschen Haushalten ist die Toilette oft sauberer als der Kühlschrank“, lautet eine seiner bekanntesten Thesen.

Der Haushaltshygiene ist meist Genüge getan, wenn

- der Kühlschrank sauber ist,
- die Arbeitsflächen nach dem Kochen mit heißem Wasser und vielleicht einem Spritzer abbaubarem Haushaltsreiniger gereinigt werden,
- Katzenklos für kleine Kinder unerreichbar sind,
- und alle zwei Tage geduscht wird.

Kleinkinder sollten nicht täglich gebadet werden, sondern nur ein- bis zweimal in der Woche. Badezusätze sind unnötig. Ansonsten gilt laut Professor Daschner: Geputzt wird, was schmutzig ist – Putzpläne für die ganze Woche kann man getrost vergessen.

Bei aller Schrubberei sollte man bedenken, daß die meisten Keime von den Menschen selbst ausgehen, nicht von Türklinken, Klobrillen und Telefonhörern. Unsinn, sagen Kinderärzte, sei es etwa, heruntergefallene Schnuller sauberzulutschen. Denn: Auf dem Fußboden sind deutlich weniger Keime als im Speichel der Mutter.

Welche entscheidende Rolle ein gut entwickeltes Immunsystem für das spätere Leben spielt, wissen Allergologen. Der Grundstein für viele Allergien wird schon in der frühen Kindheit gelegt. **Besonders anfällig für Heuschnupfen und ähnliche allergische Erkrankungen sind Kinder, die wie in einem keimfreien Kokon aufwachsen müssen.**

Eine vergleichende Studie von 1991/92 zeigte bei Kindern in Leipzig deutlich weniger Allergien als bei ihren Altersgenossen im Westen. Der Grund für die Differenz: Etwa 70 Prozent der Kinder in der DDR besuchten ab dem ersten Lebensjahr eine Krippe. Dort hatten sie Kontakt mit vielen Kindern und deshalb auch regelmäßig irgendwelche Infekte. So war ihr Immunsystem damit beschäftigt, Antikörper gegen diese Infekte auszubilden.

Hat das Immunsystem hingegen zuwenig zu tun, bildet es, sozusagen aus Langeweile, Allergene aus, die dann eben Heuschnupfen, Asthma oder Ekzeme auslösen können. Daher: Besser nicht zuviel Hygiene!

Hyperkinetische Kinder

Sie tanzen im wahren Sinne des Wortes auf den Tischen, sind unruhig, leicht erregbar, manchmal aggressiv und – das ist das Leitsymptom – scheinbar unaufmerksam, leicht ablenkbar, unkonzentriert. Fachleute sind in den letzten Jahren dazu übergegangen, statt vom hyperkinetischen Syndrom (im Volksmund: Hyperaktivität) von einem Aufmerksamkeits-Defizit zu sprechen. Sie unterscheiden ADS mit hyperkinetischem Syndrom (HKS), ADS ohne HKS und eine Mischform.

Da es sich bei ADS um ein Syndrom handelt, also eine Ansammlung verschiedener Symptome, ist die Erkrankung schwer zu diagnostizieren.

Ob und wie stark ein Mensch tatsächlich unter ADS leidet, erkennt ein Arzt oder Psychiater erst nach längeren Gesprächen. Er muß sich auf Fragebögen stützen, Gespräche mit dem Kind und seinen Eltern, aber auch Telefonate mit Lehrern führen.

Die Eltern empfinden die Diagnose ADS meist als sehr entlastend, denn ihnen wird häufig unterstellt, in der Erziehung sei etwas schiefgelaufen. Unter den Forschern ist heute aber kaum noch strittig, daß das hyperkine-

HILFE FÜR HYPIES

Hier einige Adressen von Selbsthilfeorganisationen, die auch mit aktuellen Literaturempfehlungen weiterhelfen können:

- AdS e.v., Elterninitiative zur Förderung von Kindern mit Aufmerksamkeitsdefizit-Syndrom mit/ohne Hyperaktivität, Postfach 1165, 73055 Ebersbach, Tel./Fax 0 71 63/28 55
- Bundesverband der Elterninitiativen zur Förderung hyperaktiver Kinder e.V., Postfach 60, 91291 Forchheim, Tel./Fax 0 91 91/3 48 74
- Hypies Berlin, http://www.hypies.de

tische Syndrom biologischen Ursprungs ist und weder durch die Gesellschaft verursacht, noch durch falsche Erziehung gemacht. ADS wird nach heutigem Erkenntnisstand durch ein Ungleichgewicht der Botenstoffe (Neurotransmitter) im Gehirn hervorgerufen. Dies führt dazu, daß jene Bereiche des Stammhirns, die äußere Reize filtern und die Aufmerksamkeit steuern, nicht richtig funktionieren.
Man nennt ADS auch Reizfilterschwäche, weil es den Betroffenen nicht gelingt, wichtige von unwichtigen Sinnesreizen zu trennen und eins nach dem anderen zu machen.
Eine typische Unterrichtsszene: Ein ADS-Kind wird von der Lehrerin gefragt, was es über Kartoffeln weiß. Und die Klasse bekommt zu hören: „Ich esse gern rote Tomaten," weil in der Ferne ein Martinshorn zu hören war, das das Kind an Feuer erinnert.
Internationale Studien belegen, daß etwa vier Prozent aller Kinder unter ADS leiden, egal, ob in Toronto oder in Mannheim. Das bedeutet, statistisch gesehen hat jede Schulklasse und jede Kindergartengruppe ihren Hypie – natürlich in verschieden starker Ausprägung. Jungen sind häufiger betroffen als Mädchen.
Bis heute sind die genauen Ursachen von ADS nicht geklärt. Eindeutig ist nur: Die Erkrankung kann sich vererben, Kinder mit einem hyperkinetischen Elternteil haben ein ums Vierfache erhöhtes Risiko, daran zu erkranken.
Die Folgen eines nicht behandelten ADS können verheerend sein. Obwohl die Intelligenz von der Störung nicht berührt ist, bekommen die Kinder zum Teil massive Lernschwierigkeiten. Wegen ihrer unberechenbaren Art haben sie Probleme, Freunde zu finden. Auch die Eltern sind oft überfordert, nicht zuletzt, weil ihre eigenen sozialen Kontakte langsam abreißen. Daß ADS-Patienten überdurchschnittlich oft im Straßenverkehr und am Arbeitsplatz verunglücken, ist belegt.
Den meisten Hyperkinetikern kann jedoch geholfen werden. Eine gute Therapie kombiniert heute meist Verhaltenstraining und Medikamentengaben.
Nicht jedes Kind braucht Medikamente: Dort, wo sein Verhalten noch nicht zur kaum erträglichen Belastung geworden ist, wo noch ein Minimum an Aufmerksamkeit vorhanden ist, reicht oft die Psychotherapie. Dabei lernen die Kinder, ihre Aufmerksamkeit zu steigern, sich besser zu kontrollieren, die Gefühle anderer einzuschätzen.
Außerdem beinhaltet die Therapie Hilfestellung für die Erzieherinnen bzw. Lehrer des betroffenen Kindes und natürlich für die Eltern. Sie erfahren, wie sie beim schulischen Lernen helfen können und wie es gelingt, mit den Wutausbrüchen fertig zu werden. Im täglichen Umgang wirken bei Hyperkinetikern kurze, klare Anweisungen meist besser als weitschweifige Bitten und Erklärungen. Die wichtigste Aufgabe der Therapie besteht jedoch darin, das Kind zu stärken, es sozial wieder kompetent zu machen, denn sein Selbstbewußtsein ist meist völlig am Boden. Am meisten leiden ADS-Kinder darunter, von den Gleichaltrigen nicht akzeptiert zu werden.
Die medikamentöse Begleittherapie ist in Deutschland noch umstritten. Die Behandlung mit Ritalin führt allerdings immer wieder zu einer deutlichen Verbesserung des Zustands.
Ritalin mit seinem Wirkstoff Methylphenidat (alternativ können sogenannte DL-Amphetamine verschrieben werden) gleicht den Mangel an Neurotransmittern im Gehirn aus und sorgt so dafür, daß der Patient seine Aufmerksamkeit wieder bündeln, wichtig von unwichtig unterscheiden, seine Impulsivität und die motorische Unruhe auf ein normales Maß zurückfahren kann.
Dabei wirkt Ritalin scheinbar paradox: Es handelt sich nicht um ein Beruhigungsmittel, sondern um ein Stimulans, ein Aufputschmittel. Wenn Eltern ihrem Kind dieses Medikament geben, kann also von Ruhigstellen, wie ein häufiger Vorwurf lautet, keine Rede sein. Im Gegenteil: Ritalin hebt die Trägheit bestimmter Hirnregionen auf, so daß die Kinder wieder bei sich sind.
Die Nebenwirkungen halten sich in Grenzen: Manche Kinder lei-

VERDACHT AUF ADS?

	Ausmaß der Aktivität			
MEIN KIND …	überhaupt nicht 1	ein wenig 2	ziemlich 3	sehr stark 4
… ist unruhig oder übermäßig aktiv	☐	☐	☐	☐
… ist erregbar, impulsiv	☐	☐	☐	☐
… stört andere Kinder	☐	☐	☐	☐
… bringt angefangene Dinge nicht zu einem Ende – kurze Aufmerksamkeitsspanne	☐	☐	☐	☐
… ist ständig zappelig	☐	☐	☐	☐
… ist unaufmerksam, leicht abgelenkt	☐	☐	☐	☐
… ist leicht frustriert, seine Erwartungen müssen umgehend erfüllt werden	☐	☐	☐	☐
… weint leicht und häufig	☐	☐	☐	☐
… leidet unter schnellen und ausgeprägten Stimmungswechseln	☐	☐	☐	☐
… hat Wutausbrüche, zeigt explosives und unvorhersagbares Verhalten	☐	☐	☐	☐

Wenn die folgenden Voraussetzungen zutreffen, sollten Sie Ihr Kind von einem Kinderarzt oder -psychiater untersuchen lassen.

1. Auf der obigen Liste addieren sich 15 oder mehr Punkte.
2. Die beobachteten Aktivitäten treten nicht nur in der Schule oder nur zu Hause auf.
3. Sie treten länger als sechs Monate am Stück auf.

den unter Appetitlosigkeit oder Einschlafstörungen. Süchtig macht Ritalin nicht. In über 60 Jahren, in denen das Medikament eingesetzt wird, ist noch kein einziger Fall von Abhängigkeit bekannt geworden.
Von der ADS-Behandlung durch Diäten ist man inzwischen abgekommen. Die Phosphatdiät hat sich als völlig unwirksam erwiesen. Und auch die konsequente Ernährung mit allergenarmer Kost führt nur bei sehr wenigen Kindern eine Besserung herbei. Gleichzeitig verlangt diese radikale Diät von der Familie kaum durchzuhaltende Einschränkungen.
Allerdings ist auch Ritalin kein Wundermittel: Es heilt nicht, so wie Insulin auch die Zuckerkrankheit nicht beseitigen kann. Aber es hilft betroffenen Kindern, sich besser zu organisieren. In den schwereren Fällen macht Ritalin das notwendige Verhaltenstraining erst möglich.

I

Intelligenz

Eltern hoffen, daß ihr Kind möglichst viel davon haben möge. Und sie fragen sich, was sie tun können, damit es den geistigen Anforderungen im späteren Leben gewachsen sein wird.

Was ist Intelligenz überhaupt?

Die lapidare Antwort lautet: Das, was sich mit Intelligenztests messen läßt. Andere nennen Intelligenz „die Fähigkeit, Probleme erfolgreich zu lösen". Intelligenzforscher sprechen heute gar nicht mehr so gern von *der* Intelligenz, sondern unterscheiden verschiedene Arten, z. B. „analytische", „praktische" und „kreative" Intelligenz und – seit einigen Jahren – „emotionale Intelligenz". Der amerikanische Psychologe Howard Gardner differenziert gar zwischen sieben Arten von Intelligenz, darunter „räumliche", „musikalische" und „intrapersonale", also Empfindsamkeit gegenüber den eigenen Gefühlen.

Wie aussagekräftig sind Intelligenztests?

So komplex, wie das menschliche Hirn arbeitet, können herkömmliche Tests überhaupt nicht messen. Sie prüfen nur das, was sich Psychologen ausgedacht haben. Tatsache ist aber:

WIE SINNVOLL IST EIN IQ-TEST BEI KINDERN?

? *Wir überlegen, unseren Sohn, 7, einen Intelligenztest machen zu lassen, um ihn, wenn nötig, entsprechend fördern zu können. Ist das sinnvoll?*

! Es ist nicht empfehlenswert, einen Test machen zu lassen, bloß um festzustellen, daß das Kind um fünf oder zehn Punkte vom Durchschnitts-IQ 100 abweicht. Ein Kind mit IQ 115 ist nicht liebenswerter als eines mit 105. Sinnvoll ist ein Test allerdings, wenn man vermutet, daß ein Kind in der Schule systematisch unterfordert ist, daß es also sehr begabt ist. Unterforderte Kinder schalten im Unterricht oft gelangweilt ab und bringen schlechte Leistungen.
Natürlich schreiben auch überforderte Kinder schlechte Noten. Ein Intelligenztest klärt in beiden Fällen, was die Eltern von ihrem Kind erwarten können und wie sie ihm gerecht werden.
Wenn der testende Psychologe neben den Ergebnissen des Fragebogens zusätzlich die Motivation des Kindes und seinen familiären Hintergrund berücksichtigt, steigt die Vorhersagekraft der Untersuchung noch.
Grundsätzlich sollte man Tests erst bei Kindern ab fünf, sechs Jahren machen. Vorher sind die Ergebnisse noch nicht verläßlich genug.

Die Vorhersagekraft gängiger Intelligenztests erweist sich immer wieder als sehr groß. Ein Kind mit einem Intelligenzquotienten (IQ) unter dem statistischen Mittelwert 100 etwa wird in der Schule mit ziemlicher Sicherheit weniger erfolgreich sein als ein Kind mit dem relativ hohen IQ 120 (schulische Probleme können erst wieder bei Hochbegabten mit einem IQ deutlich über 130 auftreten, wenn sie ständig unterfordert werden). Intelligenzforscher sind sich heute weitgehend einig, daß Tests gute Instrumente sind, um abstraktes Denken, Lern- und Problemlösungsvermögen zu messen, nicht aber Dinge wie Motivation oder schöpferische und gestalterische Fähigkeiten.

Ist Intelligenz angeboren oder anerzogen?

Unter Psychologen gibt es darüber längst keinen Streit mehr: Die Intelligenzunterschiede zwischen den Menschen kommen zu mindestens 50 Prozent durch die genetische Mitgift zustande. Das ist eine ganze Menge – wenn etwas daraus gemacht wird. Oder, um es anders zu formulieren: Aus einem Kind, das mit unterdurchschnittlichen intellektuellen Anlagen zur Welt gekommen ist, kann ein Mensch mit durchschnittlich guter Intelligenz werden, wenn es von Anfang an klug und liebevoll gefordert und gefördert wird. Ein Kind mit überdurchschnittlichen Anlagen dagegen kann geistig verkümmern, wenn es über längere Zeit zuwenig geistige Nahrung bekommt. Denn sicher ist: Der Geist wächst an seinen Aufgaben.
Bereits Babys brauchen Anregungen, damit sich ihr Gehirn

optimal strukturieren kann. Sie lernen, indem sie Hypothesen aufstellen und prüfen, also äußere Eindrücke in den Kategorien „wie erwartet", „neu" oder „ein bißchen anders" ablegen. Für die Eltern heißt das:

- Sich viel um das Baby kümmern, wenn es wach und aufnahmefähig ist.
- All die vielen Babyspielchen mit ihm spielen, die ihm deshalb solchen Spaß machen, weil so viel Wiederholung dabei ist.
- Viel mit ihm reden und schmusen.

Auch größere Kinder brauchen einfach genügend Zuwendung, keine tollen Computer- oder Japanischkurse. Eltern sollten ihrem Kind Anregungen möglichst verschiedener Art anbieten und darauf achten, wann sich spezielle Interessen bilden, auf die es sich näher einzugehen lohnt.

□ Siehe auch *Fördern, Hochbegabung*

Internet

Nicht nur für Erwachsene sind die Möglichkeiten im World Wide Web enorm. Auch Kinder suchen im Netz zunehmend nach Information und Unterhaltung, sie tauschen sich am Bildschirm mit Gleichaltrigen aus, besuchen die Homepage ihrer Lieblings-Popstars oder lassen sich online bei den Mathe-Hausaufgaben helfen.

Das unbefangene Surfen im Internet bereitet Eltern aber auch Bauchschmerzen. Eine falsch eingetippte Adresse genügt, und ihr Kind landet auf irgendeiner Pornoseite. Politische Spinner verbreiten sich im Internet, aber auch Bombenbauer geben ihr Wissen gern an Interessierte weiter. Dagegen ist kein Kraut gewachsen. Das Netz ist frei.

Am einfachsten schützt man sein Kind vor den dunklen Seiten des Internet, indem man mit ihm gemeinsam surft – oder den Computer zumindest in einem „Familienraum" wie dem Wohnzimmer aufstellt – so daß immer ein Erwachsener in der Nähe ist.

Damit man sich in der virtuellen Realität gefahrlos bewegt, sollte man folgende Regeln einhalten:

1. In einem Chat, einem Forum oder einer e-mail an einen Unbekannten sollte man niemals seinen richtigen Namen, seine Adresse, Telefonnummer oder das Online-Password angeben.

Vorsicht: Selbst wenn jemand im Chat behauptet, zum Beispiel Polizist zu sein, gilt diese Regel! Wenn Sie Ihrem Kind das sagen, bringen Sie ihm gleich noch bei, die virtuelle Welt nicht für real zu nehmen: Ein zwölfjähriges Mädchen, das sich als Spice-girls-Fan ausgibt, kann ein 45jähriger Mann sein!

Denken Sie sich gemeinsam mit Ihrem Kind einen lustigen Spitznamen – im Internet-Jargon: „Nickname" – aus, mit dem es in Chats mitdiskutieren kann.

2. Oft wird man im Internet gebeten, Formulare auszufüllen. Bitten Sie Ihr Kind, Sie erst zu fragen, bevor es ein Formular ausfüllt. So können Sie überprüfen, ob die Daten über einen sogenannten „Sicheren Server" verschickt werden. Auch bevor Ihr Kind Programme oder Inhalte herunterlädt, sollten Sie um Rat gefragt werden.

3. Schärfen Sie Ihrem Kind ein, Sie zu rufen, wenn jemand im Chat beleidigend wird oder das Kind bedroht. Sie können dann den Administrator des Chats kontakten, so daß der Betreffende „gesperrt" wird.

Wenn Ihr Kind durchs Netz surft, kann es über Seiten stolpern, die Sie für wenig kindergeeignet halten. Ganz ausschließen läßt sich das nie, aber es gibt Programme, die die Gefahr verringern.

Diese Netsitter-Software funktioniert nach einem einfachen Prinzip: Das Programm kennt eine Liste von Internet-Seiten, zu denen es den Zutritt verweigert. Angesichts der Größe des Internets können diese Listen freilich nur unvollständig sein. Außerdem verzeichnen viele der derzeit erhältlichen Listen nur amerikanische, also englischsprachige Seiten. Fragen Sie einfach Ihren Provider, ob er solche Listen für das deutschsprachige Internet anbietet, oder sammeln Sie selbst gemeinsam mit anderen Eltern oder Lehrern Adressen.

Netsitter bieten aber auch die Möglichkeit, den Netzzugang auf eine Anzahl von erlaubten Adressen zu beschränken. Das Kind kann sich dann z. B. nur im Kinder-Bereich Ihres Online-Dienstes bewegen oder Internet-Seiten besuchen, die Sie gemeinsam mit ihm in seinen „Bookmarks" gespeichert haben.

K

Kindergarten

In einer Welt, die Kindern vielerorts nur noch wenig Möglichkeiten zum Toben und Spielen bietet und in der immer mehr Kinder ohne Geschwister aufwachsen, kommt dem Kindergarten eine besondere Bedeutung zu. Die Kinder müssen sich dort in einer Gruppe Gleichaltriger zurechtfinden und sich behaupten. Sie erlernen aber auch andere soziale Fähigkeiten, die sich in der normalen Kleinfamilie kaum

STARTPROBLEME – UND WAS MAN DAGEGEN TUN KANN

1. Das Kind weint beim Abschied bitterlich
Daß anfangs die Trennung von Mama oder Papa schwerfällt, ist normal. Man sollte seinem Kind Abschiedstränen zugestehen, aber nicht selbst in Trauer ausbrechen. Und nicht zigmal nachfragen, ob die Mami jetzt auch wirklich gehen kann. Verabschieden Sie sich kurz und liebevoll, mit einer genauen Zeitangabe, wann Sie zum Abholen wiederkommen (anfangs sollte das bereits nach ein, zwei Stunden sein), und überlassen Sie das Trösten der Erzieherin. Nicht selten hört das Kind auf zu weinen, sobald die Eltern außer Sichtweite sind. Auf keinen Fall sollten Sie sich wegstehlen, um größeres Geschrei zu vermeiden. Das kann für Kinder einen schlimmen Vertrauensbruch bedeuten.
Um den Abschiedsschmerz und die Eingewöhnung zu erleichtern, bieten immer mehr Kindergärten den Eltern an, in den ersten Tagen oder Wochen mit in die Gruppe zu gehen. Nutzen Sie diese Möglichkeit.
Können oder dürfen Sie Ihr Kind nicht in die Gruppe begleiten, sollten Sie zumindest abrufbereit sein. Sicherer fühlt sich Ihr Kind auch, wenn es etwas Vertrautes von daheim mitnehmen darf. Etwa ein Schmusetier, ein Spielzeug, ein Tuch von Ihnen oder einen kleinen Talisman.
Weint Ihr Kind jedoch regelmäßig den ganzen Morgen und läßt es sich zu keinem Spiel überreden, kann das ein Zeichen dafür sein, daß es noch nicht reif für den Kindergarten ist. Nach Rücksprache mit der Erzieherin ist es dann am besten, den Start noch ein halbes oder ganzes Jahr zu verschieben.

2. Das Kind benimmt sich zu Hause plötzlich anders als früher
Der Kindergarten ist für Dreijährige eine völlig neue Erfahrung. Der hohe Lärmpegel, die vielen neuen Gesichter, die Rangordnung in der Gruppe, die Auseinandersetzung ums Spielzeug, das Befolgen von Regeln – das alles strengt die Neulinge an. Viele sind deshalb fix und fertig, wenn sie nach Hause kommen. Ähnlich wie Erwachsene, die einen neuen Job beginnen, sehnen sie sich nur noch nach Ruhe. Stellen Sie sich darauf ein und reduzieren Sie in der ersten Zeit Unternehmungen und Termine auf ein Minimum.
Kindergarten-Anfänger überraschen ihre Eltern auch durch ausgesprochen unausgeglichenes Verhalten: Sie weinen aus nichtigem Anlaß, schimpfen, schreien oder sind aggressiv. Der Grund: Den ganzen Morgen reißen sie sich zusammen, um durchzuhalten. Zu Hause entlädt sich ihre Verunsicherung und Anspannung in schlechter Laune.
Hinter manchen Gefühlsausbrüchen steckt aber auch die Wut, sich in der Gruppe gegen die Größeren noch nicht so gut durchsetzen zu können.
Versuchen Sie, möglichst gelassen auf diese Stimmungsschwankungen zu reagieren. Signalisieren Sie Ihrem Kind, daß Sie es liebhaben und seine Gefühle verstehen. Nehmen Sie es auch nicht persönlich, wenn Ihr Kind plötzlich Schimpfwörter gegen Sie losläßt. Um in die Gruppe hineinzukommen, übernehmen Neulinge auch den Wortschatz der anderen. Nach einem halben Jahr läßt der Anpassungsdruck in der Regel wieder nach.

3. Das Kind erzählt nichts aus dem Kindergarten
Eltern möchten gern wissen, was ihr Kind erlebt hat.
Drei-, Vierjährige sind jedoch überfordert, die vielen neuen Eindrücke sofort zu verarbeiten, und erzählen deshalb anfangs kaum etwas. Am ehesten können Eltern ihr Kind noch zum Reden bewegen, wenn sie ihm umgekehrt Einblicke in ihren Tagesablauf geben. Manche Kinder werden jedoch auch dann nicht gesprächig. Akzeptieren Sie es! Schließlich ist der Kindergarten ein Bereich, der dem Kind gehört. Für sich zu behalten, was es dort erlebt, ist sein gutes Recht. Informationen bekommen Sie genausogut bei der Erzieherin.

4. Das Kind will nicht mehr in den Kindergarten
Diese Phase kommt irgendwann bei jedem Kindergarten-Neuling. Bei manchen schon nach wenigen Tagen, bei anderen erst nach einigen Monaten. Gründe, die die Freude am Kindergarten verleiden:

- Der Reiz des Neuen ist verflogen. Der Kindergarten ist Alltag geworden. Jetzt heißt es nicht mehr: „ich darf“, sondern: „ich muß“. Das nimmt manchen Kindern die Lust.
- Das Kind kam mit falschen Erwartungen in die Einrichtung. Und stellt nun enttäuscht fest, daß seine Vorstellungen nicht der Wirklichkeit entsprechen. Deshalb: Schnupperbesuche vor dem Kindergarten-Start machen.
- Im Kindergarten sind die Neulinge die Kleinen, die in der Rangordnung ganz unten stehen. Das zu akzeptieren fällt insbesondere Einzelkindern oder solchen, die zu Hause die Ältesten sind, nicht immer leicht.
- Das Kind hat etwas kaputtgemacht und fürchtet sich vor einer Strafe.
- Das Kind findet keinen Anschluß an die Gruppe oder wird von anderen immer gehänselt und geärgert.
- Der Kindergarten-Eintritt fällt mit einschneidenden Veränderungen in der Familie zusammen, etwa mit der Geburt eines Geschwisters, mit der Trennung der Eltern, dem neuen Job der Mutter. Das Kind fühlt sich deshalb abgeschoben.

Versuchen Sie im Gespräch mit Ihrem Kind, aber auch mit der Erzieherin zu klären, woher die Unlust kommt und wie man das Problem lösen könnte.
Oft gibt allein das Gefühl, mit seinem Kummer ernst genommen zu werden, dem Kind neuen Mut, sich wieder in das Gruppenleben zu wagen.
Ab und zu tut es einem Kind auch gut, mal einen Tag zu Hause zu bleiben. Es sollte allerdings die Ausnahme bleiben. Weil es sich sonst erst recht schwertut, einen Platz in der Gruppe zu finden.

5. Die Erzieherin erlaubt, was zu Hause verboten ist
„Im Kindergarten darf ich das!“ „Bei Frau Peters müssen wir das aber so machen.“ Solche Sätze irritieren viele Eltern. Sie müssen sich erst daran gewöhnen, daß mit dem Kindergarten eine neue Instanz dazugekommen ist, deren Erziehungsziele nicht unbedingt mit den ihren übereinstimmen. Auch wenn Sie nicht mit jeder Erziehungsmaßnahme einverstanden sind: Manchmal lohnt es sich, das eigene Erziehungskonzept zu überdenken. Oft kann man von der Gelassenheit etwas lernen, mit der Erzieherinnen auf verschmierte Fenster oder umgeworfene Limobecher reagieren. Kommen Sie mit dem Erziehungsstil im Kindergarten allerdings gar nicht klar, sollten Sie unbedingt das Gespräch mit der Erzieherin suchen.
Bedenken Sie jedoch: Auch wenn Sie mit ihr nicht immer auf einer Linie liegen – ihr Anliegen ist trotzdem das gleiche: daß sich Ihr Kind im Kindergarten wohl fühlt.

IST MEIN KIND REIF FÜR DEN KINDERGARTEN?

? *Unser Sohn ist zwar schon dreieinhalb, aber wir sind trotzdem unsicher, ob wir ihn zum nächsten Termin im Kindergarten anmelden sollen. Wie erkennt man, ob er dafür schon reif ist?*

! Sie können Ihren Kinderarzt um Rat fragen, aber ruhig auch in den nächsten Kindergarten gehen und – gemeinsam mit Ihrem Sohn – mit einer Erzieherin reden. Worauf kommt es an?

- Kindergartenkinder müssen in der Lage sein, mehrere Stunden Trennung von Mutter und Vater auszuhalten.
- Sie sollten sich etwa eine Viertelstunde lang auf ein Spiel oder eine andere Beschäftigung konzentrieren können.
- Dreijährige sollten Sätze mit mindestens zwei bis drei Wörtern sprechen können – wobei sich das Sprachvermögen bei Jungen oft später entwickelt als bei Mädchen. Bei leichten sprachlichen Rückständen wirkt der Kindergartenbesuch förderlich und anregend. Bei größeren sprachlichen Defiziten sollten sich Eltern jedoch überlegen, ob das Kind nicht einen Sprachheilkindergarten oder eine Integrationsgruppe besuchen bzw. durch einen Logopäden geschult werden sollte.
- Kindergartenkinder sollten wissen, wie man mit Spielgeräten (Rutsche, Wippe, Schaukel) umgeht – aber auch, wie man sich aus- oder anzieht. Auch mit Buntstiften und Papier sollten sie bereits vertraut sein. Doch keine Angst, wenn es auf einzelnen Gebieten noch nicht ganz so klappt. Vermeintlich bewegungsfaule und ungeschickte Kinder werden in der Gruppe motiviert und entdecken dort oft erst ihr Bastel- oder Turntalent.
- Ansätze von sozialem Verhalten sollten vorhanden sein. Normalerweise suchen Kinder mit drei, vier Jahren den Kontakt zu Gleichaltrigen und können, zumindest für kurze Zeit, auf die Spielideen eines anderen Kindes eingehen.
- Die Kontrolle von Blase und Darm ist ein wesentlicher Schritt auf dem Weg in die Selbständigkeit. Windeln sollte ein Kindergartenkind möglichst nicht mehr tragen. Doch wenn ab und zu noch ein paar Tropfen in die Hose gehen, gibt es deswegen heute in keinem Kindergarten mehr Probleme.

mehr erwerben lassen. Der seit 1995 gesetzlich verankerte und (außer in Bayern) einklagbare Rechtsanspruch auf einen Kindergartenplatz hat dazu geführt, daß heute nahezu jedes dreijährige Kind einen Kindergartenplatz bekommt – wenn auch einige Kommunen die Preise stark angehoben haben, mancherorts die Gruppen auf eine kritische Größe angewachsen sind und Kindern und Eltern teilweise einfache Wege von bis zu einer halben Stunde zugemutet werden.

In einigen Regionen, vor allem in Ballungsgebieten, sind mittlerweile mehr Betreuungsplätze als Kinder vorhanden. Dort wird bereits spürbar, daß sich Kindergärten zunehmend als Dienstleister sehen, die ihren Kunden etwas bieten müssen.

Mütter und Väter, die in der glücklichen Lage sind, zwischen mehreren Einrichtungen in der Umgebung wählen zu können, sind oft verwirrt angesichts der Vielfalt von Kindergarten-Formen und -Konzepten. Es gibt Kindergärten, in denen nicht mehr alle Aktivitäten in den Gruppe stattfinden, sondern die sich – wie es so schön heißt – nach innen geöffnet haben. Es gibt Waldkindergärten, die gar keinen Gruppenraum mehr haben, integrative Einrichtungen, wo behinderte und nicht behinderte Kinder gemeinsam betreut werden, und private Kindergärten, die nach Waldorf- oder Montessori-Pädagogik arbeiten.

Moderne Kindergärten picken sich oft von jedem das Beste heraus oder bieten in einzelnen Gruppen Projekte an, wie etwa eine spielzeugfreie Zeit oder ein Medienprojekt, bei dem die Kinder ein Hörspiel produzieren und etwas über Fotografie erfahren.

Fast alle haben sich heute dem sogenannten Situationsansatz verschrieben. Das heißt, die Erzieherinnen sind nicht einer Art starrem Lehrplan verpflichtet, sondern sie richten ihre Aktivitäten nach den Kindern und deren direkter Umwelt (ohne natürlich auf feste Einrichtungen wie Stuhlkreis oder gemeinsames Frühstück zu verzichten).

In der Pädagogensprache heißt das „Schlüsselsituation für die Biographie von Kindern und Erwachsenen". Für ein Kindergartenkind kann der Tod eines Haustiers nämlich ebenso eine Schlüsselsituation sein wie die Scheidung der Eltern. Manchmal handelt es sich um einschneidende Erlebnisse, oft um unscheinbare, aber dennoch wichtige Begebenheiten.

Erzählt ein Kind zum Beispiel, daß es beim Samstagseinkauf im Kaufhaus seine Eltern verloren hat und ausgerufen werden mußte, kann das für die Erzieherin eine gute Gelegenheit sein, mit der ganzen Gruppe darüber zu sprechen und zu überlegen, wie man sich am besten verhält, wenn dieser Kinder-Alptraum tatsächlich einmal Wirklichkeit wird. Sie kann mit der Gruppe das Sich-Verlaufen durchspielen und den Größeren beibringen, wie man ein öffentliches Telefon benutzt. Arbeit nach dem Situationsansatz heißt: Leben und Lernen zusammenbringen.

Bevor sich Eltern für eine Einrichtung entscheiden, sollten sie sich vor Ort informiert haben. Dabei schadet es nicht, nach Details zu fragen, die ihnen wichtig sind.

Letztlich sollte einem die Einrichtung sympathisch sein. Entscheidend ist keineswegs immer, wie schlüssig das Konzept, wie engagiert die Leiterin oder wie modern das Gebäude erscheint, sondern: In welche Gruppe kommt mein Kind? Strahlt die Erzieherin die notwendige

WIE SIEHT EIN GUTER KINDERGARTEN AUS?

Wer wissen möchte, wie Fachleute Kindergärten beurteilen, wird in diesen beiden Bücher fündig:

- Die Kindergarten-Einschätz-Skala, Wolfgang Tietze u.a., Luchterhand Verlag, 24,80 Mark
- Qualität im Dialog entwickeln, Kronberger Kreis für Qualitätsentwicklung in Kindertageseinrichtungen, Kallmeyersche Verlagsbuchhandlung, 24,80 Mark

Spaß mit Stoffresten: Sind die Gruppen klein genug, können sich Zweijährige in der Krippe durchaus wohl fühlen

Wärme aus? Macht sie einen sicheren und erfahrenen Eindruck?
Wer nicht die Wahl zwischen mehreren Kindergärten hat, muß dennoch nicht beunruhigt sein. Selbst wenn die Einrichtung nicht hundertprozentig den eigenen Vorstellungen entspricht – in der Regel gibt es ausreichend Gelegenheit, gemeinsam mit anderen Eltern und Erzieherinnen Dinge zu verbessern. Eine wichtige Instanz ist hier der Elternbeirat, der am Anfang jedes Kindergartenjahres gewählt wird.
□ Siehe auch *Betreuung, Kinderkrippe*

Kinderkrippe

Die sogenannte Tagesfremdbetreuung von Kleinkindern wird in Deutschland noch immer kritisch beäugt. Eltern, die darauf angewiesen sind, haben in der Regel ein ziemlich schlechtes Gewissen. Zu Recht?
Richtig ist, daß Kindern unter drei die Trennung von den Eltern und das Leben in der Gleichaltrigen-Gruppe nicht so leicht fällt wie älteren. Falsch ist aber die Behauptung, bei den meisten Krippen handele es sich um „Aufbewahrungsanstal-

SO ERKENNEN SIE, OB SICH IHR KIND WOHLFÜHLT

Eine Checkliste, die Ihnen zeigt, ob sich Ihr Kind in der Krippe gut eingelebt hat*:

- Es weint nach der Eingewöhnungszeit (etwa ein Monat) nicht mehr, wenn Sie sich morgens verabschieden, oder es läßt sich von der Betreuuern sofort trösten.
- Es geht gern und freiwillig in die Krippe.
- Es zeigt wenig „Abseits-Verhalten", das heißt, es steht selten unbeschäftigt herum und wandert selten ziellos umher.
- Es lutscht wenig an Daumen, Schnuller oder Flasche und zeigt kaum rhythmische oder freudlose Bewegungen, Zupfen an den Haaren oder Kleidungsstücken.
- Es spielt konzentriert.
- Es spricht spontan die Betreuerin in Erwartung einer Antwort oder einer freundlichen Interaktion an.
- Es sucht Trost bei der Betreuerin.
- Es freut sich, lacht oft und weint selten.
- Es kann bei Vermittlung der Betreuerin teilen oder abwechseln.

** nach Grossmann und Grossmann, entnommen dem Buch „Mein Kind in guten Händen. Wie Kinderbetreuung gelingen kann", von Gabriele Haug-Schnabel, Joachim Bensel und Evelin Kirkilionis, Herder Verlag, 29,80 Mark*

WANN KANN MEIN KIND IN DIE KRIPPE?

? *Ich bin alleinerziehende Mutter. Da ich demnächst vormittags wieder arbeiten werde, schaue ich mich nach einer geeigneten Betreuung für meine knapp zweijährige Tochter um. Wie erkenne ich, ob sie für die Krippe schon geeignet ist?*

! Beobachten Sie, wie sie sich in einer Gruppe Gleichaltriger verhält. Wenn sie sich beispielsweise auf dem Spielplatz, bei Freunden oder in der Krabbelgruppe gern mit anderen Kindern beschäftigt, wird sie wahrscheinlich auch in der Krippe kaum Schwierigkeiten haben. Falls sie sich außer Haus aber gar nicht für Gleichaltrige interessiert, ist die Zeit vielleicht noch nicht reif. Kinder, die aus dem Fremdelalter heraus sind, tun sich mit dem Einstieg eindeutig leichter. Mädchen und Jungen unter 18 Monaten dagegen leiden unter der Trennung von ihrer Hauptbezugsperson meist besonders stark. Unter optimalen Bedingungen und wenn es nicht zu empfindlich ist, kann sich auch ein Kleinstkind in der Krippe zurechtfinden. Man sollte Einjährige aber höchstens halbtags betreuuen lassen.
Damit es sich in der Krippe wohl fühlt, braucht ein Kind eine gewisse körperliche und seelische Robustheit. Denn unter zweieinhalb Jahren sind die meisten Kinder noch nicht gruppenfähig. Sie können Wünsche und Interessen der anderen noch nicht so gut einschätzen und auch nicht auf eigene Wünsche verzichten. Das führt dazu, daß in einer Gruppe von Ein- und Zweijährigen sich die Stärkeren in der Regel besser durchsetzen.

ten". Mit Massenabfertigung haben Krippen bei uns heute nichts mehr zu tun.
Natürlich sind die ersten zwei Jahre bei den Eltern ganz wichtig. Dennoch sagen Wissenschaftler: Unter optimalen Bedingungen und wenn das Kind eine Betreuerin als Bindungsperson annimmt, kann die Fremdbetreuung auch ganz kleiner Kinder gelingen.
Zu diesen Bedingungen zählt Joachim Bensel, Verhaltensbiologe und Mitglied der Forschungsgruppe Verhaltensbiologie des Menschen in Kandern, freundliche und große Räume (mehr als vier Quadratmeter pro Kind), Betreuerinnen, die sich auch emotional auf die Kinder einlassen, und ein guter Personalschlüssel (ideal sind drei bis vier Kinder pro Erzieherin).
Wichtigste Voraussetzung für das Wohlergehen eines Krippenkindes ist aber unbestritten eine ausreichende Eingewöhnungsphase, wie sie heute schon in einigen Krippen angeboten wird. Am besten nehmen sich Betreuerin und Eltern dafür zwei bis vier Wochen Zeit.
In den ersten drei Tagen verbringen die Eltern mit ihrem Kind nur eine relativ kurze Zeit in der Krippe, höchstens ein oder zwei Stunden. In den Tagen danach gehen die Eltern mal für 15 Minuten aus dem Raum, später immer länger. Ihr Kind muß jederzeit das Gefühl haben: „Mama kommt wieder."
Innerhalb der zwei bis vier Wochen kann das Kind so, ohne Mutter oder Vater als sichere Basis verloren zu haben, eine Bindung zu seiner Betreuerin aufbauen. Diese Betreuerin ist dann seine Bezugsperson in der Krippe. Im Laufe der weiteren Wochen wird das Kind auch ein oder zwei weitere Betreuerinnen besser kennenlernen, die dann verfügbar sind, wenn die Bezugsperson krank oder in Urlaub ist.
Trotz aller Bemühungen und Fürsorge kann es vorkommen, daß sich ein Kind nicht einlebt. Ob es an negativen Erfahrungen in der Vergangenheit liegt, an einer besonderen Sensibilität oder daran, daß Kind und Erzieherin nicht zusammenpassen – manche Kinder sind einfach nicht in der Lage, sich in der Krippe einzuleben und sich die Zuwendung zu holen, die sie brauchen. Dann sollten Eltern, wenn es nur irgend möglich ist, konsequent sein und ihr Kind wieder aus der Krippe nehmen. Sie sollten sich überlegen, ob sie, zum Beispiel mit einer Tagesmutter, mit Verwandten oder Freunden, nicht doch eine Betreuungs-Alternative finden.
☐ Siehe auch, *Betreuung, Fremdeln, Kindergarten*

Kirche

Kirche, Glaube, Religion und Gott verlieren in unserer Welt, so scheint es, immer mehr an Bedeutung.
Doch man muß unterscheiden: Oft kehren die Menschen den großen christlichen Kirchen den Rücken, nicht aber der Religion. Sekten und esoterische Bewegungen können sich über zuwenig Zulauf nicht beklagen.
Während viele Erwachsene gar nicht genau sagen können, ob sie an ein höheres Wesen glauben, machen Kinder in einem bestimmten Alter nicht einmal eine Unterscheidung zwischen Diesseits und Jenseits. Zwischen drei und fünf Jahren, in der sogenannten magischen Phase der Kindheit, können sie an Gespenster und Teufel ebenso glauben wie an ein Wesen, das sie beschützt und dem sie vertrauen.
In diesem Alter tauchen bei Kindern auch die ersten Fragen auf: Sie hören von Freunden, im Kindergarten, aus Büchern biblische Geschichten und erfahren, daß viele Menschen an etwas glauben, das nicht von dieser Welt ist – wenn sie nicht ohnehin sonntags in die Kirche gehen und von ihren Eltern im Glauben erzogen werden. In ihren Köpfen schaffen die Drei-, Vier- und Fünfjährigen Bilder von Größe und Macht ihres Phantasiegottes.
Für diejenigen Eltern, die selbst an Gott glauben, ist das kein Problem. Doch die vielen, die selbst unsicher sind oder sich längst von der Kirche abgewendet haben, sehen sich auf einmal mit ganz neuen Fragen konfrontiert: Soll ich meinem Kind seinen Glauben lassen oder es möglichst bald „aufklären"? Soll ich mit ihm Geschichten aus der Bibel lesen, obwohl ich selbst nichts damit anfangen kann? Soll ich meinem Kind seinen Wunsch erfüllen und mit ihm abends beten – obwohl ich selbst nie bete?

Wie religiös Eltern auch immer sind – sie sollten ihrem Kind sein Gottesbild lassen. Es spiegelt meist seine altersgemäßen Bedürfnisse wider. Ohnehin ist es nicht möglich, einem Kind die Lehren des Christentums vorzuenthalten. Christentum ist für uns ja nicht nur Religion, sondern auch Tradition. Ohne Christentum ist der abendländische Geist, unser Denken, unsere Geschichte, unsere Sprache nicht zu verstehen. Insofern spricht einiges dafür, daß ein Kind, dessen Eltern aus der Kirche ausgetreten sind, in der Schule den Religionsunterricht besucht.

Klar ist aber auch: Niemand sollte sich verstellen und gegen seine Überzeugung handeln. Kinder merken sofort, wenn Eltern versuchen, ihnen etwas als wahr zu verkaufen, was sie selbst für unwahr oder wenigstens für unwahrscheinlich halten. Und es verunsichert sie. Wer selbst nicht religiös ist, soll seinem Kind ruhig sagen: „Ich glaube nicht, daß es Gott gibt. Aber andere Menschen glauben an ihn und beten zu ihm. Wer recht hat, das weiß niemand." Warum nicht eingestehen, daß es auch heutzutage noch Fragen gibt, die sich nicht abschließend beantworten lassen.

Dieselbe Offenheit kann man auch praktizieren, wenn Tochter oder Sohn eines Tages mit einem Tischgebet vom Kindergarten zurückkehrt. Man kann sein Kind bitten, das Gebet doch einmal zu sprechen, und dann erklären: „Manche Menschen wollen Gott danken, daß sie etwas zu essen haben. Wir freuen uns, daß wir zusammen am Tisch sitzen können und wünschen uns deshalb ‚Guten Appetit'."

Die meisten Eltern prüfen ihr Verhältnis zu Kirche und Gott bereits, wenn ihr Kind zur Welt gekommen ist. Da stellt sich die Frage: Sollen wir es taufen lassen oder nicht? Auch hier gilt schon: Wer nicht wirklich dahintersteht, sollte nicht nur wegen der Oma oder der Nachbarn im Dorf sein Kind taufen lassen, sondern in Erwägung ziehen, ihm die Entscheidung für später zu überlassen. Zumal in beiden großen christlichen Kirchen die Erwachsenentaufe möglich ist. Und Großeltern, die sich Sorgen machen, ihr Enkel gelange ohne Taufe nicht in den Himmel, kann man beruhigen: Auch die katholische Kirche lehrt heute, daß Gott niemanden von seiner Liebe ausschließt, der sich ihm nicht bewußt verweigert, also auch nicht ein kleines ungetauftes Kind.

Klamotten

Die Kleiderfrage wird nicht erst in der Pubertät zum Problem. Oft haben schon Dreijährige ganz genaue Vorstellungen davon, was sie anziehen wollen und was nicht. Und ihre Meinung deckt sich nicht immer mit der von Mutter oder Vater. Anfangs geht es weniger um Schönheit als darum, ob die Stiefel praktischer sind als die Halbschuhe oder ob die Winterjacke bei niedrigen Temperaturen nicht sinnvoller ist als die Sommerjacke.

Da sollten Eltern, soweit es geht, auf das Gefühl ihres Kindes vertrauen. Wenn ein Vierjähriger nur mal hinaus in den Garten geht oder ein Sechsjähriger mit Freunden zum benachbarten Spielplatz will – lassen Sie ihn die Sachen anziehen, die er will. Wenn ihm zu kalt wird, wird er kommen und sich eine wärmere Jacke holen. Kinder erkälten sich nicht so schnell, wie man denkt. Ist ein längerer Ausflug geplant, sollte entsprechende Kleidung wenigstens mitgenommen werden.

Aber irgendwann wird die Kleiderfrage zur Geschmacksfrage. Da kommt die Zeit der Löcher in den Jeans und der gewagten Hosenschnitte. Da muß die Jacke oder der Rucksack von einer ganz bestimmten Firma sein. Lieber ziehen Kids in einem gewissen Alter gar nichts an als etwas Uncooles. Für ältere Kinder ist das Outfit eine wunderbare Gelegenheit, Eltern zu testen und zu provozieren. Doch man sollte sich als Mutter oder Vater auf dieses Spiel nicht einlassen. Die Kinder wissen irgendwann wirklich besser, wie sie sich unter Gleichaltrigen zeigen können und wie nicht. Es lohnt sich nicht, hier Machtkämpfe auszufechten. Vielmehr sollten Eltern auf diesem Feld üben, frühzeitig Verantwortung auf ihr Kind zu übertragen. Das heißt auch: Wer eine Hose will, die Mutter und Vater für zu teuer halten, muß schauen, wie er auf andere Weise herankommt: indem er jemanden aus der Verwandtschaft überredet, sie ihm zu schenken, oder sich für seinen Herzenswunsch etwas nebenher verdient.

□ Siehe auch *Konsumverhalten, Pubertät*

Outfit verbindet: Wer sich richtig kleidet, gehört dazu

Nicht ohne meine Punkfrisur!

Das Stilgefühl von ELTERN-Redakteur Oliver Steinbach wurde durch die modischen Accessoires seiner Kinder mitunter auf eine harte Probe gestellt – zum Beispiel als bei seinem mittleren Sohn eine ungewöhnliche Haartracht angesagt war

Mode ist ständigem Wandel unterworfen. Nirgendwo läßt sich das besser beobachten als bei uns. Wir können uns noch gut daran erinnern, daß Kaspar, jetzt acht, vor nicht allzulanger Zeit eher seinen Teddybären verkauft hätte, als seine geliebten schwarzen Lackschuhe herzugeben. Wenn er dazu noch seine Weste mit passender Krawatte tragen durfte, strahlte er selig. Heute glänzt höchstens das Gel in seinen Haaren, und seiner Fußbekleidung ist mit dem Namen Treter noch geschmeichelt.

Reden wir nicht von den Zeiten, als wir den Kindern morgens noch Hosen, Hemdchen und Söckchen, farblich aufeinander abgestimmt, zurechtgelegt haben. Als man noch einfach ins Kaufhaus gehen konnte, um den dreien ein paar Hosen und Pullover zu kaufen.

Nein, die Kinder sind jetzt ziemlich selbständig: Moritz mit seinen fünf Jahren kann sich seine Garderobe morgens bereits selbst zusammenstellen. Kaspar versucht es, findet aber immer nur die Hälfte, und Luise, 10, motzt uns gern beim Frühstück an, weil ihre schlammverschmierte Lieblingshose, die meine Frau am Abend zuvor von ihrem Schreibtisch geangelt hat, noch nicht gewaschen und gebügelt im Schrank liegt.

Was ihr Äußeres angeht, haben die drei jetzt klare Vorstellungen, die sich allerdings nicht in gängige Stil-Kategorien einordnen lassen: Einerseits macht es ihnen nichts aus, sich mit angefressenen Jeans und schokoverschmierten T-Shirts, ungekämmt und mit Finger in der Nase in der Öffentlichkeit zu zeigen. Auf der anderen Seite legen sie größten Wert auf ganz bestimmte Accessoires.

Besonders kapriziös verhält sich Kaspar. Als „Farben" akzeptiert er Schwarz, Grau und Beige. Die Sweat-Shirts bitte lang und weit, sehr gern mit einer Mannschaftsnummer auf dem Rücken. Die Hose sollte den gleichen sackartigen Schnitt aufweisen. Außerdem muß sie so lang sein, daß man bei jedem Schritt bequem hinten drauftreten kann. Man kennt diesen Schlabber-Look von den Hiphoppern und Skateboardfahrern. Aber weder tanzt Kaspar Hiphop, noch fährt er Skateboard, noch kennt er das New Yorker Ghettoleben, noch schaut er VIVA oder MTV. Richtig kompliziert wird es, das passende Schuhwerk zu finden. Es muß in der Breite stets zu den Ausmaßen des Beinkleids passen, das heißt: weite Hosen – breite Schuhe, enge Jeans – schmale Schuhe. Nun finden Sie mal schmale Turnschuhe in Schwarzweiß, die noch eine coole Sohle haben.

Positiv angemerkt sei, daß es keine Sneakers einer bestimmten Firma sein müssen. Um die bei Teenagern verbreitete Sucht nach Markenkleidung handelt es sich bei Kaspar (noch) nicht.

Unsere Ratlosigkeit wird dadurch verstärkt, daß Kaspar nicht genau sagen kann, warum es unbedingt diese Klamotten sein müssen. Ist es vielleicht der Einfluß seines

Freundes Reynaldo, der etwas älter ist als Kaspar und schon ganz coole Rap-Bewegungen draufhat? Sind es Klassenkameraden? Sind es die Homestorys von irgendwelchen US-Basketballern in „Bravo Sport", die unser Sohn zur Zeit verschlingt?

Etwas nachvollziehbarer sind die Vorlieben von Kaspars größerer Schwester. Seit Luise eine Schwäche für Pferde hat, würde sie am liebsten den ganzen Tag in Reithosen und kniehohen Stiefeln herumrennen.

In die Schule geht sie grundsätzlich mit Hose und festen Schuhen: „Wie soll ich in der Pause sonst Fußball spielen?" Röcke, Kleider und Sandalen trägt sie nur, wenn es sein muß. Tabu sind die Farben Hellblau und Rosa: „Ich bin doch kein Barbie-Mädchen!"

Moritz geht die Kleiderfrage im Gegensatz zu seinen Geschwistern noch ganz pragmatisch an: Er trägt fast alles, Hauptsache, es läßt sich schnell an- und ausziehen. Nur gegen Latzhosen hegt er von jeher eine unergründliche Abneigung. Er meint wohl, daß es sich da um ein Kleidungsstück handelt, das eher die Kleinkind-Welt trägt als die, zu der er aufschaut.

Leider fällt auch eine phantastische Kniebund-Lederhose, in der er zum Anbeißen aussieht, unter diesen Bann. Zwei-, dreimal hat er sie getragen, weil ihm unser Argument einleuchtete, daß solche Hosen nur schöner werden, wenn man damit viel auf den Knien herumrutscht und sich seine fettigen Finger daran abwischt. Aber er fühlt sich damit wohl als Außenseiter, denn selbst in bayerischen Kindergärten trägt heute kaum noch ein Junge Leder. Irgendwie gemein: Da hat man einen schnuckeligen Sohn und eine tolle Lederhose, aber das Kind weigert sich hineinzusteigen. Sollte man es zu seinem Glück zwingen?

Nur mit guten Gründen. Geld zum Beispiel. Wenn sich ein Kind beim Einkauf für einen teuren Pullover entschieden hat, das gute Stück aber nach zwei Wochen Tragen nicht mehr trendy genug findet, sollten Eltern sicher nicht nachgeben. Aber einem Mädchen gegen seinen erklärten Willen einen feinen Rock mit Bluse aufzudrängen, das könnte sich irgendwann rächen. Kinder merken, wenn sie als Visitenkarte ihrer Eltern mißbraucht werden, und setzen später womöglich alles daran, die Erwartungen von Mama und Papa nicht zu erfüllen.

Klüger, als die Machtfrage zu stellen, ist es sicher, hinter den Vorlieben der Kinder ihre versteckten Wünsche zu suchen. Mehr oder weniger bewußt setzen sie Frisur und Klamotten als Aushängeschilder ein, als Billett zur Clique, zu Kumpels, zu den Klassenkameraden, die man interessant findet.

Im Grundschulalter und noch ein paar Jahre darüber hinaus – das wissen alle Psychologen und Soziologen – signalisiert die Lieblingskleidung der Kinder: „Ich will dazugehören. Ich bin bereit, Freundschaften zu schließen."

Ebenso wie uns Erwachsenen erleichtern Klamotten Kindern die Zuordnung zu bestimmten Gruppen. Die richtige Kleidung schafft Sicherheit und gibt dem Kind ein Stück von dem, was es gern sein möchte, zum Beispiel sportlich (Basketball-, Fußball-Shirts) und lässig (Hiphop-, Skater-Mode).

Kaspar versucht mit teilweise recht ungewöhnlichen Mitteln, Coolness zu demonstrieren: Seit längerem schon experimentiert er mit Haar-Gel. Eines Tages faßte er den Entschluß, mit zur Irokesenbürste hochgeklebten Haaren in die Schule zu gehen.

Als er mittags wiederkam, war die Bürste geplättet und aus seinem Mund kein Wort darüber zu vernehmen, wie die anderen reagiert haben. Immerhin startete er noch einen zweiten Versuch. Doch seitdem ist die Punkfrisur kein Thema mehr – was darauf hindeutet, daß sich die Grazie dieser Aufmachung den Klassenkameraden und Lehrern nicht auf Anhieb erschlossen hat.

Für die Eltern, die manchmal am liebsten so täten, als gehörten diese Kinder nicht zu ihnen, heißt es: Zähne zusammenbeißen und darauf warten, daß die Kinder dank der Freiheit zu experimentieren irgendwann einen eigenen Stil finden. Daß sie sicher werden in ihrem Geschmack und eine gewisse Unabhängigkeit von allzu schnell wechselnden Moden erreichen.

Zum Schluß noch eine, vielleicht beruhigende, soziologische Binsenweisheit: Im Endeffekt und nach allem Ausprobieren entwickelt der Nachwuchs meist Vorlieben, die von denen der Eltern gar nicht so weit entfernt sind. Was die grobe Richtung angeht, sind Mutter und Vater stilprägend.

Wo Kinder von klein auf hören, daß Qualität ihren Preis hat, verwundert es nicht, wenn sie schon früh ein ausgeprägtes Markenbewußtsein entwickeln. Wo dagegen Mama und Papa stets im Holzfäller-Look herumlaufen, werden keine Töchter groß, die sich in Rüschenkleidchen wohl fühlen. Es sei denn, aus Protest! Damit muß man natürlich rechnen, um so heftiger, je mehr wir an den Kindern herummäkeln.

Einen kleinen Vorgeschmack auf das, was in der Pubertät noch droht, gab uns neulich Luise. Zuerst war ein Aufschrei von Corinna, meiner Frau, zu hören, dann ein unglaublich dreckiges Lachen meiner Tochter. Mit den Worten: „Guck mal, mein neuer Schmuck" führte Luise ihrer Mutter einen Ring in der Nase vor. Zum Glück nur ein Plastikspielzeug zum Klemmen. Allein der kluge Einwand eines anderen Familienmitglieds („Irgendwie erinnert das an Popel") hielt Luise davon ab, das Ding jetzt regelmäßig zu tragen.

Konsequenz

Konsequent sein heißt, sich folgerichtig zu verhalten. Für Kinder ist es ganz wichtig zu sehen, daß sich Dinge nach Gesetzmäßigkeiten bewegen und daß Menschen mehr oder weniger durchschaubaren Regeln folgen. Denn nur so lernen sie, sich in einer komplizierten Welt zurechtzufinden.
Für den Erziehungsalltag bedeutet das dreierlei:

- Eltern sollten sich im Alltag gegenüber ihren Kindern möglichst eindeutig verhalten. Das heißt, sie reagieren nicht mal so, mal so, sondern berechenbar. Schon das Baby muß wissen: Wenn ich schreie, kommt Mama oder Papa. Ein größeres Kind möchte sich darauf verlassen können, daß Papa, auch wenn er schlechte Laune oder viel zu tun hat, abends noch fünf Minuten zum Gutenachtsagen ans Bett kommt. Es darf der Fünfjährigen nicht an einem Tag erlaubt sein, den CD-Player im Wohnzimmer zu benutzen, und am nächsten Tag bekommt Mama deswegen einen Wutanfall.
Kinder können inkonsequentes Verhalten nicht verstehen. Verläßlichkeit und Durchschaubarkeit dagegen erleichtern das Großwerden und Lernen enorm.
- Konsequenz ist besonders wichtig, wenn wir etwas von unserem Kind wollen oder unerwünschtes Verhalten abstellen möchten. Falls eine Mutter ihrer Tochter verbietet, auf dem Wohnzimmertisch mit Papier zu basteln und zu kleben, sollte sie ihr erklären, warum sie das nicht möchte, und dann das Verbot auch durchsetzen. Und falls sich die Gründe nicht geändert haben, muß sie auch am nächsten und übernächsten Tag zu dem Verbot stehen.
Wenn ein Vater dem Zweijährigen verbietet, den Fernseher einzuschalten, und der Sohn drückt trotzdem grinsend auf die Fernbedienung, dann muß der Vater die Fernbedienung verstecken oder wegschließen bzw. sein Kind ruhig, aber bestimmt in ein anderes Zimmer schaffen.
Wenn Eltern ihrem Kind vom ersten Lebensjahr an klarmachen, daß ihre Verbote durchgehalten werden, dann wird es immer seltener versuchen, die Grenzen und die Verläßlichkeit der Eltern zu testen.
- Folgerichtigkeit bedeutet auch: Das, was aus meinem Verhalten folgt, ist logisch. Wenn also meine Tochter trotz des Verbots unter dem Wohnzimmertisch ihre Papierschnipselchen verteilt und Klebstoffreste auf dem Tisch hinterläßt, dann streiche ich ihr zur Strafe nicht die Süßigkeiten, sondern lasse sie die direkten Folgen ihres Tuns spüren. Sie muß die Schnipsel wegsaugen und den Klebstoff fein säuberlich, ohne irgendwelche Kratzer, entfernen.

Wann immer diese Erziehung mit logischen Folgen möglich ist, sollten Eltern sie anwenden. Die logischen Folgen vergiften im Gegensatz zu den meisten Strafen das Familienklima nicht. Kinder können sie in der Regel gut verstehen. Sie enthalten kein moralisches Urteil und sind nicht wie Strafen eine Demonstration elterlicher Macht.
Natürlich sollen Kinder die logischen Folgen ihres Tuns nicht in jedem Fall spüren. Wenn es gefährlich wird oder Kinder noch nicht in der Lage sind, die Folgen abzusehen, verbietet sich diese Methode selbstverständlich. Zu warten, bis ein Kleinkind am eigenen Leib erfahren hat, warum man nicht auf Herdplatten faßt, wäre nur grausam.

Überhaupt hat Konsequenz in der Erziehung ihre Grenzen. Eltern sollten so viel Folgerichtigkeit wie nötig walten lassen, aber nicht gnadenlos. Sie müssen auch mal fünf gerade sein lassen, denn die Regel wird bekanntlich vor allem durch Ausnahmen bestätigt. Ein Kind hält sich gern an die Abmachung, daß pro Tag nur eine halbe Stunde ferngesehen wird – wenn es weiß, daß bei Krankheit oder wenn es am Wochenende den ganzen Tag regnet, auch mal ein oder zwei Sendungen mehr drin sind. Man macht sich auch seine Süßigkeiten-Regelung nicht dadurch kaputt, daß man seinem Kind am Geburtstag oder nach einem anstrengenden Fußballturnier ein bißchen mehr erlaubt als sonst.

□ Siehe auch *Autorität, Disziplin, Gerechtigkeit, Grenzen setzen, Strafen*

Konsumverhalten

Mit Geld umzugehen und sich in der Warenwelt zurechtzufinden – das lernen Kinder leider nicht in der Schule und manchmal auch zu Hause nicht. Dabei wäre es nötiger denn je. Die Werbung versucht mit immer raffinierteren Mitteln, schon Kinder an bestimmte Produkte zu binden.

Gleichzeitig verschwindet bares, anfaßbares Geld immer mehr aus unserem Leben. CDs, Obst und Gemüse, Waschmaschinen, Hemden und sogar Autos bekommt man gegen Vorlage einer kleinen Plastikkarte.

Bald wird aber auch das Schnee von gestern sein. Beim Internet-Shopping ist für ein paar Ziffern alles verfügbar, und zwar 24 Stunden täglich. Cyberkonsum kennt keine Grenzen und wird von unseren Kindern erst recht Disziplin verlangen.

Aber wie bringt man einem Kind bei, dem Werbe- und Gruppendruck zu widerstehen und verantwortlich mit seinem Geld umzugehen? Wie kann man das Konsumverhalten seines Kindes positiv beeinflussen?

Nach den ersten Taschengeldzahlungen wundern sich viele Eltern zunächst, wie gezielt (oder auch planlos) ihr Nachwuchs mit seinen Schätzen umgeht.

Die eine investiert ihre paar Mark umgehend in Schokoriegel und Gummibärchen. Die andere spart monatelang auf das ersehnte Barbie-Puppenhaus. Ein Dritter handelt schon nach kurzer Zeit eine Taschengeld-Erhöhung aus, sitzt aber auf seinem Geld wie Onkel Dagobert. Wieder ein anderer verschenkt fast alles an seine Freunde.

Wie ein Kind mit seinem ersten Geld umgeht, sagt noch nichts über seinen Charakter aus. Auf dem Weg zum „erwachsenen" Umgang mit Geld durchläuft fast jedes Kind eine ganze Reihe notwendiger Phasen.

Taschengeld-Neulinge genießen meist erst einmal die Möglichkeit, sich spontan Wünsche erfüllen zu können. Mit Verschwendung hat das nichts zu tun. Nach einem oder zwei Jahren Taschengeld spüren die meisten Kinder, daß Geld ihnen Macht gibt. Und daß mehr Geld auch mehr Macht bedeutet. Dieses Bewußtsein läßt viele Kinder jeden Pfennig horten oder täglich um mehr Kohle feilschen. Geizig oder raffgierig sind sie deshalb noch lange nicht.

Und ein Kind, das Geld oder Süßigkeiten verschenkt, muß gar nicht großherziger sein als der vermeintliche Geizkragen. Vielleicht erprobt es nur die Möglichkeit, mit Geld die Zuneigung von Gleichaltrigen zu gewinnen.

Das alles ist völlig normal. Was allerdings nicht heißt, daß Kinder vernünftigen Umgang mit Geld ausschließlich aus Erfahrung lernen. Sie brauchen Orientierung, vor allem, wenn sich bestimmte Verhaltensweisen verfestigen:

- Wenn das Kind mit acht Jahren so verbissen auf den Lego-Jeep spart, daß es die ganze Familie mit seiner Pfennigfuchserei nervt, und nach dem Kauf des ersehnten Spielzeugs sofort das nächste teure Ziel ins Auge faßt.
- Wenn es auch mit neun sein Taschengeld grundsätzlich sofort in Süßigkeiten umsetzt.
- Wenn es mit zehn Jahren von fünf Mark Taschengeld pro Woche nicht mal eine Mark für eine Rose zu Mamas Geburtstag übrig hat.
- Wenn es zu stehlen beginnt, weil es Freunde beschenken will.

Immer gilt: Stempeln Sie Ihr Kind nicht ab. Statt es als Geizkragen oder als Verschwender zu brandmarken, sollten Sie immer zwei Dinge überprüfen: Ihre Erziehungsziele und Ihre eigene Einstellung zum Geld. Welche Werte will ich meinem Kind vermitteln: Sparsamkeit, Preisbewußtsein und Zielstrebigkeit oder eher Großzügigkeit und die Kunst, das Leben zu genießen? Wie bin ich selbst? Leiste ich mir stets sofort alles, was ich will? Wie wichtig sind mir teure Konsumgüter? Erkaufe ich mir die Zuneigung meines Kindes durch Spielzeug oder Süßigkeiten, weil ich ihm zuwenig Zeit widmen kann? Gebe ich gern und freiwillig für andere?

Was wir unseren Kindern nicht vorleben, können wir von ihnen auch nicht verlangen. Wer merkt, daß das vermeintliche Geldproblem des Kindes nur ein Spiegelbild des eigenen ist, muß daher zunächst sein eigenes Verhalten überdenken und an sich arbeiten, um glaubwürdig erziehen zu können.

Und so hilft man seinem Kind:

Einem kleinen Verschwender, der stets pleite ist, können Sie anbieten, das Taschengeld vorübergehend tageweise auszuzahlen. Oder ihm attraktive kleine Sparziele (im Gegenwert von höchstens einem Monatssalär) setzen – und eine Abmachung treffen, daß Sie wöchentlich einen Teil des Taschengeldes einbehalten, bis die gewünschte Summe erreicht ist.

Gibt ein Acht- und Neunjähriger sein Geld planlos aus, hilft der „Kulturzuschlag", das Augenmerk des kleinen Konsumenten auf sinnvollere Ziele zu lenken. Geben Sie bei bestimmten Käufen – gute Bücher, qualitativ hochwertiges Spielzeug, Sportgeräte – einen Zuschuß von fünfzig Prozent. Die wenigsten Kinder lassen sich die Chance entgehen, die Kaufkraft ihres Taschengelds zu verdoppeln.

Wenn ein Kind mit jedem Pfennig geizt, um sich teure Spielsachen leisten zu können, sind seine Käufe oft Ersatz-

WERTVOLLE FLYERS

Die Wirtschaft weiß, was sie an unseren Kindern hat. Die Werber haben „Skippies" (school kids with income and purchasing power, Schulkinder mit Einkommen und Kaufkraft) schon vor Jahren in „Flyers" (fun loving youth, zu deutsch: Jugend, die Spaß haben will) umgetauft.
Sie, die Sechs- bis 15jährigen, sind bei den Werbern sehr beliebt. Denn erstens verfügen sie über eine Menge Taschengeld und Ersparnisse (15 bis 20 Milliarden Mark jährlich). Und zweitens geben sie auch gern das Geld ihrer Eltern aus – indem sie deren Kaufentscheidungen beeinflussen, egal, ob es um die Joghurt-Marke oder das nächste Auto geht.
Dieser Einfluß steigert ihre Kaufkraft auf 40 Milliarden Mark pro Jahr. Nie waren Kinder für die Industrie so wertvoll wie heute. Ein Drittel aller ausgestrahlten Werbespots im Fernsehen richtet sich an sie.

handlungen: Es tut sich etwas Gutes, weil es sich im Alltag zu kurz gekommen fühlt. Lenken Sie in solchen Fällen das Interesse auf gemeinsame Unternehmungen. Schlagen Sie z. B. vor, statt der üblichen vier Mark pro Woche nur zwei auszuzahlen – und dafür einen Kinobesuch zu spendieren. Schenken Sie zum Geburtstag statt Geld oder Spielzeug Gutscheine für gemeinsame Erlebnisse: Schwimmbadbesuche, Spielenachmittage, ein Fußballspiel oder eine Zirkusvorstellung.
Daß Kinder zwischen acht und zehn oft zu Raffzähnen werden, die am liebsten jede Leistung in klingende Münze umsetzen würden, hat vor allem einen Grund: Sie beginnen, den Kreislauf aus Arbeit und Lohn zu durchschauen, und möchten mitmischen.
Grundsätzlich spricht nichts dagegen, für gute Noten auch mal etwas zu zahlen. Das gleiche gilt, wenn Kinder außergewöhnliche Aufgaben wie Autowaschen oder Rasenmähen übernehmen. Schließlich sind wir Erwachsene auch stärker motiviert, wenn gute Leistungen belohnt werden. Allerdings muß die finanzielle Anerkennung in angemessenem Verhältnis zum Taschengeld stehen. Selbstverständliche Handgriffe im Haushalt wie Abspülen, Einkaufen, Tischdecken sollten auf keinen Fall entlohnt werden.
Beginnt die Jagd nach Geldquellen das Leben des Kindes zu beherrschen, sind Gespräche notwendig. Fragen Sie Ihr Kind, warum ihm das „Verdienen" so wichtig ist. Machen Sie ihm klar, daß Geld kein Selbstzweck, sondern nur ein Mittel zum Zweck ist. Zeigen Sie ihm, wieviel schöne Dinge es gibt, die nichts kosten, und daß man sich auch wohl fühlen kann, ohne gerade etwas Kaufbares zu konsumieren. Wie wäre es, wenn Sie mit Ihrem Kind mal ein Wochenende verbringen, an dem die ganze Familie nur zwanzig Mark ausgeben darf: Da fallen schon mal Ausflüge mit Auto oder Zug flach. Aber Fahrradfahren, Früchte sammeln, Zelten und einfache Mahlzeiten, das läßt sich machen.
Extrem großzügige Kinder, die bei anderen mit Geld oder Süßigkeiten um sich werfen, wollen sich oft Freunde „kaufen". Sie brauchen Hilfe, um mehr Selbstbewußtsein aufzubauen. Sie müssen ein Gefühl dafür bekommen, daß sie geliebt werden für das, was sie sind – nicht für das, was sie tun.
Solchen Kindern hilft es oft, wenn ein vertrauenswürdiger Erwachsener von ähnlichen Erlebnissen in seiner eigenen Kindheit berichtet – und davon, wie er sein Verhalten geändert hat. Oder wenn die Eltern ihren Kindern die Kontaktaufnahme zu anderen erleichtern.
□ Siehe auch *Belohnen, Fernsehen, Geldverdienen, Klamotten, Spielzeug, Stehlen, Taschengeld, Verwöhnen*

Konzentration

Die Fähigkeit, seine Aufmerksamkeit auf ein Ziel hin zu bündeln, ist zum Teil angeboren, zum Teil auch von außen beeinflußbar.
Konzentration, eine Art von Anspannung, erfordert Kraft. Manche Kinder müssen sich stets anstrengen, um bei einer Sache zu bleiben, anderen fällt es deutlich leichter. Etwa vier Prozent aller Kinder haben so große Schwierigkeiten, sich zu konzentrieren, daß man von einer Erkrankung spricht, von ADS, dem Aufmerksamkeits-Defizit-Syndrom (siehe auch *Hyperkinetische Kinder)*. Von der Intelligenz ist das Konzentrationsvermögen weitgehend unabhängig.
Im Rahmen dessen, was dem Kind mitgegeben ist, können Eltern einiges tun, um seine Konzentrationsfähigkeit zu fördern.
Konzentration läßt sich direkt von außen beeinflussen (Kaffee oder Medikamente, die bei vielen Menschen eine kurzfristige Leistungssteigerung bewirken, verbieten sich bei Kindern aus gesundheitlichen Gründen; nur bei krankhaften Konzentrationsstörungen wie ADS kann ein Arzt Medikamente verschreiben): Ein Kind, das – etwa zum Lernen – seine volle Aufmerksamkeit braucht, sollte ausgeschlafen sein und nichts um sich haben, was ablenkt. Lärm, unruhige, laute Musik oder ein im Hintergrund laufender Fernseher machen Konzentration zunichte.
Konzentration kann auch langsam wachsen – in einem liebevollen Zuhause, mit einer sicheren Kind-Eltern-Bindung. Beides sorgt dafür, daß Kinder schon früh Interesse an ihrer belebten und unbelebten Umwelt zeigen, daß sie intensiv und ausdauernd spielen können.
Es gibt Kinder, die sich schon mit einem Jahr zehn Minuten oder länger einer Sache widmen können. Anderen gelingt dies erst mit vier, fünf Jahren.
Wie auch immer – Eltern sollten konzentriertes Spiel in jeder Weise fördern:

- Kinder verdienen, daß man sie zu Ende spielen läßt, wenn sie in etwas vertieft sind. Und wenn ein Aufbruch zu einem bestimmten Termin nötig ist, sollte das Kind Zeit haben, sich darauf einzustellen. Das oft willkürliche Herausreißen aus einer fesselnden Beschäftigung dagegen signaliert dem Kind, daß wir seine Aktivität für unwichtig halten.

● Eltern sollten darauf achten, daß ihr Kind sich mit Dingen beschäftigen kann, die seinem Alter und seinem Interesse angemessen sind. Oft machen Mutter und Vater, vor allem aber auch Verwandte, den Fehler, Dinge zu schenken, die das Kind überfordern – weil es noch zu jung ist. Wenn ein Baby mit dem Schlüsselbund spielen will, dann soll man ihm dieses interessante Klingelzeug lassen!

● Sich so wenig wie möglich einmischen! Wenn ein Kind wirklich die Hilfe eines Erwachsenen braucht, dann sagt es das in der Regel. Aber auch in diesem Fall sollte Mutter oder Vater nur einen Anstoß geben und das Lego-Raumschiff nicht gleich selbst zu Ende bauen.

● Wann immer Eltern merken, daß ihr Kind an irgend etwas besonderes Interesse findet, sollten sie ihm behutsam helfen, dies weiterzuentwickeln. Aber sie sollten den Fünfjährigen nicht nach dem ersten Kick auf der Wiese im Fußballverein anmelden und ihm nur noch Fußballbücher kaufen und vorlesen. Der Forscher- und Entdeckerdrang darf nicht erstickt werden.

Man sollte nie vergessen: Aus eigenem Antrieb bleibt ein Mensch nur dann bei der Sache, wenn sie ihm auch Spaß macht. Deshalb sollten Eltern jeden Druck vermeiden.

□ Siehe auch *Fördern, Hyperkinetische Kinder, Langeweile, Lernen, Motivation, Spielzeug*

Kreativität

Die Fähigkeit, etwas Neues und Originelles zu schaffen, bezeichnet man als Kreativität. Psychologen halten schöpferische Tätigkeiten für sehr wichtig. Nur so, sagen sie, kann ein Mensch seine Persönlichkeit voll entfalten.

Malen, Modellieren, Bauen, Schreiben oder Musizieren sind Möglichkeiten, sich auszudrücken. Gerade Kinder sind dankbar, wenn man ihnen Stifte zum Malen oder Knete zum Formen gibt. Denn oft reicht ihnen die Sprache nicht, um Bedrückendes oder Beglückendes zu artikulieren.

Wer also seinem Kind oft die Möglichkeit gibt, sich schöpferisch zu betätigen, der tut auch etwas für seine seelische Gesundheit. Kreativität fördern heißt darüber hinaus, ein Kind auf Anforderungen im späteren Leben vorzubereiten. In vielen Berufen werden Menschen gesucht, die in der Lage sind, Probleme mit unkonventionellen Mitteln zu lösen.

Eltern können Kreativität nicht antrainieren, aber einiges dafür tun, daß sie sich bei ihrem Kind entfalten kann. Die wichtigsten Voraussetzungen:

Erstens: Das Material. Kinder brauchen viel davon. Ein paar Buntstifte und ein DIN-A4-Block reichen nicht (siehe Kasten nächste Seite).

Zweitens: Nachsicht und Geduld. Man darf ein Bild oder eine Figur seines Kindes nicht abqualifizieren, als „richtig“ oder „falsch“ bezeichnen. Bemerkungen wie „So sieht doch kein Auto aus“ verleiden einem Kind die Freude am Malen oder Bauen. Sie vermitteln ihm, daß viele Gedanken (und eine Zeichnung ist ja oft direkter Ausdruck eines Gedankens) nicht gedacht werden dürfen.

Langsam und – wenn man sie läßt – mit viel Spaß finden Kinder ihre bildnerische Sprache: Am Anfang steht immer das Kritzeln. Wie das Lallen die Vorstufe zum Sprechen ist, stellt das Hin-und-Her-Fahren mit dem Stift die Grundlage jeder Malentwicklung dar.

Ein-, zweijährige Kinder ziehen Linien übers ganze Blatt Papier, oft auch darüber hinaus. Malanfänger bevorzugen deshalb große Flächen. Besonders verlockend: weiße Wände in der Wohnung. Eltern, die kein neues Muster auf der Tapete

Hände-Druck: Wenn ein Kind sich mit Farben und Formen ausdrücken darf, trägt das zu seiner seelischen Gesundheit bei

WAS BRAUCHEN KINDER ZUM MALEN UND MODELLIEREN?

? *Unser Sohn malt unheimlich gern. Was sollte man ihm geben, damit er sich nach Herzenslust austoben kann?*

! Für Anfänger, also ab zwei Jahren, eignen sich Fingerfarben am besten. Aber sagen Sie Ihrem Sohn klar, was er damit bemalen darf und was nicht. Ab drei Jahren lieben Kinder dicke Stifte, beispielsweise Wachsblöcke oder dicke Wachsstifte aus giftfreien Naturwachsen. Kindern, die einen Stift schon gut halten können, kann man auch giftfreie wasserlösliche Fasermaler kaufen.
Ab vier, fünf Jahren empfehlen sich dünnere Wachsstifte oder dicke Buntstifte. Mit verdünnten Fingerfarben und einem kurzen, breiten Pinsel können Kinder jetzt auch schon größere Flächen bemalen. Da schadet es nicht, Tisch oder Boden mit viel Zeitungspapier bzw. einer Plastikplane auszulegen.
Ein guter Malkasten mit Wasserfarben ist etwas für Schulkinder. Sieben-, Achtjährige malen auch schon gern mit verschieden dicken Pinseln.
Ihr Sohn freut sich sicher, wenn Sie ihm zur Abwechslung etwas zum Modellieren, also größere Mengen Knete oder Salzteig, anbieten. Falls Sie über einen Keller oder Hobbyraum verfügen, sollten Sie ihn ruhig auch mit Holz werkeln lassen. Schon Fünfjährige können mit Hammer und Säge umgehen. Lassen Sie sich wegen des geeigneten Werkzeugs im Fachhandel beraten!

oder dem Fußboden haben wollen, sollten deshalb ihrem Kind extra große Bögen Malpapier zur Verfügung stellen.
Mit der Zeit werden die Bewegungen kontrollierter. Das Kind fängt an, Spiralen bzw. einzelne ovale oder kreisähnliche Gebilde zu zeichnen und sie gezielt über das Blatt zu verteilen. Damit drückt es auch bildlich seine Abgrenzung nach außen aus. Es ist nun in einer Entwicklungsphase, in der es sich zunehmend als eigene Person wahrnimmt. Nach und nach strecken die gemalten Kringel dann ihre Fühler aus, um die Umgebung zu erforschen – genauso wie das Kind sich mehr nach außen orientiert.
Frühestens mit drei Jahren beginnen Kinder, Begriffe mit einer bestimmten Form zu verknüpfen. Ein Fisch etwa ist nun nicht mehr wahlweise ein verbeulter Kreis, ein schiefes Quadrat, eine Schlangenlinie oder ein Spiralenknäuel, sondern hat seine eigene, charakteristische Gestalt wie auch die Menschen. Ein kreisähnliches Gebilde mit Strichen zur Seite, zwei Strichen nach unten – fertig ist der Kopf- bzw. Bauchfüßler.
Je besser ein Kind runde und gerade Linien, Quadrate, Kreise und Dreiecke kombinieren kann, um so differenzierter werden seine Darstellungen. Wenn die Hexe also plötzlich lange Haare und ein Dreieck als Rock trägt, ist ein weiterer Schritt in der Malentwicklung gemacht.
Mit vier, fünf Jahren zeichnen die meisten Kinder nicht mehr nur einzelne Figuren oder Gegenstände, sondern versuchen, in ihren Bildern kleine Geschichten zu erzählen: vom Umzug in ein größeres Haus, vom Besuch im Zoo, vom Drachensteigen im Park.
Daß das Bild nicht unbedingt der Realität entspricht, ist ihnen egal. Denn sie malen nicht, was sie sehen, sondern was sie denken, wissen und erleben. So hat ein Haus für Kinder nicht nur eine Außenfassade, sondern auch ein sichtbares Innenleben. Kunstpädagogen nennen dieses zeichnerische Phänomen Röntgenblick.
Was uns an den Werken Picassos und anderer moderner Maler fasziniert, machen Vorschulkinder ganz selbstverständlich: die Dinge aus verschiedenen Blickwinkeln abbilden. Auch mit den „richtigen" Größenverhältnissen nehmen sie es noch nicht so genau: Was sie besonders beeindruckt, kommt groß raus. Unwichtige Details lasssen sie weg. Genauso künstlerisch frei gehen sie mit Farben um: Die Auswahl wird bestimmt von dem vorhandenen Angebot, den persönlichen Vorlieben, der Experimentierfreudigkeit und der Stimmung. Erst im Vorschulalter wird es für Kinder zunehmend wichtig, die Dinge so zu malen, wie sie tatsächlich aussehen.
Die Spontaneität, einfach draufloszumalen, hält meist noch etwas länger an. Aber nur, wenn Eltern nicht ständig eingreifen, sondern akzeptieren, daß jedes Kind sein eigenes Entwicklungstempo hat; wenn sie ihren Begriff von Schönheit zurückstellen und dem Kind die Freiheit lassen, Blumen höher zu malen als das Haus und dem Himmel grüne Wolken zu verpassen.
☐ Siehe auch *Fördern, Musik*

L

Laissez-faire

Das Gegenteil eines sehr repressiven, autoritären Erziehungsstils bezeichnen Pädagogen als Laissez-faire. Nicht wenige Fachleute vermuten heute, daß die Auswirkungen auf das Kind noch negativer sind als bei einer Erziehung, in der fast alles verboten ist und mit harten Strafen geahndet wird.
Wenn Schläge dazu führen, daß ein Kind seine Eltern haßt, bewirken völliges Gewährenlassen (Laissez-faire) und Gleich-

gültigkeit gegenüber dem Kind meist ausgeprägte Orientierungslosigkeit, oft Aggressionen, massive Frustrationserlebnisse und Leistungsabfall.

Kinder, denen alles erlaubt ist, haben oft zu Recht das Gefühl, sie seien ihren Eltern gleichgültig. Sie können sich auf den Kopf stellen oder provozieren – und bekommen von den Eltern keine oder unberechenbare Reaktionen.

Man darf den Laissez-faire-Stil nicht mit den Zielen der antiautoritären Bewegung in den sechziger Jahren verwechseln. Dem englischen Pädagogen und Psychoanalytiker A.S. Neill, der die theoretischen Grundlagen für die antiautoritäre Erziehung schuf, täte man Unrecht, wenn man ihm Gleichgültigkeit unterstellen wollte. An seiner berühmten Privatschule im englischen Summerhill sollten die Schüler zwar tun und lassen, was sie wollten, allerdings ohne die Freiheit der anderen zu beeinträchtigen.

Neill kam es darauf an, daß Kinder nicht gezwungen werden, die Anschauungen ihrer Eltern zu übernehmen, daß sie nicht lernen müssen, was die Lehrer für richtig halten. Doch es war ein Modell, das auf Diskussionen angewiesen war und von Eltern wie von Lehrern hohes Engagement verlangte.

Wo auch immer bei den Erwachsenen die Motive für das Gewährenlassen liegen mögen – offensichtlich wird aus einem Kind kein glücklicher Mensch, wenn es nie gegen äußere Widerstände ankämpfen muß. Viele Studien haben in den letzten Jahrzehnten belegt, daß Kinder, deren Eltern von Anfang an klare Grenzen setzen, ein stärkeres Selbstwertgefühl und mehr Zufriedenheit entwickeln als Kinder, bei denen das nicht der Fall ist.

Die Kunst liegt darin, ihnen mit Wärme und Festigkeit Regeln des Zusammenlebens zu vermitteln – und ihnen gleichzeitig das Gefühl zu geben, daß nicht ständig über ihren Kopf hinweg entschieden wird, sondern daß sie an vielen Punkten mitreden und oft mitentscheiden dürfen.

☐ Siehe auch *Autorität, Disziplin, Erziehungsstil, Familienkonferenz, Grenzen setzen, Selbstvertrauen*

Langeweile

Mütter und Väter, die zu Hause gerade etwas Wichtiges zu tun haben, kennen es nur zu gut: das Kindergenörgel „Mir ist so langweilig“ oder „Was soll ich machen?“.

Manchmal äußert sich Langeweile auch dadurch, daß ein Kind seine Geschwister so lange nervt, bis sie zuschlagen. Oder ein Gelangweilter beginnt, rhythmisch gegen den Heizkörper zu gongen, vielleicht auch Murmeln die Treppe herunterklackern zu lassen.

Elterliche Ratschläge wie „Mal doch was!“ verhallen in der Regel: „Keine Lust!“

Die Ursachen für Langeweile sind oft eher in Überbeschäftigung zu suchen als in einem Mangel an Spielzeug, Büchern oder Freunden. Gerade Kinder, deren Tagespläne mit Musik- und Sportkursen ziemlich vollgestopft sind, wissen in der verbleibenden Zeit nicht mehr viel mit sich anzufangen. Sie haben verlernt, sich ohne Animation zu beschäftigen.

Deshalb sollte man solche Kinder nicht gleich beim ersten Anflug von Langeweile wieder zu unterhalten versuchen. **Etwas Nichtstun schadet gar nicht.**

Oft müssen Kinder das erst eine Zeitlang ertragen, bevor Neugierde und Entdeckungslust wieder erwachen. Sie herauszukitzeln erfordert von den Eltern Geduld und vorsichtige Unterstützung – gezielte Impulse, die anregen, keine Animation, die aufregt.

Ein bißchen behämmert, aber immer noch besser als Langeweile schieben

Kinder brauchen – wie wir Erwachsenen – Zeit und Ruhe, um auf neue Ideen zukommen.
Eltern, die den Eindruck haben, daß ihr Kind sich nicht beschäftigen kann, sollten es in jedem Fall erst einmal genau beobachten. Mitunter haben Langeweile und Lustlosigkeit auch körperliche Ursachen, vor allem, wenn sie aus heiterem Himmel kommen. Vielleicht ist eine Erkältung im Anzug oder eine andere Krankheit. Das Kind fühlt sich nicht wohl und kann sich auf nichts konzentrieren.
Fällt diese Erklärung weg, versuchen Sie herauszufinden, ob Ihr Kind sich tatsächlich langweilt. Das mag sich banal anhören, aber Erwachsene haben oft eine ganz andere Auffassung von „sinnvoller Beschäftigung“ als Kinder.
Nicht selten sind die Großen blind für das, was die Kleinen sehen und wahrnehmen: Wenn ein Sechsjähriger beinebaumelnd auf dem Fensterbrett hockt und ausdauernd nach draußen schaut, obwohl es dort bereits ziemlich dunkel ist, muß das noch lange nicht heißen, daß er sich langweilt. Vielleicht denkt er gerade darüber nach, ob der liebe Gott auch eine Mutter hat. Oder er beobachtet eine Katze, die in der Dämmerung auf Jagd geht. Diesem Kind zu sagen: „Tu doch mal was Vernünftiges“, wäre der erste Schritt, es zum zukünftigen Langweiler zu machen.
Auch wenn uns Erwachsenen dieses Leistungsprinzip bereits in Fleisch und Blut übergegangen ist: Eine sinnvolle Beschäftigung bedeutet nicht, daß unter dem Strich immer etwas Brauchbares herauskommen muß. Nicht bei jedem Filzstiftbild muß ein Gemälde herauskommen, das sich die Oma übers Bett hängen würde. Oft wollen Kinder nicht unter Druck „etwas Ordentliches“ produzieren.
Auch wer sein Kind dauernd beim Spielen stört, kann Lustlosigkeit hervorrufen. Ein Kind, das gerade dabei ist, mit einem Kochtopf und Salatbesteck den „Rolling Stones“ nachzueifern, ist frustriert, wenn es plötzlich seinen Anorak anziehen soll, um in die Ballettschule zu gehen. Passiert das ein paarmal hintereinander, fängt es beim nächstenmal vielleicht gar nicht mehr an zu musizieren – aus Angst vor Unterbrechung.
Für Eltern wird gerade das andere Zeitempfinden ihres Kindes oft zum Problem. Wer mit einem Vierjährigen an der Hand schnell im Supermarkt etwas besorgen muß, will nicht alle zwei Meter anhalten, um einen Marienkäfer zu beobachten. Und doch kann es sich langfristig lohnen, der Bitte des Kindes nachzugeben. Denn die verlorene Zeit steht in keinem Verhältnis zur Mühe, die es macht, ein Langweilerkind neu zu motivieren.
So wichtig wie die Zeit ist auch der Raum. Ein Kind, das den halben Nachmittag damit beschäftigt ist, eine Burg zu bauen, die der aus dem Bilderbuch ähnlich sieht, ist entmutigt, wenn es das Kunstwerk am Abend wieder abreißen soll. Irgendwo in der Wohnung muß für solche Bauwerke doch ein Platz zu finden sein.
Wichtig ist natürlich auch das richtige Spielzeug. Denn nicht nur zuviel davon kann der Grund für Langeweile sein, sondern auch das falsche. Spielzeug darf sich nicht selber spielen und das Kind in die Rolle des passiven Zuschauers drängen. Ein gutes Spielzeug gibt nichts vor und kann so für viele verschiedene Spielideen eingesetzt werden. Kinder können sich tagelang mit Umzugskartons und ein paar alten Decken beschäftigen. Mal ist der Karton eine Räuberhöhle, mal ein Kasperletheater.
Natürlich macht auch das tollste Spiel nicht so richtig Spaß, wenn man es immer allein spielen muß. So kann ein weiterer Grund für hartnäckige Langeweile auch der Mangel an Spielkameraden sein. Fragen Sie doch Ihr Kind einfach, ob es nicht jemanden einladen will.
Manchmal allerdings steckt hinter Langeweile-Gequengel auch der Wunsch nach mehr Aufmerksamkeit. Wenn zum Beispiel eines von mehreren Geschwistern das Gefühl hat, von Mama und Papa nicht genügend beachtet zu werden.
Langeweile ist nicht ans Alter gebunden. Sie kann jeden heimsuchen, große und kleine Kinder, sogar Säuglinge und natürlich auch Erwachsene. Immer ist sie ein subjektives Gefühl: Der eine findet es entspannend, auf einer Parkbank zu sitzen und in die Gegend zu schauen, der andere fad und furchtbar anstrengend, weil die Zeit nur dahinschleicht.
„Flow“ nennt der ungarisch-amerikanische Soziologe Mihaly Csikszentmihalyi die Antriebskraft, die uns motiviert, diesem Zustand ein Ende zu setzen und etwas zu tun, das uns Spaß macht – und zwar um der Beschäftigung willen und nicht, weil ein materieller Gewinn dabei herausspringt. Schachspielen zum Beispiel, Tanzen oder Berge hinaufklettern. All dies sind Dinge, die wir ohne äußere Anreize wie Geld, Status, Macht oder Prestige tun. Um zu seinen wissenschaftlichen Erkenntnissen zu kommen, tat der Soziologe übrigens vor allem eines: Er beobachtete Kinder beim Spielen.
☐ Siehe auch *Konzentration, Motivation, Spielen, Spielzeug*

ABWECHSLUNG FÜR KRANKE KINDER?

? *Kinder, die ein paar Tage das Bett hüten müssen, kämpfen vor allem gegen die Langeweile. Was kann ihnen darüber hinweghelfen?*

! Wenn Vorlesen, Puzzles und Lego an Attraktivität verloren haben, können Eltern Sachen vorschlagen, die sonst nicht in Frage kommen oder gar verboten sind. Erlauben Sie ihm, noch nicht sortierte Fotos in ein Album zu kleben oder Bilder aus Ihrer Lieblingszeitschrift auszuschneiden und zu einer Collage zu verarbeiten. Auch wenn Papa seine strenggehüteten alten Asterix-Hefte zur Ansicht freigibt, hat das Besonderheitswert.
Oder Sie stellen Ihrem Kind ausnahmsweise den Fernseher ans Bett und lassen es mal zwei bis drei Stunden am Stück glotzen. Keine Angst, daß es sich an das süße Leben gewöhnt. Kinder wissen ganz genau, daß es sich um Bonbons handelt, die es nur in besonderen Situationen gibt.

Wollen und nicht können: Ab neun, zehn Monaten versuchen Babys alles mögliche, um sich aufzurichten – anfangs ohne den rechten Erfolg

Laufenlernen

Es muß ein erhebendes Gefühl sein, plötzlich laufen zu können und nicht mehr auf Hand oder Arm eines Erwachsenen angewiesen zu sein. Wer stehen und gehen kann, braucht endlich keine Hilfe mehr, um in die Badewanne zu schauen oder die Wurst vom Frühstückstisch zu holen. Der aufrechte Gang – das bedeutet mehr Überblick und freie Hände, die man beim Stehen und Laufen jetzt anderweitig benutzen kann.

Eltern, die ihr Neugeborenes betrachten, können sich kaum vorstellen, was es in den folgenden Monaten alles lernen wird. Am Anfang kann ein Kind nicht einmal seinen Kopf halten, doch schon nach drei, vier Monaten ist es in der Lage, sich in Bauchlage auf den Unterarmen abzustützen und den Kopf für einige Sekunden zu heben. Wenn es bei einem Erwachsenen auf dem Schoß sitzt, kann es seinen Rücken fast gerade halten.

Nach einem halben Jahr sitzt es aufrecht, wenn es dabei gestützt wird. Und es beginnt, die Beine durchzustrecken. Mit ein bißchen Halt unter den Armen kann sich das Baby schnell wie eine Sprungfeder aufrichten.

Viele drehen sich jetzt schon ohne Hilfe aus der Rückenlage auf den Bauch. Sobald es ihnen auch in der umgekehrten Richtung gelingt, können sie sich bereits kullernd durchs ganze Zimmer bewegen. Andere beginnen in dieser Zeit, rückwärts zu robben.

Mit neun, zehn Monaten setzen sich Babys selbst auf. Die meisten fangen jetzt an zu krabbeln. Der Drang nach oben ist nun deutlich zu spüren: Kinder, die knapp ein Jahr alt sind, ziehen sich an Möbeln hoch und hangeln sich auch bald daran entlang. Wer so weit ist, kann an den Händen der Eltern oder Geschwister auch schon ein paar Schritte vorwärts machen.

Und dann, einige Wochen oder Monate später, kommt der große Augenblick: die ersten zaghaften Schritte – ohne irgendeinen Halt. Jedes Kind stolpert und fällt in dieser Phase unzählige Male, haut sich den Kopf an und quetscht sich die Nase. Doch Freude und Stolz sind gleichzeitig so groß, daß die Rückschläge den Eifer, noch besser zu laufen, nicht bremsen können.

Irgendwann im zweiten Lebensjahr schließlich ist das Gleichgewicht ganz unter Kontrolle, das Kind kann sicher stehen und laufen.

Für die Eltern kann es nun stressig werden. Bücher und Vasen müssen im Regal noch zwei Bretter höher geschichtet werden. Aber die Freude überwiegt, denn alle Mütter und Väter sind froh, wenn ihr Kind endlich läuft. Gerade, wenn es sich ein bißchen Zeit gelassen hat und die Eltern sehen mußten, daß der Nachbarsjunge schon mit zehn Monaten marschieren konnte, die eigene Tochter aber mit 17 Monaten noch nicht freihändig stand.

Doch Grund zur Sorge besteht fast nie. Experten halten es für normal, wenn ein Kind zwischen dem achten und dem zwan-

BLOSS NICHT ZUVIEL HELFEN!

Ein Kind muß das Laufen nicht von seinen Eltern lernen. Es muß nicht hingesetzt werden, damit es sitzen kann. Es muß nicht hingestellt werden, um stehen zu können, und schon gar nicht braucht es Lauflerngeräte.
Ärzte und Krankengymnasten raten von alledem sogar dringend ab. Wenn Eltern eingreifen, kann das die normale Entwicklung erheblich stören. Wippen, Gehfrei und Hopser verlangen dem Kind, besondern wenn sie zu früh eingesetzt werden, etwas ab, was es körperlich noch gar nicht leisten kann. Die Folge: Das Baby bleibt in seiner normalen körperlichen Entwicklung zurück, wichtige Muskeln werden zuwenig trainiert, in schlimmen Fällen werden die Wirbelsäule schief und die Hüften unbeweglich.
„Hopser" oder Hüpf-Schaukeln, die im Türrahmen eingehängt werden, machen den Kindern zwar Spaß, fördern aber gleichzeitig eine ungünstige Fußhaltung.
Außerdem ist die Gefahr groß, daß ein Baby sich in Lauflerngeräten verletzt. Besonders in Gehfrei-Geräten kommt es immer wieder zu lebensgefährlichen Unfällen.
Ein Eltern-Training ist überhaupt nicht nötig, denn jedes Kind verfügt über ein genetisches Lauflern-Programm.
Das spult sich von allein ab – wenn die äußeren Bedingungen stimmen: Am besten helfen Eltern ihrem Kind mit Kleidung, die nicht einengt, mit viel Platz und einem rutschfesten Boden. Sie sollten alle möglichen Gefahren (harte Gegenstände, Stolperfallen, Giftiges) aus dem Weg räumen. Und vergessen Sie nicht, ihr Kind für jeden neuen Entwicklungsschritt kräftig zu loben.

zigsten Lebensmonat seine ersten Schritte macht. Und die Statistik sagt: Nur etwas über die Hälfte aller Kinder können an ihrem ersten Geburtstag schon laufen.
Auch der Weg dorthin kann ganz verschieden sein. Zwar halten alle Kinder eine gewisse Reihenfolge ein. So lernt beispielsweise kein Baby laufen, das noch nicht sitzen kann. Doch die Krabbelphase fällt bei jedem achten Kind ersatzlos aus – ohne daß man sagen könnte, daß mit diesem Baby irgend etwas nicht stimmt . Sicher ist nur so viel: Irgendwann läuft jedes gesunde Kind.

Legasthenie

Es gibt zwar keine genauen Zahlen darüber, wie viele Kinder von Legasthenie (auch Dyslexie oder Lese-Rechtschreib-Schwäche, LRS, genannt) betroffen sind. Auch die Ursachen sind noch nicht bis ins letzte geklärt. Sicher ist aber, daß die meisten der Betroffenen unter dieser Störung leiden und durchaus seelische Probleme bekommen, wenn Eltern und Lehrer nicht angemessen damit umgehen.
Viele Wissenschaftler meinen heute, eine echte Legasthenie sei niemals nur eine vorübergehende Lese-Rechtschreib-Schwäche, sondern eine Störung im Gehirn, die ein Kind schon bei seiner Einschulung mitbringt und die seine Merkfähigkeit und Wahrnehmungsverarbeitung behindert. Es muß sich vor allem bei der Umwandlung von Sprachlauten in abstrakte Buchstaben und umgekehrt viel mehr anstrengen als Kinder ohne diese „Teilleistungsstörung".
Auch wenn es falsch wäre, bei jeder schlechten Deutschnote gleich von einer verzögerten Hirnentwicklung zu sprechen: Eine unerkannte Lese- und Rechtschreib-Störung ist für ein Kind eine enorme Belastung. Es ist schlimm, immer das Schlußlicht zu sein. Und spätestens in der dritten oder vierten Klasse wird sich der Deutsch-Frust in eine generelle Schulangst verwandeln. Auch in Mathe gibt es ja Textaufgaben. Und auch in Sachkunde wird geschrieben.
Viele Kinder mit Legasthenie halten sich irgendwann selbst für dumm und entwickeln massive Verhaltensstörungen, hinter denen sich dann nur noch mühsam die eigentliche Lernstörung erkennen läßt.
Die Diplom-Psychologin Dr. Edith Klasen beschreibt, auf welche Phänomene Eltern frühzeitig achten sollten:

- **Wortbildschwäche:** Das Kind kann zwar „Wasser" denken und beschreiben, was es bedeutet, es weiß aber nicht, wie das Schriftwort Wasser aussieht.
- **Lautunterscheidungsschwäche:** Das Kind kann die einzelnen Laute nicht aus dem Wort heraushören (Gicht statt Geschichte). Oder es kann ähnlich klingende Laute nicht unterscheiden (g-k, ü-ö).
- **Optische Differenzierungsschwäche:** Kleine Unterschiede bei der Schreibweise zweier Buchstaben werden nicht erkannt: c-o, m-n, fein-kein.
- **Raumorientierungsschwäche:** Das Kind ist nicht sicher, wie der Raum auf dem Papier nach oben/unten, rechts/links,

HILFE UND FINANZIELLE UNTERSTÜTZUNG

Der Umgang mit lese- und schreibschwachen Schülern ist von Bundesland zu Bundesland verschieden. Nach Vorlage eines Attests wird in einigen Ländern die Benotung im Fach Deutsch bis zu einer bestimmten Klassenstufe ausgesetzt (Notenschutz) oder die Schule bietet Förderunterricht an.
Spezielle Legastheniker-Therapien finden meist nur in außerschulischen Einrichtungen statt. Manchmal wissen Lehrer oder Schul-Psychologen darüber Bescheid. Eine gute Anlaufadresse ist der Bundesverband Legasthenie (Königstr. 32, 30175 Hannover, Tel. 05 11/ 31 87 38) oder der Arbeitskreis Legasthenie (Waldstr. 3 a, 82166 Gräfelfing, Tel. 0 89/8 54 19 08).
Da die Legasthenie bei uns nicht als Krankheit oder Behinderung anerkannt ist, werden die Kosten für eine Therapie in Form einer „Eingliederungshilfe" nur dann vom Jugendamt übernommen, wenn ein diagnostisches Gutachten bestätigt, daß dem Kind durch die Lese- und Schreib-Störung eine „nicht nur vorübergehende seelische Behinderung" droht.

TEILLEISTUNGSSTÖRUNGEN – FRAGEN AN DIE MÜNCHNER PSYCHOLOGIN KARIN FREI

Was ist eigentlich eine Teilleistungsstörung?
Man versteht darunter einen Entwicklungsrückstand auf einem bestimmten Gebiet. Das können Schwierigkeiten beim kurzzeitigen Speichern von Informationen sein, Wahrnehmungsstörungen, aber auch Probleme in der Fein- und Grobmotorik, also in den Bewegungsabläufen. Die Kinder sind zwar normal oder sogar überdurchschnittlich intelligent, nur bei bestimmten Tätigkeiten versagen sie oder stellen sich ungewöhnlich ungeschickt an. Vieles fällt Eltern gar nicht auf, sondern erst den Erzieherinnen im Kindergarten – wenn z. B. ein fünfjähriges Kind noch keine runden Formen ausmalen kann. Bei anderen ist der akustische Speicher gestört. Man erzählt ihnen eine kleine Geschichte, und kurz darauf können sie nicht mehr sagen, wie die Hauptfigur hieß – obwohl ihr Name fünfmal darin vorkam.

Welche Ursachen haben diese speziellen Schwächen?
In sehr vielen Fällen, in denen eine Teilleistungsstörung festgestellt wurde, gab es Schwangerschafts- oder Geburtskomplikationen, beispielsweise eine Zwischenblutung oder einen kurzen Sauerstoffmangel bei der Entbindung. Selten ist es erblich bedingt.

Es wird öfter behauptet, Teilleistungsstörungen seien vor allem eine schöne Einnahmequelle für Psychologen und Therapeuten. Ist das Thema deshalb seit Jahren in aller Munde?
Zum einen haben die Teilleistungsstörungen in den letzten Jahren tatsächlich etwas zugenommen – unter anderem deshalb, weil durch die Fortschritte in der Geburtsmedizin heute Frühchen und kranke Neugeborene durchgebracht werden, die früher nicht überlebt hätten. Zum anderen ist man heute in der Lage, diese Störungen besser zu erkennen. Deshalb werden sie auch häufiger behandelt.

Ist es wirklich nötig, ein Kind monate- oder jahrelang in eine Ergotherapie zu schicken, nur weil es keinen Kreis ausmalen kann?
Schon im Kindergarten werden solche Kinder von den anderen gehänselt. Es gibt Fünfjährige, die deshalb keinen Pinsel mehr anfassen wollen oder die ihr Bild sofort übermalen oder in die Hosentasche knüllen. Wenn diese Kinder in die Schule kommen und dort runde Buchstaben malen sollen, steigen sie schon nach wenigen Wochen aus.
Teilleistungsschwächen, die sich dann als Lese-Rechtschreib-Schwäche oder als Rechenschwäche äußern, wachsen sich schnell zu größeren Schulproblemen aus und greifen massiv das Selbstwertgefühl an.

Mitte/Seite aufgeteilt ist und welche Lage die Buchstaben haben: b-d, p-q, b-p.
Sequenzschwäche: Das Lernen von Reihen (Wochentage, Monate) ist problematisch, entsprechend auch die richtige Folge der Buchstaben: Gräten statt Gärten.
Leseunlust: Das Kind liest und schreibt nur widerwillig. Es interessiert sich nicht für Schriftzüge auf Verpackungen oder Geschäften. Es erkennt seine Fehler bei der Fehlersuche nicht.
Entdecken Eltern über längere Zeit mehrere dieser Phänomene, sollten sie sich unbedingt um Hilfe bemühen. Unterstützung brauchen auch sie, nicht nur das Kind.
Viele Eltern haben Schuldgefühle, wenn ihnen klarwird, daß ihr Kind in der Schule hinterherhinkt. Sie denken daran, daß es ohne vernünftigen Abschluß auf dem Arbeitsmarkt keine Chance hat und üben so häufig nur noch mehr Druck auf das Kind aus.
Andere dagegen winken bei dem Stichwort Legasthenie oft genervt ab, weil sie meinen, es handele sich nur um eine Erfindung arbeitsloser Psychologen.
Eltern brauchen deshalb Informationen darüber, warum es ihr Kind einfach nicht schafft, richtig zu schreiben. Und sie brauchen Ermutigung, wenn es darum geht, gelassener und ruhiger an das ganze Problem heranzugehen und sich in die Seelennöte des Kindes einzufühlen.
Doch wohin kann man sich wenden? Normale Nachhilfe reicht meist nicht aus. Auch stundenlange Pauknachmittage zu Hause machen alles meist nur schlimmer. Empfehlenswert ist eine spezielle Legasthenie-Therapie.
Meistens beginnt eine solche Therapie mit einer Vielzahl von Tests. Denn *den* Legastheniker gibt es nicht. So muß man erst einmal herausfinden, wo genau das Kind in seiner geistigen und motorischen Entwicklung steht. Und in welchem Bereich des Schreibens und Lesens es besondere Schwierigkeiten hat: Läßt es Silben aus, kann es große und kleine Schriftzeichen nicht unterscheiden? Sind es bestimmte Buchstaben, die es immer wieder verwechselt?
Mit entsprechenden Schwerpunkten wird dann versucht, die Buchstaben und Wörter auf spielerische Weise und mit allen Sinnen für das Kind begreifbarer zu machen: Man kann einen Buchstaben, während man ihn spricht oder singt, mit den Fingern bilden oder ihn aus Pappe basteln und dann befühlen. Man kann auch Schriftzeichen mit einem Seil auf den Boden legen oder dem Kind mit dem Finger auf den Rücken malen. So lernt es nicht nur über Sehen und Hören, sondern auch durch Fühlen und Bewegen, wie Laut und geschriebener Buchstabe zusammengehören. Auch gibt es natürlich viele Spiele, bei denen die Buchstaben als Klötze, Karten, Plastiksteine immer wieder neu geordnet und Wörter systematisch durchgegliedert werden können.
In einer guten Legasthenie-Therapie trainiert das Kind außerdem das deutliche Sprechen und Schreiben, macht Übungen zur Motorik und zum Raumgefühl: Denn wer nicht versteht, daß das b sich deshalb vom d unterscheidet, weil der „Bauch" rechts ist, wird diese Buchstaben weiter verwechseln.
Neben diesen lerntherapeutischen Übungen ist auch eine psychotherapeutische Betreuung möglich: autogenes Training zur Verbesserung der Konzentration, Rhythmus-Übungen, Rollenspiele. Und: Dem Kind muß klarwerden, warum es

überhaupt richtig schreiben lernen soll. Nur so können Freunde die Urlaubskarten richtig entziffern und Oma den Wunschzettel lesen.
Sicher ist: Üben hilft. Und mit einer guten Förderung kann ein Kind erhebliche Fortschritte beim Lesen und Schreiben machen. Viele Legastheniker schaffen den Realschulabschluß oder sogar das Abitur. Auch wenn es viele Rückschläge gibt und ihr Weg immer länger und beschwerlicher ist als für Menschen ohne diese Störung.
☐ Siehe auch *Hyperkinetisches Syndrom, Lernen, Nachhilfe, Schulprobleme*

Lernen

Lernen strengt oft an und kostet viel Zeit. Ob es zum Erfolg, also zu guten Schulnoten führt, hängt maßgeblich von den Eltern ab.

- Sie sollten ein lernfreundliches Klima schaffen. Am besten gelingt das Eltern, die selbst auch immer wieder lernen, lesen, nachschlagen, etwas herausfinden wollen. Für Kinder ist das eine ganz wichtige Erfahrung: Auch Mutter und Vater wissen nicht immer alles, auch sie müssen immer noch dazulernen.
- Sie müssen ihrem Kind schon früh einen großen Teil der Verantwortung fürs Lernen überlassen. Das heißt nicht, daß sie sich um nichts kümmern sollen, was mit Schule zu tun hat. Aber sie dürfen dem Kind nicht vorschreiben, wie und wann es zu lernen hat. Vorschläge und Tips sind natürlich erlaubt. Idealerweise findet das Kind dann selbst heraus, was ihm am besten hilft. Es sollte aus Spaß und Wissensdurst lernen und nicht, weil die Eltern gute Leistungen belohnen oder schlechte bestrafen.
- Eltern müssen ihrem Kind Zeit lassen. Das heißt einerseits, darauf zu achten, daß die Nachmittage und Wochenenden nicht schon so verplant sind, daß kaum noch Freizeit übrigbleibt. Zum anderen sollten sie ihr Kind beim Lernen möglichst wenig stören, es nicht hier etwas fragen oder dort noch etwas holen schicken.

Kinder, die sehr viel Zeit für Hausaufgaben und Pauken benötigen und dennoch nur mäßige Noten schreiben, sollten künftig anders lernen. Wer z. B. immer nur leise gelernt hat, sollte es laut versuchen: alles laut lesen, Vokabeln laut aufsagen, den Stoff laut erklären. Wer bislang immer allein gelernt hat, sollte sich vielleicht einen Freund oder Klassenkameraden holen. Oder zwei, drei Kinder machen künftig die Hausaufgaben in der Gruppe.
Förderunterricht wird von den Schulen bzw. von der Volkshochschule organisiert und von Nachhilfe-Instituten angeboten. Professionelle Nachhilfe, die meist viel Geld kostet, sollte allerdings immer nur vorübergehend sein und nur in Zusammenarbeit mit der Schule stattfinden (siehe Nachhilfe).
Ein besonders einfacher, höchst wirkungsvoller Tip zu mehr Lernerfolg (der zudem nichts kostet): Das Kind nimmt sich vor, ab sofort auch im Unterricht besser mitzuarbeiten. Einmal pro Stunde melden genügt für den Anfang. Es stellt eine Frage, die sich z. B. aus den Hausaufgaben ergeben hat. Damit werden zweierlei Dinge erreicht: Das Kind arbeitet im Unterricht besser mit. Und die Lehrerin registriert, daß das Kind aufmerksamer ist. Sie nimmt das Kind häufiger dran, schätzt es positiver ein.
☐ Siehe auch *Hausaufgaben, Leistung, Lernhilfen, Motivation, Nachhilfe, Schulprobleme*

LERNEN MIT KÖPFCHEN

Effektiv lernen bedeutet vor allem dies: mit möglichst geringem Zeitaufwand das Gehirn optimal nutzen und Wissen so speichern, daß es genau dann abrufbar ist, wenn es gebraucht wird. Dafür hier die zwölf besten Tips:

- Täglich zehn Minuten üben (Vokabeln, Rechtschreibung, Geschichte usw.) bringt mehr als einmal in der Woche eine Stunde büffeln.
- Nach Plan lernen, z. B. als Vorbereitung auf die nächste Prüfung. Welcher Stoff kommt dran? In kleine Abschnitte einteilen, jeden Tag ein bißchen lernen.
- Fürs Lernen aufwärmen. Die Hausaufgaben mit etwas Leichtem beginnen. Das Schwerste aber nicht als dicken Brocken bis zum Schluß aufheben.
- Abwechslung beim Lernen schaffen. Nicht ähnliche Fächer, wie z. B. Deutsch oder Englisch, hintereinander lernen, lieber dazwischen Mathe machen. Schriftliches mit Mündlichem abwechseln.
- Zum richtigen Zeitpunkt lernen. Die meisten Menschen haben zwischen 13 und 15 Uhr ein Leistungstief, die meisten Kinder sitzen ausgerechnet in dieser Zeit an den Hausaufgaben. Eltern sollten deshalb mit ihrem Kind besprechen, ob das wirklich die beste Zeit ist. Außerdem: möglichst täglich zur selben Zeit arbeiten.
- Beim Lernen variieren. Hat ein Kind bisher allein gelernt, sollte es einmal mit Mutter oder Vater den Stoff besprechen oder mit Gleichaltrigen lernen.
- Mit der Lernkartei üben. Auf Karteikarten z. B. Vokabeln schreiben, auf einer Seite in Deutsch, auf der anderen in Englisch, täglich zehn bis 20 Vokabeln lernen und wiederholen. Die Lernkartei eignet sich auch für Daten in Sach- oder Heimatkunde, in Geschichte, Erdkunde usw.
- Alle Sinne nutzen. Ein Kind soll z. B. eine Seite aus dem Heft über Sonne und Mond lernen. Es kann den Text laut oder leise lesen, es kann ihn auf Kassette sprechen, mit eigenen Worten den Eltern erzählen, es kann sich Stichwörter markieren, es kann den Text abschreiben, ihn umformulieren, ihn sich diktieren lassen usw.
- Den Computer als Hilfsmittel einsetzen. Er ist kein Allheilmittel, kann aber beim Lernen Knoten platzen lassen. Das Kind lernt im Dialog (vorausgesetzt, die Programme sind gut gemacht). Das Kind kann den Stoff wiederholen, sooft es will. Der Computer ist geduldig, wird nicht nervös, schimpft nicht.
- Pausen machen. Grundschüler können sich nur eine begrenzte Zeit konzentrieren, nach einer Viertelstunde brauchen sie eine kurze Erholung bzw. ein paar kleine Bewegungsübungen.

Kinderhirne wollen gefüttert werden – es müssen ja nicht immer Bücher sein

WELCHER LERNTYP IST IHR KIND?

Wie bauen Sie einen Gartengrill zusammen? Lesen Sie die Anleitung Punkt für Punkt durch? Gehen Sie nur nach der Skizze vor? Oder probieren Sie einfach aus?
Wie Sie an die Sache herangehen, das sagt etwas über Ihren Lerntyp aus. Sie wissen, wie Sie etwas am besten verstehen, aufnehmen, behalten können. Grundschüler sind sich da meist noch nicht so sicher.

Ein einfacher Test, am besten an aufeinanderfolgenden Tagen durchgeführt, hilft Ihrem Kind festzustellen, was ihm am meisten liegt:

1. Tag: Lesen
Sie schreiben zehn Begriffe auf ein Blatt Papier. Etwa: Rad, Baum, Vogel, Hund, Fußball, Wasser, Balkon, Haustür, Lampe, Buch. Das Kind hat fünf bis zehn Sekunden Zeit, die Wörter zu lesen. Machen Sie eine kurze Pause von etwa 30 Sekunden, in der Sie Ihr Kind ablenken, z. B. einen Witz erzählen. Dann nennt es die Begriffe.

2. Tag: Hören
Sie nennen andere zehn Begriffe (jeweils fünf Sekunden Pause lassen) und fragen dann, wiederum nach einer Pause von 30 Sekunden, nach den Begriffen.

3. Tag: Sehen
Sie überlegen sich zehn neue Begriffe und malen sie auf ein Blatt Papier oder Karten. Sprechen Sie die Begriffe aber nicht aus. Lassen Sie Ihr Kind kurz daraufschauen, und fragen Sie es nach einer halben Minute ab.

4. Tag: Anfassen
Wie oben, jetzt darf Ihr Kind zehn Gegenstände fühlen. Dabei soll nicht gesprochen werden. Danach verdecken Sie die Gegenstände und fragen Ihr Kind nach 30 Sekunden ab.

5. Tag: Schreiben
Sie nennen Ihrem Kind zehn Begriffe, und es schreibt sie auf. Weiter wie oben.

6. Tag: Alle Sinne
Die zehn Begriffe sollten Sie auf einzelne Karten schreiben, zeichnen und als Gegenstände bereitlegen. Sie lesen den Begriff vor, geben Ihrem Kind den Gegenstand in die Hand, legen ihm die Karten mit der Abbildung und dem geschriebenen Wort hin. Ihr Kind darf das Wort vorsagen und schreiben.
Wie viele Begriffe hat sich Ihr Kind jeweils merken können? Vielleicht sieht das Ergebnis so ähnlich aus:

Lesen	xxx
Hören	xxx
Sehen	xxxxxx
Anfassen	xxxxxxx
Schreiben	xxxxx
Alle Sinne	xxxxxxxx

Beim Lesen und Hören allein merken sich die meisten Kinder am wenigsten. Je mehr Sinne beteiligt sind, um so besser die Erinnerung. Besonders hilfreich beim Lernen sind also Texte plus Bilder, gemeinsame Erlebnisse, Gespräche, Fragen und Antworten.

Lernhilfen

Nicht immer reichen die in der Schule benutzten Materialien aus, um Kinder zum Lernen zu motivieren. Auch heute noch sind viele Schulbücher lieblos aufgemacht oder schon durch so viele Hände gewandert, daß der Schüler keine rechte Lust mehr hat, mehr als unbedingt nötig hineinzuschauen.
Dabei sind die meisten Kinder dankbar für neues Material, um so mehr, wenn es sich um zeitgemäße Medien handelt, die nicht nur lehren, sondern auch ein wenig unterhalten.
Es ist also einen Versuch wert, einem Schüler, der in einem Fach etwas durchhängt oder sich langweilt, zu seinem Schulstoff eine Kassette, ein Bilderbuch, Zeitschriften, Videos oder gar eine CD-Rom anzubieten. Allerdings sollte man es ihm nicht aufdrängen und zunächst auch nicht zuviel auffahren. Was gibt es alles?

● **Es fängt an mit einem riesigen Angebot an kleinen Lernheften,** die Unterrichtsstoff auffrischen oder einüben, z. B. mit Aufgaben zum Multiplizieren, zum Buchstabieren oder mit interessanten Fremdsprachentexten zum Übersetzen.

● **Wer seinem Kind spielerisch helfen will, kann sich im Fachhandel auch nach Spielen wie Lese-Memory, Scrabble oder Super-Bandolo umsehen.** Beim Bandolo von Benzinger z. B. müssen auf 30 Aufgabenkarten die richtigen Lösungen mit einer Schnur verbunden werden. Auf der Rückseite der jeweiligen Karte können die Kinder am Verlauf der Schnüre erkennen, ob sie alles richtig gemacht haben.

● **Computer-Lernsoftware wird bei Kindern immer beliebter.** Vor allem Schüler, die sonst nicht allzuviel Fleiß aufbringen, profitieren. Wer clever ist, aber wenig Lust zum Üben hat, läßt sich über Lernprogramme ködern. Der Vorteil des Nachhilfelehrers Dr. PC: Er übt keinen Druck aus, ist leidenschaftslos, mahnt und kritisiert nicht.
Die zweite Gruppe, die von Lernsoftware profitieren kann, sind Schüler mit sogenannten Teilleistungsstörungen. Sie brauchen oft mehr Zeit, um den Stoff zu vertiefen, haben Mühe, sich in der Klasse zu konzentrieren, oder benötigen zusätzliche akustische und optische Reize, um lernen zu können.

SO KÖNNEN SICH SCHÜLER UND ELTERN INFORMIEREN

- Lassen Sie sich die Kataloge von Verlagen wie Cornelsen, Duden, Schroedel oder Klett (Adressen über die Telefonauskunft bzw. im Buchhandel) schicken.
- Stöbern Sie in Stadtbibliotheken. Die sind inzwischen auch mit Software gut ausgestattet.
- Durchforsten Sie die Schulbuchabteilung in einer großen Buchhandlung. Im Buchhandel bekommen Sie auch am ehesten gute Lernsoftware.
- Fragen Sie die Lehrer. Sie wissen meist, welche ergänzenden Materialien den Schulstoff vertiefen können.

Es gibt Lernprogramme, die Spielen und Lernen trennen. Der Stoff wird ausgewählt, geübt, und anschließend wird auf dem Bildschirm ein Puzzle gelegt oder ein Rätsel gelöst (Beispiel: Lernsoftware „Alfons"). Viele Schüler lieben diese Art von Software, weil sie dadurch innerhalb kurzer Zeit gezielt ihr Lernpensum bewältigen können.
Andere lassen sich nur über „spielerisches Lernen" einfangen. Sie brauchen das sogenannte „edutainment", also eine Mischung aus Lernstoff und Unterhaltung. Lernsoftware aus diesem Bereich versucht, an die Begeisterung der Kinder für Computerspiele anzuknüpfen. Da gilt es, mit rechnenden Astronauten einen kosmischen Bösewicht zu bekämpfen (Beispiel: Mathe-Blaster) oder die Schatztruhe in der Unterwasserwelt zu finden (Beispiel: Käpt'n Numero).
Gute Software sollte folgendes bieten:

- verschiedene Schwierigkeitsstufen,
- eine abwechslungsreiche Aufgabenstellung,
- sachbezogene Hilfen bei Fehlern,
- Veranschaulichungshilfen bei Mathematik,
- Sprachausgabe bei Lese- und Rechtschreibprogrammen,
- gemeinsames Lernen mit mehreren Kindern,
- Ausstieg zu jeder Zeit.

Einen Überblick über Lernsoftware können sich Eltern vor allem in großen öffentlichen Bibliotheken und in gut sortierten Buchhandlungen verschaffen.

■ **Relativ neu sind Online-Hilfen, die Kindern im Internet angeboten werden.** Wenn ein Schüler etwas nicht kapiert hat und auch seine Eltern ihm nicht weiterhelfen können, kann er im Internet nach Unterstützung suchen. Beispiel: Dr. Mathe (www.cornelsen.de/dr_mathe): Man schickt ihm per e-mail ein Problem, und einer der Mathelehrer, die hinter Dr. Mathe stehen, antwortet innerhalb von 24 Stunden – kostenlos. Dabei werden nicht nur die Aufgaben gelöst, sondern auch die Rechenwege gezeigt und grundsätzliche Probleme beschrieben. Auch wenn manche Schüler dies nutzen, um ohne großen Aufwand die Hausaufgaben zu erledigen – der Motivationswert ist hoch. Für weitere Adressen von Online-Schülerhilfen: Internet-Suchmaschinen abfragen.

□ Siehe auch *Hausaufgaben, Lernen, Motivation, Schulprobleme*

Lesen

Eine Zeitlang sind Kinder ganz gierig danach zu lesen. Mit vier, fünf oder sechs Jahren versuchen sie, jedes Verkehrsschild, jeden Aufdruck auf der Müslipackung, jede Reklame zu entziffern. Sie beginnen zu begreifen, daß sich hinter den Buchstaben und Wörtern eine neue Welt verbirgt. Neugierig wollen sie ihre neue Lesefertigkeit ausprobieren und stolz präsentieren.
Doch bald stellen Eltern fest, daß dieses Interesse nicht zwangsläufig anhält. Manche Kinder werden im Laufe der

Schulzeit zu ausgesprochenen Lesemuffeln. Züchten etwa Fernsehen, Video und Computer eine Generation von Analphabeten heran?

Gerade im Informationszeitalter ist Lesen wichtiger denn je. Es sollte nicht zum Luxus einer Bildungselite werden.

Klar ist: Lesen lernt man nur durch Lesen. Durch Wiederholung und Übung. Und richtig Spaß macht es erst, wenn man es kann.

Bei der Leseförderung sind Lehrer und Eltern gleichermaßen gefordert. In der Schule lernen Kinder, die Buchstaben zu erkennen und zu Wörtern und Sätzen zusammenzufügen. Das Elternhaus dagegen ist der Ort, an dem sich entscheidet, ob ein Kind gern – und damit gut – liest.

Wer sich oft in Bücher vertieft, wird sicherer in der Rechtschreibung, verbessert seine Ausdrucksfähigkeit, übt das Konzentrationsvermögen, fördert Phantasie und Kreativität, weil die Bilder im eigenen Kopf entstehen müssen.

Das große Lehrziel der Schulen, die Erziehung zu selbstverantwortlichen, mündigen Menschen, basiert vor allem auf dem Lesen. Kein Mietvertrag, kein Parteiprogramm, kein Computerhandbuch und nicht einmal die Fernsehzeitung kann ohne Lesen bewältigt werden. Wer sich nicht selbst informieren kann, ist im Medienzeitalter fast chancenlos.

Die Gründe sind einsichtig, sonst würden nicht 60 Prozent der Eltern von Kindern zwischen sechs und 16 Jahren glauben, daß Lesen wichtig ist und eine Voraussetzung für gute Schulleistungen. Trotzdem verlieren viele Eltern schnell das Interesse, sobald ihre Kinder lesen können. Dabei kommt alles darauf an, zu Hause eine möglichst lesefreundliche Atmosphäre zu schaffen – von Anfang an und über die ersten zwei Grundschuljahre hinaus.

Schaffen Eltern das nicht, wird der Anteil regelmäßiger Leser in der deutschen Bevölkerung sinken. Er liegt seit den sechziger Jahren konstant bei etwa 30 Prozent – Bildungsreform und der höhere Anteil der Abiturienten haben sich hier nicht bemerkbar gemacht. Im Gegenteil heißt es bei der Stiftung Lesen: Ein Fünftel der Lehrstellen werde nicht besetzt, weil die Schulabgänger nicht sicher lesen und schreiben können.

Hier einige Tips für Eltern

● Lesen Sie viel vor. Seien Sie nicht ungeduldig, wenn Sie das Lieblingsbilderbuch Ihres Kindes schon zum zwanzigsten Mal hervorholen sollen. Der Spaß an Geschichten führt zum Spaß am Lesen. Wählen Sie Bücher, die auch Ihnen gefallen – Ihr Kind merkt genau, ob Sie gern lesen oder einen Text nur herunterleiern. Lesen Sie auch dann noch vor, wenn Ihre Tochter oder Ihr Sohn schon lesen kann!

Die Atmosphäre beim Vorlesen ist durch nichts zu ersetzen. Würden Sie damit aufhören, weil das Kind selbst lesen kann, wäre es bestraft für eine neue Fähigkeit! Wählen Sie Bücher, die etwas über dem Leseniveau der Kinder liegen. Das ist interessanter und schult nebenbei das Sprachvermögen.

● Seien Sie Vorbild! Ihr Kind muß erleben, daß Sie lesen – also nehmen Sie Bücher und Zeitschriften nicht nur am Schreibtisch oder nachts im Bett zur Hand, sondern auch tagsüber. Die selbstverständliche Gegenwart von Büchern im Familienalltag ist fast wichtiger als alles andere.

● Besorgen Sie Ihrem Kind einen Leseausweis. In Bibliotheken und Büchereien können schon Kinder aussuchen, was ihnen gefällt. Und das Bewußtsein „Ich bin ein Leser mit einem eigenen Ausweis“ macht ungeheuer stolz.

● Reden Sie über Bücher, über Werke, die Sie gelesen haben und die Sie bewegt, amüsiert oder geärgert haben, die Sie an etwas erinnern oder Ihnen helfen. Auch wenn Ihr Kind beim Zuhören nicht immer richtig versteht, was Sie meinen – es merkt doch, daß Bücher etwas Besonderes und Wertvolles sind. Und das macht neugierig.

● Veranstalten Sie Leseabende als Alternative zum Fernseh- oder Videoabend. Jeder bekommt eine eigene Lampe, darf lesen, was er mag und solange er mag. Einer kann auch laut vorlesen, während die anderen ruhig basteln. Vielleicht darf Ihr Kind an dem Leseabend auch etwas länger aufbleiben als sonst.

● Machen Sie Lese-Spiele, oder lesen Sie mit verteilten

WARUM LIEST MEINE TOCHTER NUR COMICS?

? *Meine zehnjährige Tochter ist ein absoluter Comic-Fan. Ich finde es ja gut, daß sie viel liest, denke aber, daß Comics nicht gerade anspruchsvolle Literatur sind. Oder liege ich da falsch?*

! Comics sind für Kinder ein ausgesprochen interessantes Medium, denn sie stellen eine Mischung aus Bilder- und Lesebuch dar. Die Geschichten sind aufregend, schnell zu erfassen, außerdem witzig und bunt.

Grundsätzlich ist gegen das Comic-Lesen nichts zu sagen. Es gibt auch keine Belege dafür, daß Comics das spätere Interesse an Büchern verhindern. Im Gegenteil: Bei Comic-Lesern ist die Motivation zum Lesen sicher größer als bei Kindern, die nur vor dem Fernseher hocken.

Schauen Sie sich einmal an, was Ihre Tochter so liest. Es gibt viele Comics, die durchaus vernünftige Inhalte transportieren: „Lucky Luke“ zum Beispiel ist ein Cowboy mit ausgeprägtem Gerechtigkeitssinn. „Tim und Struppi“ meiden die Gewalt, in „Asterix und Obelix“ lernen Kinder viel über fremde Länder und Gebräuche, außerdem gibt es ihre Abenteuer in allen möglichen Fremdsprachen.

Vielleicht schauen Sie sich auch mal gemeinsam mit Ihrer Tochter einen Comic an: Sprechen Sie über das, was in der Geschichte passiert. Fragen Sie nach, was Ihre Tochter besonders witzig findet. Lassen Sie sie das Verhalten der Comic-Helden mit ihren eigenen Erlebnissen vergleichen. Und wenn Gewaltszenen vorkommen – sprechen Sie auch darüber.

Bei jüngeren Kindern eignen sich die Comics auch gut für phantasiefördernde Spiele: Das Kind kann die Figuren zum Beispiel ausschneiden, aufkleben und so eine neue Geschichte erfinden. Oder auch die Figuren aus verschiedenen Comics miteinander mischen und dann selbst etwas dazumalen.

Rollen. Lassen Sie sich von der Stiftung Lesen (Fischtorplatz 23, 55116 Mainz, Tel. 0 61 31/28 89 00) Anregungen geben. Dort gibt es Buchempfehlungslisten, Tips für die Leseförderung, Hinweise auf Veranstaltungen und vieles mehr.

● Versuchen Sie es mit Tricks, z. B.: Lesen Sie vor und hören an einer spannenden Stelle auf. Ihr Kind muß selbst weiterlesen, wenn es nicht auf den nächsten Tag warten will, um zu erfahren, wie es weitergeht.

● Beachten Sie die Lesewünsche Ihrer Kinder. Wenn Ihre Tochter ein Pferdebuch haben will, geben Sie es ihr, auch wenn Ihnen diese Lektüre mißfällt. Lesen soll Spaß machen. Und ärgern Sie sich nicht, wenn Ihr Kind lieber Illustrierte und Comics durchblättert: Vertrauen Sie darauf, daß sich am Ende Qualität durchsetzt.

● Ermuntern Sie zum Lesen, aber ermahnen Sie nicht. Und stören Sie nach Möglichkeit Ihr Kind nicht, wenn es ins Lesen vertieft ist. Sonst zerstören Sie vielleicht die Spannung und den Zauber der Literatur – auf die Dauer das einzige, was einen Menschen zum begeisterten Leser werden läßt.

□ Siehe auch *Legasthenie, Lernhilfen*

Vom Aussterben bedroht: die Spezies der Leseratten

Linkshänder

Ist links schlecht? Nein. Links- und Rechtshänder sind gleich intelligent, gleich geschickt und gleich schnell. Das belegt die eindrucksvolle Riege berühmter Linkshänder, von Dürer über Beethoven und Goethe bis Einstein.

Kein Grund also für Linkshänder, sich minderwertig zu fühlen. Und kein Grund zur Sorge für Eltern, deren Kinder ihre Bilder mit links malen, der Oma zur Begrüßung die Linke reichen und kleckerfrei nur dann mit Messer und Gabel essen, wenn sie mit links schneiden. Linkshändigkeit ist weder eine Krankheit noch ein Makel, sondern eine Laune der Natur. Die Ursache liegt im Gehirn, dessen beide Hälften (Hemisphären), durch einen Balken voller Nervenstränge verbunden, über Kreuz den Körper steuern. Die dominante Gehirnhälfte ist verantwortlich für die Händigkeit: Bei Rechtshändern ist die linke Seite des Gehirns dominant, bei Linkshändern die rechte.

Etwa zehn Prozent der Menschen sind Linkshänder, einige Forscher setzen noch höhere Zahlen an oder gehen sogar von der Hälfte der Menschheit aus. Warum es zum Tauschen der Seitendominanz im Gehirn kommt, ist noch ungeklärt – auf jeden Fall wird man schon als Linkshänder geboren. Dabei spielt Vererbung eine Rolle: Linkshändigkeit liegt in der Familie.

„Händigkeit ist Hirnigkeit", sagt Dr. Johanna Barbara Sattler, die in München die bundesweit einzige Beratungsstelle für Linkshänder leitet. „Weil die Vorliebe für rechts und links vor der Geburt vom Gehirn festgelegt wurde, ist eine Umschulung gefährlich."

Wenn ein linkshändiges Kind gezwungen wird, immer die rechte Hand zum Schreiben oder Schneiden zu benutzen, wird die dominante rechte Gehirnhälfte ständig unterfordert, die schwächere linke Gehirnhälfte chronisch überfordert. Das

bringt im Gehirn einiges durcheinander – es kommt zu einer Art Kompetenzstreitigkeit der Hemisphären.
Umgeschulte Linkshänder müssen für alle Tätigkeiten etwa ein Drittel mehr Energie aufwenden, schätzt Barbara Sattler, denn die Stärken der dominanten Hemisphäre werden nach einer Umschulung nicht mehr genutzt.
Statt dessen steht das Gehirn unter Dauerstreß. Daß alles etwas schwerer fällt, ist eine der möglichen Folgen der Umschulung. Gedächtnis- und Konzentrationsstörungen, feinmotorische Störungen im Schriftbild oder Sprachstörungen bis hin zur Legasthenie sind weitere mögliche Konsequenzen. Aus ihnen können sich Minderwertigkeitsgefühle oder Verhaltensstörungen entwickeln.
Deshalb ist es wichtig, Kinder wegen Linkshändigkeit nie zu tadeln oder auszulachen. Statt dessen sollten sie unterstützt werden. Linkshänder brauchen nämlich eine kleine Extra-Portion Selbstbewußtsein, damit sie sich im Kindergarten und in der Schule nicht seltsam vorkommen, wenn ihnen z. B. niemand auf Anhieb erklären kann, wie man mit links eine Schleife bindet.
Daß Linkshändigkeit genauso gut ist wie Rechtshändigkeit, kann man betroffenen Kindern gar nicht früh genug vermitteln. Denn es gilt zu verhüten, daß Kinder sich selbst umerziehen und Rechtshänder nachahmen, nur um nicht anders zu sein.
Wenn Eltern unsicher sind, ob ihr Kind nun „rechts-" oder „linkshändig" ist, sollten sie es bei Tätigkeiten beobachten, die nur mit einer Hand ausgeführt werden und bei denen nicht schon für Rechtshänder geformte Gegenstände die Handhabung nahelegen: beim Zähneputzen etwa, beim Hantieren mit Kamm und Bürste, beim Greifen oder beim Blumengießen.
Im Zweifel können Heilpädagogen oder Ergotherapeuten (Adressen in den Gelben Seiten) Händigkeitstests vornehmen. Ein guter Zeitpunkt ist um den fünften Geburtstag herum – dann kann das Kind mit der richtigen Hand schreiben lernen. Wichtig ist es, dem Lehrer sofort zu sagen, daß das Kind Linkshänder ist – und eine Umschulung nicht in Frage kommt.
Viele linkshändige Kinder schreiben anfangs in Spiegelschrift. Das hängt mit der bei Linkshändern umgekehrten Blickrichtung (von rechts nach links statt in Leserichtung) zusammen und verliert sich mit der Zeit. Lehrer und Eltern sollten jedoch genau auf die Schriftrichtung achten, also darauf, daß das Kind die Auf- und Abstriche der Buchstaben richtig lernt und zum Beispiel das große A von links unten nach rechts oben führend beginnt. Sonst kann es später nicht fließend in Schreibschrift schreiben.
Um leichter schreiben zu lernen, braucht ein linkshändiger Schüler Bewegungsfreiheit für den linken Arm. Er sollte deshalb links in der Bank sitzen oder neben einem anderen Linkshänder. Das Licht kommt am besten von rechts oder von vorn.
Am wichtigsten ist jedoch die Schreibhaltung. Um eine Hakenhand zu vermeiden, die ungeschickt und verkrampft aussieht, muß das Heft in der Mitte vor dem Schüler liegen, um etwa 30 Grad nach rechts geneigt. Das Kind sitzt gerade, das Stiftende zeigt etwa auf die linke Schulter, die Hand liegt unter der Zeile, damit nichts verwischt. Spezielle Schreibunterlagen für Linkshänder oder ein mit Klebeband auf dem Tisch markierter Winkel, in den das Heft gelegt wird, helfen, diese Haltung zu üben.

WAS LINKSHÄNDERN DAS LEBEN LEICHTER MACHT

Viele kleine Dinge können Menschen mit linksseitiger Veranlagung den Alltag verleiden: bei der Hausarbeit der Gebrauch einer normalen Schere oder eines Brotmessers mit Rechts-Anschliff, in der Freizeit das Taschenmesser oder die Blockflöte mit dem Loch fürs tiefe C auf der falschen Seite. Linkshänder können auch einen normalen Bumerang nicht zur Rückkehr bewegen.
Zum Glück gibt es in Deutschland einige Läden, die auch Produkte für Linkshänder verkaufen oder sich darauf spezialisiert haben, z. B. lefty in Berlin, Tel. 0 30 /39 10 09 22 (auch Versand), die Carl Abt KG in Ulm, Tel. 07 31/16 30 oder den Linkshandversand Elisabeth Höhn in Worms, Tel. 0 62 47/ 74 24.
Linkshänder-Produkte sind zwar in der Regel teurer, aber wer seinem Kind solche Gegenstände schenkt, zeigt ihm, daß seine Linkshändigkeit normal ist. Und das trägt dazu bei, eventuell vorhandene Minderwertigkeitsgefühle abzubauen. Bei weitergehenden Fragen kann man sich an die Interessenvereinigung für Linkshänder ONRS e.V. wenden (Sendlinger Str. 17, 80331 München). Dort bekommt man gegen 4,40 Mark in Briefmarken eine Broschüre mit allgemeinen Informationen zur Linkshändigkeit sowie Literaturempfehlungen und eine Liste mit weiteren Adressen von Linkshänder-Läden.

Loben

Lob steht als Erziehungsmittel in einem ziemlich guten Ruf. Mit Lob können Eltern – ähnlich wie mit Belohnungen – erwünschtes Verhalten ihrer Kinder verstärken, wenn sie es richtig machen. Grundsätzlich tut Lob einem Kind gut, es stärkt und ermutigt. Aber es muß echtes Lob sein, aus ehrlicher Überzeugung und tiefstem Herzen. Und – man darf nicht zuviel davon verteilen. Denn:
- **Lob kann verunsichern.** Der erste hohe Turm des Zweijährigen muß selbstverständlich Beachtung und Anerkennung finden. Und die spenden Eltern in ihrem echten Erstaunen ja auch gern: „Toll, was du schon für hohe Türme bauen kannst!" Wenn Erwachsene ihre Freude spontan äußern, ist dies für das Kind ein echtes, motivierendes Lob.

Beim nächsten Turm weiß der kleine Baumeister schon genau, daß er etwas Grandioses schaffen kann. Den dritten, vierten

„Bestes schönstes Söhnchen – man kann dich nicht genug preisen!"

und fünften Turm findet er dann ganz normal, und er erwägt bereits, sich an den Bau einer Brücke zu wagen.

Loben die Eltern ihn dann immer noch überschwenglich für jedes Steinchen, das er auf das andere türmt, kommen ihm Zweifel: Haben die nicht kapiert, daß ich Türme bauen kann, trauen sie mir eine Brücke womöglich nicht zu?

Wird ein Kind – aus Unachtsamkeit – oft für Dinge gelobt, die gar nicht so toll sind, denkt es: Mama lobt einen ja immer. Das muß man nicht ernst nehmen.

● **Lob kann unselbständig machen.** Wenn Eltern ihr Kind motivieren wollen, indem sie ständig „Klasse", „Toll", „Gut gemacht" sagen, tritt womöglich ein gänzlich unerwünschter Effekt ein. Das Kind strengt sich irgendwann nur noch an, weil es gelobt wird, und nicht etwa, weil es selbst etwas erreichen möchte. Es vertraut weniger auf seine eigenen Fähigkeiten als auf das Urteil bzw. das Wohlwollen anderer Leute.

● **Lob kann auch verzärteln.** Bei manchen Kindern führt zuviel des Lobes auch dazu, daß sie sich überschätzen. Sie halten sich für grandios und sind beleidigt, wenn sie von jemandem mal nicht in den Himmel gehoben werden.

Dennoch: Ohne daß wir unsere Kinder loben, geht es nicht. Was Eltern brauchen, ist ein bißchen Ruhe und echtes Interesse an dem, was ihre Kinder treiben.

● **Gutes Lob ist konkretes Lob:** Wer ein Bild seines Kindes begutachtet, sollte Details hervorheben: „Das ist ja ein gefährlich aussehendes Tier, man kann die Fangzähne gut erkennen. Wahrscheinlich ein weißer Hai, oder?" Über diese Bemerkung wird ein kleiner Maler sich mehr freuen, als wenn wir „Schön gemacht" sagen. Mit Begeisterung wird er uns Details über die Schwanzflosse mitteilen und warum sein Hai in Wirklichkeit ganz lieb ist. Wir müssen uns nur dafür interessieren.

● **Lob muß aufrichtig sein:** Sagen Sie es Ihrem Kind, wenn Sie gerade keine Zeit haben, um beim Rezitieren eines neu gelernten Gedichts zuzuhören. Das ist besser, als halbherzig und geistesabwesend „schön, schön" zu murmeln. Beim Loben geht es um Gefühle. Und die sollte man nicht vorspielen. Kinder kommen einem sowieso auf die Schliche!

Wenn es nichts zu loben gibt, sollte man wenigstens Bemühungen anerkennen, also nicht für eine nicht erbrachte Leistung loben, sondern Mut zusprechen und sagen: Beim nächsten Mal klappt es besser.

Lob braucht nicht immer Worte. Mehr als Lippenbekenntnisse zählen Beweise. Für das gehäkelte Deckchen, an dem der Erstkläßler in vielen Handarbeitsstunden fast verzweifelt ist, ist der schönste Platz gerade gut genug. Statt Lisas Krokodil-Bild überschwenglich zu loben, können wir es einfach aufhängen. Sein Ehrenplatz über dem Elternbett sagt Lisa mehr als tausend Worte!

□ Siehe auch *Belohnen, Leistung, Motivation, Zuwendung*

Lügen

Wenn Kinder die Unwahrheit sagen, dann kann das drei Ursachen haben: die noch ungebremste Einbildungskraft, den Wunsch nach Anerkennung oder die Angst vor Strafe.

Bis zum Schulalter gehen bei Kindern Phantasie, Sehnsucht und Wirklichkeit fließend ineinander über. Was sie sich intensiv wünschen, wird für sie zur Realität. Sie unterhalten sich mit Puppen und Schmusetieren, nachts sehen sie Bären hinterm Vorhang, und mit der Orangenkiste schippern sie über den Ozean nach Amerika. Kinder schaffen sich ihre eigene Wirklichkeit. Und manchmal mogeln sie sich auf diese Art auch aus unangenehmen Situationen heraus.

Beispiel: Ein Vierjähriger hat ein Glas Milch verschüttet. Zugeben will er das nicht. Er schiebt die Schuld dafür vielmehr seiner kleinen Schwester in die Schuhe.

Die Eltern fühlen sich in solchen Situationen regelrecht veräppelt: Wie kann ein Vierjähriger im Ernst davon ausgehen, daß man ihm diese Geschichte abkauft, wo doch das kleine Mädchen friedlich in seinem Zimmer spielt? Der Junge hat sich dagegen in diesem Moment so intensiv in seine Version hineingesteigert, daß er sie für bare Münze nimmt.

In der Regel führen uns Vorschulkinder nicht absichtlich hinters Licht. Manchmal wollen sie uns allerdings ein bißchen foppen: Etwa mit fünf Jahren entwickeln sie einen Riesenspaß daran, Erwachsenen etwas vorzumachen. Und zwar nicht, wenn sie etwas angestellt haben, sondern bei ganz harmlosen Alltagssituationen. Beispielsweise kommen sie offensichtlich unverrichteter Dinge aus dem Badezimmer zurück, behaupten aber steif und fest, sich gründlich die Hände gewaschen zu haben. Sie wollen damit testen, ob den Großen wirklich nichts verborgen bleibt. Und sie tasten sich spielerisch an die Bedeutung von Wahrheit und Lüge heran.

Im Alter von sechs, sieben Jahren kennen Kinder den Unterschied zwischen „wahr" und „gelogen" dann schon recht gut. Wenn sie jetzt lügen, steckt meist eine tiefere Absicht dahinter. Die häufigste: Sie wollen eine gefürchtete Strafe umgehen. Mit einer kleinen Schwindelei besteht zumindest die Chance, ungeschoren davonzukommen. Über die Folgen der Unwahrheit denken Kinder in diesem Alter selten nach. Je strenger die Eltern sind, desto eher versuchen sie, ihren Hals durch Lügen aus der Schlinge zu ziehen.

Und dann sind da noch die haarsträubenden Geschichten jener Mädchen und Jungen, die schwindeln, um sich interessanter zu machen. Meist erzählen Kinder, die sich zu kurz gekommen fühlen, Superstorys und hoffen, endlich einmal Aufmerksamkeit auf sich zu ziehen.

Doch so plausibel all diese Erklärungen klingen, so schockiert sind Eltern meist, wenn sie ihr Kind dabei erwischen. Besonders bei Wiederholungstätern fragen sie sich, wieweit sie ihrem Kind noch vertrauen können.

Tatsache ist: Ältere Kinder fühlen sich in der Regel sehr unwohl beim Lügen. Sie möchten lieber ehrlich sein. Wenn Eltern ihnen diesen Weg erleichtern, werden sie ihn auch gehen. Voraussetzung dafür ist eine Atmosphäre des Vertrauens in der Familie. Kinder brauchen das Gefühl, ohne Vorbehalte geliebt zu werden – besonders dann, wenn ihnen etwas mißlungen ist oder sie etwas ausgefressen haben.

Wenn Eltern möchten, daß ihr Kind ehrlich ist, müssen sie auch ihr eigenes Verhalten unter die Lupe nehmen. Meist verdrängen wir nämlich, wie oft wir im Alltag schwindeln. Und sei es nur, daß wir uns am Telefon verleugnen lassen, weil wir gerade keine Lust auf Small talk haben. Das ist zwar eine vergleichsweise harmlose Mogelei, aber Kinder empfinden sie als glatte Lüge mit der Botschaft: Wenn sogar Mama und Papa schwindeln, kann das so schlimm nicht sein. Besonders ungut ist es, wenn Eltern ihr Kind anlügen. Manchmal tun sie das, weil sie ihm eine schmerzliche Wahrheit ersparen oder sich um die Antwort auf eine peinliche Frage herummogeln wollen. Dem Vertrauen in der Familie bekommt es besser, wenn sich Eltern gegenüber ihren Kindern stets um Offenheit bemühen.

Eltern sollten keine Fallen stellen: Wenn sie beispielsweise gesehen haben, daß ihr Kind zwei Mark aus der Küchenkasse genommen hat, sollten sie nicht harmlos fragen: „Weißt du, wer das Zweimarkstück hat?" Wahrscheinlich ist die Antwort „Nein". Die Folge: Die Eltern sind sauer, daß ihr Kind sie anlügt. Das Kind dagegen spürt den Ärger der Eltern und hält nun erst recht mit der Wahrheit hinterm Berg. Solche verfahrenen Situationen sollte man vermeiden.

Vorausgesetzt natürlich, sie sind sich sicher, sollten Eltern bes-

ser signalisieren, daß sie Bescheid wissen, etwa mit der Frage: „Wofür möchtest du das Geld, das du gerade genommen hast?“ Das Kind fühlt sich ertappt, hat aber noch die Chance, die Sache ohne Gesichtsverlust zu bereinigen.

Leugnet ein Kind einen Ausrutscher hartnäckig, bricht manchmal das Eis, wenn die Eltern sich erzählen lassen, was passieren könnte, wenn die Sache ans Licht käme. Gerade Kinder im Grundschulalter fürchten nämlich oftmals unverhältnismäßig schlimme Konsequenzen. Erfahren sie, daß sie nur halb so wild sind bzw. die Eltern dabei helfen, die Sache aus der Welt zu schaffen, wächst der Mut zur Wahrheit.

Manchmal geben uns Kinder indirekt zu verstehen, was wirklich passiert ist. Vielen Eltern genügt das nicht – sie warten auf eine eindeutige Aussage: das Schuldbekenntnis. Kinder überfordert das, weil sie sich dann klein und wertlos vorkommen. Manchmal läßt man die Sache lieber auf sich beruhen.

Eltern können die Wahrheit ruhig ab und zu belohnen, beispielsweise sagen: „Ich freue mich, daß du ehrlich zu mir bist. Und ich weiß, daß das für dich nicht leicht ist.“ So spürt das Kind, daß es den richtigen Weg eingeschlagen hat.

Schließlich sollte man Lügen auch nicht dramatisieren. Wir alle schwindeln hin und wieder. Deshalb ist es unfair, gegenüber Kindern so zu tun, als sei es das Schlimmste auf der Welt. Es will doch niemand, daß ein Kind nur aus Angst und Gehorsam bei der Wahrheit bleibt – sondern weil es mit der Zeit erfahren hat, daß es nichts Schöneres gibt, als einander vertrauen zu können.

M

Magisches Denken

Im Alter zwischen drei und fünf, sechs Jahren erleben Eltern ihr Kind als sehr unbeschwert auf der einen Seite, andererseits aber auch zunehmend als ängstlich. Sie können nur schwer einordnen, warum ihr Kind, mit dem man jetzt schon richtig vernünftige Gespräche führen kann und das nicht mehr nur an Mamas Rockzipfel hängt, in manchen Situationen so furchtsam ist. Es ist das Alter, in dem Kinder nicht nur an den Weihnachtsmann und den Osterhasen, sondern auch an Gespenster und Monster unterm Bett glauben. Vierjährige halten jedes Wunder für möglich, weshalb man diese Phase auch das magische Alter nennt.

Fiktion und Realität, Wirklichkeit und Traum können sie noch nicht trennen. Deshalb erleben sie auch Alpträume so schrecklich. Wenn sie nachts hochschrecken, weil Ungeheuer oder Räuber sie im Traum verschleppen wollen, können sie sich noch nicht – wie Acht- oder Neunjährige – selbst wieder mit dem Gedanken beruhigen: Ach, das ist ja nur in meinem Kopf passiert. Eltern sollten versuchen, ihr vom Monster verängstigtes Kind zu beruhigen, die Bedeutung des Traums aber nicht herunterspielen (siehe auch *Träume*).

Doch das magische Denken beschert Kindergartenkindern nicht nur Furchterlebnisse. Sie sind ja oft auch überzeugt von einer Art Allmacht, die es ihnen erlaubt, gemeinsam mit dem besten Freund alle Verbrecher dieser Welt zu besiegen oder wenigstens besser Tore zu schießen als Giovane Elber. Manchmal glauben sie auch, durch bestimmte rituelle Handlungen wie In-die-Hände-Klatschen oder Sich-am-Ohr-Reiben den Gang von Ereignissen beeinflussen zu können.

Wissenschaftler nennen das magische Alter auch egozentrische Phase, weil Kinder mit drei, vier oder fünf sich oft noch für den Mittelpunkt allen Geschehens halten und die Umwelt nur von ihrem Ich aus deuten.

Im Vorschulalter entwickelt sich dann langsam die Fähigkeit, sich an äußere Regeln zu halten, sich auch einmal bewußt zurückzunehmen. Im Kindergarten und auch durch den Umgang mit seinen zahlreicher werdenden Freunden lernt ein Kind, daß es noch andere Menschen mit eigenem Standpunkt und legitimen Bedürfnissen gibt. Das magische Denken wird Schritt für Schritt durch Realitätssinn und soziales Bewußtsein abgelöst.

□ Siehe auch *Angst, Einschlafprobleme, Lügen, Märchen, Schlafprobleme, Träume*

Märchen

Die meisten Kinder lieben gruselige Geschichten. Sie spiegeln Kämpfe wider, die in ihrer eigenen Seele toben.

Da ist beispielsweise die Panik, von den Eltern verlassen oder allein gelassen zu werden, da geht es um Geschwister, die die Liebe der Eltern stehlen, um das Gefühl, klein und hilflos zu sein und in der Welt der Erwachsenen keine Chance zu haben.

Diese Konflikte lösen chaotische, zornige, gewalttätige Phantasien aus, die ein Ventil brauchen. Das finden Kinder in gruseligen Geschichten. Durch sie spüren sie, daß auch ihre destruktiven Gedanken völlig normal sind. Das wirkt tröstend und beruhigend. Eltern glauben oft, es sei besser, ihr Kind von diesen negativen Gedanken abzulenken und ihm nur Geschichten mit lieben, harmlosen Figuren vorzulesen.

EMPFEHLENSWERTE GESCHICHTEN

Wer nicht ohnehin verschiedene Märchen-Bände zu Hause hat, sollte sich in einer Buchhandlung beraten lassen. Neben den bekannten Märchen-Sammlungen von Grimm, Andersen und Hauff gibt es auch reichlich Geschichten aus dem Ausland.
Von den deutschen Märchen existieren unterschiedliche Textausgaben. Die Urfassung von Grimms Märchen zum Beispiel liest sich knapper und weniger weitschweifig als andere Ausgaben. Für Kinder ist oft auch die Art der Illustrationen wichtig.
Wenn Sie einem kleinen Kind vorlesen – fangen Sie besser mit den etwas harmloseren Märchen an, etwa mit dem „Tapferen Schneiderlein" oder dem Märchen vom „Sterntaler".

Doch schon Bruno Bettelheim, der amerikanische Pädagoge und Autor des Buches „Kinder brauchen Märchen", hielt das für falsch. Wenn Kinder nur nette Geschichten hören, verunsichert sie das eher. Sie fühlen schließlich auch ihre negativen Energien in sich.
Leider gibt es kaum moderne Bücher, die kindliche Konflikte aufgreifen. Die klassischen Märchen tun das dafür um so mehr. In ihnen sind fast alle seelischen Spannungen enthalten, die ein Kind im Laufe seiner Entwicklung spürt. Die meisten Märchen behandeln mehrere Konflikte, sie haben aber immer ein Hauptthema.
So geht es in „Hänsel und Gretel" um die Ablösung von der Mutter. Erst wenn sie gelungen ist, dürfen die Geschwister nach Hause zurückkehren. „Schneewittchen" rivalisiert mit ihrer Mutter, und „Aschenputtel" muß sich gleich mit zwei bösen Schwestern herumschlagen.
Gruselige Geschichten eignen sich dann am besten als Angstlöser, wenn sie polarisieren. Es sollte klare Fronten geben – nämlich die Guten und die Bösen. Das entspricht dem kindlichen Denken. Vier- bis Siebenjährige neigen ohnehin dazu, die Welt in „gut" und „böse" aufzuteilen. Das geht so weit, daß die schimpfende Mutter in Gedanken zu einer fremden Person gemacht wird, die nichts mit der liebevollen, schmusenden Mama zu tun hat. Das Märchen löst diesen Konflikt, indem es die böse Stiefmutter einführt.
Das Erzählmuster der klassischen Märchen ist fast immer ähnlich: Ein anfangs schwacher Held wird bedroht und ist in großer Gefahr. Mit ihm können sich die Kinder gut identifizieren. Kinder fühlen sich oft schwach, und die Gefahr symbolisiert ihre negativen, bösen Gefühle. (Auch dann, wenn das Kind in glücklichen Familienumständen lebt.)
Der Held befreit sich jedoch aus seiner mißlichen Lage, indem er aktiv wird. Das gelingt ihm durch Stärke, Schlauheit oder List (zum Beispiel im „Tapferen Schneiderlein"). Die Lehre ist eindeutig: Es gibt Konflikte, aber du kannst sie überwinden – auch wenn du dich jetzt schwach fühlst.
Nach dem gleichen Muster funktionieren übrigens auch viele Fernsehserien für Kinder, insbesondere Cartoons, die ebenso klischeehaft wirken und schwarzweiß malen wie Märchen. Einige dieser modernen Märchen, wie die berühmten „Power Rangers", transportieren allerdings noch andere, fragwürdige Inhalte, z. B. die Freude an Waffen und am Ballern, weshalb viele Eltern sie ablehnen.
☐ Siehe auch *Angst, Magisches Denken*

Masturbieren

In jedem Alter können sich Kinder angenehme Körpergefühle verschaffen. Bereits mit wenigen Monaten, beim Wickeln etwa, interessieren sich Mädchen und Jungen für ihre Genitalien und empfinden ein Prickeln, wenn sie sie berühren. Jungen, die im ersten Lebensjahr Erektionen haben, sind nichts Ungewöhnliches.
Mit drei, vier Jahren merken Kinder, daß sie sich durch Streicheln oder Reiben der Geschlechtsorgane stimulieren können. Manche Eltern entdecken dann ihren Sohn dabei, wie er versonnen seinen Penis berührt, oder ihre Tochter, wie sie sich – die Bettdecke zwischen den Beinen – rhythmisch hin und her bewegt.
Manche Kinder haben sich vor der Pubertät noch nie selbst befriedigt (und bekommen deswegen später dennoch keine Probleme mit ihrem Lustempfinden), andere onanieren schon im Kleinkindalter und können dabei sogar so etwas wie einen Orgasmus bekommen – bei Jungen, die noch nicht geschlechtsreif sind, freilich ohne Samenerguß.
Beides ist normal. Dennoch fühlen sich viele Eltern unwohl, wenn sie ihr Kind öfter dabei entdecken, wie es masturbiert. Es ist ihnen peinlich und beunruhigt sie ein wenig.
Zum einen leben in jedem von uns noch Reste des schlechten Gewissens, das über etliche Generationen weitergegeben wurde. Früher galt Masturbation als verwerflich und gefährlich. In medizinischen Büchern des 18. Jahrhunderts wurde die Selbstbefriedigung bei Kindern für fast alle menschlichen Krankheiten und Behinderungen verantwortlich gemacht. Manche Ärzte meinten gar, sie könne zum Tode führen. Heute weiß man, daß das alles Unfug ist.
Zum anderen fürchten die Eltern, daß ihr Kind sich „hemmungslos" auch in der Öffentlichkeit stimulieren könnte. Oder daß es zu früh, zu oft und zu lange masturbiert – und dadurch in seiner sexuellen Entwicklung Schaden nimmt.
Manchen Eltern fällt es schwer, ihr Kind als das zu betrachten, was es ist: ein von Geburt an sexuelles Wesen, dessen Lustempfinden nicht irgendwann im Verlauf der Pubertät „geweckt" wird, sondern von Anfang an zu ihm gehört.
Eltern sollte die Unbefangenheit, mit der ihre Kinder ihren Körper genießen, nicht peinlich sein. Sie müssen sich klarmachen, daß ihrem Kind ein unverkrampfter Umgang mit seiner Sexualität später sexuelle Probleme ersparen kann. (Gelingt ihnen dies nicht, sollten sie ruhig die Hilfe einer

Erziehungsberatungsstelle in Anspruch nehmen. Und dort mit einem Fachmann durchsprechen, welche Art von Sexualerziehung für sie und ihr Kind sinnvoll und realistisch sein könnte.)

Bei aller Gelassenheit, die angesichts eines onanierenden Kindes angebracht ist – man sollte seinem Kind schon klarmachen, daß Selbstbefriedigung nichts ist, was man in der Öffentlichkeit tun sollte, sondern daß es sich um etwas Persönliches und Privates handelt. Das klappt bereits bei Zweijährigen, wenn man ihnen erklärt, daß es für jede Tätigkeit einen bestimmten Raum gibt: zum Kochen die Küche, zum Waschen das Bad – und um sich ungestört mit sich selbst zu beschäftigen, z. B. das Schlafzimmer. Vermeiden Sie dabei aber negative Assoziationen und sagen Sie dem Kind, daß etwas, das man privat tut, nicht automatisch schlecht ist.

Ein „zu früh" in der sexuellen Entwicklung von Kindern gibt es übrigens nicht. Was ein Säugling oder Kleinkind von selbst tut, ist in der Regel ein spontaner Entwicklungsschritt und kein Grund zur Besorgnis.

Befürchtungen, häufige Masturbation mache ein sonst völlig unauffälliges Kind süchtig, hemmungslos oder deute auf einen unkontrollierbaren Sexualtrieb hin, sind ebenfalls unbegründet. Nur wenn ein Kind sich über einen langen Zeitraum mehrmals am Tag selbst befriedigt, steckt eventuell mehr dahinter. Es könnte ein Hinweis darauf sein, daß sich dieses Kind Ersatz für fehlende andere befriedigende Erfahrungen in seinem Alltag verschafft. Möglicherweise leidet es unter einem Mangel an Beschäftigung oder an Zuwendung. Auch in diesem Fall kann es nicht schaden, Kontakt mit einer Erziehungsberatungsstelle aufzunehmen.

□ Siehe auch *Doktorspiele, Sexualität*

Montessori-Pädagogik

Im Jahre 1896 wurde Maria Montessori die erste Ärztin Italiens. Ihre pädagogischen Vorstellungen entwickelte sie während der Arbeit mit geistig behinderten Kindern und konnte sie 1907 erstmals in einem Kinderhaus in Rom erproben und weiterentwickeln. Maria Montessori wollte eine Pädagogik, die auf den Gesetzen der menschlichen Natur begründet ist, nicht auf vorgefaßten Meinungen und Vorurteilen. Erziehung hieß für sie Verwirklichung von Freiheit. Um sie zu ermöglichen, sollten Pädagogen ihrer Meinung nach für folgende Voraussetzungen sorgen:

- die freie Wahl der Materialien, mit denen die Kinder lernen wollen,
- die Freiheit, beim Lernen mit anderen zusammenzuarbeiten und das Leben in der Gemeinschaft zu gestalten,
- genügend freie Zeit, um sich auf Tätigkeiten konzentrieren zu können.

Montessori-Erziehung beginnt schon im Kindergarten. Die pädagogischen Vorstellungen Maria Montessoris haben während der vergangenen Jahrzehnte in die meisten „normalen" Kindertagesstätten Einzug gehalten. Ihre Forderung, die kindliche Persönlichkeit strikt zu achten und auf die Kraft des Kindes, sich selbst zu entwickeln, zu vertrauen, ist in Pädagogik und Kinderpsychologie inzwischen Allgemeingut geworden. Die meisten Erzieherinnen handeln intuitiv danach, doch in Montessori-Kindergärten hat es Methode.

Was Montessori-Erzieherinnen in ihrer Ausbildung von Anfang an lernen, ist, Erwachsene, also sich selbst, nicht ernster zu nehmen als die Kinder. Sie lernen, den Kindern die Chance zu geben, ihre eigenen Erfahrungen zu machen – nach dem Montessori-Prinzip: Hilf mir, es selbst zu tun.

Angestaubte Weisheiten wie „Messer, Gabel, Schere, Licht sind für kleine Kinder nicht" werden hier außer Kraft gesetzt. Dreijährige dürfen sägen, Streichhölzer anzünden, und sie werden beim gemeinsamen Essen nicht mit unzerbrechlichem Plastikgeschirr abgespeist, sondern trinken aus Gläsern und essen von Porzellantellern. Geht mal ein Glas zu Bruch, fegt das Kind die Scherben selbstverständlich auf.

Die Erzieherinnen greifen immer dann ein, wenn echte Verletzungsgefahr besteht, wenn ein Kind partout nicht mehr selbst weiterkann oder wenn es um Hilfe bittet. Ihre Rolle besteht darin, den kindlichen Aktivitäten zu folgen, und nicht, ihnen voranzugehen. Die Erzieherinnen wollen auch nicht immer gleich korrigieren. Wenn ein Kind mittags in den Garten geht und dabei den linken und den rechten Schuh beim Anziehen vertauscht hat, stört das niemanden.

Sinn dieser Freiheiten: Die Kinder sollen früh selbständig werden und lernen, für sich Verantwortung zu übernehmen. So funktioniert gute Entwicklungshilfe: lernen, die eigenen Fähigkeiten zu nutzen, statt darauf zu warten, daß die anderen einem alles abnehmen.

„Typisch Montessori" ist auch das Spielzeug, das hier „Material" heißt, und die „freie Wahl der Arbeit" (Freispiel), eine Sprachregelung, die signalisieren soll, daß die Tätigkeit der Kinder nicht weniger gilt als die der Erwachsenen. Außerdem gibt es in den meisten Montessori-Einrichtungen behinderte Kinder, die hier „Kinder mit besonderen Bedürfnissen" heißen und die in den gleichen Gruppen wie die nicht behinderten Kinder betreut werden.

Das Material bezeichnete Maria Montessori als „Schlüssel zur Welt". Obwohl in den Regalen der meisten Montessori-Einrichtungen auch ganz normale Spiele liegen, greifen die Kinder am liebsten zu den hölzernen Einsatzzylindern, zu den rosa Würfeln, den roten Stangen oder den Sandpapierbuchstaben. Dieses „Sinnesmaterial" sieht nicht nur schön aus, es fühlt sich auch interessant an: teils glatt lackiert, teils rauh, dick, dünn, flach oder lang. Durch Schauen oder blindes Tasten bekommen die Kinder ein Gefühl für Proportionen, Farben, Formen, Gewichte und Oberflächenbeschaffenheit von Dingen. Damit schulen sie ihre Sinne.

Maria Montessori hat ihr Material als „grundlegend mathematisch" beschrieben, fast alles baut auf dem Dezimalsystem auf (die zehn roten Stangen, deren Länge um jeweils zehn

Selbst ist das Kind: Daß schon Dreijährige im Montessori-Kindergarten das Gemüse für ihr Mittagessen schnippeln dürfen, gehört zum Konzept

Zentimeter zunimmt; das „goldene Perlenmaterial", das die Zahlen 10, 100, 1000 in Form von Würfeln anschaulich macht). Womit später viele Menschen Probleme haben – hier lernen es die Kinder: Fühlen und abstraktes Denken in Einklang zu bringen.

Einen weiteren Schwerpunkt legte Maria Montessori auf die „Übungen des täglichen Lebens". Beispielsweise gibt es mit Stoff bespannte Holzrahmen, an denen man das Knöpfen und Schleifebinden üben kann – ohne daß die Mutter oder der Vater daneben ungeduldig mit den Füßen scharrt.

Wenn man sie nur läßt – diese Erfahrung machen Montessori-Erzieherinnen immer wieder – kommen die Kinder irgendwann von selbst und interessieren sich plötzlich für Dinge, die ihnen vorher egal waren.

Jedes Kind hat seinen eigenen Rhythmus, und deswegen sollten langsame und schnellere Kinder, behinderte und nicht behinderte ihr Tempo selbst wählen dürfen. So entwickeln sie sich am besten. Es kommt vor, daß sich ein Kind Tag für Tag immer wieder dasselbe Material vornimmt: Stundenlang werden Erbsen von einem Topf in den nächsten gelöffelt. Diese Möglichkeit brauchen Kinder; sich in etwas zu vertiefen, Tätigkeiten so lange zu wiederholen, bis sie „sitzen". Erwachsenen erscheint das oft unsinnig, für die Kinder können solche eintönigen Handlungen Schritte innerer Reifung bedeuten, sagte Maria Montessori.

Bei allen Freiheiten, die die Kinder im Montessori-Kindergarten genießen – sie sollen auch lernen, wie wichtig bestimmte zwischenmenschliche Umgangsformen für das Leben in der Gemeinschaft sind: wie man sich begrüßt, wie man anderen zuhört und ihnen hilft. Zur Förderung des sozialen Verhaltens gehört, daß jedes Material nur einmal vorhanden ist. Wenn also mehrere Kinder Lust auf das gleiche haben, dann müssen sie sich untereinander absprechen, Rücksicht aufeinander nehmen.

Montessori-Kindergärten verlangen Aufwand. Sie erwarten Engagement von den Eltern, denn die Erziehung zu Hause und im Kindergarten soll sich positiv ergänzen und nicht widersprechen. Um guten Kontakt zu halten, finden häufiger als in anderen Kindergärten Elternabende statt.

Auch in den Montessori-Schulen steht „Freiarbeit" im Mittelpunkt. Sie beruht auf der Erkenntnis, daß die Lernerfolge von

WIE FINDE ICH EINE MONTESSORI-EINRICHTUNG?

Informationen über Kindergärten und Schulen gibt es bei der Aktionsgemeinschaft Deutscher Montessori-Vereine e.V., Sandstr. 9, 47802 Krefeld. Sie verschickt gegen Rückporto (1,50 Mark) auch ein regionales Adressenverzeichnis aller Einrichtungen.

Kindern sehr viel größer sind, wenn sie Thema und die Beschäftigungsdauer selbst wählen können. Mit eigens entwickeltem Material können die Schüler nach ihrem eigenen Tempo lernen und auch selbst die Ergebnisse kontrollieren. Da gibt es z. B. Lernkarteien für den Lese- und Schreibunterricht, Perlen-Material zum Begreifen des Dezimalsystems, Sandpapier-Buchstaben, mit denen die Form nicht nur mit den Augen, sondern auch mit den Händen erfaßt werden kann – das Material ist auf alle Sinne der Kinder ausgerichtet und nicht nur auf das abstrakte Denken: In der Montessori-Schule lernen Kinder das Lernen.
Befürchtungen, daß die Mädchen und Jungen während der Freiarbeit in der Lese-Ecke nur Comics ansehen, sind unbegründet, denn die konzentrierte Lernatmosphäre breitet sich meist im ganzen Klassenzimmer aus. Die Kinder helfen sich gegenseitig beim Lernen und üben so soziales Miteinander.
Die Freiarbeit nimmt etwa die Hälfte des Vormittags ein, in den übrigen Stunden findet normaler Unterricht statt.
Die Mehrzahl der Montessori-Schulen sind Regelschulen (mit Ausnahme der bayerischen). Wenn also die Montessori-Schule nicht im Schulsprengel liegt, müssen die Eltern einen Antrag stellen.
Der hohe Aufwand, den Montessori-Kindergärten und -schulen treiben, hat seinen Preis. Die Kindergärten sind in der Regel teurer als kommunale oder kirchliche Einrichtungen. In den Montessori-Schulen ist es genauso: 200 bis 300 Mark Schulgeld pro Monat sind normal (genaue Gebühren bitte bei der jeweiligen Einrichtung erfragen). Dafür, sagen viele Fachleute, seien Montessori-Einrichtungen den staatlichen Schulen und Kindergärten pädagogisch meist deutlich überlegen.

□ Siehe auch *Konzentration, Langeweile, Schule, Selbständigkeit, Waldorf-Pädagogik*

Motivation

Als Motivation bezeichnen die Pädagogen und Psychologen das, was Menschen in Bewegung setzt, antreibt und steuert. Grundsätzlich haben Eltern oder Erzieher zwei Möglichkeiten, ein Kind zu motivieren: Sie können Anreize schaffen oder drohen.
Die Aussicht auf eine Belohnung kann motivieren: „Wenn du mir beim Unkraut-Zupfen hilfst, gehe ich morgen mit dir ins Kino.“ Aber auch ein Lob oder eine Bemerkung gegenüber Dritten ist oft Ansporn („Der Klaus malt tolle Bilder. Die Menschen, die er zeichnet, haben schon einen richtigen Gesichtsausdruck.“)
Man kann sich Hilfe bei der Gartenarbeit natürlich auch holen, indem man sagt: „Wenn du mir nicht beim Jäten hilfst, kannst du am Wochenende Fernsehen vergessen.“ Oder dem achtjährigen Schüler mit Mißerfolg im Kunstunterricht drohen: „Du solltest dich beim Malen ein bißchen zusammenreißen. Sonst bekommst du unter Garantie eine schlechte Note.“
Meist wird der Begriff Motivation in dem Sinn gebraucht, daß ein Kind durch eine positive Verstärkung wie Lob oder Belohnung zur Leistung angeregt werden soll.
Die Fachleute sind sich allerdings einig, daß eine solche äußere oder „extrinsische“ Motivation oft nur als Anstoß wirksam ist und nicht lang anhält. Kinder können von Lob und Belohnung, wenn sie nicht richtig dosiert werden, sogar abhängig werden.
Ein Schüler, der nur deshalb lernt und akzeptable Noten schreibt, weil die Eltern ihm bei Mißerfolg Strafe androhen oder weil sie bei jeder Drei zehn Mark springen lassen, wird nicht sehr viel Freude am Lernen haben. Und: Im späteren Leben wird er womöglich versagen, wenn diese äußeren Antriebskräfte wegfallen.
Das heißt nicht, daß eine kleine Belohnung immer schlecht ist. In manchen Fällen führt sie dazu, daß ein Kind erstmals etwas leistet und dann merkt, daß Leistung Spaß machen kann (Drohungen und Strafen zeigen dagegen nur selten echte Erfolge. Wer zuviel davon anwendet, sorgt eher dafür, daß das Kind seine Energien darauf verwendet, den unangenehmen Situationen zu entgehen).
Wenn solche inneren Antriebskräfte wie Spaß an der eigenen Leistung, Freude über das Bewältigen einer schwierigen Aufgabe wirksam werden, spricht man von innerer oder „intrinsischer“ Motivation. Kinder, die zu innerer Motivation fähig sind, können sich etwas länger mit einer Aufgabe beschäftigen, ohne daß sie für jeden Schritt eine unmittelbare Belohnung benötigen.
Eltern sollten sich also bemühen, äußere Motivation möglichst in innere Motivation zu verwandeln. Sie können

- spezifische Interessen wecken: Interesse an der Natur, z. B. dadurch, daß der Vater mit seinem Kind Käfer suchen geht oder mit ihm ein Beet anlegt. Oder Interesse an Latein, indem die Mutter mit ihrem Gymnasiasten Asterix liest und im Urlaub alle zusammen nach Rom oder Pompeji reisen;
- ihr Kind schon früh vieles selbst machen lassen (siehe *Montessori*);
- dafür sorgen, daß ihr Kind möglichst keine Aufgaben bewältigen muß, die zu leicht oder zu schwierig sind. Das Anspruchsniveau muß stimmen, angefangen damit, daß man Dreijährigen keine Spiele schenkt, die sich erst für Fünfjährige eignen – bis hin zur Wahl des richtigen Schultyps;
- auf seine individuellen Fähigkeiten, sein Temperament und seine Neigungen eingehen. Beispiel: Ein Kind, das sehr kommunikativ und gern mit anderen zusammen ist, lernt unter Umständen besser mit Freunden. Kindern, die nicht die geborenen Teamarbeiter sind, sind vielleicht motivierter, wenn sie Mathe mit einer Lern-CD-Rom üben können.

□ Siehe auch *Belohnen, Fördern, Intelligenz, Langeweile, Lernen, Lob, Montessori-Pädagogik, Schulprobleme, Selbstvertrauen, Strafen*

Musik

Schon das Ungeborene im Mutterleib ist „ganz Ohr". In den letzten Monaten der Schwangerschaft bemerken viele Frauen, daß ihr Baby auf Musik reagiert: Ein lautes Pop-Konzert macht es munter, während es bei sanfteren Klängen zur Ruhe kommt.

Daran ändert sich auch nichts, wenn das Baby auf der Welt ist. Studien belegen, daß alle Kinder auf Melodien reagieren. Schon mit wenigen Monaten beginnen sie, auf Musik motorisch zu antworten: Sie wippen im Sitzen rhythmisch im Takt, später hopsen sie zur Musik.

Auf solche Beobachtungen stützen sich Musikpädagogen, wenn sie betonen, daß alle Kinder musikalisch sind. Sie behaupten nicht, daß in jedem Kind ein kleiner Mozart schlummert. Was sie meinen, ist, daß Kinder eine natürliche Freude an Geräuschen, Klängen und Rhythmen haben.

Wenn Eltern ihr Kind musikalisch fördern wollen, können sie das bereits von seinem ersten Lebenstag an tun, indem sie ihm viele unterschiedliche Klangerlebnisse ermöglichen. Babys finden selbst das interessant, was für uns Erwachsene nervtötender Krach sein kann: das Tuten des Eierkochers zum Beispiel, das Geräusch des Staubsaugers, das Brummen einer Fliege. Musikalität entsteht nämlich nicht allein durch das Hören von Musik, sondern durch die Aufmerksamkeit für all die unterschiedlichen Geräusche unserer Umwelt.

Trotzdem darf „richtige" Musik in diesem Klangangebot nicht fehlen. Eltern sollten ruhig regelmäßig etwas vorsingen. Viele Mütter und Väter denken leider, daß ihr „schräger" Gesang mehr schadet als nützt. Doch das stimmt nicht.

Jedes Kind liebt die Stimmen seiner Eltern. Mehr noch: ihr Vorbild regt es zum Selbersingen an. Das fördert die Musikalität, denn beim Singen erlebt sich ein Kind als Klangkörper. Es hört, daß es laute und leise, hohe und tiefe Töne erzeugen kann.

Auch Kinder, die laut, unbekümmert und unüberhörbar schief singen, sind auf dem richtigen Weg: Sie haben Freude an ihrer Stimme. Sie probieren die Kraft ihrer Lungen. Sie drücken ihre Gefühle aus im Lied, wenn sie ein fröhliches Tralala schmettern oder im dunklen Keller mit lautem Gesang die Angst vertreiben. Experten wissen, daß Singen nicht nur das Gehör schult, die Stimme sicherer macht, die Lungen kräftigt und die ideale Vorbereitung für das Erlernen jedes Instrumentes ist. Eine Langzeitstudie an Berliner Grundschulen mit Schwerpunkt Musik (Singen, Instrumentalspiel, gemeinsames Musizieren) und an Vergleichsschulen ohne intensiven Musikunterricht brachte erstaunliche Ergebnisse:

- Der Anteil der in ihrer Intelligenz unterdurchschnittlich

WELCHES INSTRUMENT AB WELCHEM ALTER?

Instrument	Alter	Preis	Vor- bzw. Nachteile
Blockflöte	Ab 5	Ab 20 Mark	Schnelle Erfolgserlebnisse; läßt sich gut mit anderen spielen
Klavier	Ab 6	Ab etwa 3000 Mark	Geeignet für Kinder mit manueller Geschicklichkeit und rhythmischer Begabung; nicht so gut: wird meist nur solo gespielt
Streichinstrumente	Ab 7	Ab etwa 300 Mark	Anspruchsvolle Instrumente, die ein gutes Gehör und Gefühl für reine Töne verlangen
Gitarre	Ab 6	Ab 150 Mark	Eignet sich als Soloinstrument wie als Begleitung und für Pop ebenso wie für klassische Musik

Kräftig auf die Pauke hauen – das hält die Seele kleiner Kinder gesund

begabten Kinder nahm in den Musikklassen schneller ab als in den Kontrollklassen. Das heißt, daß Musik und Gesang einen deutlichen Reiz auf das Gehirn ausüben, die kognitive Entwicklung schneller vorantreiben.

- Die Konzentrationsfähigkeit, die Leistungsmotivation und das Gedächtnis waren bei den Musikkindern deutlich besser.
- Auf die Frage: „Wen magst du nicht so gern?" nannten im vierten Schuljahr in den normalen Klassen nur 30 Prozent der Kinder niemanden. In den Musikklassen waren es mit 60 Prozent doppelt so viele Kinder.

Bei einem Experiment in der Schweiz wurde in einer Grundschule mehr Musik unterrichtet – auf Kosten der Stundenzahl in den Hauptfächern. Obwohl sie weniger Unterricht hatten, waren die Musikkinder am Schuljahresende in Mathematik genauso gut wie Mitschüler in Parallelklassen mit normalem Matheunterricht, in Deutsch sogar besser. Auch das Selbstbewußtsein wird durch Singen unterstützt: Wer es gewohnt ist, laut zu singen, hat keine Angst, auch laut zu sprechen und gehört zu werden. Und wer seiner Stimme Raum geben will, steht gerade – die aufrechte Körperhaltung macht stärker.

Musizieren ist ein wunderbares Seelen-Ventil, das hilft, mit den eigenen Emotionen fertig zu werden. Es vertreibt Langeweile und kann Freude genauso ausdrücken wie Wut. Ärger läßt sich mit einem Schlagzeug-Solo manchmal leichter abreagieren als mit Worten. Gerade für Kinder bedeutet das enorm viel, weil sie in der Welt der Erwachsenen oft sowieso noch nicht soviel mitzureden haben. Außerdem macht Musizieren einfach Spaß.

Dieser Spaß potenziert sich, wenn Kinder mit anderen zusammen spielen, auch das Selbstwertgefühl steigt dabei. Selbst wer nur den Triangel schlägt, kann sich schließlich darüber freuen, daß er zum Gelingen des Stücks beiträgt. Gemeinsam musizieren ist ein Gesellschaftsspiel ohne Verlierer.

Fazit: Jedes Kind sollte die Möglichkeit bekommen, Gesangsunterricht zu nehmen oder ein Instrument zu lernen, wenn es das möchte.

□ Siehe auch *Kreativität*

BESSER GRUPPEN- ODER EINZELUNTERRICHT?

Für viele Eltern ist das eine Kostenfrage, denn Einzelunterricht ist teuer. Die Kosten für den privaten Instrumentalunterricht liegen zwischen 100 und 200 Mark pro Monat, wobei Ferien üblicherweise mitbezahlt werden. Einzelunterricht in städtischen Musikschulen ist etwas günstiger.

Als Vorbereitung für den Instrumentalunterricht ist eine musikalische Grundausbildung in der Gruppe empfehlenswert. Städtische oder private Musikschulen bieten so etwas ab dem vierten Lebensjahr an. Beim Singen, Spielen und Musizieren lassen sich musikalische Begabungen und Vorlieben entdecken.

Für den eigentlichen Instrumentalunterricht sind Einzelstunden sinnvoll. Schon mit zwei Schülern wird es für einen Lehrer sehr schwierig, Fehler zu bemerken und zu korrigieren. Ist es organisatorisch möglich, sollte der Unterricht für Anfänger auf wöchentlich zweimal dreißig Minuten verteilt werden.

Jedes Instrument sollte täglich geübt werden. Für die Fünf- und Sechsjährigen reichen zweimal täglich zehn Minuten. Sie tun sich jedoch am Anfang leichter, wenn ein Elternteil zuhört. Ab dem achten Lebensjahr können Kinder schon allein und mindestens dreißig Minuten täglich üben.

Bei der Wahl der Musikschule sollte man darauf achten, wie kindgerecht, also spielerisch, unterrichtet wird.
Wenn ab und zu (Musik-)Feste gefeiert werden, ist das ein gutes Zeichen.

Und beim Privatunterricht?
Eltern wünschen sich oft erfolgreiche Musiker als Lehrer. Doch was nützt der Tochter ein guter Konzertpianist, der nicht genügend Geduld aufbringt und der nicht auch für ein paar Spielereien zu haben ist? Gerade für den Anfängerunterricht müssen es meist keine erfahrenen Profis sein. Wichtiger ist, daß der Lehrer seinem Schüler genug Raum für Experimente läßt, mit ihm zusammen die Klangmöglichkeiten des Instrumentes auslotet und nicht ausschließlich aufs klassische Repertoire fixiert ist, sondern auch ein Ohr und ein Händchen für Jazz und Pop hat.

N

Nachhilfe

Bringt ihr Kind schlechte Noten nach Hause, denken viele Eltern erst einmal an Nachhilfe-Unterricht. Für die Fortsetzung der Schule mit privaten Mitteln geben die Deutschen jährlich immerhin ein bis zwei Milliarden Mark aus. Nicht immer jedoch führt Nachhilfe zum gewünschten Erfolg.

Sinnvoll ist sie, um überschaubare Wissenslücken zu schließen, altes Wissen aufzufrischen oder vorübergehende Motivations- und Leistungsschwächen zu überbrücken. Das kann z. B. in folgenden Fällen nötig sein:

- Das Kind war längere Zeit krank und hat dadurch den Anschluß an das Wissen der Mitschüler verpaßt.
- Die Familie ist umgezogen. Schon innerhalb eines Bundes-

WIE FINDEN WIR EINEN GUTEN NACHHILFELEHRER?

? *Unser Ältester, siebte Klasse, hat große Probleme in Mathe. Wir wollen ihm gern Nachhilfe geben lassen. Wie finden wir einen guten Lehrer?*

! Sie sollten zunächst versuchen, das Problem innerhalb der Schule zu lösen. Fragen Sie einen Lehrer aus der Oberstufe oder von einem anderen Gymnasium, ob er eine Art Patenschaft für Ihren Sohn übernehmen will. Aber auch Oberstufenschüler sind oft gut geeignet. Sie können in der Regel gut erklären, weil sie selbst noch genau wissen, wo die Probleme auftauchen.

Es muß aber gar nicht in jedem Fall Einzelunterricht sein. Vielen Schülern helfen auch schon sogenannte Förderkurse oder Nachhilfegruppen. Ideal ist es, wenn Lehrer oder Elternbeirat so etwas innerhalb der Schule auf die Beine stellen. Sie können sich aber auch an Organisationen wie Volkshochschule oder Wohlfahrtsverbände wenden. Wenn es dort noch keine Nachhilfe gibt, regen Sie welche an.

Von Nachhilfe-Instituten ist eher abzuraten. Nach Meinung der „Aktion Bildungsinformation" in Stuttgart arbeiten viele von ihnen unseriös. Eltern müssen Verträge über zwölf Monate oder länger ohne ordentliche Kündigungsfristen unterschreiben. Solche Laufzeiten sind jedoch meist unsinnig. Nachhilfe soll ja nicht zur Dauereinrichtung werden.

Je nachdem, wer die Nachhilfe erteilt, kann eine Stunde zwischen 15 Mark (Schüler) und 50 Mark (Lehrer oder Nachhilfe-Institut) kosten.

Weitere Informationen enthält das Merkblatt „Ratschläge bei Nachhilfe", das die Aktion Bildungsinformation e.V. (Alte Poststraße 5, 70173 Stuttgart) gegen 3 Mark in Briefmarken verschickt.

landes kann das manchmal Probleme bringen. Zieht eine Familie von Nord- nach Süddeutschland (oder umgekehrt), sollten die Eltern sich unbedingt darauf einstellen, daß die schulischen Leistungen zunächst abfallen.

- Es gibt Familienprobleme, etwa weil die Eltern sich trennen wollen, weil die beste Freundin weggezogen oder ein naher Verwandter gestorben ist. In solchen Situationen ist es für ein Kind schwer, Hausaufgaben zu machen, ohne daß ständig die Gedanken abschweifen. Jetzt kann es jemanden gebrauchen, der ihm hilft, konzentriert bei der Sache zu bleiben.
- Das Kind hat in der Schule Probleme, weil immer wieder Stunden ausfallen und es mit ständig wechselnden Aushilfslehrern schlecht zurechtkommt. Hier muß Nachhilfe einen Teil des Unterrichts ersetzen.

Nachhilfe nützt wenig, wenn ein Kind mit der Schule überfordert ist. Wer beispielsweise schon in der fünften Klasse im Gymnasium ausschließlich Vieren und Fünfen in den Hauptfächern schreibt, ist möglicherweise auf der falschen Schule. Dann sollten die Eltern überlegen, ob es nicht besser wäre, ihr Kind auf eine Schule mit anderen Anforderungen wechseln zu lassen. Bei manchen Schülern hilft es auch, eine Klasse zu wiederholen.

Auf jeden Fall sollten Eltern, bevor sie sich für Nachhilfe entscheiden, mit dem Klassenlehrer reden. Nur so können sie herausfinden, wo mögliche Ursachen für die schlechten Noten liegen. Liegt etwa eine Teilleistungsstörung (Rechen- oder Lese-Rechtschreibschwäche) vor, hilft normaler Nachhilfeunterricht nicht weiter. Da ist gezielte Förderung nötig.

Generell kann man sagen: Nachhilfe sollte immer nur vorübergehender Natur sein. Wenn sich die Leistungen eines Schülers auch nach mehreren Monaten Zusatzunterricht nicht spürbar bessern, zeigt dies: Hier wird das Kind permanent überfordert.

☐ Siehe auch *Computer, Legasthenie, Lernen, Lernhilfen, Schule, Schulprobleme*

Nägelkauen

Knabbern an den Fingernägeln ist eine Leidenschaft, der jedes dritte Kind irgendwann einmal nachgibt. Während der Pubertät, sagen Experten, sind sogar 45 Prozent Nagelbeißer. Psychologen bezeichnen es als Leerlauf-Handlung, eine Angewohnheit, die bei verschiedensten Anlässen auftreten kann und eine gewisse Befriedigung und Entlastung mit sich bringt. Experten zählen das Nägelkauen zu den Verhaltensstörungen.

Oft beginnt die Angewohnheit bereits im Alter zwischen vier und sechs Jahren. Sie kann bis zum zehnten Lebensjahr zunehmen, mit zwölf einen Gipfel erreichen und irgendwann im Jugendalter wieder aufhören. Von den 35 Prozent der Kinder, die irgendwann einmal Nägel gekaut haben, sind etwas mehr als die Hälfte Jungen.

Nicht immer müssen Eltern eingreifen, wenn ihr Kind zu nagen beginnt. Kaut es nur ab und zu an den Fingernägeln (oder zupft an den Nagelhäutchen herum) und wird das Nagelbett dabei nicht verletzt, dann können Eltern getrost ein Auge zudrücken. Gelegentliches Nägelkauen ist meist nur eine Angewohnheit. Solche Angewohnheiten müssen auch gar nicht immer tiefere Ursachen haben. Solange das Kind nicht unter dem Aussehen seiner Nägel leidet, sollten Eltern die Nagerei nicht weiter beachten und ihr Kind auf keinen Fall ständig ermahnen.

Knabbert es allerdings exzessiv und beißt es den Nagel so weit ab, daß das Nagelbett verletzt wird, anschwillt und Entzündungen entstehen, verändert das die Situation. Dieses Nägelbeißen bereitet Schmerzen und hat etwas Selbstverletzendes und Aggressives. Wenn es ein vorherrschendes Verhalten ist, das von dem Kind zwanghaft ausgeübt wird und nicht mehr kontrolliert werden kann, müssen sich Eltern Gedanken über die Ursachen machen.

Sie reichen von Mißerfolgserlebnissen daheim und in der Schule über aufgestaute Angriffslust bis zu übergroßer

Nervosität. Einige Psychoanalytiker und Psychologen glauben, daß nur Menschen an den Nägeln kauen, deren Bedürfnis nach Liebe und Zuwendung, Verständnis und Anerkennung nicht ausreichend befriedigt wurde.
Typische Auslöser können die Geburt eines Geschwisters, Schulnöte, Trennungsprobleme bei Scheidungen und Krankenhaus-Aufenthalte sein. Das Kind zieht sich aus einer Situation, mit der es nur schwer zurechtkommt, zurück und beschäftigt sich mit sich selbst. Diese Beschäftigung beruhigt – auch, wenn es hinterher weh tut.
Für Eltern gibt es zwei Möglichkeiten, ihrem Kind zu helfen und ihm exzessives Nägelbeißen abzugewöhnen. Erstens: Die Probleme des Kindes müssen erkannt und, so gut es geht, gelöst werden. Zweitens: Eltern müssen ihrem Kind helfen, die Enttäuschung oder Anspannung zu verarbeiten.
Oft kann schon die geduldige Zuwendung der Eltern helfen, das Selbstwertgefühl eines Kindes zu stärken, ihm die Angst vor Versagen oder Ausgeschlossensein zu nehmen.
Selbst wenn sich das Problem – Ärger mit einem Lehrer oder mit Freunden, Neidgefühle oder Eifersucht – nicht sofort lösen läßt, gibt die Unterstützung der Eltern dem Kind Kraft, eher mit Frustrationen fertig zu werden.
Dem Kind gegen seinen Willen das Nägelkauen abzugewöhnen ist in den meisten Fällen unmöglich – das zeigt die Erfahrung von Eltern, Psychologen und Ärzten. Drohungen helfen wenig und setzen den Nägelbeißer nur unnötig unter Druck (auf den er vielleicht erst recht mit Nägelbeißen reagiert).
Viele Kinder wollen oft erst dann längere Fingernägel, wenn sie von Gleichaltrigen gehänselt werden oder ihre eigene Eitelkeit – meistens in der Pubertät – erwacht.

☐ Siehe auch *Verhaltensstörung, Zuwendung*

TIPS GEGEN DAS NÄGELKAUEN

- Wenn ihr Kind mitmacht, können Eltern mit einem kleinen Trick nachhelfen. Zuerst wird ein Finger mit einem Pflaster umklebt, damit der Nagel darunter wachsen kann. Ist dieser Fingernagel erst mal lang, ist das oft ein Anreiz, auch die anderen wachsen zu lassen.
- Da Nägelkauen meist unbewußt geschieht, hilft es in manchen Fällen, dem Kind nach der Schule oder abends zu Hause einen Zwirnhandschuh anzuziehen. Greift es damit zum Mund, wird es unwillkürlich daran erinnert, daß es ja nicht mehr an den Nägeln kauen wollte. Voraussetzung ist, daß das Kind damit einverstanden ist.
- Manchmal ist die „Therapie" sogar noch einfacher, denn gelegentlich sind nicht seelische Probleme, sondern abstehende Hautfetzchen und rissige Nagelkanten der Grund fürs Nägelbeißen. Der Nägelkauer beseitigt dann nur das, was ihn stört. Allerdings mit der Folge, daß er durch sein Herumkauen ständig neue Verletzungen, Fetzchen und Häkchen produziert. Wird das Kind mit dem Gebrauch einer Nagelfeile vertraut gemacht und zur systematischen Nagelpflege ermuntert, verschwindet die Angewohnheit oft in wenigen Wochen.

P

Pflichten

Spätestens wenn Kinder in die Schule kommen, merken sie, daß es im Leben Pflichten gibt, also Dinge, die erledigt werden müssen, z. B. täglich zum Unterricht zu erscheinen und Hausaufgaben machen.
Zu Hause dagegen werden viele Mädchen und Jungen von Pflichten weitgehend verschont. Daß Sechsjährige auch den Tisch decken oder die Spülmaschine einräumen, ist keineswegs selbstverständlich. Nicht wenige Pädagogen finden, es grenze an Verwöhnung, wenn Schulkinder im Haushalt keine Aufgaben übernehmen müssen.
Viele Eltern sehen die Notwendigkeit, ihr Kind beim Geschirrabwaschen, Müllwegbringen oder Aufräumen mithelfen zu lassen – diese Mithilfe beim Nachwuchs auch durchzusetzen kostet allerdings Nerven. Denn je älter Kinder werden, desto mehr empfinden sie Hausarbeit als Zumutung. Ehe sie stundenlang Reden halten, greifen viele Eltern deshalb lieber selbst zu Staubtuch und Putzschwamm.
Etwa um das sechste Lebensjahr herum sollten Eltern ihren Kindern aber kleine Aufgaben übertragen. Wichtig ist das aus zwei Gründen: Zum einen müssen Kinder lernen, daß es ein Gebot der Fairneß und Rücksicht ist, sich in der Familie gegenseitig zu entlasten. Nur so kann das Zusammenleben auf Dauer friedlich und harmonisch verlaufen. Zum anderen bieten die kleinen Beiträge Kindern notwendige Erfolgserlebnisse. Folgende Regeln helfen, damit die guten Vorsätze der Eltern nicht an der Realität scheitern:

- **Man sollte die Kinder mitbestimmen lassen.** Am besten besprechen alle Familienmitglieder gemeinsam, wer welche Aufgaben zu erledigen hat. Gut ist eine Liste mit sämtlichen anfallenden Arbeiten. Meist staunen besonders die Kinder, wie viele Kleinigkeiten zu erledigen sind. Das hilft ihnen zu verstehen, warum auch sie ihren Teil dazu beitragen müssen, damit die Firma Familie gut läuft.

Sechsjährige sollten nicht länger als 15 Minuten täglich eingespannt sein. 16jährige können dagegen schon eine Stunde Hausarbeit bewältigen. Allerdings sind das Orientierungswerte. Manchmal schafft ein Teenager sein Pensum nicht, weil er gerade für die Schule büffeln muß. Auch wenn ein Kind regel-

DAS KIND FÜR HAUSARBEITEN BEZAHLEN?

? Mein Sohn, 11, will sein Taschengeld aufbessern und hilft deshalb oft im Haushalt. Ich frage mich allerdings, ob es fürs Staubsaugen und Küchewischen tatsächlich Geld geben sollte.

! Ihre Bedenken sind nicht ganz unberechtigt, denn eigentlich ist es ja selbstverständlich, daß auch die Kinder in der Familie Aufgaben haben – und sich nicht einfach bedienen lassen. Wer seine Tochter oder seinen Sohn fürs Zimmer-Aufräumen und Spülmaschine-Leeren bezahlt, muß sich nicht wundern, wenn das Kind irgendwann nichts mehr ohne Geld macht.
Anders liegt der Fall, wenn es sich um einmalige Aktionen handelt. Wenn Ihr Sohn Ihnen beispielsweise zwei Nachmittage lang beim Frühjahrsputz hilft und dafür das Fußballtraining sausen läßt, können Sie das mit zehn bis 20 Mark anerkennen. Eine andere Idee wäre, ihm beim nächsten Stadtbummel einen Wunsch zu erfüllen: eine CD oder ein besonderes T-Shirt. Natürlich gilt das nur, wenn Ihre finanziellen Verhältnisse dies zulassen.

mäßig Sport treibt oder ein Musikinstrument lernt, ist das zu berücksichtigen. Ganz befreien von der Hausarbeit sollte man Kinder aber auch dann nicht.

● **Die Eltern sollten ihr Kind nicht zu oft kritisieren.** Erwachsene erledigen die meisten Aufgaben schneller und gründlicher. Vor allem packen sie sie fast immer anders an als Kinder. Aber Vorsicht! Ein Kind hat nur Freude an seinen Aufgaben, wenn es nicht ständig gesagt bekommt, wie es was zu tun hat. Übersehen Sie deshalb geflissentlich, wenn nach dem Wischen noch etwas auf dem Küchentisch klebt. Nicht Perfektion zählt, sondern daß ein Kind regelmäßig hilft.

● **Kleine Hilfsdienste zwischendurch zu verlangen sollte man sich möglichst verkneifen.** Haben Eltern sich selbst zuviel vorgenommen, geraten sie leicht in Versuchung, ihr Kind für Handlanger-Arbeiten einzuspannen: „Leer mal den Mülleimer!“ oder „Hol mal schnell Backpulver im Supermarkt!“ Meist reagieren Kinder mit Protest, besonders, wenn sie mitten in einer anderen Beschäftigung sind. Denn sie wollen genausowenig wie Erwachsene plötzlich alles stehen und liegen lassen.

Aber selbst wenn Eltern ihre Kinder mit Fingerspitzengefühl zum Mithelfen anregen, läßt der Erfolg oft auf sich warten. Kinder vergessen einfach auch vieles – nicht aus Böswilligkeit, sondern weil sie andere Dinge im Kopf haben. Eine simple, aber wirkungsvolle Hilfe: Merkzettel mit Symbolen aufhängen und dem Kind zunächst solche Aufgaben anvertrauen, die es nicht so leicht vergessen kann. Etwa das Tischdecken, denn ohne Teller kann man nicht anfangen zu essen. Neben der Vergeßlichkeit gibt es ein weiteres Hindernis. Wie oft hören Eltern „Ich habe jetzt keine Zeit“ oder „Ich mag jetzt nicht“. Wer das aber dem Kind von vornherein als Faulheit und Lustlosigkeit ankreidet, kann ihm unrecht tun.

Putzmunterer Helfer: Manche Hausarbeiten machen sogar Spaß. Welche, das findet man nur durch Ausprobieren heraus

WIE KINDER HELFEN KÖNNEN

Ab fünf Jahren:
In diesem Alter können Kinder kürzere Zeit konzentriert mitarbeiten: Spülmaschine ausräumen, Tisch decken und abräumen, Geschirr einräumen, Einkaufstaschen tragen helfen, Waschbecken putzen, Wäschestücke zum Aufhängen reichen, Kleidung zusammenfalten und über einen Stuhl legen.

Ab sechs, sieben Jahren:
Von Schulbeginn an können Kinder in ihrem eigenen Bereich für Ordnung sorgen. Außerdem: Böden kehren, Blumen gießen, Handtücher zusammenlegen, Spülmaschine einräumen.

Ab acht Jahren:
Frühestens ab diesem Alter kann man Kindern eine Aufgabe für mehrere Tage anvertrauen: Staubsaugen, Schuhe putzen, Haustiere füttern, Blumen umtopfen, einkaufen, Koffer packen, Post aus dem Briefkasten holen, Müll und Flaschen entsorgen.

Ab neun Jahren:
Wäsche in den Schrank einordnen, Frühstück machen, beim Kochen und Backen helfen, Tierkäfig reinigen, auf Geschwister aufpassen, Küchenmaschinen bedienen, selbständig telefonieren, bei Festvorbereitungen mithelfen.

Möglicherweise ist es tatsächlich gerade mit etwas beschäftigt, das ihm sehr wichtig ist – und sei es auch „nur" schmökern oder Musik hören. Eltern, die sich darüber hinwegsetzen, signalisieren ihrem Kind: Wir nehmen deine Interessen nicht ernst, unsere sind viel bedeutungsvoller. Das untergräbt auf Dauer sein Selbstwertgefühl.
Manche Kinder sind allerdings nie in der Stimmung zu helfen. Sie müssen erst langsam lernen, daß im Leben nicht immer das Lustprinzip gilt, sondern daß man Dinge aus den unterschiedlichsten Gründen erledigt: aus Sympathie z. B. den Kuchen backen, aus Rücksicht das Frühstück zubereiten, weil die Eltern schlecht geschlafen haben, aus Notwendigkeit die Spülmaschine einräumen, weil kein sauberes Geschirr zur Verfügung steht.
Es sollte eigentlich nur einen Grund geben, ein Kind völlig aus seinen kleinen Pflichten zu entlassen: wenn es krank ist. Ansonsten wird es durch ein wenig Hausarbeit kaum aus dem Gleichgewicht gebracht. Im Gegenteil: Mitzuhelfen, daß der Familienalltag reibungslos funktioniert, gibt Kindern das Gefühl, wichtig zu sein. Und jede bewältigte Arbeit ist ein Schritt in die Selbständigkeit.
☐ Siehe auch *Familienkonferenz, Geldverdienen, Konsumverhalten, Selbständigkeit, Verwöhnen*

Pubertät

Irgendwann zwischen elf und 16 Jahren geht es los: Der Körper verändert sich, die Hormone stellen sich um, die Haare färben sich grün, das Kinderzimmer mutiert zur Wohngrotte, die Musik dröhnt lauter – aus Kindern werden Jugendliche. Um herauszufinden, wer sie sind und was sie wollen, versuchen viele Jugendliche zunächst einmal, sich selbst zu spüren. Äußerlich aufzufallen hilft ihnen dabei. Es gibt ihnen das Gefühl, wahrnehmbar, vorhanden zu sein.
Und die Eltern fühlen sich ins Trotzalter zurückversetzt, wenn ihnen bei jedem Vorschlag ein „Nein" entgegengeschleudert wird, wenn kein Tag ohne Krise vergeht. Wie das Trotzalter ist die Pubertät eine Phase der Ablösung von den Eltern.
Wobei es bei den Teenagern höchst widersprüchlich zugeht: Einerseits setzen sie den Eltern Widerstand entgegen, wo es nur geht. Andererseits suchen sie deren Autorität.
Politische, religiöse, ethische Themen – alles kommt jetzt auf den Tisch. Die Eltern sollten nun klare Standpunkte beziehen und trotzdem in der Lage sein, ihr Kind mehr und mehr loszulassen.
Ein ganz entscheidendes Wort für Heranwachsende heißt

Straßen-Clique: In der Pubertät spielen Gleichaltrige meist schon eine wichtigere Rolle als die Eltern

Freiheit. Freiheit, eigene Entscheidungen zu treffen und (wegen oder trotz dieser Entscheidungen) anerkannt und ernst genommen zu werden.

Erwachsene sollten ihren Töchtern und Söhnen deshalb mehr und mehr Freiräume zugestehen, raten Experten. Sie sollten dabei auf Gebieten anfangen, die ihrem Kind wichtig sind, ihnen selbst aber nicht wirklich weh tun, z. B. mit der Kleidung. Hier Großzügigkeit zu üben zahlt sich aus. Heranwachsende fühlen sich dadurch ernst genommen.

Ganz langsam ändern sich die Machtverhältnisse in der Familie. Plötzlich sind es nicht mehr die Eltern allein, die sagen, was gemacht wird. Die Jugendlichen erobern sich immer mehr Bereiche, in denen sie allein entscheiden oder in denen sie sich vielleicht den Rat der Eltern anhören, aber dann doch dem Tip der Freundin folgen.

Das verkraftet nicht jede Mutter, jeder Vater gleich gut. Einige erleben es als Verlust von Macht und Einfluß, sie fürchten, daß ihre Kinder sie vor der Zeit verlassen.

Eltern sollten es andersherum betrachten: Daß die Jugendlichen anfangen, sich eine eigene Welt aufzubauen, ist ein Zeichen für eine gesunde, positive Entwicklung. Und die Selbständigkeit ihres fast erwachsenen Kindes bedeutet auch für Mütter und Väter selbst mehr Freiheit: Sie müssen sich nicht mehr um alles kümmern.

Erklären, diskutieren, abwägen, Kompromisse schließen – das ist in dieser Zeit das tägliche Brot. Anders geht es auch gar nicht. Denn starre Gesetze darüber, was ein Jugendlicher wann und wo darf oder muß, lassen sich nicht aufstellen. Jede Familie muß ihre eigenen Regeln finden, muß ganz persönlich ausdiskutieren, wie aufgeräumt ein Zimmer sein muß, wie laut die Musik gespielt wird und zu welcher Zeit.

Dabei müssen sich Eltern genau darüber im klaren sein, wo sie den Spielraum für die Jugendlichen erweitern und wo sie Grenzen setzen wollen, beispielsweise beim Nachhausekommen nach einer Party. Dem Alle-anderen-dürfen-auch-länger setzen Eltern schnell ein Aber-du-bist-um-Mitternacht-zu-Hause entgegen.

Bei den Jugendlichen kommt das als starrer Grundsatz an, dabei geht es den Eltern meist nicht um Pünktlichkeit, sondern um Sicherheit. Wenn Eltern ihre Wünsche und Forderungen nicht haarklein begründen, denken die Heranwachsenden nur: „Die gönnen mir wieder nichts."

Pubertierende Jugendliche schwanken oft zwischen maßloser Selbstüberschätzung („Ich kann alles, mir passiert nichts!") und kläglicher Hilflosigkeit („Ein Pickel! So gehe ich auf keinen Fall aus dem Haus!").

In dieser Zeit kommt es entscheidend auf die Standhaftigkeit und gleichzeitig die Gelassenheit der Eltern an. Je weniger Aufstand man um die Launen seiner pubertierenden Kinder macht, desto besser.

Starke Stimmungsschwankungen, ablehnende, beleidigende Sprüche sind meist nicht persönlich gemeint, sie richten sich oft weniger gegen Vater oder Mutter als gegen die Erwachsenen schlechthin. Einerseits ärgern sich 14jährige darüber, daß ihre Eltern – anders als sie selbst – alles immer so genau wissen und sich ihrer Sache immer so sicher sind. Andererseits brauchen sie auch Menschen, die wissen, was sie wollen, um sich an ihnen reiben zu können.

Auch wenn sie oft so tun, als wollten sie mit den „Alten" nichts mehr zu tun haben – Kinder in der Pubertät sind doch auf diskussionsfreudige Mütter und Väter angewiesen.

WORÜBER STREITEN JUGENDLICHE MIT IHREN ELTERN AM LIEBSTEN?

Laut Ergebnis einer Studie der Universität Konstanz geraten 12- bis 16jährige Mädchen und Jungen besonders bei folgenden Themen mit ihren Eltern aneinander:

- Aussehen und Kleidung
- Freunde und Freundinnen
- Kaufverhalten
- Politik
- Abendlicher Ausgang
- Glaubensinhalte
- Benehmen
- Schulleistungen
- Höhe des Taschengelds

(in der Reihenfolge ihrer Häufigkeit)

Drei Verhaltensweisen sollten Eltern unbedingt vermeiden:

- Ihrem Kind alles erlauben, sich um nichts kümmern. Das macht Jugendliche unsicher und weckt das Gefühl, den Eltern nicht wichtig zu sein.
- Sich anbiedern, den Berufs-Jugendlichen oder den „besten Freund" von Tochter oder Sohn spielen. Halt geben kann einem Jugendlichen nur, wer deutlich erfahrener und gefestigter wirkt.
- Die Welt mit Geboten und Verboten pflastern. Das bringt Jugendliche zu der Überzeugung, nicht erwachsen werden zu dürfen.

Am besten ist der Mittelweg: Stück für Stück den Spielraum erweitern, aber nicht zuviel. Und immer im Gespräch bleiben – keine Vorträge halten, sondern zuhören.

Eines sollten Eltern sich immer wieder ins Gedächtnis rufen:

Pubertierende Teenager sagen oft nicht, was sie meinen. Man sollte nicht jedes böse Wort auf die Goldwaage legen und bei all den abweisenden Gesten sich selbst nicht abwenden. Psychologen beobachten immer häufiger, daß sich Jugendliche nicht über zuviel Bevormundung beklagen, sondern über zuwenig Interesse der Eltern. Manche sehnen sich geradezu nach regelmäßigen gemeinsamen Mahlzeiten oder anderen Gelegenheiten, sich auszusprechen. Auch 14jährige Dauerstänkerer brauchen immer noch ein wenig Geborgenheit.

☐ Siehe auch *Klamotten, Sexualität*

Q

Quengeln

Den weinerlichen Tonfall, Mama-Gejammer mit gleichzeitigem Zupfen am Rockzipfel und „Ich-will-aber"-Genörgel kennen alle Eltern. Es nervt fürchterlich und ist garantiert immer dann zu hören, wenn man alle Hände voll zu tun hat. Bei Babys sind Quengelphasen oft das Zeichen für einen bevorstehenden Entwicklungsschub. Denn: Die geistige Entwicklung von Säuglingen verläuft nicht geradlinig, sondern in Sprüngen. Kurz vor so einem Sprung stehen die Kleinen unter großer seelischer Anspannung.

Das Bekannte ist langweilig geworden, sie wollen weiter, etwas dazulernen, Neues in Angriff nehmen. Aber dieses Neue überfordert sie noch, kann ihnen sogar angst machen. Und nicht immer klappt alles, was die kleinen Eroberer vorhaben. Das Baby kommt einfach nicht an seinen Schmusebär, kann den heruntergefallenen Schnuller nicht aufheben. Mehrere solche Mißerfolge hintereinander, und die gute Laune ist dahin.

Quengeln ist auch ein zuverlässiger Gradmesser für Müdigkeit und Langeweile. Kinder jammern herum, wenn sie so übermüdet sind, daß sie nicht zur Ruhe kommen können. Oder wenn es ihnen nicht gelingt, sich selbst mit etwas zu beschäftigen. In beiden Fällen können Eltern das nervige Gejammer abstellen, indem sie den Bedürfnissen ihres Kindes nachkommen, es beruhigen oder ihm eine Beschäftigung geben.

Es gibt jedoch Kinder, deren ganzer Grundton quengelig ist, die sich fast ständig mit Jammern in der Stimme mitteilen – nicht nur wenn sie müde sind. Diesem Dauerquengeln auf den Grund zu gehen lohnt sich.

Zum einen kann es sich um Kinder handeln, die nie richtig gelernt haben, Bedürfnisse zurückzustellen, die schon von klein auf mit Beachtung überschüttet wurden, die immer von irgend jemandem unterhalten und beschäftigt wurden. Diese Kinder sind uneingeschränkter Familienmittelpunkt und werden stets unleidlich, sobald sich mal keiner um sie kümmert. Sie müssen erst langsam und mühsam lernen, mit sich selbst etwas anzufangen und nicht beim ersten Anflug von Langeweile Mutter oder Vater auf die Nerven zu fallen. **Zum anderen, und diese Fälle kommen vielleicht häufiger vor, sind es Kinder sehr beschäftigter Eltern, für die Quengeln letzter Ausweg ist.** Beispiel ist eine Mutter, die drei Kinder zu versorgen hat und noch drei Stunden täglich Geld verdienen muß. Der Vater kommt abends gestreßt von der Arbeit und hat, bis die Kinder ins Bett gehen, auch nicht viel Zeit. Im Grunde heißt Quengeln hier nichts anderes als: „Ich bin auch noch da. Nimm dir ein bißchen Zeit für mich!"

Ältere Kinder, die noch häufig herumjammern, haben im Laufe der Zeit gelernt: Erst wenn ich lang und laut genug gemeckert habe, bekomme ich Aufmerksamkeit.

Nichts hilft hier besser als einige zusätzliche Portionen an Zuwendung. Leichter gesagt als getan, werden Mütter und Väter sagen, die beruflich sehr eingespannt sind bzw. sich einem kleinen Geschwisterchen widmen müssen.

Keine Sorge: Ein Quengelkind muß gar nicht stundenlang „bespielt" werden. Es reicht oft schon, sich zwischendurch wenigstens fünf Minuten **nur** fürs Kind zu nehmen, ohne Ablenkung, mit nichts anderem im Hinterkopf.

Mit etwas größeren Kindern kann man über das nervige Quengeln – in einer ruhigen Minute – auch schon vernünftig reden, vielleicht sogar eine Abmachung treffen: „Wenn du nur herumjammerst, ertrage ich das kaum, und ich kann gar nicht richtig hinhören. Wenn du mir aber klar und deutlich sagst, was du möchtest, reagiere ich sofort."

□ Siehe auch *Langeweile, Verwöhnen*

R

Rauchen und Trinken

Eigentlich, könnte man meinen, sind die Gefahren von Nikotin und Alkohol hinreichend bekannt. Kinder, die nicht zu Hause schon früh darüber aufgeklärt wurden, sehen spätestens in der Schule die abschreckenden Bilder von einem Raucherbein oder lernen, daß 2,5 Millionen Menschen in Deutschland nicht mehr von der Flasche loskommen. Und

doch wollen die meisten Jugendlichen eigene Erfahrungen machen: Knapp zwei Drittel aller Teenager haben schon mal geraucht. Ähnlich sieht es in Bezug auf den Alkohol aus: Zwischen ihrem zwölften und 16. Lebensjahr machen etwa 80 Prozent der Jugendlichen Erfahrungen damit, oft allerdings nur mit einem Gläschen Sekt innerhalb der Familie.
Woher kommt die Neugier? Jeder weiß doch, daß weder die ersten Züge an einer Zigarette noch das erste Bier oder der erste Wein wirklich schmecken.
Es geht weniger um Geschmack als um „Feeling": Beim Rauchen entsteht das Gefühl, endlich zur Welt der Erwachsenen zu gehören. Zwei neue Untersuchungen über die „Raucherkarriere" ergaben übereinstimmend: Für Jugendliche ist Rauchen vorrangig ein Teil des Sozialverhaltens. Gerade Kinder, die über kein sehr ausgeprägtes Selbstbewußtsein verfügen, demonstrieren mit Zigarette im Mund Unabhängigkeit und Stärke.
In der Clique verhilft Rauchen zu Ansehen. Es ist einerseits Symbol von Reife und eigenem Willen, andererseits jedoch Ausdruck von Konformität, von Einordnung in die Gruppe. Der Druck der Freunde setzt dabei offenbar wesentlich früher ein, als Eltern sich das träumen lassen. In Berlin etwa probieren 31 Prozent aller Schüler ihre erste Zigarette bereits im Alter von sechs bis neun Jahren. Unter 13jährigen Düsseldorfer Schülerinnen und Schülern rauchen gut neun Prozent der Jungen und fast sechs Prozent der Mädchen. Die Jugendlichen wissen, wie schädlich Rauchen ist. Daß sie dennoch qualmen, begründen sie so: Die Zigarette schmeckt, lenkt von Problemen ab, bringt Anerkennung oder beruhigt. Bei den rauchenden 13jährigen Mädchen und Jungen in Düsseldorf wurde zu Hause häufiger geraucht als bei den nichtrauchenden.
Übrigens: Die meisten Schulkinder gaben an, mit dem Rauchen wieder aufhören zu wollen. Pädagogen und Ärzte versuchen deshalb zu verhindern, daß die jungen Leute mit dem Rauchen überhaupt beginnen. Mit gezielter Aufklärung und Unterrichtsprogrammen, sagen Fachleute, gelinge es immerhin, etwa ein Drittel der potentiellen Raucherinnen und Raucher vom Griff zur Zigarette abzuhalten.
Nichtrauchende Eltern rauchender Teenager können nur so viel tun: Sie sollten versuchen, ihrem Kind in einer ruhigen Minute zu vermitteln, daß es von Selbstbewußtsein zeugt, wenn man nicht immer tut, was alle tun. Vielleicht erzählen sie ihm von ihren eigenen Rauchversuchen. Und warum sie damit wieder aufgehört haben (weil die Zigaretten nicht geschmeckt haben, weil das Rauchen zu teuer war, oder sie immer öfter außer Puste kamen). Es ist auch in Ordnung, mit seinem Kind auszuhandeln, daß zu Hause nicht geraucht wird. Allerdings sollten Eltern hier nicht zu viel kriminellen Spürsinn entwickeln, also nicht ständig im Kinderzimmer Geruchsproben nehmen oder nach Kippen fahnden. Zu viel Kontrolle provoziert Trotzreaktionen.
Anders verhält es sich mit dem Alkoholkonsum. Im Gegensatz zur ersten Zigarette, die in der Clique geraucht wird, wird das erste Glas Wein, Sekt oder Bier meist in der Familie getrunken. Weil die meisten Mütter und Väter sich selbst – wenigstens gelegentlich – etwas gönnen.
Psychologen und Suchtexperten halten diese innerfamiliären und damit kontrollierten Kontakte mit der Alltagsdroge Alkohol für in Ordnung – wenn sie nicht zu früh geschehen und die Eltern ein paar Punkte beachten:

- Die Kinder müssen Alkohol als Genußmittel kennenlernen, als Essensbegleiter z. B. oder als Möglichkeit, etwas zu feiern – nicht als Tröster oder Beruhiger.
- Eltern und andere Verwandte sollten das erste Gläschen Sekt, Wein oder Bier so lange wie möglich hinauszögern. Ärzte würden es am liebsten erst mit 16 Jahren erlauben. Vor dem 14. Geburtstag sollten Eltern ihrem Kind aber keinesfalls etwas anbieten.
- Man sollte das erste Glas, das vielleicht an Silvester angeboten wird, gegenüber dem Jugendlichen als etwas Besonderes hervorheben. Und die Gelegenheit nutzen, noch einmal ausdrücklich auf die Gefahren hinzuweisen.
- Verbote haben nur wenig Sinn. Wenn Eltern merken, daß ihr Kind außerhalb der Familie Alkohol trinkt, sollten sie auf andere Weise Einfluß zu nehmen versuchen. Sie können beispielsweise schauen, auf welche Veranstaltung ihr Kind geht und was dort angeboten wird. Wenn bei Klassenkameraden gefeiert wird, hat man die Möglichkeit, sich mit den anderen Eltern in Verbindung zu setzen. Steigt das Fest im eigenen Haus, können Eltern ihre Hilfe bei der Vorbereitung anbieten, sich mit um Spiele oder andere Aktivitäten kümmern. Alkohol füllt ja oft eine gewisse Leere auf, auch bei privaten Festen.

□ Siehe auch *Entwöhnen, Pubertät, Sucht*

Reisen

Wandern in Österreich oder Südtirol, Baden in der heimischen Ost- oder Nordsee – so haben früher viele Kinder ihre Ferien verbracht. Heute liegen die Traumziele junger Eltern weiter weg. Besonders in den Wintermonaten, wenn Dunkelheit, Nässe und Kälte auf die Stimmung drücken, wächst die Sehnsucht nach Erholung im sonnigen Süden.
Aber kann man mit einem neun Monate alten Baby für vier Wochen nach Australien? Darf ein Zweijähriger mit auf die Malediven? Halten Fünfjährige eine Zwölf-Stunden-Fahrt an die französische Atlantikküste aus? Mit kleinen Kindern große Reisen zu machen hat durchaus Vorteile:
1. Die Reisekosten sind noch niedrig. Kinder bis zu zwei Jahren zahlen nur zehn Prozent des Flugpreises. Auch im Hotel gibt es oft hohe Ermäßigungen. Mit kleinen Kindern ist man nicht an Schulferien gebunden und kann deshalb auf die günstige Nebensaison ausweichen.
2. Kleinkinder sind sehr anpassungsfähig. In den ersten drei Lebensjahren brauchen Kinder vor allem ihre Eltern, um sich wohl zu fühlen. Ein spezielles Kinderprogramm oder Gleich-

altrige zum Spielen sind daher weniger wichtig für einen gelungenen Familienurlaub als bei etwas älteren Kindern. Solange sich Eltern an den Bedürfnissen ihres Kindes orientieren (Ruhephasen zum Schmusen und Spielen einplanen, Essenszeiten und einen festen Schlafrhythmus einhalten), wird ihr Kind zufrieden mit ihnen auf Reisen gehen.

Es sind die Kinderärzte, die die wachsende Reisebegeisterung mit Skepsis betrachten und vor möglichen Nachteilen warnen. Die Klima-Umstellung und die Gewöhnung an die neue Umgebung kann für Kinder in den ersten Lebensjahren sehr anstrengend sein. Zudem sind Kinder bei Fernreisen anfälliger für Krankheiten.

Damit der Urlaub mit Kind einigermaßen erholsam wird, empfiehlt es sich, einige Punkte zu beachten.

Die Reise selbst sollte vernünftig geplant werden. *Flüge* sind für kleine Kinder durchaus eine Belastung: Langes Warten inmitten fremder Menschen, die Enge und die mangelnde Bewegungsfreiheit in einem Passagierflugzeug, ungewohnte Ernährung sowie ein schneller Klima- und Zeitwechsel bedeuten schon für Erwachsene Streß. Babys oder Kleinkinder können dadurch völlig aus dem Gleichgewicht geraten, und manche reagieren dann z. B. mit wochenlangen Schlafstörungen. Deswegen sollte wenigstens der Transfer zum und vom Flughafen möglichst schnell und bequem gehen. Direktflüge sind Flügen mit Zwischenstopp trotz des höheren Preises vorzuziehen.

In den europäischen Süden fahren viele lieber mit dem *Auto*. Sie reisen so meist am billigsten und sind am Urlaubsort flexibel. Doch lange Fahrten können für Kinder zur Tortur werden. Damit sie nicht zu sehr leiden:

– Möglichst viele Pausen einlegen und lieber eine Übernachtung einplanen, als über 1000 Kilometer am Stück zu fahren.

– Genug zum Spielen einpacken: Malzeug, Bücher (wenn dem Kind nicht schlecht wird beim Lesen), Lieblingsspielsachen. Und sich schon vorher Spiele für die Fahrt wie z.B. Kennzeichen-Raten, Reimspiele oder ähnliches überlegen.

– Für ausreichend Essen und Trinken sorgen, möglichst Nahrungsmittel, die nicht schwer im Magen liegen und nicht zuviel Dreck im Auto verursachen.

– Darauf achten, daß die Kinder sicher und bequem sitzen, also an Nackenstützen zum Schlafen und an Sonnenschutz denken.

Wer in Europa unterwegs ist und es sich leisten kann, sollte sich nach Autoreisezügen erkundigen. Man kommt entspannt am Urlaubsort an, und die Kinder finden das Übernachten im Wohnzug interessant. Billig ist diese Variante leider nicht.

Die Gesundheit kann bei Reisen in den fernen Süden zum Problem werden: Je näher am Äquator das Reiseziel liegt, desto besser müssen Eltern ihr Kind vor Sonne schützen. Kinder reagieren auf Hitze empfindlicher und haben eine dünnere Haut. Kleine Kinder sollten sich möglichst im Schatten aufhalten. Sie brauchen Sonnenschutzmittel mit hohen Lichtschutzfaktoren und dürfen nie ohne Hut und T-Shirt unterwegs sein. Bei großer Hitze ist es wichtig, immer für genügend

KINDER ALLEIN VERREISEN LASSEN?

? *Mein Ex-Mann ist in eine andere Stadt gezogen, möchte unseren achtjährigen Sohn aber weiter regelmäßig sehen. Kann ich ihn allein zu seinem Vater reisen lassen?*

! Ob man ein Kind allein auf Reisen schicken kann, hängt davon ab, wie selbständig es sonst schon ist – und ob das Kind in eine fremde Umgebung fährt oder zu vertrauten Menschen. Generell kann man sagen: Vorschulkinder sollten noch nicht allein verreisen. Selbst wenn eine Stewardeß aufpaßt oder die Oma am Zielbahnhof steht, bedeutet es für die meisten Kinder einen Riesenstreß. Anders bei Schulkindern: Sie sollte man in ihrer Selbständigkeit fördern.

Wenn sich Ihr Sohn also die Reise zutraut und auch schon öfter bei Freunden übernachtet hat, können Sie mit ihm überlegen, wie Sie am besten vorgehen. Am sichersten ist es, wenn Ihr Sohn das Flugzeug nimmt, denn dort wird er vom Personal betreut. Das kostet in der Regel einen kleinen Aufpreis. Ihr Sohn sollte aber vorher schon einmal mit Ihnen oder dem Vater geflogen sein.

Wenn das Kind mit dem Zug fährt, ist es problematischer. Für einen Achtjährigen ist schon eine zweistündige Zugfahrt eine lange Zeit. Außerdem hat er keine ständige Aufsichtsperson. Gibt es viele Haltestellen, besteht die Gefahr, daß er falsch aussteigt. Eine Erleichterung wäre es, wenn Ihr Sohn bei der ersten Reise einen – vielleicht älteren – Freund mitnehmen könnte.

Flüssigkeitszufuhr zu sorgen. Außerdem müssen Eltern wissen, daß hohe Temperaturen und viel Sonne die Immunabwehr schwächen. Die Kinder werden also leichter krank.

Je südlicher und tropischer das Ferienziel, um so wichtiger ist deshalb eine gründliche Gesundheitsvorsorge. Spätestens sechs Wochen vor Urlaubsbeginn sollten Eltern mit ihrem Kinderarzt abklären, ob die Schutzimpfungen komplett sind. Zu den wichtigen Standardimpfungen gehören Diphtherie, Keuchhusten, Tetanus, Kinderlähmung, Masern, Mumps und Röteln. Je nach Reisegebiet empfehlen Tropenmediziner auch Impfungen gegen Gelbfieber, Typhus, Hepatitis A und Gehirnhautenzündung. Diese Impfungen werden auch von kleinen Kindern ganz gut vertragen. Aber nicht immer sind sie voll wirksam.

Am häufigsten kommt es unterwegs zu Magen-Darm-Erkrankungen. Sie entziehen dem Körper in kürzester Zeit viel Wasser und Salz. Also: Bei Wärme, Fieber und Durchfall braucht der Körper extrem viel Flüssigkeit!

Am Urlaubsziel müssen sich Eltern auch auf die Bedürfnisse ihres Kindes einstellen. Ein gelangweilter oder genervter Fünfjähriger kann ebenso wie ein muffeliger Teenager den ganzen Urlaub vermiesen. Mit Babys oder Kleinkindern ist ein reiner Erholungsurlaub kaum möglich, darüber sollte man sich von vornherein im klaren sein.

Aber auch von größeren Kindern können Eltern nicht erwarten, daß sie klaglos Museen und Kirchen besichtigen oder

Tageswanderungen mitmachen. Unmöglich ist so etwas nicht, aber wer auch als Erwachsener auf seine Kosten kommen will, muß sein Kind für die eigenen Interessen begeistern können. Erwachsene, die z. B. etwas von der Toskana mitbekommen möchten, sollten die alten Gemäuer durch spannende Geschichten lebendig machen und ihrem Kind davon erzählen, wie die Medici gelebt haben oder welche tollen Maschinen Leonardo da Vinci entworfen hat. Wenn sie durch die Hügel der Toskana wandern wollen, sollten sie sich vorher genau über mögliche Routen informieren. Wichtigste Regel für Wanderungen mit Kindern: Sie brauchen ein Ziel (z. B. ein schönes Picknick). Die Tour sollte durch eine abwechslungsreiche Landschaft führen (Wechsel von Wald, freier Fläche, Gewässern). Im Urlaub sollte jeder auf seine Kosten kommen. Deshalb ist es fair, wenn Kinder sich nach zwei Tagen Natur oder Kultur etwas wünschen dürfen, was ihnen Spaß macht, z. B. Baden oder einen Tag in einem Freizeitpark.

Rituale

Rodeoreiten auf Papas Rücken, wenn er heimgekommen ist, das Tischgebet vor dem Essen, die Gutenachtzeremonie vorm Einschlafen – das Familienleben ist voll von kleinen Angewohnheiten und Aktionen, die sich irgendwie eingebürgert haben, von Bräuchen, die der Familie heilig sind. Genau das ist die Bedeutung von „Ritual".

„Ordnungsliebe, wie Kinder sie verstehen und empfinden, ist etwas, das weit über den kalten und trockenen Begriff hinausgeht, den wir Erwachsenen uns davon machen", schrieb einmal die italienische Ärztin und Pädagogin Maria Montessori in ihrem kinderpsychologischen Klassiker „Kinder sind anders". Sie erzählt darin von einem kleinen Mädchen, das sich weigerte, sein Kinderzimmer zu betreten, nur weil ein Besucher einen gelben Schirm dort vergessen hatte. Erst als man herausfand, was der Grund für die Schreianfälle war, und den Schirm wegräumte, war die Kleine wieder beruhigt.

Die Kinderwelt hat sich in den Jahren, die seitdem vergangen sind, verändert. Familien leben anders, trennen sich, finden neu zusammen. Mütter sind berufstätig. Väter pendeln zur Arbeitsstelle, die Großeltern wohnen weit entfernt. Regelmäßige Mahlzeiten sind im Familienleben oft nicht immer vorgesehen, Schlafenszeiten werden schon mal verschoben, wenn der hektische Alltag es fordert.

Wer es dennoch schafft, den Alltag so zu organisieren, daß er regelmäßig abläuft, tut sich und seinen Kindern einen Gefallen. Denn Regelmäßigkeit hat nicht nur mit Regeln zu tun, sondern auch mit Vertrautheit:

Schon in ihrem ersten Lebensjahr erkennen Kinder Vertrautes wieder. Der Hochstuhl steht immer am gleichen Platz, die Schnuller liegen zuverlässig in der blauen Schachtel im Regal, vor dem Essen wünschen sich alle einen guten Appetit, nach dem Wickeln ist Schmusen mit Mama dran. Wenn ein Kind erfährt, daß sein Leben nach Grundmustern abläuft, dann kann es sich selbst auch leichter an Regeln halten.

Regelmäßigkeit und Wiedererkennbarkeit vermitteln einem Kind Sicherheit in einer Welt, in der es ständig dazulernen muß. Je sicherer es sich fühlt, desto positiver entwickelt es sich. Kreatives Chaos und Improvisation mögen für Erwachsene anregend sein, für kleine Kinder sind sie sinnlos. Sie verwirren sie nur.

Was neu ist, interessiert Kinder. Es strengt sie aber auch an. Sie müssen es einordnen in ihre kleine Welt, als Sicherheitsnetz dient dabei das Bekannte, das Altvertraute.

Wie sehr Sicherheit von festen Gewohnheiten abhängt, können Eltern an den Gutenachtritualen ihrer Kinder beobachten. Der Weg ins Bett ist immer auch ein Weg ins Ungewisse, ins Dunkle, in unbekannte Träume. Er wird erträglicher, wenn Mama und Papa Zauberküsse verteilen, etwas vorlesen oder beten, zusammen ein Lied singen, am besten alles in der richtigen Reihenfolge.

Einschlafrituale vermitteln kleinen Schläfern Zuversicht: Gestern hat es geklappt – Zauberkuß gekriegt, gesungen, gebetet und die Nacht gut überstanden, also wird es auch heute wieder klappen.

Natürlich müssen sich Eltern nicht immer sklavisch an eingespielte Bräuche halten. Wenn Mama oder Papa krank ist, auf Dienstreise oder abends eingeladen sind, dann geht es zur Not auch ohne. Mit Ausnahmen von den Regeln können Kinder gut leben.

Normalerweise entwickeln sich Rituale in der Familie von ganz allein: Eltern gönnen ihrem Kind die Zubettgeh-Zeremonie (wenn sie nicht stundenlang dauert), sie feiern Geburtstage und Weihnachten stets nach einem familieneigenen Ritus und verwenden individuelle Trostsprüche, um aufgeschlagene Knie oder wehe Bäuche zu heilen.

Fremde Bräuche nachzuahmen funktioniert meist nicht. Bloß weil die Nachbarn sich nachmittags immer so nett zusammensetzen, hat es keinen Sinn den Vier-Uhr-Kakao einzuführen, wenn die Hälfte der Familie dazu weder Zeit noch Lust hat. Rituale sollen keine starren Hülsen sein, sondern lebendiger Ausdruck des Familienlebens. Daher müssen sie aus dem Alltagsleben der Familie entstehen und sich von Zeit zu Zeit – mit zunehmendem Alter der Kinder – ändern.

Manchmal ist es jedoch auch sinnvoll, seinem Kind ganz bewußt ein Ritual zu schenken. Denn Psychologen wissen, daß kleine Bräuche nicht nur beruhigen, sondern auch regelrecht heilen können.

Da ist etwa der kleine Junge, der bei jeder Gelegenheit weinen mußte, für den jeder schiefe Blick im Kindergarten und jeder Sturz beim Spielen zur Krise wurde. Erst als der Vater auf Empfehlung eines Therapeuten seinem Sohn eine Münze überreichte, wurde es besser. Der Vater sagte seinem Sohn, er solle die Münze als eine Art Talisman ständig bei sich tragen. Mit diesem Mutmacher gewann der Sechsjährige zunehmend an Selbstbewußtsein.

So belanglos uns Erwachsenen dies erscheinen mag – wer sich

„Du sollst jetzt die Oma sein!" Mit Rollenspielen üben Kinder soziale Verhaltensweisen ein

bewußt so einen kleinen Ritus schafft, setzt etwas in Bewegung. Allein dadurch, daß man etwas tut, geht man gegen innere Widerstände an – und gewinnt so die Kraft, bestimmte Situationen zum Guten zu wenden.

□ Siehe auch *Einschlafprobleme*

Rollenspiele

Bevor Kinder ganz bewußt in die Haut eines anderen schlüpfen können, ahmen sie nach: Mit ein, zwei Jahren beginnen sie, Mama zu kopieren, indem sie ihrer Puppe den Löffel an den Mund halten, oder Papa, indem sie mit der Aktentasche an der Hand aus der Wohnung marschieren.

Erste Nachahmungsversuche machen schon Säuglinge: Viele ziehen die Augenbrauen hoch, sperren die Augen auf und strecken die Zunge raus, wenn man es ihnen vormacht.

Das Alter zwischen eineinhalb und drei Jahren ist die Hoch-Zeit des Nachahmens. Jetzt steht der kleine Sohn neben seinem Vater vor dem Spiegel und rasiert sich; die Tochter packt ihre Kindergarten-Tasche, um sich wie die Mutter für die Arbeit zu richten. Schon in diesem Alter verstehen es Kinder, sich in andere Menschen hineinzuversetzen, erahnen ihre Pläne, Wünsche und Gefühle.

Mit etwa vier Jahren haben Kinder bereits eine genaue Vorstellung von dem, was in den Menschen ihrer Umgebung vorgeht. Sie beschränken sich auch nicht mehr auf das reine Nachahmen, sondern spielen Szenen nach, die schon einige Zeit zurückliegen.

Wenn Kinder gemeinsam mit anderen in eine neue Rolle schlüpfen, sich also in ihrem Spiel auf andere Menschen beziehen, dann haben sie den Schritt vom Nachahmen zum Rollenspiel getan. Voraussetzung ist, daß sie sich ausdrücken können. Und sie müssen sich erinnern, was in welchen Situationen getan und gesagt wird und welche „Werkzeuge" man braucht.

Wenn Kinder in der Lage sind, Geschichten zu erzählen, bauen sie ganze Szenarien, die sie mit Freunden durchspielen. Vorbilder sind natürlich meist die Erwachsenen aus ihrer direkten Umgebung, auch große Geschwister oder deren Freunde. Je mehr Fernseherfahrung Mädchen und Jungen im Kindergarten- und frühen Schulalter haben, desto öfter schlüpfen sie auch in die Rollen ihrer Lieblingshelden, ob sie „Pumuckl", „Turtles" oder „Sailormoon" heißen.

Sowohl das Nachahmen als auch die Rollenspiele fördern die Entwicklung eines Kindes: Sie helfen ihm, in Kontakt mit anderen zu kommen, und sie bringen es dazu, sich in andere hineinzuversetzen und seine Umgebung zu verstehen.

Rollenspiele helfen aber auch dabei, die Regeln des Zusam-

menlebens einzuüben. Herauszufinden, wie man etwas erreicht und wann man an seine oder die Grenzen anderer stößt. Und weil Kinder nachspielen, was für sie besonders aufregend, schön oder schlimm war, sind Rollenspiele auch eine gute Möglichkeit, belastende Erlebnisse im Spiel zu verarbeiten und sich abzureagieren.
Wie häufig Kinder in fremde Rollen schlüpfen, hängt von ihrer Neigung und von ihren Erlebnissen ab. Zu fördern brauchen Eltern diese Art Spiel nicht. Aber mitmachen sollten sie gelegentlich – und ihren Kindern die Utensilien zur Verfügung stellen.
□ Siehe auch *Spielzeugwaffen, Vorbilder*

S

Sauberkeitserziehung

Das windellose Kind gilt oftmals als Beleg für eine erfolgreiche Erziehung, Probleme mit der Sauberkeit dagegen werden als Nachweis für das Versagen von Eltern und Kind gewertet.
Manchmal sind es Mütter selbst, die mit der Frage nach dem Topf eine Art Wettstreit untereinander eröffnen. Häufiger drängeln Großmütter, Tanten oder ältere Nachbarinnen: „Meine waren schon mit einem Jahr sauber!" Dieser Satz klingt vielen jungen Müttern wie eine Drohung.
Dabei erreicht man mit Drängen gar nichts. Wissenschaftler wissen längst: Den richtigen Zeitpunkt für Topf oder Toilette bestimmen die Kleinen selbst.
Wie beim Krabbeln, Laufen und Sprechen hat jedes Kind auch für seine großen und kleinen Geschäfte einen eigenen Zeitplan. Und der sieht bei den meisten Kindern vor, daß sie irgendwann zwischen zwei und vier Jahren keine Windel mehr brauchen.
Eine Untersuchung der Verhaltensbiologin Dr. Gabriele Haug-Schnabel aus dem südbadischen Kandern belegt, was Eltern oft nicht glauben können: Kinder, die eine strenge Sauberkeitserziehung mit regelmäßigem Topfangebot, Erinnern und nächtlichem Wecken durchmachen, sind mit durchschnittlich 28 Monaten tagsüber trocken. Mädchen und Jungen, die keine spezielle Sauberkeitserziehung bekommen, aber die Möglichkeit haben, Eltern oder Geschwister beim Gang zur Toilette zu beobachten, brauchen genauso lang.
Die meisten Kinder werden erst sauber (gehen also fürs *große Geschäft* auf die Toilette) und dann trocken. Zunächst gelingt die selbständige Kontrolle tagsüber, nach einigen Wochen bis Monaten reicht auch nachts die Schlafanzughose.
Woran merken Eltern, daß ihr Kind es ohne Windel versuchen möchte?

PO-PUTZEN WILL GELERNT SEIN

Zwischen drittem und fünftem Geburtstag kommt der Zeitpunkt, an dem Kinder auf Privatsphäre in Klo und Bad bestehen. Damit die vorher von den Eltern garantierte Körperpflege dann nicht ein jähes Ende nimmt, sollte ein Kind bis dahin gelernt haben, sich selbst sauberzuhalten. Doch wie bringt man ihm das bei?
Am besten, indem es bei seinen Eltern ein paarmal zuschaut. Durch Schauen und Nachmachen lernt der Sohn vom Vater, das Mädchen von der Mutter.
Die Intimregion verdient besondere Aufmerksamkeit. Denn schon bei kleinen Mädchen und Jungen lagern sich dort Sekrete aus Schweiß- und Talgdrüsen ab, die nicht nur riechen, sondern auch Infektionen begünstigen. Es ist deshalb wichtig, daß die Kinder sich angewöhnen, sich einmal täglich in der Schamregion sorgfältig zu waschen. Mädchen zwischen den Schamlippen, Jungen hinter der Vorhaut (Vorsicht! Die Vorhaut ganz behutsam zurückschieben, nur so weit, wie es geht und nicht schmerzt). Ideale Wasch-„Werkzeuge" sind die bloße Hand und klares Wasser.
Auch eine gute Toilettenhygiene sollte dem Kind in Fleisch und Blut übergehen:

- Nach dem Wasserlassen die Harnröhren-Öffnung mit Toilettenpapier trockentupfen.
- Nach dem Stuhlgang den Po von vorn nach hinten abputzen – das gilt vor allem für Mädchen. Sonst gelangen Darmkeime in die Scheide.
- Nach jedem Wischen das Papier wechseln.
- Nach dem „Geschäft", ob groß oder klein, immer die Hände waschen.

- Es macht deutlich, wenn die Windel voll ist. Es zeigt darauf und benennt den Inhalt in seiner Sprache.
- Es erledigt sein Geschäft nicht mehr unbemerkt, sondern verrät mit Mimik und Gestik, daß „es" passiert. Oft zieht es sich dazu in eine stille Ecke zurück.
- Die volle Windel ist ihm unangenehm, es will gewickelt werden.
- Es folgt Eltern und Geschwistern auf die Toilette und interessiert sich für das, was dort geschieht.
- Es will sich keine Windel mehr umbinden lassen.

Bevor Kinder diese Signale geben können, müssen sie einige

Entwicklungsschritte hinter sich gebracht haben. Sie müssen verstehen, daß Grummeln im Bauch und Druckgefühl auf der Blase mit ihren Ausscheidungen zusammenhängen. Sie brauchen Zeitgefühl, um rechtzeitig zu Topf oder Toilette zu gelangen. Und sie müssen ihre Darm- und Blasenmuskulatur sicher beherrschen.

Erst im dritten Lebensjahr sind die Nervenbahnen so ausgereift, daß die Schließmuskeln kontrolliert werden können. Nur wenn diese Bedingungen erfüllt sind, ist das Kind überhaupt fähig, auf die Windel zu verzichten. Wer zu früh mit der Sauberkeitserziehung beginnt, erreicht deshalb oft das Gegenteil dessen, was er sich erhofft hat. Viele wissenschaftliche Studien beweisen, daß Schulkinder mit einem Einnäß-Problem meistens sehr früh, nämlich durchschnittlich mit 17,5 Monaten, von Erwachsenen auf den Topf gesetzt wurden! Dagegen war für Kinder, bei denen Bettnässen nicht vorkam, Topf oder Toilette erst mit zwei Jahren ein Thema.

Jede Mutter, jeder Vater hat vermutlich schon einmal die Erfolgsmeldungen anderer Eltern gehört, deren Kinder, kaum daß sie sitzen konnten, schon Topf oder Toilette benutzten. Doch was aussieht wie eine gelungene Sauberkeitserziehung, ist nur ein scheinbarer Erfolg. Es zeigt lediglich, daß diese Eltern den Rhythmus ihres Kindes beobachten und perfekt kontrollieren.

Auch wenn Drängeln in der Sauberkeitserziehung eher schadet als nutzt, völlig kommentarlos sollten Eltern diesen Entwicklungsschritt nicht vorbeigehen lassen. Kinder brauchen Aufmerksamkeit – auch bei ihren Bemühungen, die Windel loszuwerden.

So können Sie das Sauberwerden unterstützen, ohne Druck auszuüben:

- **Weil Kinder durch Nachahmung lernen, sollten Sie die Toilette nicht abschließen** – wenn Sie es aushalten, einen kleinen Zuschauer zu haben. Benutzen ältere Geschwister die Toilette, begreift das kleinere sowieso sehr schnell, wie es geht.
- **Lassen Sie Ihr Kind selbst entscheiden, ob es seine Sitzungen auf einem Topf oder auf der Toilette abhalten will.** Auf dem Topf findet es sicheren Halt, hat eine angenehme Sitzhöhe und kann gut beobachten, was da aus ihm herauskommt. Wenn es versteht, daß nur ein Rest ohne Verbindung zu seinem Körper weggespült wird, kann es mit diesem „Verlust" besser umgehen.

Wenn Ihr Kind lieber auf die Toilette gehen möchte, sollten Sie einen Ring für den Sitz anschaffen, der den kleinen Po hält. Viele Kinder fürchten sich vor dem großen Klo. Sie haben Angst, hinein- oder herunterzufallen. Nützlich ist deshalb auch eine Trittstufe, auf der die Beinchen sicheren Halt finden.

- **Ziehen Sie Ihr Kind so an, daß es schnell aus der Hose kommt,** also keine komplizierten Gürtelschnallen oder Latzhosen. Am besten kommen Kleinkinder mit Hosen zurecht, die einen Gummibund haben.
- **Bleiben Sie gelassen, wenn etwas danebengeht.** Die Zeit des Sauberwerdens fällt häufig in das Trotzalter. Deshalb sollten Sie es nicht auf Machtkämpfe ankommen lassen. Ein Zweijähriges entdeckt sehr schnell, daß die Mama es vielleicht auf den Topf zwingen kann – daß es über den Inhalt aber allein bestimmt!

□ Siehe auch *Bettnässen, Hygiene*

Sitzungsmarathon – und keiner weiß, was am Ende rauskommt

Scham

Die Frage, ob die Scham vor Nacktheit angeboren oder anerzogen ist, haben Wissenschaftler bis heute nicht eindeutig geklärt. Vermutlich meldet sie sich bei allen Kindern. Im Grunde beginnt die Geschichte bei Adam und Eva: Nachdem unsere Urahnen den verbotenen Apfel gegessen hatten, „gingen den beiden die Augen auf, und sie wurden gewahr, daß sie nackt waren". Prompt hefteten sie sich Feigenblätter vor den Bauch.

Nacktheit und Scham sind eng miteinander verbunden. Körperscham gibt es in allen Kulturen, auch bei den sogenannten „primitiven". Sie gehört offenbar zum Wesen des Menschen. Und sie hat nach Ansicht von Verhaltensforschern im Erwachsenenalter auch eine wesentliche Funktion: Das Schamgefühl und damit die Intimität des Geschlechtslebens verstärkt die Paarbindung der Menschen. Die Scham trägt dazu bei, die Zweierbeziehung zu stabilisieren.

Anfangs, im Paradies, waren Adam und Eva zwar nackt, aber sie „schämten sich nicht". Das taten sie

erst, als sie vom Baum der Erkenntnis gegessen hatten. Auch Kinder brauchen eine bestimmte Erkenntnis, um sich schämen zu können. Nämlich die, daß sie eigenständige Personen sind, nicht eins mit der Mutter. Denn man schämt sich ja nur, wenn es ein Gegenüber gibt.
Dieses Selbst-Bewußtsein haben die Kinder im Alter von 18 bis 24 Monaten erlangt. Doch erst wenn sie in ihrer Denkentwicklung eine bestimmte Stufe erreicht haben und Regeln des Miteinanders verstehen können, setzt die Scham ein. Das ist mit fünf bis sechs Jahren der Fall.
Ab diesem Alter kann es passieren, daß sich Kinder vor ihren Eltern nicht mehr so gern nackt zeigen. Nach dem Baden flitzen sie ganz schnell an Vater oder Mutter vorbei in ihr Zimmer, um sich dort unbeobachtet anziehen zu können. Später, vielleicht mit zehn oder elf Jahren, lassen sie keinen mehr ins Badezimmer.
Natürlich spielt auch die Erziehung eine wichtige Rolle. Intuitiv schränken die Eltern die Nacktheit ihrer Kinder im Laufe der Jahre ein. Sie bringen ihnen bei, daß man sich anzieht, wenn man spazierengeht, oder daß man nicht in der Öffentlichkeit an den Genitalien spielt. Und die Kinder beobachten ja auch, daß Mutter und Vater die Tür zumachen, wenn sie zur Toilette gehen, und angezogen sind, wenn Besuch kommt. Nacktheit, das merken die Kinder mit der Zeit, ist nicht die Norm. Sie ist etwas Privates. So wird Nacktheit vor anderen Menschen ein Grund, sich zu schämen. Und je weniger Nacktheit in einer Familie zugelassen wird, um so größer die Scham.
Aber es gibt auch Eltern, die Nacktheit selbst locker sehen und dennoch verwundert feststellen, daß ihr Kind sich plötzlich schämt. Kinder lernen ja nicht nur von ihren Eltern, sondern auch von anderen Menschen, die ihnen nahe sind. Vielleicht traut sich der Freund oder die Freundin nicht, sich vor anderen Kindern umzuziehen. Vielleicht ist die Erzieherin ein sehr genierlicher Typ.
Man sollte Scham nicht mit Verklemmtheit verwechseln. Eltern übersehen dabei leicht, daß die Scham in der kindlichen Entwicklung eine wichtige Funktion hat: Mit der Scham grenzen sich Kinder ab, markieren ihre Intimsphäre, denn Scham ist immer auch ein Rückzug, eine Suche nach Schutz. Wer nackt ist, der ist besonders verletzlich.
Deshalb lautet die Grundregel für die Eltern: Sie sollten die von den Kindern gesetzten Grenzen akzeptieren und respektieren. Sie sollten begreifen, daß die Kinder ein Recht auf einen Privatbereich haben, und dazu gehört eben auch das Körperliche. Die Kinder müssen ja auch die Grenzen der Eltern akzeptieren.
Also nicht ins Badezimmer platzen, obwohl das Kind deutlich zu verstehen gegeben hat, daß es das nicht will. Nicht am Strand dem Kind die Hose herunterziehen, wenn es das nicht mag. Damit verletzt man nur seinen Selbstrespekt.
Wenn die Eltern sich an die Regeln halten, erfahren die Kinder, daß nur sie selbst über ihren Körper verfügen dürfen, daß nicht jeder sie beobachten oder einfach anfassen darf – auch eine vorbeugende Maßnahme gegen sexuellen Mißbrauch.
Sind die Eltern jedoch wegen plötzlicher Schamhaftigkeit beunruhigt, können sie die Kinder ruhig fragen – ohne daraus eine peinliche Inquisition zu machen. Hilfreicher ist zum Beispiel die Frage: Wer darf denn noch zu dir ins Badezimmer? So können die Eltern die Regeln ihrer Kinder kennenlernen.
Nicht nur die eigene Nacktheit, auch die Nacktheit der Eltern kann die Kinder beschämen. Diese Nähe kann ihnen plötzlich unangenehm sein. Meist geschieht das erst zu Beginn der Pubertät, aber es kommt manchmal schon im Grundschulalter vor. Auch dies sollten Eltern respektieren.
Gibt es ein Zuviel an Scham?
Eigentlich nur dann, wenn sie durch Angst vor Strafe ausgelöst wurde. Im Alter von ein, zwei Jahren zeigen Kinder sehr gern ihren Körper. Wenn Eltern diesen natürlichen Exhibitionismus verbieten oder gar bestrafen, kann es passieren, daß Kinder Schamgrenzen nur aus Angst vor Sanktionen einhalten. Im ungünstigen Fall entwickelt sich daraus ein gestörtes Verhältnis zum eigenen Körper.
□ Siehe auch *Aufklärung, Doktorspiele, Pubertät, Sexualität*

Schenken

Weihnachten und Geburtstage können manchmal schrecklich sein. Entweder weil das Kind, das beschenkt werden soll, schon alles hat oder weil es sich alles wünscht.
Womit macht man Kindern wirklich eine Freude? Müssen Geschenke der Erziehung dienen, oder darf „Spielzeug-Sondermüll" sein, wenn er innig gewünscht wird?
Eltern, die sehen, wie die Regale im Kinderzimmer voller und voller werden, fragen sich das immer wieder. Zumal die Kinder längst nicht alles, was sich da angesammelt hat, auch wirklich benutzen.
Man kann vorher nicht sicher sein, ob die teure Burg mit den bunten Holzrittern zur großen Liebe des Sohnes wird oder ob er nur fünfmal damit spielt und statt dessen seinem kleineren Bruder eine Plastikbohrmaschine neidet, die beim Drehen Funken sprüht.
Kinderwünsche, wissen Entwicklungspsychologen, sind oft nicht deckungsgleich mit den Wünschen der Eltern. Kinder wollen nicht unbedingt die geschmackvollen Dinge. Auch ökologische Verträglichkeit und pädagogischer Wert spielen in ihrem Denken keine große Rolle.
Deshalb ist zu einer Geschenke-Mischung zu raten. Neben den Dingen, die Erwachsene den Kindern gern mitgeben möchten, die sie selbst für sinnvoll und schön halten, sollten die Kinder auch immer Sachen auspacken dürfen, die so richtig nach ihrem Geschmack sind.
Solange die Kinder noch kleiner sind, wechseln ihre Wünsche so schnell wie die Prospekte in den Zeitungen. Viele Päckchen

auszupacken ist für sie der Hauptspaß. Neben dem Hauptgeschenk sollten deshalb immer noch Kleinigkeiten unter dem Weihnachtsbaum liegen. Das kann ein Erdbeer-Radiergummi sein, eine Haarspange, ein Gummiball oder drei Knetstangen.

Größere Kinder haben oft Wünsche, die ihnen wirklich am Herzen liegen, die sie über Wochen und Monate immer wieder äußern. Solche Herzenswünsche sollten Eltern nicht einfach abtun – auch wenn sie das Geschenk für nicht ideal halten wie z. B. einen Gameboy. Für das Kind kann es ein echtes Anliegen sein. Nimmt man das nicht ernst, fühlt sich auch das Kind nicht ernst genommen.

Aber natürlich dürfen Eltern in so einem Fall auch mal Bedingungen stellen, etwa: Gameboy ja, aber nicht länger als eine Stunde am Tag.

Mit dem elektronischen Spielzeug ganz oben auf seinem Wunschzettel äußert das Kind ein Bedürfnis, das mehr ist als nur Bekämpfung von Langeweile mittels Computer. Es will dazugehören, auch so ein cooler Typ mit einem Gameboy vor der Nase sein.

Geschenke sind oft Statussymbole. Sie können hervorgeholt und herumgezeigt werden. Und wenn ein Kind nach seinem Geburtstag den Klassenkameraden endlich von „level drei" erzählen kann, meint es damit vielleicht auch: „Meine Eltern sind genauso toll wie eure, die schenken mir auch einen Gameboy."

Das heißt nicht, daß Eltern ihrem Kind jeden Wunsch erfüllen sollen. Bei vielen hört die Toleranz beispielsweise auf, wenn es um Kriegsspielzeug geht oder wenn die Wünsche die finanziellen Möglichkeiten der Familie sprengen. Nur sollte man sein Kind dann auch nicht vertrösten und sich nicht auf ein „vielleicht" einlassen.

☐ Siehe auch *Belohnen, Spielzeug, Spielzeugwaffen*

Schimpfen

Wenn Eltern ehrlich sind, erfüllt ihr Meckern, Poltern oder Nörgeln zwei Funktionen: Sie wollen das Verhalten ihres Kindes ändern, aber gleichzeitig drängt es sie, den eigenen Ärger loszuwerden.

Ganz ohne Schimpfen geht es in der Erziehung wohl nicht. Alle Eltern machen die Erfahrung, daß in normalem Ton vorgebrachte Bitten oder Aufforderungen bei ihrem Kind manchmal nicht ankommen. Es ist dann ein ganz legitimes Mittel, die Stimme anzuheben und vielleicht auch etwas schärfer zu formulieren. Man kann allerdings auch so schimpfen, daß am Ende alle sauer sind und sich trotzdem nichts ändert. Richtig schimpfen will also gelernt sein:

- **Ab und zu mal eine kleine Explosion ist in Ordnung, wenn sie wie ein Gewitter die Luft reinigt.** Wer seinen Ärger an seinem Kind entlädt, sollte aber aufpassen, daß er dabei nicht verletzend wird. Sich vor kleinen Kindern Luft zu

Wenn Eltern zu Erpr

Man kann nicht immer mit feinen Erziehungsmitteln arbeiten, findet ELTERN-Redakteur Oliver Steinbach. Hier schreibt er, worunter seine Kinder manchmal zu leiden haben

Ich sitze friedlich zu Hause an meinem Schreibtisch und lese – da plärrt es vom Flur her: „Hurra, hurra, der Pumuckl ist wieder da . . ." Kein Problem, denke ich mir, das geht vorbei.

Genau. Mit lautem Krachen fliegt die Kinderzimmertür zu, Pumuckl klingt erheblich gedämpft, und ich suche die Stelle im Buch, an der ich gerade unterbrochen wurde.

„Es lebe der Klabahahahauter", schrillt es auf einmal in Konzertlautstärke. „Mach den Recorder leiser, Kaspar!" rufe ich aus dem Zimmer. Pumuckls Stimme verstummt für einige Sekunden, wird lauter, wieder leiser, schwillt langsam an – bis mir der Kragen platzt: „Verdammt noch mal, macht jetzt dieses Ding aus. Sonst könnt ihr euch den Zoo heute nachmittag abschminken!"

Moritz, 2, Kaspar, 5, und Luise, 7 – die wunderbarsten Kinder der Welt – schaffen es regelmäßig, meine Frau und mich aus der Reserve zu locken. Und wir reagieren mit Kasernenhof-Ton oder Androhung von Sanktionen, mit Brüllen und Erpressung. Nur ein letztes bißchen Stolz ist uns geblieben, weil wir bis jetzt unsere Kinder auch im Affekt noch nicht geschlagen haben – selbst wenn es manchmal fürchterlich in der Hand juckte.

Manchmal ist unser Geschrei objektiv verständlich (siehe Pumuckl), manchmal weiß am Ende keiner mehr, womit der Krach eigentlich angefangen hat. Beispiel: das Drama um die Socke auf der Treppe.

Luise sollte den Strumpf auf dem Weg in ihr Zimmer aufheben und in den Wäschekorb werfen. Trotz der unmißverständlichen Bitte meiner Frau latschte unsere Tochter mindestens viermal an der Socke vorbei und tat, als hätte sie nichts gehört.

Es folgte ein Wortwechsel, in den ich mich auch noch einmischte, den ich hier aber nicht wiederholen möchte. Leider klappt bei Luise nicht mehr, was in solchen Fällen bei Kaspar und Moritz noch hilft: das drohende Zählen bis drei. Kurz und gut, es wurde immer lauter. Am Ende weinte Luise bitterlich, und wir waren stinksauer. Für den Rest des Tages fühlten wir uns alle mies.

Zu unserer Verteidigung muß ich sagen: Wenn wir wegen dieser Szene vor Gericht müßten – meiner Frau und mir wären mildernde Umstände sicher.

Luise und ihre Brüder lassen wirklich alles – Legosteine, Unterhosen, Keksreste – fallen, wo sie gerade stehen und gehen. Eigentlich hätten wir für unser Bemühen, wenig-

sern werden

stens Flur, Wohnzimmer und Küche begehbar zu halten, einen Orden verdient. Tatsache ist aber auch: Es lohnt nicht, sich wegen einer Socke den halben Tag zu verderben. Zum Schluß ging es für beide Seiten ohnehin nur noch um die Ehre. Luise wollte unserem Druck nicht nachgeben, und wir mußten konsequent bleiben. Ein Machtkampf ohne Gewinner.

Was bewirkt unser Geschimpfe und Gebrüll bei den Kindern?

Gemäßigtes Schimpfen und Drohen geht in das eine Ohr hinein und kommt aus dem anderen wieder heraus. Die Kinder gewöhnen sich so schnell daran, daß sie es bald nur noch als atmosphärisches Rauschen empfinden.

Explodiert dagegen einer von uns richtig (siehe Socke), tut den Kindern das weh. Im Grunde ist so ein Wutausbruch auch eine Art von Gewalt. Vielleicht nicht so schlimm wie Schläge, aber doch eine Erniedrigung. So etwas verhilft einem Kind nicht zur Einsicht, sondern schafft höchstens kurzzeitig Ruhe.

Eine andere Disziplinierungsmaßnahme, für die man im öffentlichen Leben ins Gefängnis kommen kann, ist da oft wirkungsvoller: die Erpressung. Erpressen kann immer nur derjenige, der am längeren Hebel sitzt, der über Kinderschokolade, Geld für Kettenkarussell-Chips oder mehr Körperkraft verfügt, kurz: zu 99 Prozent die Erwachsenen.

Erpressung ist pädagogisch fragwürdig, weil es sich um eine Machtdemonstration handelt. Mit den Grundprinzipien moderner Erziehung hat sie wenig zu tun.

Aber: Wer kommt schon ohne Erpressung aus? Ohne „Zieh dir jetzt die Schuhe an, oder du bleibst zu Hause", ohne „Wenn du nicht aufhörst, darfst du heute nicht länger aufbleiben" oder „Mach nur weiter so, und es gibt eine Woche lang keine Schokolade"?

Wir jedenfalls nicht. Besonders Kaspar reagiert zur Zeit selten auf freundliche Bitten, zarte Hinweise oder Ermahnungen. Es gibt kaum einen gutmütigeren Menschen als ihn, aber wenn bei ihm die Sicherungen durchbrennen und der GAU (Größter anzunehmender Unfug) bevorsteht, komme ich mit anderen Rezepten nicht weiter.

Meist versuche ich zunächst alles mögliche: Ich bitte ihn betont leise, sich zu beruhigen. Er hüpft über Sofa und Sessel.

Ich versuche, ihn abzulenken, indem ich ihm ein Memory-Spiel vorschlage. Kaspar robbt mit teuflischem Blitzen in den Augen an seinen friedlich spielenden Bruder heran.

Ich trage ihn ins Kinderzimmer (die von vielen Pädagogen empfohlene „Auszeit" wirkt als Beruhigungsmittel normalerweise gut). Eine Minute später steht er wieder da.

Jetzt hilft nur noch die Notbremse. Aber Vorsicht: Es gibt drei Arten von Erpressung:

1. Die dumme Erpressung. Sie kann leicht zum Eigentor werden. Obwohl wir das wissen, schlittern wir gelegentlich noch hinein – etwa beim Autofahren, wenn die drei Hinterbänkler mit permanentem Geschrei und Geschubse die Nerven des Fahrers strapazieren: „Hört jetzt mit dem Radau auf, oder ihr könnt zu Fuß nach Hause gehen."

Daß ich das nicht ernst meine, ist klar. Doch es kommt ja mehr darauf an, was die Kinder denken. Moritz kapiert meinen Satz wahrscheinlich noch nicht. Kaspar ließ sich bis vor kurzem davon beeindrucken. Luise mit ihren sieben Jahren durchschaut dagegen längst, daß es sich um eine leere Drohung handelt. Damit werden wir unglaubwürdig.

2. Die häßliche Erpressung. Es gibt Mütter und Väter, die – wahrscheinlich ohne nachzudenken – Sätze sagen wie: „Wenn du das nicht tust, dann hab' ich dich nicht mehr lieb." Auch wenn einem das so herausrutscht – für ein Kind kann damit eine Welt zusammenbrechen.

3. Die legitime Erpressung. Beispiel: Luise und Kaspar haben ihre Freunde Dorothee und Manuel eingeladen. Leider sieht es in ihrem Zimmer mal wieder aus wie nach einem Hurrikan. Der anstehende Besuch kommt uns also gerade recht: „Wenn euer Zimmer in einer Stunde nicht picobello aufgeräumt ist, rufen wir bei Wagners an und bestellen euren Besuch wieder ab."

Das ist für Kinder nachvollziehbar. Der elterliche Wunsch und die angedrohte Maßnahme stehen in direktem Zusammenhang. Im besten Fall spürt das Kind die Konsequenz seines Verhaltens.

Natürlich bewegt sich auch diese Art von Erpressung in einer pädagogischen Grauzone. Sie ist kein wertvolles Erziehungsmittel, aber oft geht es nicht ohne, und – wenn man's nicht zu oft macht – richtet sie keinen großen Schaden an. Ähnlich verhält es sich mit dem Brüllen. Ab und zu müssen sich Eltern Luft machen können. Auf die richtige Dosis kommt es an.

machen, ist unfair. Sie können Schimpfkanonaden meist nicht richtig einordnen.

- **Ständiges Gemecker stumpft ab,** das hört ein Kind irgendwann gar nicht mehr. Je seltener geschimpft wird, desto wirksamer ist es.
- **Man sollte nicht mit halbem Herzen schimpfen.** Wenn wir an unserem Kind schon etwas auszusetzen haben, sollten wir uns ihm auch zuwenden und klare Worte sprechen. Ein nebenbei hingeworfenes „Ach Kind, du sollst doch nicht ..." wird überhaupt nicht ernst genommen.
- **Wirkungsvoll schimpfen heißt kurz schimpfen.** Je länger es dauert, desto eher schaltet der Adressat ab.
- **Wer beim Schimpfen Drohungen ausstößt, muß auch bereit sein, konsequent zu bleiben.** Man sollte deshalb nichts ankündigen, was man nicht durchhalten kann.

Es schadet also grundsätzlich nicht, die Schimpferei zu reduzieren. Das gelingt am besten, wenn man sich klarmacht, daß oft nur die eigene Hilflosigkeit Grund für den Wutausbruch ist. Eltern sollten sich immer wieder fragen, was sie in bestimmten Situationen anders machen können, um nicht mit ohnmächtigem Schimpfen reagieren zu müssen (z. B. Wegtragen, das Kind in ein anderes Zimmer schicken, selbst das Zimmer verlassen, in Ruhe erklären etc.). Eltern, die öfter ja als nein sagen, erreichen mehr bei ihren Kindern. Ein Lob bewirkt oft mehr als 50 kritische Bemerkungen.

Eltern sollten aber auch vorbeugend Streß abzubauen versuchen. Mütter können zu Hause Entspannungspausen einplanen. Sie sollten die Erwartungen an sich selbst (z. B. Perfektion im Haushalt), aber auch an ihr Kind (z. B. Ordnung oder Gehorsam) zurückschrauben.

☐ Siehe auch *Aktivität, Disziplin, Erziehungsstil, Familienkonferenz, Grenzen setzen, Konsequenz, Strafen, Streit*

Schlafprobleme

Sicher ist: In den ersten Wochen mit Baby geht es nachts fast überall drunter und drüber, in einigen Familien auch noch nach sechs Monaten oder einem Jahr. Und kaum etwas macht Eltern so zu schaffen wie der folterartige Schlafentzug ausgerechnet in der Zeit, in der sich ohnehin ihr ganzes Leben umzukrempeln scheint.

Anfangs schläft jedes Baby unruhig. Doch bereits vom zweiten Lebensmonat an entwickelt es sich ganz langsam zum Nachtschläfer. In der ersten Lebenswoche verteilt es seinen Schlaf (je nach Veranlagung zwischen zwölf und 18 Stunden) noch gleichmäßig auf Tag und Nacht. Mit sechs Monaten schlafen Babys im Schnitt immerhin schon elf von 14 Stunden in der Nacht. Beschleunigen läßt sich diese Entwicklung leider nicht. Völlig übermüdete Mütter und Väter kommen zwar schon mal auf die Idee, ihr Kind abends besonders gut zu füttern – in der Hoffnung, daß es nachts nicht wieder so schnell Hunger bekommt und aufwacht.

WARUM KINDER DURCHSCHLAF-PROBLEME HABEN

Unter sechs Jahren:

Körperliche Erkrankungen	74 %
Träume	35 %
Alleinsein	18 %
Streit in der Familie	12 %

Über sechs Jahren:

Körperliche Erkrankungen	60 %
Träume	37 %
Streit in der Familie	14 %
Geburt eines Geschwisters	10 %
Schule	9 %
Fernsehen	7 %

Ergebnisse einer ELTERN-Umfrage. Die Summen ergeben mehr als 100 Prozent, da die Angabe von mehreren Gründen möglich war

Doch das bringt nichts. Die Fähigkeit durchzuschlafen ist zumindest im ersten Lebenshalbjahr eine Frage der Reifung des Gehirns, nicht des korrekten Fütterns oder Ins-Bett-Legens. Wieviel Schlaf ein Kind insgesamt braucht und ob es sich eher zum Langschläfer oder zum Frühaufsteher entwickelt, steht großenteils in den Erbinformationen.

Alles in allem ist es sinnvoll, wenn die Eltern ihren gewohnten Schlaf-Wach-Rhythmus beibehalten. Das Baby soll ruhig von der ersten Woche an merken, daß Nachtschlaf normal ist. Das bedeutet, daß man sein Kind möglichst zu festen Zeiten ins Bett legt.

Dennoch sind die Nächte in vielen Familien gestört. Wie eine Umfrage der Zeitschrift ELTERN und des Freiburger Schlafforschers Dr. Ullrich Rabenschlag ergab, tun sich 40 Prozent der Kinder unter drei Jahren schwer mit dem Einschlafen, 55 Prozent wachen mindestens ein- bis zweimal pro Woche nachts auf. Was hindert sie am Schlafen?

Am häufigsten ist nach Angaben der Eltern eine körperliche Erkrankung der Grund für Schlafstörungen. So suchen 40 Prozent der Kinder beim Zubettgehen und 73 Prozent während der Nacht vermehrt körperliche Nähe und Zuwendung der Eltern, wenn sie husten, fiebern, Schnupfen haben. Das ist normal. Und Eltern sollten einem kranken Kind die gewünschte Zuwendung auch geben. Sobald das Kind wieder gesund ist, müßte jedoch wieder Ruhe einkehren in der Nacht.

Das passiert aber häufig nicht. Denn aus der Sonderbehandlung kann schnell eine liebe Gewohnheit werden, und das Kind will auch weiterhin herumgetragen werden oder im Bett der Eltern schlafen. Auch die Angst vor dem Alleinsein und der Dunkelheit hält wach.

In der Gruppe der über Sechsjährigen rauben außerdem Streit zwischen den Eltern, ein aufregender Fernsehfilm vor dem Schlafengehen oder Belastungen in der Schule den Schlaf.

Träume sind die zweithäufigste Ursache für Durchschlafstörungen. 35 Prozent der Kinder werden davon aus dem Schlaf gerissen. In Träumen verarbeiten sie alles Unangenehme und Bedrohliche, was sie am Tag erlebt haben (siehe *Träume*). Manche Kinder schrecken nachts plötzlich und ohne jede Vorwarnung aus dem Schlaf hoch. Diesem Nachtschrecken, von den Wissenschaftlern pavor nocturnus genannt, geht kein Traum voraus. Die Kinder schreien, schlagen um sich, reißen

Unruhige Nächte: Manchmal finden Babys selbst in Mamas Arm keinen Schlaf – eine anstrengende Zeit für Mutter und KInd

WAS KLEINE KINDER BESSER SCHLAFEN LÄSST

- Das Fenster im Schlafzimmer des Kindes die ganze Nacht offen lassen. Empfohlene Nachttemperatur: höchstens 16 Grad.
- Als Zudecke genügt ein Schlafsack, im Winter kommt eine Wolldecke dazu.
- Nachthemd oder Schlafanzug und Bettwäsche aus Baumwolle.
- Das Bett nicht direkt ans Fenster stellen.
- Keinen Brei am Abend: Mit vollem Bauch schlafen Kinder schlecht ein. Auch keine Limo am Abend – Kohlensäure bläht.
- Trockene Luft vertreibt den Schlaf. Nasse Handtücher auf einem Wäscheständer schaffen ein gutes Raumklima im Schlafzimmer.
- Kinder brauchen viel Bewegung, um richtig müde zu werden. Also täglich mindestens ein, zwei Stunden an die frische Luft – bei jedem Wetter.

oft sogar die Augen weit auf, ohne jedoch wirklich wach zu sein.

Im Gegensatz zu Alpträumen, die vorwiegend in der zweiten Nachthälfte auftreten, überkommt der Nachtterror das Kind fast immer vor Mitternacht.

Beim pavor nocturnus handelt es sich um den Ausdruck einer entwicklungsbedingten Unreife des Gehirns. Typisch dafür ist, daß er vor allem bei kleinen Kindern auftritt. Von den unter Sechsjährigen sind rund ein Viertel betroffen, von den älteren nur noch acht Prozent.

Da der „nächtliche Terror" in der Tiefschlafphase passiert, merkt das Kind nichts davon. Um es nicht grundlos zu ängstigen, sollten Eltern ihm folglich nichts davon erzählen und es auch nachts nicht aufwecken.

Ähnliches gilt für das Schlafwandeln, das Sprechen im Schlaf und fürs Zähneknirschen. Auch diese sogenannten Parasomnien kommen in einzelnen Familien gehäuft vor. Je weniger Aufhebens Eltern darum machen, um so besser.

Daß Stimmungsschwankungen, Konzentrationsstörungen, Quengeligkeit und motorische Unruhe bei Kindern in vielen Fällen mit Schlafstörungen zusammenhängen, wird von Fachleuten schon länger diskutiert. Die Auswertung der ELTERN-Schlaffragebogen-Aktion, an der sich 3200 Eltern beteiligten, bestätigte den Zusammenhang.

Schlafforscher raten deshalb dazu, regelmäßige Schlafprobleme nicht auf die leichte Schulter zu nehmen. Unruhige Nächte über Monate oder gar Jahre hinweg können der gesunden psychischen und körperlichen Entwicklung eines Kindes schaden.

Während in den ersten Lebensjahren noch keine eindeutigen Zusammenhänge zwischen der Form der Schlafstörung und bestimmten Verhaltensauffälligkeiten (und umgekehrt) zu erkennen sind, ist das im Kindergarten- und Vorschulalter schon eher möglich. Wie die Auswertung der ELTERN-Schlaffragebögen ergab, haben unruhige Kinder vor allem Einschlafprobleme, ängstliche bis leicht depressive Kinder mehr Durchschlafprobleme. Unter häufigen Parasomnien (dazu zählen Alpträume, Reden im Schlaf, pavor nocturnus, also nächtliche Angstanfälle, oder Zähneknirschen) wiederum leiden insbesondere labile, empfindsame Kinder.

Ob die psychischen Probleme die Folge oder die Ursache der Schlafstörungen sind, läßt sich nicht eindeutig sagen. Oft bedingen sie sich gegenseitig, da Schlafstörungen und Verhaltensauffälligkeiten Ausdruck von Überforderung sein können.

Deshalb sollten Eltern bei anhaltenden Schlafstörungen unbedingt nach den Gründen forschen, vor allem, wenn es sich um Kinder handelt, die über längere Zeit von Alpträumen gequält werden und die zudem noch häufig nachts im Schlaf reden oder mit den Zähnen knirschen. Denn diese Kinder sind von Natur aus oft „dünnhäutig", das heißt, sie können sich nicht sehr gut gegen die Außenwelt abschirmen. Auf Belastungen reagieren sie sehr empfindsam und fühlen sich schnell unter Druck.

Herauszubekommen, was dem Kind zu schaffen macht, ist jedoch nicht immer ganz einfach. Manchmal hilft es, mit der Erzieherin bzw. der Lehrerin zu sprechen oder mit Freunden und Verwandten, die oft objektiver als die Eltern beurteilen können, was sich in der Familie abspielt.

Eine weitere Möglichkeit: Das Kind aufmalen bzw. -schreiben zu lassen, was es stört oder ihm angst macht.

Bringen all diese Maßnahmen aber keinen Erfolg, sollten Eltern sich nicht scheuen, fachliche Beratung zu suchen.

☐ Siehe auch *Einschlafprobleme, Familienbett, Träume*

WIEVIEL SCHLAF IN WELCHEM ALTER?

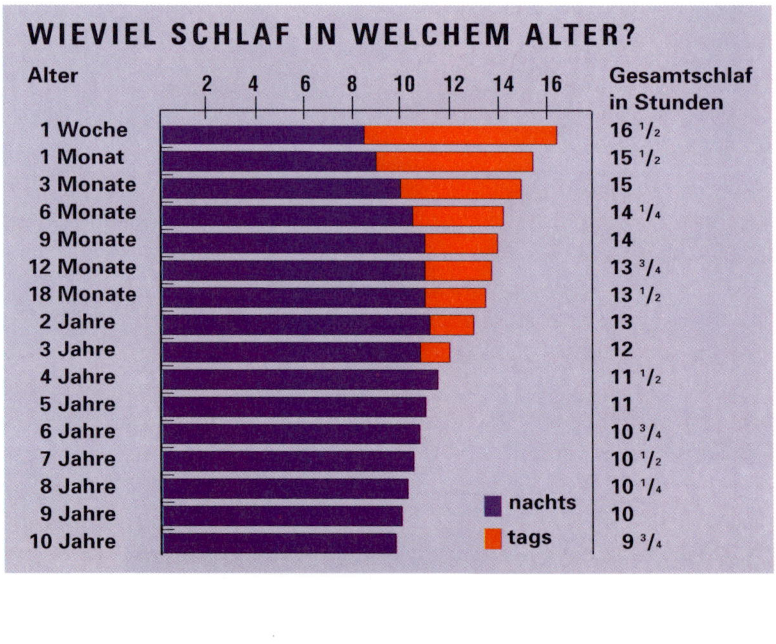

Schlagen

Körperliche Strafen sind immer noch ein weitverbreitetes Mittel, einem Kind Grenzen zu setzen. Viele Eltern lehnen Ohrfeigen und Schläge auf den Hintern grundsätzlich ab, doch andere greifen immer wieder darauf zurück, manchen rutscht nur sehr selten einmal die Hand aus.

Man weiß aus vielerlei Umfragen, daß die meisten Eltern schlagen, obwohl sie es gar nicht wollen. Es tut ihnen leid, ihr Kind, das schwächer ist als sie, zu demütigen. Und dann passiert es doch wieder – im Affekt. Viele schämen sich abgrundtief dafür.

Egal, ob Eltern aus Überzeugung oder gegen ihren Willen schlagen – als Erziehungsmittel verbietet es sich aus vielerlei Gründen:

- **Wer ein Kind schlägt, verletzt seine Würde.** Jeder Mensch hat schon erlebt, wie erniedrigend eine Ohrfeige ist, egal, wer sie einem verpaßt hat.
- **Eltern, die schlagen, geben ihrem Kind ein Vorbild für etwas, das sie vielleicht gar nicht gutheißen.** Denn sie zeigen dem Kind, daß man einfach zuschlägt, wenn man überfordert ist. Wenn ein Vater sein Kind schlägt, warum soll das Kind dann nicht auch den kleinen Nachbarsjungen, seine Schwester und später seine eigenen Kinder schlagen?
- **Unter Schlagen leidet immer die Stimmung in der Familie.** Auf Dauer zerstört es die Beziehung zwischen Eltern und Kindern.
- **Wer Gewalt einsetzt, muß immer damit rechnen, daß er sie irgendwann nicht mehr unter Kontrolle hat.** Sie provoziert Trotz und Gegengewalt.
- **Die Wirksamkeit von Klapsen, Schlägen, Ohrfeigen ist äußerst begrenzt.** In einer großen ELTERN-Umfrage gestanden fast alle Mütter und Väter, daß körperliche Strafen nie lange Erfolg zeigen. Nur bei 18 Prozent wirkten sie länger als ein paar Tage. Bei knapp 20 Prozent der Befragten hielt die Wirkung nur ein paar Stunden. Und 41 Prozent sagten ganz ehrlich, die Schläge hätten gar keine Wirkung gehabt.

Eine einzelne Ohrfeige verursacht zwischen Erwachsenem und Kind noch keinen tiefen Riß. Auch ein Klaps auf den Windelhintern oder ein heftiges Anfassen zerstören sicher nicht das Vertrauen – solange das Kind weiß: Das passiert Mama oder Papa so schnell nicht wieder. Das war wirklich nur ein Ausrutscher. Wenn dieser Ausrutscher jedoch jeden Monat, jede Woche oder häufiger vorkommt, nimmt das Eltern-Kind-Verhältnis Schaden.

Die meisten Eltern wissen dies alles oder ahnen es wenigstens. Wie kommt es, daß manche trotzdem ausrasten?

Bei denen, die nicht vorsätzlich Ohrfeigen verteilen, passiert es fast immer in Situationen von Streß und Überforderung. Überfordert und genervt sind dann oft beide: Mutter bzw. Vater und Kind.

Damit es zu solchen Situationen erst gar nicht oder wenigstens nur sehr selten kommt, kann man z. B. folgendes tun:

Schlagende Argumente – die tun Eltern schnell leid

- Mit seinem Kind nach draußen gehen, wo es die Gelegenheit hat, sich auszutoben.
- Man kann aber auch etwas ganz Unerwartetes tun und – wenn die Wut es irgendwie zuläßt – das Kind auf den Schoß nehmen und ihm etwas vorlesen.

Doch nicht immer hat man als Mutter oder Vater den Nerv, vernünftig zu reagieren. Oft sind den Eltern schon zu viele Kleinigkeiten widerfahren, die ihnen den Tag vergällt haben. Dennoch sollten sie sich dann klarmachen, daß daran meist nicht die Kinder schuld sind. Ihr Verhalten ist allenfalls der Tropfen, der das Faß zum Überlaufen bringt. Wer dies auch bei der nächsten Konfrontation im Hinterkopf behält, schafft es vielleicht eher, die Wut nicht an seinem Kind auszulassen.

Oft tut eine Mutter, die selbst schon auf 180 ist, gut daran, schnell das Zimmer zu verlassen oder sich kurz zurückzuziehen, sich fünf Minuten aufs Bett zu legen, einmal ums Haus zu gehen oder langsam bis 100 zu zählen. Daß man sein Kind kurz allein läßt, ist das Entscheidende.

Kleine Kinder, mit denen das nicht gelingt, packt man am besten in den Buggy und fährt mit ihnen einmal um den Block. Oder man drückt das Kind kurz dem Partner, einem größeren Geschwister oder der Nachbarin in die Hand.

Langfristig hilft es sehr impulsiven Eltern, sich Entspannungstechniken anzueignen. Warum nicht einen Kurs in autogenem Training belegen?

Wenn jedoch alles nichts nützt, wenn Eltern und Kind immer unzufriedener werden, sollte man ruhig Kontakt mit einer Erziehungsberatungsstelle in Betracht ziehen. Oft gibt es dort auch Kontakt zu anderen Eltern mit ähnlichen Problemen.
Übrigens: Wer seinem Kind mit kühlem Kopf Grenzen setzen will, muß nicht schlagen. Er hat viele andere Möglichkeiten, dies zu tun (siehe *Grenzen setzen*).
□ Siehe auch *Disziplin, Familienkonferenz, Strafen, Zuwendung*

Schreien

Kaum etwas macht junge Eltern so hilflos wie ein schreiendes Baby. Untersuchungen haben gezeigt, daß die Verzweiflungslaute eines Babys niemanden kaltlassen. Streß-Symptome zeigen sich auch, wenn ein fremder Säugling kreischt. Wer das eindringliche Geräusch hört, verspürt den Drang, irgend etwas zu tun, damit endlich wieder Ruhe ist. Bei stillenden Müttern setzt der Schrei ihres Babys (oder auch der eines fremden Kindes) den Milchfluß in Gang.
Schreien ist die einzige Möglichkeit eines Babys, sich lebensnotwendige Hilfe zu beschaffen. Wie anders sollte es über größere Distanzen mitteilen, daß es Hunger hat, daß ihm etwas weh tut oder daß ihm langweilig ist?
Die Natur hat es so eingerichtet, daß dieser Hilferuf nicht einfach überhört werden kann. Selbst Schwestern, die seit Jahren auf Säuglingsstationen gearbeitet haben, gewöhnen sich nicht an das Schreien. Zum Glück.
Kein Kinderarzt, Entwicklungspsychologe oder Verhaltensforscher bezweifelt heute noch, daß Schreien immer ein Ausdruck von echtem Mißbehagen ist. Ein Baby schreit nicht einfach so oder weil es seine Eltern ärgern möchte. Doch was es sagen will, ist nicht immer leicht herauszufinden. Hier die fünf Schrei-Typen, und wie Eltern sie entschlüsseln können.

Der Hunger-Schrei

Er baut sich langsam auf – vom mehr oder weniger lauten Meckern bis zum intensiven, druckvollen Geschrei: ein Ausdruck von Vitalität. Er signalisiert schlicht eine biologische Notwendigkeit: Ich habe Hunger und brauche möglichst bald etwas zu essen! Den Hungerschrei zu ignorieren grenzt an Quälerei, denn ein Baby in den ersten Monaten braucht Brust, Fläschchen oder Brei tatsächlich dann, wenn es danach verlangt – und nicht, wenn die Eltern meinen: Jetzt ist Essenszeit. Füttern nach einem exakten Vier-Stunden-Rhythmus kann Eltern zwar den Tagesablauf erleichtern, doch es widerspricht den natürlichen Bedürfnissen eines Säuglings.

Der Schmerz-Schrei

Das ist ein heftiger, meist langgezogener Schrei, dessen Intensität dann langsam nachläßt. Ist ein plötzlicher, starker Schmerz die Ursache, läßt er sich relativ leicht vom Hungerschrei unterscheiden, etwa wenn das Baby sich den Kopf angeschlagen hat oder irgendwo heruntergefallen ist.
Bei ungewöhnlichen und sehr schrillen Schreilauten, deren Ursache nicht auf Anhieb erkennbar ist, sollte man an eine Krankheit denken, z. B. eine Mittelohrentzündung.
Eine andere Art von Schmerzensäußerung ist häufiger und fast allen Eltern vertraut: ein unbestimmtes, nicht ganz so intensives Schreien, das sich über längere Zeit hinzieht und dabei auf- und abschwillt. Mögliche Ursachen: Blähungen und Koliken – Verdauungsprobleme, mit denen alle Babys gelegentlich stark zu kämpfen haben; Zahnen; ein wunder Po.

TIPS GEGEN DAS TÄGLICHE SCHREIKONZERT

- Unterstützen Sie den Schlaf-Wach-Rhythmus Ihres Kindes. Das heißt: Anregung (unterhalten, spielen), wenn es ausgeschlafen ist, Beruhigung, wenn Sie merken, daß es müde wird.
- Greifen Sie so früh wie möglich ein. Hat sich Ihr Kind erst mal „warmgebrüllt", läßt sich kaum noch erkennen, ob Hunger das Problem ist oder Blähungen, die durch Luftschlucken beim hektischen Schreien entstanden sind.
- Durchbrechen Sie die Streßspirale, wenn das Geschrei Sie mal sehr nervt. Gehen Sie lieber für fünf Minuten zum Durchatmen in ein anderes Zimmer oder reagieren Sie sich kurz mit dem Walkman ab, als daß Sie Ihr Baby anschreien.
- Und schließlich gibt es noch ein Wundermittel, für das man allerdings einen kooperativen Partner oder liebe Verwandte benötigt. In besonders unruhigen Phasen sollte eine Mutter für einen halben oder ganzen Tag pro Woche die Verantwortung abgeben. Danach ist sie erst mal wieder gegen Angriffe aufs Trommelfell gewappnet.

Der Protest-Schrei

Ein Schrei der Verteidigung, der dem Gegenüber deutlich macht: Nein, das paßt mir jetzt nicht, beispielsweise, wenn man einem Säugling den Schnuller wegnimmt, während er gerade genüßlich daran nuckelt.
Die Schrei-Forscherin Dr. Mechthild Papoušek vom Kinderzentrum München hat mit einem einfachen Experiment nachgewiesen, wie sensibel schon zwei Monate alte Säuglinge reagieren, wenn ihre Erwartungen nicht erfüllt werden: Fast durchweg fangen die Kinder zu weinen an, sobald ihre Bezugspersonen beim gemeinsamen Spiel am Wickeltisch plötzlich für zwei Minuten die Augen schließen. Der Grund: Die Mutter oder der Vater konnte mit geschlossenen Augen auf die Signale des Kindes nicht mehr angemessen reagieren, die Eltern verhielten sich ungewohnt und „unberechenbar".

Der Müdigkeits-Schrei

Wer kennt nicht die Qual der abendlichen „Schreistunde"? Dem Baby fehlt eigentlich nichts, es ist gefüttert und gewickelt, aber trotzdem unzufrieden. Es schreit und läßt sich durch nichts beruhigen – schon gar nicht durch Ins-Bett-Legen. Vieles spricht dafür, daß ein kräftiges Unbehagen die Ursache ist, wie es Menschen, die unter Schlaflosigkeit leiden, ähnlich erleben: die Unfähigkeit, innerlich abzuschalten und sich in den Schlaf fallen zu lassen. Eltern sollten dann, wie beim Füttern, auf den Rhythmus ihres Kindes achten, was besonders in den ersten Monaten heißt: das Schlafenlegen nicht hinauszögern, bis der „tote Punkt" überschritten ist. Oft kommt es erst gar nicht zum Geschrei, wenn die Eltern bereits auf erste Müdigkeitszeichen (Augenreiben) reagieren. Brüllt das Baby erst einmal, wird es schwierig. Denn jetzt die richtige Beruhigungsdosis zu finden erfordert Fingerspitzengefühl. Solange sich das Geschrei in Grenzen hält, sollte man auf die Fähigkeit eines Babys bauen, sich selbst zu beruhigen.

Der Langeweile-Schrei

Viele Eltern vermuten dahinter Willkür: „Unser Kind schreit nur, um Gesellschaft und Unterhaltung zu haben", hört man immer wieder. Als wenn das kein Grund wäre.

Wir unterschätzen Säuglinge. Schon ein Kind von wenigen Wochen ist mindestens acht Stunden pro Tag wach und möchte nicht nur gegen die weiße Decke starren. Es braucht Anregungen von außen und will, daß sich Mutter und Vater mit ihm beschäftigen. Die wichtigste und beliebteste Anregung ist immer noch das Zwiegespräch mit einer vertrauten Bezugsperson.

Muß man denn immer gleich springen, wenn das Baby einen Mucks macht? Oder besteht die Gefahr, daß ich es verwöhne, daß es irgendwann gar nicht mehr warten kann und warten will?

Die Antwort der Wissenschaft fällt eindeutig aus: In den ersten Monaten ist es sinnlos, ein Kind schreien zu lassen. Es lernt dadurch nichts, außer, daß es sich auf seine Eltern nicht wirklich verlassen kann. Viele Untersuchungen belegen, daß Kinder, deren Eltern nicht oder erst spät reagieren, häufiger und länger schreien als Kinder, deren Eltern immer prompt eingreifen.

Zwar können Babys ab drei, vier Monaten tatsächlich lernen zu schreien, um etwas durchzusetzen. Doch die Gefahr, daß sie das immer häufiger tun, besteht nur dort, wo die Mutter auf nichts anderes reagiert. Dagegen wird sich ein Kind nicht zum „Erpresser" entwickeln, wenn es weiß: Ich bekomme Aufmerksamkeit auch ohne Betteln – durch Blicke, Unterhaltungen, Lächeln, kleine Spiele zwischendurch.

HILFE FÜR SCHREIBABYS

Wieviel Schreien ist noch normal? Als Faustregel gilt: Wenn das Schreien über mehr als drei Wochen jeweils mindestens drei Tage in der Woche länger als drei Stunden andauert, handelt es sich um exzessives Schreien. In solchen Fällen muß ein Kinderarzt abklären, wo die Ursachen dafür liegen. Wer in einer größeren Stadt wohnt, sollte in der Kinderklinik nachfragen, ob es dort eine Schrei-Ambulanz gibt.

Schule

Wenn es in die Schule kommt, beginnt für das Kind ein neuer, aufregender Lebensabschnitt. Es gehört jetzt zu den „Großen", lernt wichtige Dinge wie Lesen, Schreiben und Rechnen, was ihm ein ganzes Stück neuer Selbständigkeit verschafft.

Die Schule stellt an ein Kind aber auch vollkommen andere Ansprüche als der Kindergarten. Der Ernst des Lebens beginnt, das Kind wird nun mit Pflichten konfrontiert und muß lernen, eigene, spontane Bedürfnisse zurückzustellen. Es muß einen Vormittag lang mehr oder weniger stillsitzen und auch sonst einige neue Regeln einhalten. Am Nachmittag sind Aufgaben zu erledigen. Wer die Regeln nicht einhält, wird getadelt oder erhält eine schlechte Beurteilung.

In der Klassengemeinschaft findet sich der frischgebackene Schüler meist erst langsam zurecht. Hier seine Position zu finden belastet ihn oft mehr, als Eltern denken.

Eltern können ihrem Kind beim Start in das neue Leben unter die Arme greifen (siehe Kasten nächste Seite). Manchmal können sie sogar durch die Wahl der Lehrerin bzw. des Lehrers oder durch die Wahl der Schule etwas beeinflussen. In manchen Schulen können sie Wünsche angeben, zu welchem Lehrer ihr Kind soll. Das setzt natürlich voraus, daß Eltern schon an Informationsveranstaltungen teilgenommen haben oder sich anderweitig über den Lehrkörper informiert haben.

Wer verschiedene Schulen in erreichbarer Nähe hat und über die finanziellen Mittel verfügt, kann sich auch über verschiedene Schultypen Gedanken machen. Eltern, die eine besondere Pädagogik wünschen, finden in Privatschulen oder Freien Schulen eine Alternative zur Regelschule. Die häufigsten drei Formen sind katholische bzw. evangelische Schulen, Waldorf- und Montessori-Einrichtungen.

Konfessionelle Grundschulen werden oft von Eltern gewählt, die sich für ihre Kinder von der Schule nicht nur Wissensvermittlung wünschen, sondern auf eine ganzheitliche Erziehung Wert legen, die auf den christlichen Normen und Werten beruht.

Konfessionelle Schulen wollen die Schüler befähigen, den Glauben zu leben und ihr Leben nach christlichen Grundsätzen zu gestalten. Dies findet nicht nur im Religionsunterricht statt, sondern auch im Biologie- und Sozialkundeunterricht. Die Welt z. B. wird nicht einfach als Natur betrachtet, in der man sich bewegt, sondern als Schöpfung Gottes, in der jedem Lebewesen die gleiche Würde zukommt.

Weil auch jedes Kind in seiner speziellen Eigenart als Geschöpf Gottes betrachtet wird, so die Grundsätze christlicher Schulen, wollen die Lehrer sich jedem Mädchen und Jungen persönlich zuwenden und das Kind in seinem individuellen Charakter und seinen Begabungen erkennen und fördern.

Großer Beliebtheit erfreuen sich auch Montessori-Einrichtungen, die – mit Ausnahme der bayerischen – meist Regel-

SO KLAPPT DER SCHULSTART BESSER

Abschied. Manchmal fließen an den ersten Tagen noch Tränen. Verabschieden Sie sich besser vor dem Schulgebäude, damit es in Gegenwart von Mitschülern nicht zu schmerzlichen Szenen kommt. Geben Sie Ihrem Kind eine Zeit vor: „In drei Stunden sehen wir uns wieder. Ich freue mich auf das, was du mir dann zu erzählen hast."

- **Lob.** Erstkläßler bekommen noch keine Noten. Dafür aber manchmal Sternchen, Aufkleber oder Bildchen. Freuen Sie sich mit Ihrem Kind über seine guten Leistungen. Trösten Sie es, wenn derlei Belohnungen mal ausbleiben. Zeigen Sie Ihr Interesse am Schulstoff durch Fragen.
- **Hausaufgaben.** Schon Erstkläßler brauchen einen festen, übersichtlichen Arbeitsplatz. Wenn im Kinderzimmer kein Platz für einen Schreibtisch ist, richten Sie eine Ecke in der Wohnung ein, die das Schulkind regelmäßig benutzen kann. Sorgen Sie für eine ruhige Atmosphäre. Kleinere Geschwister müssen eventuell beschäftigt werden, damit sie das Schulkind nicht ablenken.
- **Freizeit.** Sie sollten nicht mehr als zwei Nachmittage in der Woche für Aktivitäten wie Fußball, Ballett oder Geigenunterricht verplanen. Ihr Schulkind braucht Zeit zum Spielen und Entspannen.
- **Betreuung.** In den neuen Bundesländern ist die Versorgung mit Hortplätzen flächendeckend. In den alten Bundesländern steht nur für jedes zehnte Schulkind ein Platz im Hort zur Verfügung.
Wenn Sie keinen Platz für Ihr Kind finden, besteht die Möglichkeit, mit anderen Eltern eine private Nachmittagsbetreuung zu organisieren.

schulen sind, und die – privaten – Waldorfschulen (siehe *Montessori-Pädagogik, Waldorf-Pädagogik*).

Die meisten Eltern jedoch stehen erst dann vor einer schwierigen Wahl, wenn ihr Kind mit der Grundschule fertig ist.
Fast die Hälfte aller Eltern wollen, daß ihr Kind das Gymnasium besucht. Vor allem in Großstädten sind es noch deutlich mehr. Man sollte allerdings nicht vergessen, daß nur etwa 25 Prozent aller Schüler in Deutschland das Abitur machen. Viele bleiben vorher auf der Strecke.

Glücklicherweise ist unser Schulsystem sehr durchlässig, keine Schulart führt in die Sackgasse. Es gibt Kinder, für die der direkte Weg nach oben, von der Grundschule übers Gymnasium zum Studium, zu beschwerlich ist. Sie brauchen Umwege, die ein bißchen mehr Zeit in Anspruch nehmen können. So ein Umweg kann über die Realschule, die Berufsausbildung, die Lehre führen, dann kann der Schüler z. B. im zweiten Bildungsweg das Abitur nachholen.

Natürlich gibt es auch Kinder, die überhaupt nicht aufs Gymnasium gehören. Gute Noten allein sollten für die Entscheidung nicht ausschlaggebend sein. Zu vielfältig sind die Anforderungen in den weiterführenden Schulen. Auch bislang gute Schüler zeigen häufig in den ersten Wochen und Monaten am Gymnasium schlechtere Leistungen. Ein Grund dafür ist die andere Art zu denken und zu arbeiten. Sie ist sehr kopflastig, sehr abstrakt. Kinder, die anschauliche Beispiele brauchen, können vom Gymnasium überfordert sein (weitere wichtige Kriterien für den Schulwechsel unter dem Stichwort *Schulreife*).

Eltern haben in den meisten Bundesländern die Wahl zwischen drei oder vier Schularten.

● **Hauptschule.** Hier werden Schüler sehr praktisch und umfassend auf das Berufsleben vorbereitet. Im Saarland gibt es Versuche der Zusammenarbeit zwischen Haupt- und Realschulen. Je nach Eignung besuchen die Kinder in manchen Fächern die Hauptschule, in anderen die Realschule und können nach der neunten Klasse problemlos von der Hauptschule in die Realschule wechseln.

Abschluß: Nach der neunten Klasse ohne Prüfung mit Abschlußzeugnis, nach der zehnten Klasse kann der sogenannte qualifizierende Hauptschulabschluß („Quali") abgelegt werden. Mit diesem Zeugnis können Kinder auf andere Schulen wechseln.

● **Gymnasium.** Es ist der direkte Weg zum Abitur und, je nach Notendurchschnitt, zur Universität: Ein Wechsel ist nach der vierten Grundschul- oder fünften Hauptschulklasse möglich, die Schulzeit beträgt neun Jahre. Stehen mehrere Schulen zur Auswahl, sollten Eltern die Begabungen des Kindes berücksichtigen: Im Humanistischen Gymnasium ist Latein erste Fremdsprache, im Neusprachlichen können die Kinder zwischen Latein, Englisch oder Französisch als erster Fremdsprache wählen, im Mathematisch-Naturwissenschaftlichen Gymnasium liegt das Schwergewicht auf Mathematik, Biologie, Chemie und Physik. Im Musischen Gymnasium stehen Kunst und Musik im Vordergrund.

Abschluß: Die „Allgemeine Hochschulreife", wie das Abitur-Zeugnis bei uns offiziell heißt, berechtigt zum Studium in allen Fachbereichen der Universitäten, vorausgesetzt, es gibt keine Zulassungsbeschränkungen. Am Ende der zehnten Klasse können Schüler im Gymnasium die mittlere Reife ablegen.

● **Realschule.** Der Übertritt ist je nach Bundesland nach der vierten Klasse oder der sechsten Klasse Hauptschule bzw. Orientierungsstufe möglich, die Schulzeit beträgt vier Jahre. Genau wie beim Gymnasium gibt es an Realschulen unterschiedliche Schwerpunkte: fremdsprachlich, mathematisch-naturwissenschaftlich, musisch, sozial- und wirtschaftskundlich.

Abschluß: Nach bestandener Prüfung erhalten die Schüler den Realschulabschluß, auch mittlere Reife genannt.

● **Wirtschaftsschule (nur in Bayern).** Früher wurde diese Schulform auch Handelsschule genannt. Man kann nach der siebten oder achten Hauptschulklasse wechseln, die Schulzeit beträgt drei Jahre. Für Schüler mit „Quali" ist die Ausbildung kürzer.

Abschluß: Nach bestandener Prüfung erhalten Schüler das Zeugnis der mittleren Reife. Der Abschluß einer Wirtschaftsschule ist ein guter Einstieg z. B. in kaufmännische Berufe (Bürokaufmann, -kauffrau).

● **Gesamtschule.** In der Gesamtschule sind die sonst getrennten Schulformen – Hauptschule, Gymnasium, Realschule –

unter einem Dach vereint. Es gibt zwei Arten von Gesamtschulen. Die Integrierte Gesamtschule: Nach der Grundschule brauchen sich Eltern nicht auf eine weiterführende Schulform festzulegen. Erst in den Klassenstufen neun und zehn entscheidet sich, welchen Schulabschluß ein Kind machen wird. Das bedeutet in der Praxis, daß ein Kind zwischen Hauptschule und Realschule, zwischen Hauptschule und Gymnasium wechseln kann. In der Kooperativen Gesamtschule sind die Klassen fünf und sechs Förder- oder Orientierungsstufen, danach fällt die Entscheidung.
Abschluß: „Quali", mittlere Reife und Abitur sind möglich.
Mit dem Halbjahreszeugnis in der vierten Klasse der Grundschule erhalten die Kinder ein Eignungszeugnis. Darin steht, für welche Schulart ein Kind geeignet ist. Letztendlich sind es aber allein die Eltern, die bestimmen, welche Schule ihr Kind besuchen soll. Das ist gut und richtig. Andererseits sollten Eltern das Urteil der Schule für oder gegen eine bestimmte Schulart nicht völlig außer acht lassen.
Wird ein Kind entgegen der Empfehlung der Grund- oder Hauptschule für eine weiterführende Schule angemeldet, so muß es eine Aufnahmeprüfung ablegen.
(In Bayern ist fürs Gymnasium aber ein bestimmter Notendurchschnitt erforderlich.) Für alle Kinder ist das erste Schulhalbjahr eine Probezeit. Wenn die Leistungen nicht den Anforderungen entsprechen, muß das Kind entweder zurück in die Haupt- oder Realschule, oder die Lehrerkonferenz empfiehlt eine Wiederholung der Klasse.
Eltern sollten ein Kind nicht probeweise aufs Gymnasium schicken („Geht es nicht gut, kann das Kind ja wieder zurück"), das kann ein Kind für den Rest seiner Schulzeit völlig demotivieren. Lieber ein Jahr länger warten, und das Kind wechselt von der fünften Klasse aufs Gymnasium oder später auf die Real- oder Wirtschaftsschule.
Andererseits: Es gibt Kinder, die sich ohne sanften Druck keiner neuen Herausforderung stellen würden. Sie muß man zu ihrem Glück zwingen. Es ist nämlich immer wieder erstaunlich, wie Kinder nach einem Schulwechsel aufblühen und bisher brachliegende Interessen und Fähigkeiten entwickeln können.
□ Siehe auch *Schulreife, Schulprobleme, Lernen, Montessori-Pädagogik, Waldorf-Pädagogik*

Schulprobleme

Nicht immer läuft es in der Schule glatt. Manche Schüler quälen sich von Anfang an, andere bekommen erstmals nach dem Übertritt in eine weiterführende Schule Probleme. Selbst Schüler, die immer gute Noten geschrieben haben, können plötzlich einen Durchhänger haben.
Oft bleibt es nicht bei einzelnen schlechten Zensuren. Die Lust auf Schule nimmt generell ab, das Kind will nicht mehr in den Unterricht, schwänzt oder entwickelt eine regelrechte Schulangst mit körperlichen Symptomen wie Kopf- und Bauchschmerzen, Erbrechen oder Durchfall und Schlafstörungen. Andere Kinder ziehen sich zurück, erzählen zu Hause wenig von der Schule und beteiligen sich nicht mehr am Unterricht – sie versuchen, sich unsichtbar zu machen. Oder sie gehen den umgekehrten Weg, überspielen ihre Angst und stören, werden Klassenclown, um Aufmerksamkeit oder Anerkennung zu bekommen. Eltern sollten so früh wie möglich versuchen, die Ursachen für Unlust oder Leistungstief zu finden, möglichst gemeinsam mit den Lehrern. Oft gibt es mehrere Ursachen, die Hand in Hand gehen:

● Ärger mit einem Lehrer

Natürlich kommt es vor, daß sich ein Lehrer und ein Schüler überhaupt nicht leiden können. Öfter jedoch – besonders in der Grundschule – beruhen die Probleme auf kleinen Vorkommnissen oder gar einem Mißverständnis. Manch ein Grundschüler glaubt, die Lehrerin könne ihn nicht leiden, weil sie zweimal etwas heftiger mit ihm geschimpft hat.
Dann sollten die Eltern mit der Lehrerin oder einem Vertrauenslehrer reden. Gemeinsam findet man eher Lösungen: Die Lehrerin kann dem Schüler z. B. erklären, warum sie ihn wegen des verschmierten Rechenhefts ermahnt hat, daß sie ihn aber genauso gern mag wie alle anderen und sich besonders über das gute Vorlesen freut. Dann ist die Welt für das Kind schon wieder in Ordnung.

● Probleme mit Klassenkameraden

Vielleicht hat das betreffende Kind als einziges noch keinen Freund in der Klasse gefunden oder ist sogar in eine Außenseiterposition geraten, wird von anderen schikaniert oder darf in der Pause nie mit den anderen spielen.
Wenn Mitschüler der Grund für die Schulangst sind, kann der Lehrer mit der Klasse überlegen: Warum wird jemand ausgegrenzt? Wie fühlt man sich, wenn man gehänselt oder geärgert wird und nicht mitspielen darf? Mit den Schülern kann der Lehrer Lösungen suchen, mit denen sich alle in der Klasse wieder wohl fühlen.
Eltern können einem scheuen Kind helfen, indem sie ihm vorschlagen, Klassenkameraden auch mal nach Hause einzuladen, oder dafür sorgen, daß es in einem Sportverein oder einer Musikgruppe Kontakte knüpfen kann.

● Zuviel Druck durch die Eltern

Ursache Nummer eins für Schulangst ist Überforderung. Oft entsteht der Druck gar nicht in der Schule allein, sondern durch übergroße Erwartungen der Eltern. Druck erzeugt Angst, Angst wiederum Fehler. So setzt sich ein Teufelskreis in Bewegung. Hier hilft nur: Druck abbauen. Eltern sollten nicht nur auf die Schwächen, sondern auf die Stärken des Kindes sehen. Es gibt kein Kind, das gar nichts kann.
Nachmittags sollten nicht die Hausaufgaben im Vordergrund stehen, sondern Freizeit, Kreativität, Spaß mit Freunden. Dabei kann ein Schüler sein angeschlagenes Selbstbewußtsein wieder aufbauen.

● Andere außerschulische Probleme

Ein Durchhänger in der Schule kann natürlich auch durch Situationen oder Vorkommnisse verursacht werden, die nichts mit Schule zu tun haben, die aber Leistungswillen und Konzentrationsvermögen nachhaltig stören: Vorpubertät, Pubertät, Ärger in der Familie wie etwa eine Scheidung, Liebeskummer. Hier helfen Gespräche mit den Lehrern – und viel Zuwendung.

● **Lernschwierigkeiten**

Wenn ein Kind von Anfang an Probleme mit dem Lernen hat, wenn es in manchen Fächern auffallend schlechter ist als in anderen, kann das auch physiologische Gründe haben, z. B. Wahrnehmungsstörungen oder Entwicklungsverzögerungen, die auf minimale Störungen im Gehirn zurückgehen. Am bekanntesten ist sicher die Legasthenie (Lese-/Rechtschreibschwäche). Auch Kinder mit Aufmerksamkeitsdefizit (ADS bzw. Hyperkinetisches Syndrom) leiden häufig unter Schulproblemen.

Oft schafft schon ein Besuch beim Schulpsychologen Klärung, ob das Kind eine gezielte Förderung braucht.

Generell hilft bei allen Arten von Lernschwierigkeiten viel Bewegung – in der Freizeit wie auch in der Schule selbst. Forscher vermuten, daß bestimmte Hormone, die bei Bewegung und sportlichen Aktivitäten ausgeschüttet werden, die Synapsen (Schaltstellen im Gehirn) leichter ineinandergreifen lassen.

Ähnliches gilt für Musik. Musik machen und Musik hören strukturiert nach Meinung vieler Wissenschaftler die Art des Denkens.

● **Die falsche Schule**

Bei vielen Kindern stellt sich bald heraus, daß sie entweder zu früh eingeschult wurden oder beim Wechsel die Wahl auf die falsche Schule fiel. Das Kind ist im schlimmsten Fall permanent überfordert. Auf Dauer kann das zu Verhaltensauffälligkeiten führen.

Häufig tauchen die Probleme nach ein, zwei Jahren auf dem Gymnasium auf. Fünfte und sechste Klasse – in einigen Bundesländern Orientierungsstufe – sind noch nicht so gefährlich. Da haben viele Kinder noch Schwung aus der Grundschulzeit, auch die Anforderungen auf den weiterführenden Schulen sind noch nicht so hoch. Erst ab der siebten Klasse wird es richtig ernst: Eine zweite Fremdsprache kommt dazu und andere neue Fächer. Jetzt haben die meisten Schüler bereits ein Pensum, das der 40-Stunden-Woche eines Erwachsenen entspricht.

Die Folgen lassen sich in der Statistik ablesen: In den siebten und achten Klassen bleiben besonders viele Kinder sitzen, übrigens nicht nur in Realschulen und Gymnasien, sondern auch in Hauptschulen.

Gemeinsam mit den Lehrern, eventuell auch mit dem Schulpsychologen, können Eltern überlegen, ob es sinnvoll ist, das Kind eine Klasse wiederholen zu lassen, oder ob vielmehr der Wechsel auf eine andere Schule dauerhaften Erfolg verspricht.

□ Siehe auch *Erziehungsberatung, Hyperkinetisches Syndrom, Intelligenz, Legasthenie, Lernen, Nachhilfe, Schule, Schulreife*

Ein Riesen-Ziel für jedes Kind: endlich eine Schultüte im Arm halten und zu den Großen gehören

Schulreife

Eltern mit einem sogenannten Kann-Kind stehen vor einer schwierigen Entscheidung: Sollen sie es vorzeitig einschulen oder ihm noch ein Jahr im Kindergarten gönnen?

Kann-Kinder sind all jene, die nach einem bestimmten Stichtag sechs Jahre alt werden – in den meisten deutschen Bundesländern ist das (noch) der 30. Juni. Wer vorher sein sechstes Lebensjahr vollendet hat, muß ab Spätsommer des gleichen Jahres in die Schule, wer zwischen dem 1. Juli und dem 31. Dezember sechs wird, kann eingeschult werden.

Wann ist ein Kann-Kind reif für die Schule? Folgendes wird heute von einem Schulanfänger erwartet:

- Eine Stunde lang stillsitzen.
- Sich gut konzentrieren.
- Enttäuschungen aushalten und eigene Wünsche zurückstellen.
- Eine kleine Geschichte korrekt nacherzählen.

● Einfache Dinge basteln, mit Schere und Klebstoff umgehen.
● Einfache Formen, Buchstaben und Zahlen nachmalen.
● Sich ohne Probleme auch für mehrere Stunden von seinen Eltern trennen können.
● Fehlerfrei sprechen.
● Sich komplett an- und ausziehen und allein zur Toilette gehen.

Eltern, die unsicher sind, können ihr Kind einen Schuleignungstest machen lassen, wie ihn z. B. Erziehungsberatungsstellen anbieten (wer sonst noch Schulreifetests durchführt, können Eltern in der Regel im Schulsekretariat oder beim Schulpsychologen erfragen). Dort absolvieren mehrere Kinder einen Probeunterricht. Die Psychologen achten darauf, ob das Kind die oben genannten Kriterien erfüllt. Sie testen nicht nur, ob die Fünfjährigen auf Bildern fehlende Linien ergänzen, Details erkennen und Äpfel, Würste und Nüsse zählen können – sie registrieren auch genau, wie kooperativ sich die Kinder beim Spielen verhalten und ob sie sich mit Augenkontakt verabschieden oder nicht.

Es kann sein, daß sie einem Kind das Zeugnis ausstellen, aufgeweckt und sozial kompetent zu sein – und dennoch dazu raten, sich das mit der Einschulung noch mal durch den Kopf gehen zu lassen – wenn beispielsweise zwei Aufgaben auf dem Testbogen nicht richtig gelöst sind und die Psychologen eine leichte feinmotorische Schwäche feststellen. Sie werden den Eltern dann wahrscheinlich sagen: Ihr Kind kann durchaus jetzt schon in die Schule, aber in einem weiteren Kindergartenjahr könnte es die kleine Schwäche bestimmt aufholen und würde dann auf der Schule sicher noch weniger Probleme haben.

Unter Pädagogen und Psychologen ist die Auffassung, daß die jüngsten Kinder einer Klasse in der Grundschule schlechter mitkommen als die älteren, weit verbreitet. Und sie wird durch die meisten Untersuchungen gestützt: So kam etwa eine Studie der Essener Bildungsforscherin Gabriele Bellenberg zu dem Ergebnis, daß vorzeitig eingeschulte Kinder bis zur zehnten Klasse fast doppelt so häufig sitzenbleiben wie regulär eingeschulte Kinder. Frühes Scheitern, da sind sich die meisten Experten einig, wirkt sich langfristig oft sehr negativ auf die Schulleistungen aus.

Eltern wollen ihrem Kind dieses Gefühl natürlich ersparen. Andererseits überlegen sie: Wenn es nun aber doch gut durchkommt, dann hätte es später ein Jahr gewonnen …

Diese Zweifel kann kein Eignungstest wirklich ausräumen. Was oder wer dann? Am ehesten wohl die Person, die – außer den Eltern – das Kind am besten kennt: die Erzieherin. Sie hat es zwei oder drei Jahre lang in der Gruppe erlebt und kann meist sehr genau beurteilen, wie weit Fein- und Grobmotorik entwickelt sind, wie konzentriert es Aufgaben lösen kann.

Und natürlich sollte das Kind selbst auch noch ein Wörtchen mitreden. Hat es überhaupt Lust, schon auf die Schule zu gehen? Oder würde es sich als ältestes Kind im Kindergarten vielleicht ein Jahr lang zu Tode langweilen? Für ein großgewachsenes Mädchen, das in der Bau- und Puppenecke ohnehin schon immer die Bestimmerin war, ist ein weiteres Jahr im Kindergarten wahrscheinlich nicht empfehlenswert. Eher trifft dies schon für den kleinen, schüchternen Jungen zu, der sich als Ältester in seiner Gruppe dann endlich mal als „Großer“ fühlen und Selbstvertrauen tanken könnte.

□ Siehe auch *Schule, Schulprobleme*

FÜRS GYMNASIUM GEEIGNET?

Der Test hilft Ihnen zu erkennen, worauf es im Gymnasium ankommt – und ob Ihr Kind den Anforderungen gewachsen ist. Der Kriterienkatalog wurde von Schulberatern in Bayern entwickelt.
Kreuzen Sie jeweils die Aussage an, die auf Ihr Kind zutrifft.

+ Es kann von einem Erlebnis zusammenhängend berichten.
– Es erzählt nur ungenau, man muß nachfragen.
+ Es schreibt gern Aufsätze.
– Seine Aufsätze sind meist kurz.
+ Die Aufsätze sind einfallsreich.
– Aufsätze schreibt das Kind nicht allein.
+ Das Kind spricht und schreibt grammatikalisch richtig.
– Diktate sind dem Kind eine Qual.
+ Die Rechtschreibung macht ihm keine großen Probleme.
– Die Sätze, die das Kind schreibt, sind häufig unvollständig.
+ Das Kind liest gut, es hat Freude am Vorlesen.
– Das Kind buchstabiert mehr, als daß es liest.
+ Es kann Rechenaufgaben ohne Hilfe lösen.
– Es tut sich mit dem Einmaleins schwer.
+ Es ist gut im Kopfrechnen.
– Es rechnet mit den Fingern.
+ Es beherrscht die Grundrechenarten und das Einmaleins.
– Man muß ihm jede Aufgabe erklären.
+ Denksportaufgaben, Rätsel machen ihm Spaß.
– Rätselaufgaben macht es nicht so gern.
+ Es braucht bei den Hausaufgaben keine Hilfe.
– Bei den Hausaufgaben muß jemand dabeisein.
+ Das Kind arbeitet schnell und konzentriert.
– Es trödelt bei den Hausaufgaben.
+ Es lernt für Proben (Tests) freiwillig.
– Es muß zum Lernen aufgefordert werden.
+ Es kann sich auf eine Sache konzentrieren, bleibt dabei.
– Es läßt sich leicht ablenken.
+ Es hat viele Interessen und Hobbys.
– Es will unterhalten werden.
+ Es ist ihm selten langweilig.
– Allein ist ihm oft langweilig.

Mit jedem Pluspunkt steigt die Chance, daß Ihr Kind auf dem Gymnasium zurechtkommen wird. Je mehr Minuspunkte angekreuzt sind, um so intensiver sollte der Schulwechsel beraten werden.

Selbständigkeit

Ein Kind, das mit vier Jahren schon zum Eiermann um die Ecke geht, das mit sieben Freunde anruft, um sich mit ihnen zu treffen, und das mit zehn auch mal zwei Stunden allein zu Hause bleiben und mit der S-Bahn drei Stationen zum Judo fahren kann – das wünschen sich die meisten Eltern.

Doch ganz von selbst entwickelt sich die Selbständigkeit nicht. Sicher, das Temperament spielt eine Rolle, auch, ob das Kind Geschwister hat, und, wenn ja, an welchem Platz in der Geschwisterreihe es steht (Erstgeborene, Einzelkinder und Nesthäkchen werden oft länger behütet). Doch entscheidend ist, wieviel Freiraum die Eltern ihrem Kind lassen, wann sie die Zügel lockern und wann sie sie anziehen. Als vorteilhaft erweist sich oft, wenn ein Elternteil eher unbekümmert und ermutigend ist, der andere eher vorsichtig. Sind beide nur das eine oder das andere, hat das Kind es schwerer, sich freizuschwimmen.

Eine Phase, in der alle Eltern hautnah erleben, wie sehr ein Kind einerseits behütet und andererseits losgelassen sein will, ist das Alter zwischen eineinhalb und drei Jahren. In diese Zeit fällt auch die berüchtigte Trotzphase (siehe *Trotz*). Hier werden die Weichen für frühe Selbständigkeit oder lange Abhängigkeit gestellt.

Die Zweijährigen proben nicht nur den Aufstand, sondern sind zur gleichen Zeit auch besonders verletzlich. Da passiert es, daß ein Kind, das sich immer gern und lang allein mit seinem Spielzeug beschäftigen konnte, plötzlich nur noch mit seiner Mutter im Kinderzimmer sein will. Doch sie darf nur ruhig danebensitzen. Wehe, sie wagt es, selbst ein Matchbox-Auto in die Hand zu nehmen.

Zunächst sieht es aus wie ein Rückschritt. Das Kind kann laufen und hat begonnen, die Sprache für seine Zwecke einzusetzen. Seine Eltern sind stolz zu sehen, wie es anfängt, seinen eigenen Willen zu behaupten. Doch auf einmal fürchtet es sich vor der Dunkelheit. Umgängliche Kinder werden launisch und unberechenbar. Die Zeit, in der das Kleinkind zum Individuum reift, entpuppt sich manchmal regelrecht als Krise.

Die Ein- bis Dreijährigen müssen mehrere Veränderungen in ihrem Leben und Erleben gleichzeitig bewältigen:

● **Das ganzheitliche Empfinden zerbricht.**

In den ersten Lebensmonaten besteht ein Kind ganz aus Gefühlen, aus Stimmungen. Wenn ein Erwachsener mit ihm redet, faßt es dessen Gesten, den Klang seiner Stimme, den Geruch, das Licht im Raum, die Hintergrundgeräusche zu einem Bild zusammen, das angenehm sein kann oder abstoßend, warm oder kalt, aufregend oder langweilig.

Das ändert sich im zweiten Lebensjahr durch die Sprache – wenn Worte diese Welt in einzelne Begriffe zerlegen. Das Kind merkt auch bald, daß Sprache nicht eindeutig ist, sondern durchaus zu Mißverständnissen zwischen ihm, Mama und Papa führen kann.

● **Die Eltern beginnen mit der „Erziehung“.** Zu Anfang des zweiten Lebensjahres setzt die Umwandlung von passivem in aktives Erleben ein. Das Kind, das laufen und seinen Wünschen mit Worten Ausdruck verleihen kann, ist zum handelnden Wesen geworden. Aber wer handelt, der kann bekanntlich auch vieles falsch machen. Zweijährige, die auf Entdeckungsreise gehen, stoßen denn auch bald an ihre Grenzen.

Für die Eltern wird das Selbermachen-Wollen ihrer Kinder zuweilen anstrengend. Alle Mütter und Väter können das Lied vom Schuh-Zubinden singen. „Allein“, „ich will“ oder „selber“ heißt es garantiert immer dann, wenn der Rest der Familie schon gestiefelt und gespornt für den Aufbruch in der Haustür steht. Hilfsangebote werden mit lautem Protest beantwortet, obwohl noch kein Zweijähriges eine Schleife binden kann.

● **Wissen macht unsicher.** Der Wankelmut der Zweijährigen ist ein untrügliches Zeichen dafür, daß ihr Verstand wächst. Wenige Monate zuvor ist das Kind noch von Allmachtsgefühlen beherrscht. Je mehr es jedoch die aufrechte, freie Fortbewegung und den Umgang mit Begriffen trainiert, desto unsicherer wird es und desto mehr Anlehnung sucht es bei Mutter oder Vater. Diese Phase, die um den 18. Monat herum beginnt, nannte die amerikanische Psychologin Margaret Mahler „Wiederannäherung“. Das Kind ist dabei, seine Identität zu finden und zu begreifen, daß seine Mutter ein Individuum mit ganz eigenen Interessen ist, daß Eltern nicht allein zu dem Zweck auf der Welt sind, ihr Kind zu umsorgen.

Das Gefühl der Allmacht ist einem Gefühl der eigenen Begrenztheit gewichen – und damit dem Wunsch, die Mutter (den Vater) als Beschützer möglichst immer bei sich zu haben. Das Problem dabei: Die Eltern haben immer weniger Lust, auf jeden Pieps zu reagieren, wie sie das noch beim Baby getan haben, das weder sprechen noch laufen konnte. In dieser Zeit wächst die Trennungsangst.

Manche Kinder wollen ohne Mutter oder Vater nicht mehr bei Freunden oder in einer Kindergruppe bleiben, andere bekommen schon zu Hause Panik, wenn sich die Mutter nur für ein paar Sekunden von ihnen abwendet. Manche hängen sich dann tatsächlich an Mamas Rockzipfel. Margaret Mahler nennt das „beschatten“.

Nun kommt es darauf an, wie die Eltern reagieren. Sie können in dieser Phase viel tun, damit sich bei ihrem Kind Selbstvertrauen entwickelt. Es ist jedoch ein Balanceakt – zwischen Überbehüten und Alleinlassen.

Um auf das Beispiel mit dem Schuhezubinden zurückzukommen: Wenn ihr Kind noch Probleme hat, eine Schleife zu machen, Hilfe aber trotzdem ablehnt, dann sollten Eltern versuchen, die beiden naheliegenden Reaktionen zu unterdrücken. Also möglichst weder die Geduld verlieren und die Schuhe kurzerhand selbst zubinden, noch das Kind mit einem genervten „Dann-mach-dein-Zeug-doch-allein“ sich selbst überlassen.

Klar, manchmal muß es einfach schnell gehen. Aber wann

immer es möglich ist, sollten Eltern versuchen, mit ihrem Kind irgendwie zusammenzukommen. Ein guter Kompromiß: „Du kannst schon den Knoten machen, ich helf' dir dann und binde die Schleife."

Mütter sollten sich nicht dazu verführen lassen, ihrem Kind jetzt alle Hindernisse aus dem Weg zu räumen. Man muß ihm auch seine Mißerfolge gönnen.

Die Kunst besteht also darin, loszulassen, aber stets emotional verfügbar zu sein, das heißt, seinem Kind das Gefühl zu geben: Ich bin immer für dich da, wenn du Hilfe brauchst.

Wenn ihr Kind älter wird, sollten sich Eltern nicht prinzipiell anders verhalten: aus dem Nest stupsen, aber für den Fall der Fälle ein Sicherheitsnetz bereithalten. Den Siebenjährigen ruhig für kurze Zeit allein zu Hause lassen, aber ihm wichtige Telefonnummern hinlegen. Die Zehnjährige mit der Freundin in die Stadt fahren lassen, aber sie über mögliche Gefahren aufklären und ihr eine Telefonkarte in die Hand drücken.

Angst vor der Selbständigkeit ihrer Kinder bekommen Eltern meist, wenn die in der Pubertät sind. Dann verlangen Zwölf- oder 13jährige plötzlich die Freiheiten eines Erwachsenen. Eigentlich sanftmütige Kinder beginnen, gegen die Regeln der Eltern zu rebellieren.

Doch selbst wenn die Kämpfe härter werden als früher – bis zu einem gewissen Punkt sollten die Eltern fest bleiben und ihrem Kind damit Reibungsfläche bieten. Auch das gehört zum Selbständigwerden.

□ Siehe auch *Gefahren, Grenzen setzen, Pflichten, Pubertät, Selbstvertrauen, Überbehüten*

Gut, wenn Kinder mal ihr eigenes Süppchen kochen

Selbstvertrauen

Das Wohlbefinden eines Menschen hängt untrennbar mit seiner Ich-Stärke, also seinem Selbstwertgefühl, zusammen. Das gilt für Kinder genauso wie für Erwachsene. Wer Selbstvertrauen besitzt und sich seiner Fähigkeiten bewußt ist, kann mehr leisten, sich besser durchsetzen, der handelt meist auch verantwortungsbewußter und ist nicht zuletzt für seine Mitmenschen attraktiver. Daß sich mangelndes Selbstwertgefühl negativ auf die Gesundheit auswirken kann, ist bekannt.

Wie zufrieden ein Mensch mit sich selbst ist, hängt wesentlich davon ab, wie er sich von anderen Menschen angenommen fühlt, wie andere sich ihm gegenüber verhalten. Schon kleine Bemerkungen oder Gesten von Menschen, die uns wichtig sind, können uns tief verunsichern.

Damit sich Selbstvertrauen entwickeln kann, sind zwei Komponenten wichtig: innere und äußere Sicherheit. Wir selbst müssen mit dem zufrieden sein, was wir leisten, aber wir sind auch darauf angewiesen, von unseren Mitmenschen akzeptiert zu werden. Wir wollen, daß man unsere Leistungen würdigt.

Anfangs ist schlicht das Gefühl von Geborgenheit durch die Eltern wichtig (das nie enden sollte), später gewinnen auch Zuwendung und Anerkennung durch Gleichaltrige und Erwachsene an Bedeutung. Die soziale Akzeptanz hängt dann auch von eigenen Taten und Leistungen ab.

Ein Mensch mit gutem Selbstwertgefühl braucht immer beides: Das Bewußtsein, eine dem eigenen Vermögen entsprechende Leistung vollbracht, etwas geschafft oder geschaffen zu haben – und die Würdigung von außen. Das Wohlbefinden stellt sich automatisch ein, wenn man sich in Übereinstimmung mit seiner Umwelt weiß.

Wer seinem Kind Selbstvertrauen schenken will, muß gar nicht viel tun.

Kinder können aus eigenem Antrieb viel leisten und entwickeln dabei ein gutes Ich-Gefühl – wenn man sie nur läßt.

Dagegen zerstört das Selbstvertrauen eines Kindes,

- wer ihm ständig sagt, was es falsch macht, statt es zu ermuntern,
- wer es durch Schläge oder andere brutale Strafen demütigt,
- wer sich nicht ausreichend um sein Kind kümmert, ihm und seinen Bemühungen zuwenig Beachtung schenkt, so daß es das Gefühl hat: Ich bin uninteressant und nicht liebenswert,
- wer ständig lobt und echte Leistungen damit herabwürdigt,
- wer sein Kind übermäßig behütet, ihm aus Angst wenig erlaubt und damit keine Gelegenheit gibt, körperliche oder soziale Erfolgserlebnisse zu sammeln.

Die Eltern sollten ihrem Kind früh dabei helfen, auf eigenen Beinen zu stehen und durchs Leben zu gehen. Sie müssen ihm Herausforderungen verschaffen und ihm helfen, diese zu bewältigen.

Sie unterstützen die Entwicklung von Selbstvertrauen,

- wenn sie ihr Kind ohne Vorbehalte als eigenständige Person annehmen und nicht erst dann, wenn es etwas geleistet hat,

- wenn sie ihrem Kind helfen, eigene Interessen zu entwickeln und Hobbys auszuüben,
- wenn sie ihr Kind loben, sobald Sie einen Grund zu loben haben,
- wenn sie beim Erledigen von Aufgaben die Anstrengung ihres Kindes würdigen und nicht die Leistung,
- wenn sie sich Angstschreie verkneifen, falls ihr Kind auf einen Baum klettern will oder mit einem Tablett voller Gläser balanciert,
- wenn sie durch kleine Hilfestellungen unnötigem Frust vorbeugen, indem sie zum Beispiel dem Vierjährigen einen Hocker vors Waschbecken stellen, damit er sich besser die Hände waschen bzw. Zähne putzen kann oder ihm Kleidung und Schuhe geben, die er selbst schon anziehen kann.
- wenn sie Geduld haben.

□ Siehe auch *Angst, Fördern, Loben, Motivation, Pflichten, Quengeln, Selbständigkeit, Überbehüten, Zuwendung*

Sexualität

Von der ersten Stunde an sind Kinder sexuelle Wesen. Schon als Babys sammeln sie mehr oder weniger angenehme körperliche Erfahrungen. Sie genießen die Wärme der Mutterbrust, spielen oft schon mit wenigen Monaten an ihren Genitalien und können dabei durchaus lustvolle Gefühle empfinden.

Interessant wird es, wenn sie im zweiten und dritten Lebensjahr lernen, aufs Töpfchen zu gehen. Die eigenen Körperfunktionen kennenzulernen, zu sehen, wie Darm und Blase entleert werden, kann mit Lust verbunden sein.

Im Vorschulalter erforschen Kinder nicht nur den eigenen Körper, sondern auch den von Gleichaltrigen des anderen Geschlechts. Diese Doktorspiele werden in der Regel dann uninteressant, wenn ihnen die wichtigsten Unterschiede zwischen Mädchen und Jungen klar sind.

Die Zeit zwischen Schuleintritt und dem zehnten, elften Lebensjahr wird zwar als Latenzphase bezeichnet, in der sich auf sexuellem Gebiet keine großen Entwicklungen vollziehen, doch bleibt das Thema auch in diesem Alter wichtig. Mütter und Väter merken jetzt, daß ihr Nachwuchs nicht mehr so unbefangen wie früher mit seinem Körper und mit Nacktheit umgeht. Die Badezimmertür wird schon geschlossen, und am Strand tragen Mädchen jetzt ein Bikini-Oberteil.

Dann kommt das Kind in die Pubertät: Nicht nur der Körper verändert sich – die Sexualität gewinnt jetzt viel mehr Bedeutung. Fast alle Jugendlichen machen Erfahrungen mit Selbstbefriedigung, viele haben auch schon sexuelle Erlebnisse mit dem anderen Geschlecht. Ihren ersten Geschlechtsverkehr haben deutsche Jugendliche im Schnitt mit 16 ½ Jahren.

Ein unverkrampftes Verhältnis zur Sexualität ist eine gute Basis für ein glückliches, erfülltes Leben. Aber wer oder was ist dafür verantwortlich, daß ein Mensch körperliche Liebe einmal lustvoll erleben kann?

Eindeutig beginnt eine gute Sexualerziehung schon lange, bevor sich Mädchen und Jungen für den Unterschied zwischen Mann und Frau interessieren und die Eltern ihr Kind „aufklären" können. Jeder innige Blick, jede zarte Berührung, jedes tröstende Wort ist Sexualerziehung.

Es kommt nicht so sehr darauf an, daß Eltern ihrem Kind möglichst früh die korrekte Bezeichnung für die Genitalorgane erklären. Wichtiger ist eine vertrauensvolle Beziehung, in der sich das Kind sicher und geborgen fühlt. Was Kinder in den ersten Jahren in der Familie bekommen oder vermissen, wird in späteren Liebesbeziehungen und damit auch in der Sexualität wieder an die Oberfläche gespült.

Es sind Anerkennung und Zuwendung in vielen Alltagssituationen, die Kindern helfen, ihre jeweilige Geschlechtsrolle zu

WIE SCHÜTZT MAN SEIN KIND VOR MISSBRAUCH?

Rund 16 000 Mißbrauchsfälle werden bei uns jährlich gemeldet (die Dunkelziffer liegt nach Schätzungen bei 80 000 bis 150 000). Die meisten davon passieren dort, wo sich das Kind am sichersten fühlt: in der Familie oder ihrem nahen Umfeld – durch Onkel, Stiefväter, Opas, Lehrer, Trainer, andere Bekannte.

Man sollte seinem Kind kein übertriebenes Mißtrauen einimpfen. Besser ist es, sie in ihrem Selbstgefühl und Körperbewußtsein zu stärken:

- Lassen Sie Ihr Kind über seinen Körper selbst bestimmen. Es muß selbst sagen dürfen, von wem es in welcher Form liebkost werden möchte.
- Nehmen Sie seine Gefühle ernst. Ein Kind soll weinen dürfen, wenn es sich weh getan hat oder sonstwie verletzt fühlt, und es muß auch seine Wut mal rauslassen dürfen.

Fordern Sie keinen bedingungslosen Gehorsam. Mädchen und Jungen, die immer folgen müssen, lernen, sich zu fügen, im Zweifelsfall auch dem Mißbraucher.

- Üben Sie nie moralischen Druck aus, z. B. mit Sätzen wie „Du willst doch nicht, daß ich traurig bin". Ein Kind, das sich für das Wohlbefinden von Erwachsenen zuständig fühlt, ist leicht unter Druck zu setzen.
- Vermeiden Sie Rollenklischees in der Erziehung. Daß die weitaus meisten Mißbrauchsopfer Mädchen sind, hat auch damit zu tun, daß sie noch immer am ehesten der Rolle entsprechen, lieb, brav und anschmiegsam zu sein.
- Klären Sie Ihr Kind frühzeitig auf. Ein Viertel aller Opfer ist jünger als fünf Jahre. Täter können die Unwissenheit und Neugier eines nicht aufgeklärten Kindes leichter ausnutzen.
- Ermutigen Sie Ihr Kind, über belastende Geheimnisse zu reden. Kinder sollten den Unterschied zwischen guten und schlechten Geheimnissen kennen: Ein gutes Geheimnis ist wie ein Geschenk, es ist spannend, macht Freude und darf früher oder aber später verraten werden. Schlechte Geheimnisse dagegen machen Kummer und bedrücken. Sie weiterzuerzählen ist kein Verpetzen.

Schmusen macht glücklich: Alles, was einem Kind das Gefühl von Vertrauen, Geborgenheit und Geliebtwerden gibt, ist positive Sexualerziehung

üben und zu erfahren, daß es schön ist, einmal eine Frau bzw. ein Mann zu werden.

Sie müssen erfahren, daß ihr Körper und ihre Empfindungen respektiert werden, daß sie ihren Körper frei von schiefen Blicken oder Verboten entdecken dürfen und daß Lust nichts Schlechtes ist, sondern etwas, das das Leben schöner macht.

Was Eltern also tun können: sich mit Kommentaren möglichst zurückhalten, die Intimität des Kindes respektieren (z. B. bei Doktorspielen oder bei der Selbstbefriedigung), ebenso sollten sie plötzliche Schamgefühle von Zehnjährigen, die den Eltern vielleicht etwas übertrieben vorkommen, respektieren.

Jungen haben es in der Regel etwas leichter, ein gesundes Körperbewußtsein zu entwickeln als Mädchen. Als Babys – das zeigen Untersuchungen – werden sie oft ausgiebiger gepflegt und körperlich stärker herausgefordert. Für ihr Geschlechtsteil gibt es mehr und zum Teil auch lustigere Bezeichnungen als für die Scheide.

Für Mädchen ist es ganz wichtig, in der Mutter ein gutes Vorbild zu haben. Sie muß ihrer Tochter zeigen, daß es schön ist, eine Frau zu werden. Wenn das Kind sieht, daß der Vater seine Frau anziehend findet und das auch zeigt, hilft dies Töchtern zusätzlich, ein gutes Körpergefühl zu entwickeln.

☐ Siehe auch *Aufklärung, Doktorspiele, Masturbation, Pubertät, Scham, Verhütung, Verliebtsein, Zuwendung*

Spielen

Für Kinder ist Spielen mehr als nur eine unterhaltsame Beschäftigung. Spielen heißt lernen, soziale Fähigkeiten erwerben, Dinge verstehen, Rollen erproben, Materialien erforschen. Kinder finden Spielen ernster als Erwachsene. Sie können sich darin vertiefen, so daß sie alles um sich herum vergessen. Keine Anstrengung ist ihnen zuviel, obwohl sie oft gar nicht auf ein Ziel hinarbeiten.

Erwachsene, die genau hinschauen, können einiges über das Kind lernen. In ihren Spielen drücken Kinder ihre Wünsche und Bedürfnisse aus, aber oft auch Ängste und Probleme, die sie gerade beschäftigen.

Spielen ist nicht kinderleicht. Nicht jedes Mädchen und jeder Junge kann selbstvergessen in irgendeiner Zimmerecke vor sich hin werkeln. Viele bleiben nur selten länger als zehn Minuten bei einer Sache und brauchen dann neue Anregungen oder haben oft zu gar nichts Lust. Kann ihr Kind sich nicht gut beschäftigen, ist das für Eltern anstrengend. Zudem befürchten sie, daß irgend etwas mit ihrem Kind nicht stimmt, daß es Konzentrationsprobleme hat.

Es gibt Kinder, die von Natur aus sehr neugierig, aktiv und interessiert sind. Sie experimentieren ununterbrochen mit Legosteinen, Matchbox-Autos, Wasserfarben. Ihre Eltern

WIE KÖNNEN KINDER LERNEN ZU VERLIEREN?

? *Bei uns endet jedes „Mensch ärgere dich nicht"-Spiel in einer Katastrophe. Unsere Tochter, 7, kann nicht verlieren. Wird sie zweimal rausgeschmissen, fegt sie alle Spielfiguren vom Brett. Ist das normal?*

! Je kleiner ein Kind ist, desto schwerer kann es Niederlagen ertragen. Besonders temperamentvolle Mädchen und Jungen machen ihrer Wut und Ohnmacht eben auf diese Weise Luft. Aber mit sieben Jahren sollte ein Kind lernen, mit seinen negativen Gefühlen umzugehen, sonst wird es im Kreise Gleichaltriger bald als notorischer Spielverderber abgestempelt.
Hier ein paar Tips, die helfen, ein guter Verlierer zu werden:

- Gewinnen und Verlieren müssen in einem ausgewogenen Verhältnis stehen. Nur wer regelmäßig auch gewinnt, behält die Freude am Spielen. Daher ist Chancengleichheit wichtig. Sie herrscht eher zwischen Gleichaltrigen als zwischen Erwachsenen und Kindern.
- Gut sind kurze Spiele. So steigen die Chancen, nach einer Niederlage ein Erfolgserlebnis einzuheimsen.
- Bei Strategiespielen wie Schach oder Mühle können Erwachsene für sich ein Handicap schaffen, um die mangelnde Erfahrung bei ihrem Kind auszugleichen, beispielsweise, indem sie auf einige Figuren verzichten.
- Die Eltern sollten bei jeder passenden Gelegenheit den Spaß am Spiel in den Vordergrund stellen und Sieg oder Niederlage nicht zuviel Wert beimessen: also lieber öfter einzelne Spielzüge loben als das Gewinnen.

nerven sie höchstens durch Fragen und Bitte um Hilfe. Doch solche Spiel-Virtuosen sind eher selten.
Gerade kleinere Kinder im dritten, vierten Lebensjahr brauchen meist noch kleine Hilfestellungen und Tips. Die müssen gar nicht immer von den Eltern kommen, da reichen auch Geschwister oder Nachbarskinder. Doch wenn die nicht da sind, muß die Mutter oder der Vater einschreiten. Wie die Eltern das tun, ist für das spätere Spielverhalten entscheidend.

● **Sie sollten sich nicht zu sehr einmischen.** Schon Babys und Kleinkinder haben oft Momente, in denen sie hochkonzentriert etwas auskundschaften. Sie spielen mit ihren eigenen Füßen oder kauen versunken auf dem Stiel von Mamas Haarbürste herum. Dabei sollte man sie nicht stören. Wer schon als kleines Kind nichts in Ruhe ausprobieren kann, gewöhnt sich daran, ständig unterhalten zu werden.

● **Eltern sollten helfen, aber nicht bevormunden.** Oft gelingt kleineren Kindern nicht, was sie sich vorgenommen haben. Wenn eine Dreijährige einen Turm aus Bauklötzen errichten will, aber die großen auf die kleinen stapelt – nehmen Sie ihr die Sache nicht gleich aus der Hand. Besser, Sie machen nur den Vorschlag, es doch einmal andersherum zu versuchen, und ziehen sich dann wieder zurück.

● **Oft reicht es, zusammen anzufangen und dann zu gehen.** Wenn ein Kind vor Langeweile quengelt, die Mutter aber nur wenig Zeit hat, reicht es oft, sich kurz mit dem Kind hinzusetzen. Sie können mit ihm anfangen, etwas zu bauen oder zu basteln, und dann sagen: „Ich muß nur die Spülmaschine ausräumen, ich bin gleich wieder da und helfe dir."

● **Kleinere Kinder spielen meist besonders gut, wenn sie Mutter oder Vater in ihrer Nähe wissen.** Wenn sie im Hintergrund das Geschirr klappern hören oder wenn Mama im gleichen Zimmer bügelt, gibt das kleinen Kindern die Geborgenheit, die sie zum konzentrierten Spielen benötigen.

● **Das richtige Spielzeug macht's.** Es muß gar kein pädagogisch wertvolles Holzspielzeug sein. Kinder beschäftigen sich oft viel lieber mit Dingen aus dem Haushalt (Töpfe, Schlüssel) oder mit Material aus Papas Hobbykeller.
Mit dem Alter nehmen natürlich auch die Wünsche nach speziellen Spielsachen zu. Hier müssen Eltern das richtige Maß zwischen den Herzenswünschen ihres Kindes (Gameboy, Computerspiele, Pistolen, Barbiepuppen) und dem pädagogisch Wünschenswerten finden.

□ Siehe auch *Fördern, Konzentration, Langeweile, Rollenspiele, Schenken, Spielzeug, Spielzeugwaffen*

Spielzeug

Es gibt nichts, was Kinder nicht gern zum Bauen, Fahren, Verstecken, Rasseln, Verkleiden oder Schießen benutzen. Jedes Baby ist mit einem Becher und einem kleinen Löffel glücklich. Und Fünfjährige machen kaum etwas lieber, als sich mit Stoffresten ein Zelt im Kinderzimmer zu bauen oder sich mit alten Klamotten zu verkleiden. Eltern sollten ihren Kindern so viel wie möglich solcher universell einsetzbaren Materialien geben.
Doch daneben gibt es Spielzeug, gutes und weniger gutes, das für Kinder irgendwann attraktiv wird, da sie es aus der Werbung oder von Freunden kennen. Sie wünschen sich bestimmte Dinge, weil sie sich davon Spaß und Unterhaltung versprechen, aber auch, weil es ihren momentanen Bedürfnissen entgegenkommt, weil es ihnen hilft, ein großes Mädchen oder ein großer Junge zu werden.
Gutes Spielzeug ist, was diesen Zwecken dient und nicht nach kurzer Zeit kaputtgegangen oder uninteressant geworden ist. Die Frage, ob Holz oder Plastik, selbstgemacht oder gekauft, muß also eher vom ökologischen Gewissen und den finanziellen Möglichkeiten der Eltern her beantwortet werden.
Zweierlei macht die Sache ein bißchen schwierig: Erstens gehen der Geschmack der Kinder und der Eltern oft weit auseinander. Zweitens wächst in vielen Kinderzimmern bereits innerhalb weniger Monate und Jahre ein richtiger Spielzeugberg. Oft fühlen sich die Kinder von dem Angebot erfüllter Wünsche und unerwünschter Präsente von Omas, Opas und Bekannten erschlagen.

Auswahl tut not. Wer schenkt, sollte sich wirklich genau überlegen, ob das Geschenk auch sinnvoll ist. Spiele-

WELCHES SPIELZEUG FÜR WELCHES ALTER?

Das erste Lebensjahr

Das Baby begreift seine Welt mit Auge, Ohr und Mund. Spielen heißt betrachten, horchen, fühlen, lutschen, beißen und bewegen. Spielzeug aus weichem, warmem Material vermittelt dem Baby einen freundlichen Eindruck von der Welt. Verschiedene Formen und Materialien regen an. Mehr als zwei bis drei Spielsachen sollte ein kleines Kind aber nicht in seiner Nähe haben.

Mobile, Luftballon, Spieluhr befriedigen das Bedürfnis des Babys nach Schauen und Horchen. Rassel und Beißring kann es greifen und mit dem Mund befühlen, Badewannenspielzeug (ab sechs Monaten) erhöht das Badevergnügen. Sein erstes Kuschel-Spielzeug, aus Stoff oder gestrickt (Plüschtiere eignen sich erst für ältere Kinder), begleitet das Kind meist durch die nächsten Jahre.

Ansonsten: Becher, Büchsen, Schachteln mit kleinen Steinchen oder anderen Dingen zum Füllen, Entleeren, Sortieren.

Kleinkindalter

Der Forscherdrang erwacht, das Kind übt Augen und Hände beim Bauen, Stecken, Legen. Es beginnt, die Welt der Erwachsenen spielerisch nachzuahmen. Bauklötze, große Puzzles, Klanginstrumente wie Xylophon oder Trommel kommen gut an. Viel anfangen können Kinder mit einem stabilen Handwagen: ziehen, schieben, be- und entladen. Beliebt sind auch Gegenstände aus der Erwachsenenwelt: Spieltelefon, Puppenherd, Geschirr.

Kindergartenalter

Roller, Schaukelpferd, Klettergeräte kommen dem Bewegungsbedürfnis der Kinder jetzt entgegen. Sie beginnen auch mit den ersten einfachen Gesellschaftsspielen (Memory, Spiele mit Farbwürfeln). Sie malen, basteln, kneten gern. Die erste Schere, Wachsmalstifte, große Papierbögen, Kleber und Knete kosten nicht viel und machen Spaß!

Nicht nur Jungen lieben einfache Bausteine wie z. B. die aus dem sogenannten Fröbelkasten (Breite = halbe Länge, Dicke = halbe Breite). Damit kann man alles konstruieren: Straßen, Türme, Schlösser. Wer solche Steine im Fachhandel nicht bekommt, sollte sie selber machen oder anfertigen lassen.

Grundschulalter

Bewegung bleibt (auch als Ausgleich zum Schulalltag) wichtig. Achten Sie aber auf die Jahreszeit: Schlittschuhe bieten sich für Weihnachten eher an als Rollschuhe, die noch viel zu lange im Schrank auf Frühlingswetter warten müßten. Kletterseile und Strickleitern finden oft auch im Zimmer Platz. Wenn Ihr Kind gern probiert und experimentiert, ist ein Zauberkasten ein tolles Geschenk. Auch einfaches Experimentiermaterial oder Modellbaukästen begeistern Kinder in dieser Altersstufe.

Experten halten die folgenden Auswahlkriterien für sinnvoll:

- Spielzeug soll die Phantasie anregen und nicht einengen, wie es etwa Sprechpuppen mit ihren dürftigen Redewendungen oder Aufziehhunde mit den immer gleichen Bewegungen tun.
- Je vielfältiger die Spielmöglichkeiten, desto anregender ist das Spielzeug und desto länger bleibt es interessant. Gut sind Baukästen mit sehr vielen neutralen Elementen und möglichst wenig nur speziell einsetzbaren.
- „Richtige" Sachen kommen besser an als nachgemachte. Schenken Sie Ihrem Kind lieber eine kleine echte Zange aus Metall als eine Spielzeugzange aus Plastik.
- Spiele, die den Umwelterfahrungen der Kinder folgen, sind fast immer beliebt. Nach einem Urlaub auf dem Land einen Bauernhof, nach der ersten Flugreise ein Flugzeug – daran haben Kinder Spaß.
- Es ist besser, Spielzeug zu ergänzen (Schienen für die Eisenbahn, Puppenzubehör), als ständig neue Einzelteile zu schenken.
- Form und Farbe beeinflussen die Spielmöglichkeiten und die Vorstellungswelt der Kinder. Zu buntes Baumaterial stört beim Gestalten (die roten Klötzchen reichen nicht fürs Dach!).
- Altersangaben der Hersteller sind oft zu niedrig. Spielzeug, für das das Kind noch zu klein ist, führt zu Mißerfolg und Enttäuschung.
- Stabiles Spielzeug ist langlebig und muß deshalb nicht auf den Müll wandern, sondern kann von einem Kind zum nächsten weitergegeben oder auf dem Flohmarkt verkauft werden.
- Weil Kinder in einer Welt voller Kunststoffe leben, gehört der Umgang mit diesem Material auch zu ihren notwendigen Spielerfahrungen. Durch EU-Richtlinien und entsprechende europäische Sicherheitsnormen ist eine direkte Gefährdung durch chemische Stoffe in Kinderspielzeug weitgehend ausgeschlossen.

☐ Siehe auch *Computer, Kreativität, Langeweile, Lernhilfen, Montessori-Pädagogik, Rollenspiele, Spielen, Spielzeugwaffen*

HIER GIBT ES WEITERE TIPS

Welches Spielzeug sich für welche Altersgruppe eignet, führt der Ratgeber *Gutes Spielzeug von A-Z* (13,80 Mark) auf.

Das Spielzeugbuch (14,80 Mark) enthält eine Liste aller „spiel gut"-Spielzeuge (Infos und Bestellung sind unter Tel. 07 31/6 56 53 oder Fax 07 31/6 56 28) möglich. Dieser „spiel gut"-Punkt wird vom Arbeitsausschuß Kinderspiel + Spielzeug e.V. verliehen. Dabei prüfen Fachleute unter anderem Qualität, Sicherheit, Preis und Haltbarkeit von Spielzeug. Außerdem werden die Produkte von Testfamilien beurteilt.

Im Ratgeber *Ausgezeichnete Spiele* (zu bestellen unter 0 64 21/6 27 28 oder per Fax unter 0 64 21/6 27 20) sind alle bisherigen Preisträger des Kritikerpreises „Spiel des Jahres" mit ausführlichen Kritiken beschrieben. Infos gibt es auch unter www.spiel-des-jahres.org/ jury/index.htm

Krieg im Kinderzimmer: Wer sind eigentlich die Waffenlieferanten?

Spielzeugwaffen

An kaum einem Spielzeug scheiden sich die Geister so stark wie an Revolvern, Gewehren und Laserkanonen.
Vor allem Jungen „brauchen" sie, sei es für die Errettung einer Prinzessin oder für die Verteidigung gegen imaginäre Angreifer aus dem All.
Erwachsene haben meist wenig Verständnis für junge Waffennarren. Sie kennen die Wirkung eines echten Revolvers, wissen, daß man damit Menschen töten oder grausam verletzen kann, wissen, wieviel Leid Gewehre, Kanonen und Bomben im Krieg anrichten.
Da lagert in den Familien eine Menge Zündstoff. In weit über der Hälfte aller Haushalte mit Kindern – das belegen mehrere Untersuchungen – gibt es Spielzeugwaffen oder Kriegsspielzeug. Aus Befragungen weiß man, daß die große Mehrheit der Eltern Bedenken äußert, ihren Kindern Kriegsspielzeug zu schenken. Das heißt also: In ganz vielen Kinderzimmern sind Hellebarden, Gewehre und Turtle-Figuren gegen den Willen der Eltern im Einsatz oder höchstens stillschweigend geduldet.
Im Grunde beginnt der Ärger ums Ballern ja schon viel früher. Um jemanden „totzuschießen", braucht man schließlich keine Pistole, bei Dreijährigen reicht eine Banane oder ein Gummistiefel, zur Not tut es auch der Zeigefinger.
Bei fast allen Eltern kollidiert die Wunschvorstellung vom friedfertigen Engel irgendwann mit der Wirklichkeit, stellen Psychologen fest. Sie halten es für normal, daß Kinder den Umgang mit Waffen ausprobieren. Mit einem Colt in der Hand können sie Angriff und Verteidigung spielen, ohne handgreiflich zu werden, sie können kämpfen, ohne jemandem weh zu tun. So weiß beim Indianer-und-Cowboy-Spiel jeder Akteur genau, was er zu tun hat, wenn sein Gegenüber den Abzug betätigt: Er sinkt zu Boden, obwohl er keinen Kratzer abbekommen hat. Kinder wissen Spiel und Realität sehr genau auseinanderzuhalten.
Doch genau das fällt Erwachsenen schwer. In ihren Köpfen verknüpft sich der Schuß aus einem Plastikgewehr mit Bildern von Krieg und Gewalt. Die Bedeutung, die das Schießen für Kinder hat, ist viel ursprünglicher: Sie stellen irgendwann fest, daß dieses kleine Werkzeug ungeheure Macht verleiht. Ein Pengpeng läßt Spielkameraden reihenweise umfallen und beeindruckt offensichtlich auch Erwachsene. Denn wer auf Vater oder Mutter zielt, kann sich einer Reaktion sicher sein: Entweder sie fallen auch brav um, oder – noch besser – sie regen sich fürchterlich auf.
Kaum ein anderes Spielzeug macht so stark. Für einen Moment können es Kinder sogar mit Erwachsenen aufnehmen. Nur: Wenn Vier- oder Fünfjährige dieses Gefühl genießen, dann ist das ein normaler Schritt in der kindlichen

Entwicklung, hat aber noch lange nichts mit Allmachtsgelüsten und Gewaltphantasien eines angehenden Militaristen zu tun.
Nun verstehen zwar die meisten Eltern die Faszination, die Waffen auf ihre Kinder ausüben. Doch sie fragen sich, ob die ewige Ballerei ein Kinderhirn nicht dermaßen abstumpft, daß es Gewalt irgendwann für die angemessene Art hält, Konflikte zu lösen. Bauen Spielzeugwaffen Aggressionen ab, oder machen sie auf Dauer erst aggressiv?
Leider gibt es dazu nur wenig aussagekräftige Studien. Aus einer Reihe von Experimenten wissen wir lediglich: In Kindergruppen, die mit Spielzeugwaffen ausgerüstet sind, geht es nur während der jeweiligen Spielsituationen aggressiver zu als in vergleichbaren „unbewaffneten" Gruppen. Mittelfristig ist bei den bewaffneten Kindern aber keine negative Verhaltensänderung zu erkennen.
Kinder, deren Eltern Waffen und Gewalt skeptisch beurteilen, sind wohl kaum gefährdet. Sie verarbeiten im kämpferischen Spiel eher Probleme. Aggressionen werden nach außen gelenkt, Ängste lösen sich, denn wer Angst macht, verliert die eigene.
Dennoch gibt es Beispiele von Kindern, die wild sind auf martialische Zerstörungsapparate, die in ihren Regalen ganze Armeen beherbergen, immer mehr davon wollen und sich auch zunehmend unsozial verhalten. Tatsächlich ist es höchst problematisch, wenn das Kriegsspiel zum zentralen Thema wird oder wenn ein Kind sogar andere absichtlich verletzt. Psychologisch gesehen ist das Spiel mit Waffen freilich nur ein Indikator für das, was an Angst und Aggression in einem Kind steckt. Wer Krieg und Ballern zu seinem Lebensinhalt macht, stammt meist aus Lebensverhältnissen, in denen besonders viel Gewalt und Feindseligkeit herrschen, und zwar sowohl von den Eltern ausgehend als auch vom gesamten sozialen Milieu. Diesen Kindern fehlt die „Ich-Stärke" und die Fähigkeit zu spielen, das heißt, Spiel und Wirklichkeit überhaupt auseinanderzuhalten. Der Alltag hat diese Kinder aggressiv gemacht, nicht die „Power Rangers" und nicht die Laserkanone.
Gelassenheit gegenüber kleinen Revolverhelden ist angebracht – aber nicht Sorglosigkeit. Daß Verbote sinnlos sind, heißt nämlich nicht, Eltern sollten mit ihrer Meinung hinterm Berg halten. Sie sollten ihren Kindern ruhig erklären, warum sie sich mit diesen Mordinstrumenten nie anfreunden werden und daß die Pistole kein Spielzeug wie jedes andere ist.
□ Siehe auch *Aggression, Selbstvertrauen, Spielen, Spielzeug*

VOR ALLEM JUNGEN LIEBEN WAFFEN

Eine Sprachuntersuchung an der Universität Graz bestätigt, daß Militärisches Mädchen eher kalt läßt als Jungen. So zeigte man beispielsweise 60 Kindern das Bild eines Panzers. In der Altersgruppe der Siebenjährigen kannten 19 Jungen die richtige Bezeichnung, aber nur acht Mädchen.
Der Offenbacher Psychologe Christian Büttner machte die Beobachtung: In kämpferischen Spielen verhalten sich Jungen eher als Angreifer, Mädchen eher defensiv.

Sport

Sobald Kinder laufen können, sind sie nur noch in Bewegung. Doch dieser natürliche Bewegungsdrang läßt im Lauf der Jahre bei vielen Mädchen und Jungen nach. Die Wohnumgebung in vielen Städten bietet zuwenig Anregung; vorm Fernseher zu liegen ist einfach bequemer. So kommt es, daß heute bereits 50 Prozent der Schulanfänger unter Haltungsschwächen und -schäden leiden. Auch wenn man noch keine gesundheitlichen Schäden bemerkt – der zunehmende Bewegungsmangel hinterläßt seine Spuren: Die allgemeine Leistungsfähigkeit sinkt, Unfälle werden wahrscheinlicher.
Wichtig ist also, daß sich Schüler die motorischen Fähigkeiten erhalten, die sie als Vorschulkind noch besaßen. Denn:

- Wer sich körperlich fit hält, bleibt auch geistig beweglicher und kommt in der Schule besser mit. Wenn das Gehirn gut durchblutet wird, steigt auch die Konzentrationsfähigkeit.
- Sport ist ein gutes Ventil, um Aggressionen abzubauen.
- Bei Jugendlichen, die Sport treiben, ist die allgemeine Zufriedenheit größer als bei Nicht-Sportlern. Eine Studie an den Universitäten Berlin und Bielefeld ergab: Wer sich regelmäßig sportlich betätigt, hält Schulstreß gewöhnlich leichter aus und ist sozial besser integriert.

Dennoch wurde in vielen Bundesländern die dritte wöchentliche Sportstunde an der Schule gestrichen. Für Kinder, die Lust haben, sich zu bewegen und eine Sportart zu erlernen, bleibt daher kaum eine Alternative zum Sportverein.
Etwa 70 000 Vereine gibt es in Deutschland, auch auf dem Land hat fast jeder wenigstens einen Fußball- oder Turnverein in seiner Nähe. Gegenüber den Schulen sind Vereine und private Sportklubs meist besser ausgestattet, die Übungsleiter in ihren Disziplinen vielfach besser ausgebildet als die Sportlehrer. Unsicher werden Eltern nur, wenn es darum geht, gemeinsam mit ihrem Kind die richtige Sportart zu suchen: Welcher Sport ist für mein Kind am besten? Ab wann kann ich es in den Verein geben? Besteht die Gefahr, daß es im Training überfordert wird?
Grundsätzlich fördert jede Art körperlicher Bewegung die Entwicklung, sagen Sportmediziner. Insofern könne man nicht von guten oder schlechten, gesunden oder ungesunden Sportarten reden. Zwei Kriterien sollten bei der Entscheidung zwischen Fußball und Boxen, Judo und Tischtennis helfen: Erstens muß ein Kind für manche Disziplinen bestimmte Voraussetzungen erfüllen. So ist beispielsweise im Ballett ein gewisses Maß an Musikalität erforderlich, und ein Sechsjähriger von 115 Zentimetern Größe braucht mit Tischtennis noch lange nicht anzufangen. Zweitens muß der Sport dem

Kind Spaß machen. Nur dann verliert es durch kleine Rückschläge oder langweiliges Konditionstraining nicht die Lust. **Jede Disziplin kann zum Problem werden, wenn Eltern oder Trainer übertriebenen Ehrgeiz entwickeln.** Langzeitschäden durch übermäßige Gelenkbelastungen und Mangel an sozialen Kontakten durch zeitintensives Training können dann die Folgen sein. Daß normaler Vereinssport die Gesundheit eines Kindes überstrapaziert, ist dagegen unwahrscheinlich.
Vor der Anmeldung im Verein, sollten Sie sich informieren:

- Werden richtige Wettkämpfe erst für Kinder ab zehn ausgetragen? Das ist sinnvoll.

Lieben Eltern ist kein Schuß zu hoch

Welcher Sport für welches Kind?

BASKETBALL

Trainiert viele verschiedene Muskelgruppen; beim Kinderbasketball können Körbe niedriger gehängt und das Spielfeld verkleinert werden; obwohl eigentlich „körperloses" Spiel hohes Verletzungsrisiko durch Kontakt mit Gegnern, durch Sprünge und Fangfehler

Koordination	Beweglichkeit	Ausdauer	Schnelligkeit	Kraft	Unfall-/Verletzungsrisiko (ohne Bagatellverletzungen)	Mindestalter
●●	●●	●	●●	●	●●●	8–10

FUSSBALL

Populärste Ballsportart; hohe Verletzungshäufigkeit, bei Kindern aber meist nur leichte Blessuren wie Schürfungen und Prellungen; Anforderungen im Training manchmal zu hoch: Hier sollten Eltern aufpassen!

Koordination	Beweglichkeit	Ausdauer	Schnelligkeit	Kraft	Unfall-/Verletzungsrisiko (ohne Bagatellverletzungen)	Mindestalter
●●	●	●	●●	–	●	5–7

HANDBALL

Sportart mit dem höchsten Verletzungsrisiko; wegen ihrer Härte und der nicht ganz leichten Regeln erst für ältere Kinder zu empfehlen

Koordination	Beweglichkeit	Ausdauer	Schnelligkeit	Kraft	Unfall-/Verletzungsrisiko (ohne Bagatellverletzungen)	Mindestalter
●	●●	●	●●	●	●●●	8–10

JUDO

Ausgezeichnete Ganzkörperschulung; gutes Training für Koordination und Schnelligkeit

Koordination	Beweglichkeit	Ausdauer	Schnelligkeit	Kraft	Unfall-/Verletzungsrisiko (ohne Bagatellverletzungen)	Mindestalter
●●●	●●	●	●●	●●	●●	5–7

LEICHTATHLETIK SPRINGEN UND WERFEN/LAUFEN

Ein Sport für Einzelkämpfer; Leichtathletik im eigentlichen Sinne ist erst etwas für Kinder über zehn; günstiger als Werfen und Springen sind Laufdisziplinen

Koordination	Beweglichkeit	Ausdauer	Schnelligkeit	Kraft	Unfall-/Verletzungsrisiko (ohne Bagatellverletzungen)	Mindestalter
●●/●	●●/●	–/●●	●●/●●	●●/●	●/●	6–8

REITEN

Reiten bietet schöne Naturerlebnisse und verlangt von Kindern Verantwortung für das Tier; gutes Haltungstraining; relativ viele und schwere Verletzungen passieren Kindern beim Versorgen der Pferde (Tritte)

Koordination	Beweglichkeit	Ausdauer	Schnelligkeit	Kraft	Unfall-/Verletzungsrisiko (ohne Bagatellverletzungen)	Mindestalter
●	●	–	–	●	●●	7–9

● = mäßig ●● = stark ●●● = sehr stark

● Besitzt der Übungsleiter eine Lizenz des Deutschen Sportbundes (DSB)?
● Bietet das Training bei Sportarten mit einseitiger Beanspruchung des Körpers (z.B. Tennis) genügend Übungen für Ausdauer und gleichmäßige Körperbelastung?
● Bekommen kleinere Kinder (bis zehn) auch Gelegenheit zum freien Spielen und Toben?
Lassen sich diese Fragen mit ja beantworten, dann bleibt das Verletzungsrisiko gering, und Ihr Kind hat nicht nur Bewegung, sondern auch Spaß.
□ Siehe auch *Bewegung, Konzentration, Lernen*

Sprachprobleme

In den ersten vier Jahren haben alle Kinder Schwierigkeiten mit korrekter und flüssiger Aussprache. Komplizierte Konsonanten (meistens G und K oder D und T) werden miteinander vertauscht, bei anderen stimmt die Reihenfolge nicht (Efelant oder Tefelon). Kinder, die eigentlich schon sprechen können, lassen auch mal Laute oder ganze Silben weg: Bille statt Brille, Fant statt Elefant.
Bei Vorschulkindern bis etwa sechs, sieben Jahren ist auch das

SCHWIMMEN

In kaum einem anderen Sport werden so viele Muskelgruppen eingesetzt, wird der Körper so gleichmäßig gefordert wie beim Schwimmen; hervorragendes Ausdauertraining

Koordination	Beweglichkeit	Ausdauer	Schnelligkeit	Kraft	Unfall-/Verletzungsrisiko (ohne Bagatellverletzungen)	Mindestalter
●●	●●	●●●	●	●●	–	3–5

SKILAUFEN ALPIN/LANGLAUF

Pistenfahren können schon Vierjährige gut lernen; bei Kindern weniger Unfälle als bei Erwachsenen! Niemals an der Ausrüstung sparen!

Koordination	Beweglichkeit	Ausdauer	Schnelligkeit	Kraft	Unfall-/Verletzungsrisiko (ohne Bagatellverletzungen)	Mindestalter
●●/●●	●●/●	●/●●●	●/–	●/●	●●/–	3–5/8–10

TENNIS

Längst ein Breitensport, der für viele erschwinglich ist; wegen einseitiger Belastungen sollte Kindertraining etwas für Ausdauer und Ganzkörperkräftigung tun; geringes Verletzungsrisiko; Eltern müssen darauf achten, daß der Schläger nicht zu groß und zu schwer ist

Koordination	Beweglichkeit	Ausdauer	Schnelligkeit	Kraft	Unfall-/Verletzungsrisiko (ohne Bagatellverletzungen)	Mindestalter
●●	●●	●●	●●	●	–	6–8

TISCHTENNIS

Sportart, die man ewig ausüben kann; hohe Anforderungen an Reaktions- und Bewegungsschnelligkeit: Ausgleichstraining ratsam

Koordination	Beweglichkeit	Ausdauer	Schnelligkeit	Kraft	Unfall-/Verletzungsrisiko (ohne Bagatellverletzungen)	Mindestalter
●●	●●	●	●●	–	–	6–8

TURNEN

Hervorragende Kräftigung für den ganzen Körper; schwere Verletzungen gibt es meist nur, wenn Turnen als Hochleistungssport betrieben wird; Übungsleiter sollten individuelle Hemmschwellen der Kinder (z. B. Angst vor bestimmten Geräten) respektieren

Koordination	Beweglichkeit	Ausdauer	Schnelligkeit	Kraft	Unfall-/Verletzungsrisiko (ohne Bagatellverletzungen)	Mindestalter
●●●	●●●	–	●	●●	●	5–7

VOLLEYBALL

Ballspiel mit relativ geringem Verletzungsrisiko, weil es praktisch keine Gegnerberührung gibt; beim Volleyball lernen Kinder richtiges Abrollen und Abfedern bei Stürzen; ein zusätzliches Ausdauertraining ist sinnvoll

Koordination	Beweglichkeit	Ausdauer	Schnelligkeit	Kraft	Unfall-/Verletzungsrisiko (ohne Bagatellverletzungen)	Mindestalter
●●	●●	–	●●	●	●	8–10

Lispeln noch ganz normal. S, Sz, aber auch Ch sind ganz schwierige Laute, mit denen Kinder manchmal regelrecht zu kämpfen haben. Kein Wunder, daß es in den ersten Jahren zu solchen Aussprachefehlern kommt: Was Lippen, Zunge und Gesichtsmuskeln leisten müssen, ist enorm.

Erst wenn ein Kind um die Einschulung herum in mindestens drei der vier wichtigsten Elemente der Sprache, nämlich Wortschatz, Grammatik, Aussprache und Verstehen, größere Schwierigkeiten hat, sprechen die Fachleute von einer Sprachentwicklungs-Verzögerung.

Kleine Sprachprobleme können ganz unterschiedliche Ursachen haben, vom falschen Vorbild durch ein Elternteil bis zu einer ungünstigen Kiefer- oder Zahnstellung. Merkwürdig ist nur, daß ihre Zahl nach Beobachtung von Wissenschaftlern in den letzten Jahren stark angestiegen ist. Schätzungen der Mainzer Klinik für Kommunikationsstörungen zufolge sind bundesweit inzwischen etwa 25 Prozent der (deutschen) Drei- bis Sechsjährigen betroffen.

Viele dreieinhalb bis vier Jahre alte Kinder bilden nicht nur Laute falsch, sondern können z. B. die Gegensätze von „schnell" oder „voll" nicht nennen, und sind auch nicht in der Lage, einen Satz mit sieben Wörtern vollständig zu wiederholen.

Eltern, deren Vierjähriger nur das „sch" nicht richtig aussprechen kann oder Sätze noch falsch baut, müssen dennoch keine Angst haben. Bei einem Kind, das nur die Laute falsch bildet, sagen die Fachleute: Es hat ein Stammeln. Ein Kind, das nur einen geringen Wortschatz besitzt, weil vielleicht auch der Wortschatz seiner Eltern gering ist, leidet unter Wortschatz-Armut. Die Sprachentwicklungs-Verzögerung dagegen betrifft nicht nur Teilbereiche. Insofern ist das Ergebnis, daß 25 Prozent der Vorschulkinder darunter leiden, schwerwiegend.

Für erschreckend halten die Wissenschaftler jedoch die rapide Zunahme. Schulen für Sprachbehinderte erleben in den letzten Jahren einen ständig steigenden Ansturm.

Wie kommt diese bedrückende Entwicklung zustande? Medizinische Gründe scheiden wohl aus. Nach den Beobachtungen von Ärzten haben Behinderungen wie Hörstörungen, Sehstörungen und Hirnschäden in den vergangenen zehn Jahren nicht zugenommen, eher sind die Gründe in der sozialen Umgebung der Kinder zu suchen.

Professor Manfred Heinemann, Leiter der Mainzer Klinik, faßt seine Diagnose in einem Satz zusammen: In vielen Familien wird zuwenig gesprochen.

Das hat mit der Entwicklung der Familien zu tun, insbesondere mit der wachsenden Zahl von Ein-Eltern-Haushalten. Welche alleinerziehende Mutter, die nachmittags erschöpft von der Arbeit kommt, ist schon ständig in Plauderlaune? Aber auch in einer „normalen" Kleinfamilie gibt es naturgemäß weniger sprachliche Anregung als in einem Fünf-Personen-Haushalt. Wenn beide Eltern berufstätig sind, bleibt ebenfalls wenig Zeit für die Kinder.

Außerdem sitzen Mutter, Vater und Kinder heute deutlich länger vor dem Fernseher als vor zehn Jahren.

Sogenannte pflegeleichte Kinder sind stärker gefährdet, in der Sprachentwicklung zurückzubleiben. Anders als lebhafte und fordernde Kinder zwingen sie ihre Eltern nicht zum Dialog.

Natürlich lernt jedes Kind – wenn keine medizinischen Gründe vorliegen – irgendwann sprechen. Die Frage ist, wie es sich in der Schule zurechtfinden wird. Beim Lesen- und Schreibenlernen in der ersten Klasse stoßen betroffene Kinder schnell an ihre Grenzen. Fehlende Erfolgserlebnisse lassen bei manchem Kind bereits im ersten Jahr Schul-Unlust aufkeimen. Gleichzeitig können Sprachprobleme ein Kind innerhalb der Klassengemeinschaft isolieren, nicht nur, weil man jemanden schlecht versteht, der näselt und bestimmte Buchstaben nicht richtig aussprechen kann. Die Schwäche stempelt ein Kind auch schnell zum Außenseiter. Darauf reagieren manche mit neuen Sprech-Schwierigkeiten und fangen an zu stottern. Andere versuchen, sich durch aggressives Verhalten Respekt zu verschaffen.

Sprache ist nicht nur Verständigungsmittel, durch Sprache lernen wir auch. Was man nicht in Worte fassen kann, ist nur schwer vorstellbar: Benennen heißt Begreifen.

Deshalb halten es Kommunikationswissenschaftler wie Manfred Heinemann und seine Kollegen für wichtig, Sprachprobleme zu behandeln, sobald sie auftauchen. Wenn Eltern das Gefühl haben, ihr Kind hinke in seiner Sprachentwicklung deutlich hinterher, sollten sie ihren Kinderarzt, gegebenenfalls auch die Erzieherin, darauf ansprechen.

Zunächst muß dann überprüft werden, ob das Gehör in Ordnung ist. Anschließend sollte ein Logopäde (Sprech-Erzieher) oder Phoniater (HNO-Arzt mit Spezialausbildung) genauer testen, wo die Sprachschwächen liegen. Die Art der Therapie hängt davon ab, wie stark die Sprachverzögerung ist: In den mittleren und schweren Fällen sollte das Kind so schnell wie möglich von Fachleuten behandelt werden. Die Möglichkeiten reichen, je nach Art des Sprachproblems und Alter des Kindes, von einer Spieltherapie über den Besuch einer Sprachheilschule bis zum stationären Aufenthalt in einer Klinik.

Bei leichteren Fällen reichen meist eine eingehende Beratung der Eltern und eine gezielte, regelmäßige Sprachförderung zu Hause aus, um bleibende Sprachstörungen zu verhindern.

Der wichtigste Ratschlag an die Eltern lautet jedoch: Viel reden! Was Mütter und Väter im einzelnen tun können:

- Spiele spielen, bei denen geredet werden muß.
- Bei kleinen Kindern die alltäglichen Verrichtungen wie Tischdecken oder Anziehen mit Sprache begleiten. Das bringt mehr, als ein Kind ständig aufzufordern: „Jetzt sag doch mal ..."
- Die Kinder Sport treiben und toben lassen, denn Grob-, Fein- und Artikulations-Motorik hängen eng zusammen.
- Das Kind nicht ständig verbessern, denn das verdirbt auf die Dauer den Spaß am Sprechen.
- Wort oder Satz korrekt wiederholen, wenn das Kind etwas Falsches sagt; es muß den richtigen Satz ins Ohr bekommen.
- Das Kind zu verstehen versuchen, auch wenn es undeutlich spricht. Es braucht das Gefühl, daß es verstanden wird.

□ Siehe auch *Sprechenlernen, Stottern*

Sprechen lernen

Auf das erste Wort ihres Kindes warten alle Eltern mit Spannung. Der Weg dorthin ist weit, und eigentlich beginnt er schon im Mutterleib. Denn dort trainiert das Kind durch Schlucken und Daumenlutschen bereits seine Artikulationsorgane. Der erste Schrei ist der Anfang eines Dialogs: Das Kind beschwert sich über die plötzliche Helligkeit und Kälte – und wird beruhigend auf den Arm genommen. So erfährt es zum erstenmal, daß jemand auf seine Äußerungen reagiert.
Mit sechs Wochen fangen Babys an zu gurren, sie bilden glucksende Kehllaute. Mit sechs Monaten beginnt die Lallphase. Das ist die Zeit, in der sich Babys scheinbar selbst Geschichten erzählen. In diesen Monologen ahmen sie nach, was sie täglich hören. Sie beginnen, mit ihrer Stimme zu spielen.
Das Kind lernt mit allen Sinnen gleichzeitig: wenn Mama oder Papa z. B. beim Wickeln mit den Fingern den Arm hochkrabbeln, dazu reimen und dann alle gleichzeitig lachen. Nichts ist jetzt wichtiger, als möglichst viel mit dem Baby zu reden, beim Füttern, beim Wickeln, beim Anziehen.
Beim spielerischen Umgang mit Lauten entsteht irgendwann das erste „Mama", „Papa" oder vielleicht auch „Auto". Die entzückte Reaktion der Erwachsenen definiert diese Äußerung als Wort und weist ihr eine Bedeutung zu, die dem Kind gar nicht bewußt war. Nun lernt das Baby, daß jedes Ding einen Namen hat. Das passiert meist um den ersten Geburtstag herum, bei manchen Kindern schon mit neun Monaten, bei anderen erst am Ende des zweiten Lebensjahres. Bevor ein Kind ein Wort verwenden kann, muß es seine Bedeutung kennen – der passive Wortschatz ist deshalb zunächst viel weiter entwickelt als der aktive. Auf die Frage „Wo ist dein Fläschchen?" kann ein Kleinkind oft richtig reagieren, ohne bis dahin auch nur ein Wort gesprochen zu haben.
Um den zweiten Geburtstag herum beginnen viele Kinder mit Zweiwortsätzen („Mama Ball"). Sie sind wie Telegramme und haben schon Ähnlichkeit mit richtigen Sätzen.
Die Zeit der reinen Nachahmung ist jetzt vorbei, das Kind will und kann nun eigene Gedanken mitteilen – eine unglaubliche Leistung. Daß jedes Ding einen Namen hat, weiß es ja schon. Nun muß es auch noch Bedeutungen generalisieren und übertragen: Nicht nur der Küchenstuhl heißt Stuhl, sondern auch der auf dem Balkon und der mit den Rollen bei den Nachbarn.
Andererseits müssen Bedeutungen eingeschränkt werden: Am Anfang hieß alles Hund, was Fell hat, die Katze, vielleicht sogar der Rasierpinsel und alle Männer hießen Papa. Ganz schnell differenziert sich das. Mit zwei beherrschen Kinder im Schnitt schon 250 Wörter, mit drei bereits 800.
Aus dem, was sie hören, bauen sich Kinder auch die richtige Grammatik zusammen, unbewußt natürlich. Sie haben gehört, daß von vielen Substantiven die Mehrzahl mit s gebildet wird, deshalb heißen mehrere Ganoven schon mal Räubers. Aber mit der Zeit hören Kinder von Erwachsenen und größeren Kindern auch hier, wie der richtige Plural lautet.
Nicht alle Kinder lernen zur gleichen Zeit sprechen. Gerade Eltern, deren Kind etwas später dran ist, machen sich Sorgen. Hier einige Daten:

- Falls ein Baby mit fünf, sechs Monaten plötzlich aufhört zu lallen, sollte ein Arzt seine Hörfähigkeit testen.
- Das erste Wort sollten Kinder spätestens während der zweiten Hälfte des zweiten Lebenjahrs gesprochen haben, Zweiwortsätze bis Mitte des dritten Lebensjahres.
- Ab vier sollte sich ein Kind Fremden verständlich machen können.
- Im fünften Lebensjahr sollte es alle Laute und Lautverbindungen beherrschen.

Trifft etwas davon nicht zu, empfiehlt es sich, einen Fachmann bzw. eine Fachfrau aufzusuchen. Adressen gibt es beim Kinderarzt oder bei der Krankenkasse.
Sprache lernen Kinder am besten, wenn ihre Eltern viel mit ihnen sprechen. Sie müssen keine Übungen mit ihnen machen, lieber viel vorlesen, erzählen, reimen oder singen. Das steckt an.

□ Siehe auch *Sprachprobleme, Stottern*

In Sprache baden: Eltern sollten von Anfang an viel mit ihrem Kind reden

Ist Moritz noch normal?

Manche Kinder können mit eineinhalb schon kleine Sätze sagen. Andere fast kein Wort. Zu letzteren gehörte Moritz, jüngster Sohn von ELTERN-Redakteur Oliver Steinbach. Der machte sich dann echte Sorgen

Luises erstes Wort hieß Teddy, und sie war etwa elf Monate alt, als wir es freudig vernahmen. Kaspar, der Mittlere, rückte etwas später mit der Sprache heraus. Mit 14 Monaten verkündete er „doiedeh", was wir eindeutig als „Feuerwehr" identifizierten.

Moritz, unser drittes Kind, kam vor 20 Monaten auf die Welt. Aber bis heute denkt er nicht daran, mit uns zu reden – zumindest nicht in einer Sprache, die wir verstehen. Dabei besitzen laut Statistik die meisten Kind in dieser Zeit schon einen aktiven Wortschatz von 50 bis 100 Wörtern.

Aber ich bin unfair. Ein Wort spricht Moritz ja: „Datse". Nur dieses eine. Es fällt immer dann, wenn er durchs Fenster beobachtet, wie Nachbars fetter Kater durch unseren Garten streift. Außerdem sollte ich jenes satzlange Gebilde erwähnen, das er um seinen ersten Geburtstag herum mehrmals freudig erregt ausrief und das uns damals eine hohe sprachliche Begabung vermuten ließ: „Atte atze atte ho." Er gebrauchte es nur ein paar Wochen lang, sobald er etwas erhöht, auf einem Treppenabsatz etwa, stand.

Nach langem Rätseln kam uns die Erleuchtung. Natürlich – es bedeutet: „Auf die Plätze, fertig, los." Zu diesem Spruch ließ sich Moritz nach dem Wickeln immer in unsere Arme fallen. Und nun konnte er ihn nach Rhythmus und Betonung perfekt nachahmen.

Ein Sprechwissenschaftler, dem ich davon erzählte, fühlte sich an seinen ältesten Sohn erinnert, der sich, als er klein war, für jede Art von Reim interessierte: ein Kind, das wie Moritz den Zugang zum Sprechen über Klänge und Rhythmus suchte.

Diese musikalischen Elemente spielen im ersten Lebensjahr bei allen Kindern eine Rolle. Die Laute in den ersten Lebensmonaten sind bei allen Babys der Welt die gleichen, fast immer Silben, die aus den Buchstaben A, E, M und N gebildet werden (amamam, nane), doch bereits ab dem sechsten Monat lassen sich Unterschiede in der Melodie ihrer Muttersprache erkennen.

Irgendwann ab dem neunten Lebensmonat werden dann aus dem Geplapper Worte, mehr oder weniger deutlich artikuliert. Es sind Begriffe für Dinge, die dem Kind nah sind und die es interessieren: seine Bezugspersonen, wichtige Körperteile, Kleidungsstücke, Tiere und alles, was sich bewegt. Mit Ausnahmen: Eine Freundin berichtete mir von ihrem damals dreijährigen Bruder, der – als sprechfaul verschrien – mitten in eine Tischgesellschaft plötzlich „Bundesbaugesetz" hineinrief.

Obwohl es in Moritz' Alter schon einige Kinder gibt, die passable Sätze mit zwei Wörtern sprechen, ist Moritz noch im Stadium etwas dürftiger Einwortsätze. Eigentlich beherrscht er nur einen. Er heißt „dabdabdab" und bedeutet schlechthin alles: Von „Wo bleibt meine Milch?" bis „Die Windel ist voll". Warum nur spricht er im Vergleich zu den meisten Gleichaltrigen so sparsam?

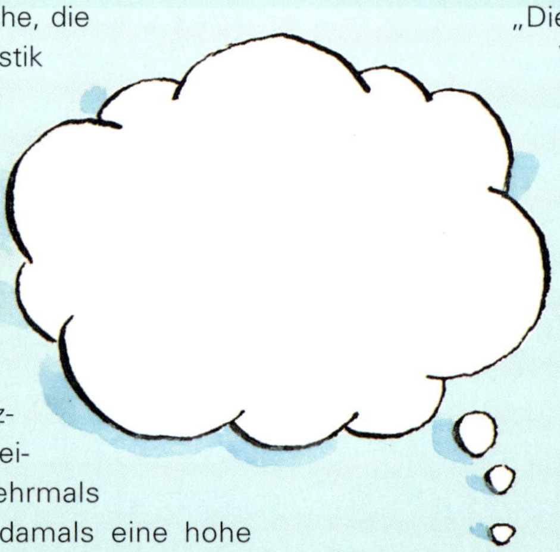

Ist er einfach ein maulfauler Typ? Sprechforscher räumen ja immerhin ein, daß der Spracherwerb auch etwas mit dem Temperament zu tun hat und manche Menschen von Anfang an nicht das Bedürfnis haben, sich zu allem zu äußern. Wie erklärt sich aber,

daß Moritz ununterbrochen brabbelt, quietscht und plappert?
Natürlich werden wir gelegentlich gefragt, ob Moritz' Ohren in Ordnung seien. Denn nicht erkannte Hörschäden sind tatsächlich sehr häufig die Ursache für Probleme beim Sprechenlernen. Aber unser Sohn hat prächtige Ohren, kein Zweifel. Der hört im Kinderzimmer, wenn in der Küche jemand vorsichtig das Papier einer Schokoladentafel aufzieht.
Oder läßt sich Moritz soviel Zeit mit dem Sprechen, weil er ein drittes Kind ist? Kann durchaus sein. Luise ist von uns noch mit Sprache überschüttet worden. Als erstes (und zwei Jahre lang einziges) Kind profitierte sie von ausführlichen Gesprächen am Wickeltisch und stundenlangem Vorlesen. Moritz dagegen teilt uns mit zwei Geschwistern. Die meiste Zeit des Tages sind Luise und Kaspar seine „Sprachlehrer".
Und noch etwas kommt hinzu: Welche Notwendigkeit sollte Moritz überhaupt sehen, die deutsche Sprache zu benutzen? Sind nicht ständig zwei bis vier Personen um ihn herum, die ihm alles geben, was er braucht? Wenn er seinen Kuß, Schnuller, Apfel, Stoffhasen oder was auch immer von uns nicht bekommt, dann garantiert von einem der Kinder. Die können es nämlich überhaupt nicht vertragen, wenn ihr Bruder weint. Außerdem sind sie in Babysprache ziemlich perfekt.
Doch trotz aller Erklärungen läßt es uns nicht kalt, daß Moritz sich so viel Zeit läßt. Auch wenn noch kein Grund zur Beunruhigung besteht – ich konnte mir nicht verkneifen, den anfangs erwähnten Sprechwissenschaftler nach der kritischen Altersgrenze zu fragen: Wann ist es Zeit, sich wegen der „Sprachlosigkeit" Sorgen zu machen?
Ein Kind, das ansonsten normal entwickelt ist, meinte er, sollte mit zwei, spätestens mit zweieinhalb, ein paar Worte sagen können.
So gesehen, hat Moritz noch ein bißchen Zeit. Beruhigt hat uns auch die Auskunft des Wissenschaftlers, daß der Beginn des Sprechens keine Rückschlüsse auf die geistigen Fähigkeiten eines Kindes zuläßt. Wer mit eineinhalb schon ganze Sätze sagt, wird zwar mit hoher Wahrscheinlichkeit ein sprachgewandter Schüler und Erwachsener werden. Doch wer spät beginnt, muß deshalb nicht dümmer sein. Schließlich wissen auch die Forscher, daß es Kinder gibt, die bereits früh mit Worten spielen und experimentieren und andere, die Begriffe langsam sammeln und speichern und erst spät damit herausrücken.
Die Möglichkeiten für uns Eltern, das Sprechenlernen wesentlich zu beschleunigen, sind begrenzt. Wir können den Lernprozeß unserer Kinder wohl nur unterstützen, indem wir den Spaß an der Sprache wachhalten.

Stehlen

Irgendwann passiert es fast jedem Kind: Es kann der Versuchung nicht widerstehen, etwas mitgehen zu lassen. Die einen klauen etwas aus dem Kellerabteil des Nachbarn, andere nehmen aus Vaters Portemonnaie ein Fünf-Mark-Stück oder einen Ring aus Mutters Schmuckschatulle, stecken den Füller eines Klassenkameraden ein oder stibitzen einen Apfel vom Baum des Nachbarn.
Das ist noch kein statistisch erfaßtes Stehlen, aber bereits ein unberechtigtes Nehmen – eine Grenzüberschreitung, auf die Eltern reagieren müssen, wie Psychologen meinen. Sie sollten es also ansprechen, wenn ihnen Geld fehlt oder wenn das Kind etwas nach Hause bringt, das ihm nicht gehört. Und das Kind anhalten, sich zu überlegen, wie es den Schaden wiedergutmachen kann: durch Rückgabe der Beute, eine Entschuldigung, vielleicht auch eine zusätzliche gute Tat.
Doch vielen Eltern fällt es schwer, den richtigen Ton zu treffen. Sie geraten allzuschnell in Panik und prophezeien düster: „Du landest noch mal im Gefängnis."
Solche Prognosen schaden mehr, als sie nützen: Das Kind könnte denken, es sei von Grund auf schlecht – und in Zukunft gar nicht erst versuchen, ehrlich zu bleiben. Ein Herunterspielen oder gar Ignorieren wäre ebenso falsch. Wie sollte das Kind sonst erfahren, daß in einer Gesellschaft bestimmte Regeln eingehalten werden müssen?
So beschämend es Eltern empfinden, wenn ihr Kind erwischt wird, sie können sich damit trösten, daß ein entdeckter Diebstahl besser ist als ein unentdeckter. Denn wenn ein Heranwachsender beim Stehlen Erfolg hat und dabei womöglich noch einen angenehmen Nervenkitzel empfindet, ist er versucht, immer wieder zu klauen. Wird er dagegen erwischt, kann die Tat aufgearbeitet werden. Gerade bei Kindern und Jugendlichen steckt oft mehr dahinter als nur der Wunsch nach Bereicherung – Rebellion gegen die Eltern und ihre Werte, der Einfluß der Gleichaltrigen, die Lust auf ein Abenteuer. Dafür zwei Beispiele:
- Der 13jährige, der eine heißbegehrte CD mitgenommen hat, befindet sich mitten in der Pubertät. Was Mutter und Vater sagen, zählt nicht mehr so wie früher. Wichtiger ist, was die Freunde von ihm erwarten. Und bei denen steht Musik hoch im Kurs, da will er mitreden können.
- Die 14jährige, die zusammen mit ihren Freundinnen teure Lippenstifte klaute, wollte einfach nicht als Feigling oder Spielverderber dastehen.

Werden die Diebe ertappt, sind sie in der Regel sehr erschrocken; nur wenige wirken abgebrüht. Häufig wird ihnen jetzt erst wirklich bewußt, was sie getan haben.
Klaut ein Jugendlicher im Kaufhaus, wird in der Regel die Polizei benachrichtigt, die den Täter dann nach Hause bringt. Das ist für viele ein heilsamer Schock. Von Gesetzes wegen dürfen Kinder unter 14 nicht belangt werden. Sie sind noch nicht strafmündig. Jugendliche werden erst bei Wiederho-

lungstaten verurteilt. Sie müssen dann in der Regel gemeinnützige Arbeiten verrichten. Auch das Jugendamt wird bei jedem bekanntgewordenenen Diebstahl eingeschaltet.

Selten ist echte Bedürftigkeit Grund des Klauens. Manchmal ist den Diebstählen jahrelanges Verwöhnen vorangegangen, wenn etwa ein Kind von klein auf (fast) immer bekam, was es wollte, und einfach nicht lernen konnte zu verzichten.

Die eigenen Wünsche zurückzustellen ist ein langer und schwieriger Lernprozeß. Er sollte bereits im zweiten Lebensjahr beginnen, wenn das Kind fest an die Eltern gebunden ist. Um ihre Liebe nicht zu verlieren, übernimmt es ihre Normen – der erste Schritt zur Gewissensbildung. Das bedeutet: Schon ein Kleinkind muß genau gesagt bekommen, was es darf und was nicht und wann es erst fragen muß.

Sobald das Kind ein Lieblingsspielzeug hat, entwickelt es eine Vorstellung von Besitz: Den Teddy darf ihm niemand nehmen. Nun kann es langsam begreifen, daß es selbst anderen Kindern auch nicht wegnehmen darf, was ihnen gehört. Um mit dem Auto des Freundes spielen zu können, muß es fragen, also einen Wunsch artikulieren können. Das sollte etwa vom Kindergartenalter an geübt werden, damit es später nicht zu Heimlichkeiten kommt.

Besonders wichtig ist, daß ein Kind ein Nein ertragen lernt. Eltern tun ihrem Kind keinen Gefalllen, wenn sie auf alle Wünsche eingehen, denn später im Leben werden die Wünsche immer größer sein als die Möglichkeiten, sie zu erfüllen. Selbstverständlich müssen die Erwachsenen auch in diesem Bereich der Erziehung mit gutem Beispiel vorangehen. Väter, die von jedem Oktoberfest einen geklauten Bierkrug heimbringen, können schlecht von ihren Kindern erwarten, daß sie der Versuchung widerstehen! Die ist zweifellos heute viel größer als früher: Selbstbedienungsläden verführen eher zum Stehlen, die Werbung weckt ständig neue Bedürfnisse, dazu kommt der starke Gruppendruck.

Deshalb brauchen Kinder etwa ab dem Schulalter Taschengeld, über das sie frei verfügen können. Das erleichtert ihnen den Verzicht und erlaubt ihnen, sich manche Wünsche legal zu erfüllen.

So unterschiedlich die Gründe für einen Diebstahl sind – der Wunsch nach Bereicherung spielt oft eine große Rolle. Aber nicht in jedem Fall. Da ist etwa der 14jährige, der sich wegen seiner schlechten Schulleistungen mit seinem Vater überhaupt nicht mehr versteht. Mit dem Diebstahl und der anschließenden Blamage will er sich am Vater rächen – und läßt sich folgerichtig bewußt erwischen. Die Neunjährige, die sich ihrem jüngeren Bruder gegenüber immer zurückgesetzt fühlt, zeigt durch die Tat unbewußt: Mich gibt es auch noch! Und die 15jährige, deren Eltern sich gerade haben scheiden lassen, kompensiert Trauer und innere Leere damit, daß sie sich etwas Schönes nimmt. Mehr noch als alle anderen jungen Täter brauchen diese Heranwachsenden Hilfe und Verständnis. Denn genau besehen sind sie die Opfer.

☐ Siehe auch *Geldverdienen, Konsumverhalten, Taschengeld, Verwöhnen*

Stottern

Von allen Sprachstörungen ist das Über-Wörter-Stolpern, das Buchstaben- und Silben-Wiederholen, wahrscheinlich diejenige, die Eltern am meisten erschreckt.

Immerhin fabrizieren drei Viertel aller Kinder bis etwa zum vierten Lebensjahr phasenweise Stöpselsätze wie: „Ich möchte Ba-Ba-Ba-Ball spielen." Oder: „Der, der, der Hund bellt". Fachleute sprechen von Entwicklungsstottern und erklären es damit, daß Kinder in diesem Alter manchmal schneller denken, als sie formulieren und sprechen können. Eltern erleichtern ihrem Kind diese Zeit, wenn sie ruhig bleiben, gelassen zuhören und ihr Kind ausreden lassen. Auf keinen Fall dürfen sie ihr Kind ermahnen, doch endlich „richtig" zu sprechen, oder ihm ins Wort fallen.

Normalerweise ist der Spuk nach einigen Wochen vorbei. Stottert ein Kind nach sechs Monaten noch immer, sollten Eltern hellhörig werden. Das gilt auch dann, wenn der Redefluß erst nach dem vierten Geburtstag ins Stocken kommt und das Kind nicht nur an Silben und kurzen Wörtern hängenbleibt, sondern an einzelnen Lauten.

Kleinkinder kontrollieren ihre Aussprache noch mit dem Gehör. Bald automatisiert sich jedoch der Sprechvorgang, und in der Regel haben Kinder mit fünf, sechs Jahren so viel Gefühl für die richtige Aussprache entwickelt, daß sie beim Reden nicht mehr nachdenken.

Bei rund fünf Prozent der Kinder klingt jedoch das sogenannte Entwicklungsstottern auch nach sechs bis zwölf

SO KÖNNEN SIE IHREM KIND FLÜSSIGES SPRECHEN ERLEICHTERN

- Hören Sie Ihrem Kind in Ruhe zu. Ständige Unterbrechungen setzen es unter Druck.
- Sprechen Sie langsam und deutlich, damit Ihr Kind sich ein Beispiel an Ihnen nehmen kann.
- Passen Sie sich dem Sprachniveau Ihres Kindes an. Überfordern Sie es nicht mit zu komplizierten Sätzen.
- Korrigieren Sie Ihr Kind nicht mitten im Satz, sondern wiederholen Sie seine Aussage in grammatikalisch richtiger Form, wenn es fertig gesprochen hat.
- Vermeiden Sie sprunghafte, schnelle Dialogwechsel oder wildes Durcheinanderreden. Achten Sie auf die Regel: Einer nach dem anderen.
- Sprechen Sie nicht die Wörter oder Sätze Ihres Kindes zu Ende.
- Überhören Sie die Sprechunflüssigkeiten nur, solange Ihr Kind nicht darunter leidet. Ist es sich der Sprachstörung bewußt, sprechen Sie es ruhig darauf an: „Manchmal bleibst du ein bißchen hängen, das macht aber nichts." Oder: „Hups, da bist du beim Sprechen gestolpert."

Schlecht kaschierte Elternängste verunsichern Kinder nämlich nur.

Monaten nicht ab. Die Redefluß-Hemmung verstärkt sich sogar noch.
Das betrifft zum einen Kinder, bei denen die Sprachentwicklung verzögert ist, zum anderen solche, die sehr fix sind in der Sprachauffassung. Sie haben oft den Ehrgeiz, sich sehr komplex auszudrücken, verzetteln sich dann aber in ihrem enormen Wortschatz. Die Eltern verstärken oft noch unbewußt den Druck, indem sie sich mit den Kindern auf einem Niveau unterhalten, das deren Alter nicht entspricht.

Woran können Eltern erkennen, ob sich die normalen Sprechunflüssigkeiten in Richtung beginnendes Stottern verändern?

- Statt ganzer Wörter oder Satzteile wiederholen die betroffenen Kinder vorrangig Silben und einzelne Laute, und zwar öfter als zweimal hintereinander. Also etwa: k-k-k-kein oder Ha-Ha-Ha-Hamster.
- Mehr als bei normalen Sprechunflüssigkeiten werden die Konsonanten und Vokale am Wortanfang gedehnt. Die Dehnung wird oft begleitet von einem Anstieg der Tonhöhe und Lautstärke sowie einem angespannten Gesichtsausdruck.
- Auch die Art der Pausen verändert sich: Während bei normalen Sprechunflüssigkeiten die Kinder vorwiegend im Satz oder zwischen den Sätzen kurz innehalten, um zu überlegen, was sie sagen wollen, machen sie jetzt zunehmend Pausen innerhalb eines Wortes.

Eltern verfolgen verstärkte Sprechunflüssigkeiten ihres Kindes natürlich mit Sorge. Und weil sie sich oft keinen anderen Rat wissen, fordern sie es beispielsweise auf: „Sprich langsamer!“ – „Denk erst nach, bevor du was sagst!“ – „Hol vor dem Reden tief Luft!“
Manchen Kindern hilft das. Anderen nicht, vor allem, wenn sie wenig Selbstbewußtsein mitbringen. Ihnen wird durch die Ermahnungen häufig erst bewußt, daß sie eine Sprachstörung haben. Folge: Die Angst vor dem Sprechen nimmt zu. Das Kind beginnt, Wörter, an denen es hängenbleibt, durch „leichtere“ zu ersetzen. Es bricht mitten im Wort ab oder verschluckt Silben und Wörter. Es stellt das Reden ein, sobald es seine vertraute Umgebung verläßt, oder antwortet nur noch mit „Ich weiß nicht“. Für die Entwicklung des Stotterns spielt die genetische Disposition eine wichtige Rolle. Stottern tritt in vielen Fällen familiär gehäuft auf. Jungen sind viermal häufiger betroffen als Mädchen.
Hinzu kommen minimale neurophysiologische Störungen und eine Reifungsverzögerung im Gehirn. Neuere Untersuchungen belegen außerdem, daß bei Stotterern die Arbeitsteilung der Hirnzentren, die die Sprachprozesse steuern, nicht klar geregelt ist. Zentren in der rechten Gehirnhälfte sind zu stark beschäftigt, andere in der linken dagegen zuwenig, weshalb Verwirrung im feinen Zusammenspiel von Atmung, Lautbildung und Artikulation entsteht.

Rund 80 Prozent der Kinder mit verstärkten Sprechunflüssigkeiten verlieren ihre Sprachstörung im Lauf der ersten zehn Lebensjahre wieder – die einen mit, die anderen ohne Therapie. Etwa ein Prozent bleiben chronische Stotterer.

Da Eltern nicht vorhersehen können, welchen Verlauf die Sprachstörung bei ihrem Kind nimmt, sollten sie frühzeitig einen Logopäden, Sprachtherapeuten oder Phoniater aufsuchen, spätestens jedoch, wenn das Kind anfängt, seine Sprechfreude zu verlieren. Je früher das Stottern behandelt wird, desto größer sind die Heilungschancen.
Eine ausführliche Beratung über die geeignete Sprachbehandlung sowie Adressen erfahrener Sprachtherapeuten in ihrer Nähe bekommen Eltern bei der Bundesvereinigung Stotterer-Selbsthilfe, Köln, Tel. 02 21/1 39 11 06 oder 1 39 11 07.

☐ Siehe auch *Sprachprobleme, Sprechen lernen*

Strafen

Eltern halten sie meist für unentbehrlich, Pädagogen bezweifeln den Nutzen von Strafen. Aber kann man ganz ohne Sanktionen erziehen?
Weitverbreitete Strafen sind heute: Fernsehverbot, Taschengeldkürzung, Ausgehverbot, Anbrüllen, aber auch ausdauerndes Schweigen. Nur etwa fünf Prozent aller Mütter und Väter verzichten laut Umfragen ganz auf Sanktionen.
Das heißt: Für die große Mehrheit der Eltern ist Bestrafung ein notwendiges Erziehungsmittel. Strafe soll unangenehm sein, dadurch unerwünschtes Verhalten abstellen und möglichst einen Lernprozeß in Gang bringen.
Genau diesen Effekt bezweifeln aber die meisten Pädagogen. Sie halten Strafen grundsätzlich für unklug, nicht nur die körperlichen. Und ihre Argumente können sich sehen lassen:

Bestrafung baut auf Angst. Die Panik vor dem dunklen Keller, die Furcht vor der Ohrfeige sollen den Fünfjährigen davon abhalten, seine kleine Schwester zu ärgern oder mit dreckigen Schuhen über den Perser zu laufen. Angst ist aber eine schlechte Voraussetzung, um anderes Verhalten zu lernen. Und sie untergräbt schließlich auch das Vertrauen in die Eltern.

Strafe setzt auf Dressur statt auf Einsicht. Statt Kindern zu zeigen, was sie machen sollen, zeigt Bestrafung ihnen nur, was sie nicht tun sollen – oder, wie der berühmte Pädagoge und Kinderpsychologe Bruno Bettelheim einmal formulierte: „Angst vor Strafe kann zwar davon abhalten, etwas Unrechtes zu tun, aber sie veranlaßt uns nicht, das Rechte zu tun.“

Strafen machen dumm. Kinder, die in der ständigen Angst vor Strafe leben, neigen dazu, weniger zu riskieren und auszuprobieren als Kinder mit größerem Freiraum.

Strafen nutzen sich ab. Ein Kind, das wegen ständiger Widerworte immer wieder in den Keller muß, läßt sich davon jedesmal weniger abschrecken. Folge für die Eltern: Sie müssen die Strafdosis erhöhen oder immer neue Sanktionen verhängen.

Straf-Schüsse gehen oft nach hinten los. Wer ein Kind häufig und hart bestraft, provoziert gerade das, was er verhindern will. Kinder empfinden Strafe meist als elterliche Aggression.

AUSZEIT ODER TIME-OUT: SO FUNKTIONIERT ES

Die Auszeit ist eine gute Lösung bei „bockigen“ Kindern und wenn Machtkämpfe drohen. Es gibt drei Varianten:
1. Ein Kind stört beim gemeinsamen Spiel und muß deswegen für kurze Zeit aussetzen und zuschauen.
2. Das Kind wird räumlich von den anderen getrennt, z. B. in eine andere Ecke des Raumes gesetzt.
3. Das Kind muß in einen anderen Raum.
Der Auszeit sollten mindestens zwei Warnungen vorangehen. Ihre Länge richtet sich nach dem Alter, z. B. für Vierjährige vier Minuten, für Siebenjährige sieben Minuten. Eine Eieruhr hilft den Eltern, ihr Kind nicht zu vergessen. Schicken Sie Ihr Kind nicht in einen Raum, in dem es sich ängstigt (etwa in den dunklen Keller), aber auch nicht in das Zimmer, in dem das Kind schläft. Es soll Schlafen nicht mit Strafe in Verbindung bringen. Schließen Sie Ihr Kind nicht ein. Halten Sie lieber die Tür zu, wenn es wieder heraus will, aber bleiben Sie dabei ruhig und freundlich. Wenn die Auszeit schwer anzuwenden ist, etwa bei älteren Kindern, die sich vehement wehren, kann der betreffende Elternteil oder eine andere beteiligte Person selbst von der Bildfläche verschwinden, sich z. B. mit einer Lektüre ins Bad zurückziehen.

Jeder, der sich schon einmal zu Unrecht bestraft fühlte, kennt doch den Gedanken: Jetzt erst recht!
Es gibt also Gründe genug, Strafen für pädagogischen Unsinn zu halten. Doch die Vorstellung einer straffreien Erziehung wirkt auf gestreßte Eltern absolut wirklichkeitsfern.
Was mache ich denn mit einer temperamentvollen Sechsjährigen, die mir einen Vogel zeigt, wenn ich sie im vollbesetzten Lokal zum zehntenmal bitte, ihren Bruder nicht immer laut „Arschloch“ zu nennen? Nicht immer haben Eltern Zeit und Nerven für eine ruhige Ansprache, nicht immer ist das Kind in der Verfassung, sich eine Ansprache gelassen anzuhören.
Es kann aber auch nicht die Lösung sein, Provokationen einfach hinzunehmen. Denn darüber sind sich heute alle einig: Kinder brauchen Grenzen. Die Frage ist, was man tun kann, damit die Grenzpfosten beim ersten Wutausbruch des Nachwuchses nicht einknicken wie Streichhölzer.
Wie man es auch dreht und wendet – ganz ohne sanfte Gewalt, ohne den Widerstand der Strafe, geht es wohl nicht. Aber beim sanften Druck sollte es auch bleiben. Das hölzerne Lineal hat als Erziehungshilfe ausgedient.
Strafe sollte heute nicht mehr erstes Mittel sein, sondern das letzte. Wirkungsvoller als Sanktionen sind: Verstärkung positiven Verhaltens (z. B. Lob, Belohnung), ein positives Vorbild der Eltern und geduldiges Erklären, warum es besser ist, bestimmte Dinge zu tun und andere zu lassen.
Solange Kinder solche Erklärungen noch nicht verstehen können, funktionieren auch Strafen nicht: Einem zehn Monate alten Kind den geliebten Bananenbrei nicht mehr zu geben, weil es damit zum wiederholten Mal den Tisch verzieren wollte, ist herzlos und unsinnig. Das Baby kann den Zusammenhang gar nicht begreifen.
Gegen Entdeckungslust und Zerstörungsdrang der Zwei-, Drei- und Vierjährigen ist sowieso kein Kraut gewachsen. Was nützt es, einer Dreijährigen mit Spielzeug-Entzug zu drohen, weil sie den Teddybär seziert hat? Sie kann ihre Neugierde noch nicht mit dem Verstand unterdrücken.
Also: Wenn Babys und Kleinkinder Unfug machen, hilft im Grunde nur ablenken, wegtragen, vor Gefahren schützen.
Bei den älteren funktionieren Strafen nur dann, wenn die Eltern einige Grundsätze beachten:

- Schläge, Ohrfeigen und andere körperliche Strafen bringen nichts, sie demütigen ein Kind nur und zeigen ihm: „Wer die Macht hat, hat recht.“
- So problematisch wie körperliche Strafen sind Sanktionen, die seelischen Schmerz hervorrufen, etwa wenn Eltern nicht mehr mit ihren Kindern reden oder unerwünschtes Verhalten mit dem Satz quittieren: „Jetzt hab' ich dich nicht mehr lieb.“ Liebesentzug zerstört das Vertrauen eines Kindes zu den Eltern und gleichzeitig sein Selbstwertgefühl.
- Kinder sollten nur dann bestraft werden, wenn sie die Regeln, gegen die sie verstoßen haben, kennen. Grundsätzlich sollten Eltern, bevor sie strafen, Warnungen aussprechen – und versuchen, den Ursachen für Unfug oder Missetat auf den Grund zu gehen.
- Strafen sollten in einem logischen Zusammenhang mit der „Tat“ stehen. Sie haben am ehesten dann einen Lerneffekt, wenn sie dem Kind so etwas wie einen positiven Sinn vermitteln: Ein Kind, das sich trotz Warnung zuviel auf den Teller geschöpft hat und nicht aufessen kann, bekommt auch keinen Nachtisch.
- Eltern, die sich zu einer Strafe entschließen, müssen konsequent bleiben. Sie sollten nichts ankündigen, was sie nicht durchhalten können.
- Strafen wirken nur, wenn sie sparsam dosiert werden und im richtigen Verhältnis zum „Vergehen“ stehen. Wer sein Kind für eine freche Antwort eine halbe Stunde im Keller schmoren läßt, ruft neue Aggressionen hervor. Und wo sind dann noch die Steigerungsmöglichkeiten?
- Eine Allround-Strafe, die besonders gut funktioniert, wenn es Probleme mit dem Gehorchen gibt oder wenn Kinder im Grund- und Vorschulalter ihr Temperament nicht im Griff haben, ist das time-out, zu deutsch: Auszeit. Dabei wird das Kind für kurze Zeit von einer Aktivität ausgeschlossen oder in einen anderen Raum gebracht. Positiver Effekt: Das Kind kann sein Mütchen kühlen, und sein falsches Verhalten wird nicht noch weiter verstärkt, weil das Kind keine Aufmerksamkeit mehr erhält. Die Auszeit wirkt nach Erfahrungen von Eltern wie von Pädagogen sehr gut, wenn sie richtig angewendet wird (siehe Kasten).

□ Siehe auch *Autorität, Belohnen, Disziplin, Grenzen setzen, Konsequenz, Laissez-faire, Loben, Schimpfen, Schlagen*

Streit

Konflikte in der Familie sind normal. Es geht gar nicht ohne, denn wo Menschen zusammenleben, da prallen gelegentlich auch unterschiedliche Interessen aufeinander, unter Geschwistern, zwischen Mutter und Vater, zwischen Eltern und Kindern.

Streit ist nicht schlecht, denn er zeigt, wo der Schuh drückt. Eine offene, fair geführte Auseinandersetzung schafft Klarheit. Versteckter Streit, Unmut und Ärger, den einzelne Familienmitglieder in sich hineinfressen, ist schlecht. Wenn es in der Partnerschaft kriselt, hat es wenig Sinn, aus falsch verstandener Rücksicht auf die Kinder Konflikte unter der Decke zu halten. Kinder haben feine Antennen. Sie merken sofort, wenn etwas nicht stimmt.

Streit kann Probleme aus der Welt schaffen, wenn gewisse Regeln eingehalten werden und am Ende ein Kompromiß steht.

Werden in einer Familie Konflikte offen und sachlich ausgetragen, lernt das Kind eine Menge fürs spätere Leben. Es lernt, Spannungen auszuhalten und nach mehrheitsfähigen Lösungen zu suchen – Eigenschaften, die nicht nur im Beruf, sondern in jeder Partnerschaft wichtig sind.

Wer richtig streiten will, sollte folgendes beachten:

- Man muß lernen, Ich-Botschaften zu verwenden, also beispielsweise „Mir ist es jetzt zu laut!" statt „Du machst vielleicht immer einen Krach." Ich-Botschaften weisen dem Gegenüber keine Schuld zu, sondern erlauben ihm, sich mit dem anderen auseinanderzusetzen.
- Wer möchte, daß der andere sein Verhalten ändert, sollte das klar sagen: „Ich wünsche mir, daß du ab jetzt dein Geschirr nach jedem Essen selbst in die Spülmaschine einräumst."
- Größere Konflikte sollten nicht zwischen Tür und Angel ausgetragen werden. Besser, man vereinbart einen Termin, zu dem sich alle Betroffenen zusammensetzen (siehe auch *Familienkonferenz*).
- Jeder muß ausreden dürfen. Grundsätzlich darf kein Thema tabu sein. Es muß erlaubt sein, schlechte Gefühle zu äußern.

Streit sollte nie in reinen Machtkampf ausarten. Oft geht es nur noch darum, den eigenen Willen durchzusetzen, am Ende als der oder die Stärkere dazustehen. Da kann es passieren, daß sich aus einem herumliegenden Socken eine Riesen-Affäre entwickelt, an deren Ende die ganze Familie nicht mehr miteinander redet.

Um dem vorzubeugen, müssen sich Eltern bemühen, ein Klima zu schaffen, in dem jeder dem anderen zunächst nur gute Absichten unterstellt. Die Kinder müssen wissen, daß ihre Eltern zu ihnen stehen und sie lieben, auch wenn sie noch so sauer sind. Die Eltern müssen ihnen das immer wieder zeigen. Große Worte sind nicht nötig, oft reichen Gesten, ein lobendes Wort, ein Kuß, ein Schulterklopfen zwischendurch. So kommt Lust am Provozieren erst gar nicht auf, eine Stimmung permanenter Konfrontation kann sich nicht entwickeln.

Gleichzeitig ist es gut, wenn sich die Erwachsenen selbst beobachten und versuchen, bei sich Streßauslöser auszumachen. Wer sie kennt, kann sich in der nächsten Konfliktsituation ruhiger verhalten.

Zu den familienfriedenstiftenden Maßnahmen gehört auch, sich kleine exklusive Zeiten mit seinem Kind zu reservieren. Das kann beim Kleinkind ein Viertelstündchen Spiel sein, beim größeren das Bettkantengespräch, ein Besuch im Kino oder in der Pizzeria, wo Zeit ist, dem Kind zuzuhören. Unterhaltsame Plaudertermine wie diese wirken oftmals besser als die groß geplante Familienkonferenz, auf die keiner so recht Lust hat.

☐ Siehe auch *Aggression, Familienkonferenz, Familienprobleme, Geschwisterstreit*

Sucht

Menschen können von vielem abhängig werden: von Drogen, von Alkohol, von Medikamenten, vom Fernsehen, von Sauberkeit und Ordnung, von Zigaretten, vom Essen und vom Nicht-Essen. Unterschiedlich sind die körperlichen, die psychischen und sozialen Folgen.

Man vermutet heute, daß es auch eine genetische Disposition, also eine Veranlagung, für Suchtverhalten gibt. Unbestritten ist jedoch, daß Eltern, die Umwelt, die Gruppe der Gleichaltrigen einen enormen Einfluß darauf haben, ob sich eine Sucht entwickelt oder nicht.

Sucht wird auch als Ringen um das Selbst, als Ersatz für mangelndes Ich-Gefühl, als Krebskrankheit der Seele bezeichnet. Alle Experten sind sich einig, daß die Stärkung des Ich, des Vertrauens in die eigenen Fähigkeiten, bereits in früher Kindheit die beste Vorbeugung gegen den Mißbrauch von Drogen, Alkohol oder Medikamenten ist.

Zweierlei macht Kinder stark: das Gefühl, von den Eltern uneingeschränkt geliebt zu werden – und die Freiheit, sich selbst zu erproben. Was heißt das konkret?

Eltern müssen ihrem Kind immer wieder zeigen, daß sie es lieben. Nur wenn es sich geborgen fühlt, kann es sich zu einem selbstbewußten Menschen entwickeln. Jeden Tag wieder muß ein Kind spüren, daß die Eltern keinerlei Bedingungen an ihre Liebe knüpfen. Es muß wissen: Sie akzeptieren mich, auch wenn ich mal nicht brav bin, auch wenn ich bestimmte Leistungen nicht bringe.

Kinder müssen die Freiheit bekommen, auch Mißerfolge zu erleben. Bereits Babys haben täglich Ziele im Auge, die sie selbst erreichen wollen – ohne Hilfe der Eltern. Sie angeln nach einer Tasse, immer wieder, strecken sich, werden ärgerlich, weil es nicht gleich klappt – und strahlen glücklich, wenn sie sie endlich haben. Mama oder Papa hätte die Tasse näher-

schieben können. Doch der Erfolg wäre für das Kind nur halb so befriedigend gewesen.
Wer schon als Kleinkind gelernt hat, Mißerfolge zu ertragen und zu überwinden, entwickelt das, was Fachleute Frustrationstoleranz nennen. Der läßt sich durch Rückschläge nicht entmutigen und hat die innere Stärke, damit fertig zu werden, wenn im Leben mal etwas nicht so gut läuft – und sucht keine Hilfe und keinen Trost bei Drogen.
Die Fähigkeit, Enttäuschungen auszuhalten, ist also der wichtigste Schutz gegen die Sucht. Hand in Hand damit geht das tiefe Gefühl der Befriedigung, etwas allein geschafft zu haben. Beides gelingt, wenn Eltern ihr Kind

- seine Kräfte und die körperlichen wie geistigen Grenzen selbst entdecken lassen,
- auf Bäume klettern lassen,
- basteln und bauen lassen, ohne ständig Tips zu geben und sich einzumischen,
- matschen und toben lassen,
- musizieren und Sport treiben lassen,
- durch so wenig Vorschriften wie möglich einengen,
- nicht ängstlich von allen möglichen Risiken fernhalten.

Schließlich kann natürlich auch das Vorbild der Eltern selbst vor Drogen schützen. Kinder übernehmen unbewußt vieles, was in der Familie vorgelebt wird. Wenn Mütter und Väter verantwortungsvoll mit Alkohol, Zigaretten und Tabletten umgehen, haben sie einiges für den Schutz ihres Kindes getan:

- ■ Nicht jeden Kopfschmerz und jede harmlose Erkältung mit Medikamenten bekämpfen (viele Suchtexperten sind überzeugt, daß nicht Zigaretten und Haschisch die Einstiegsdrogen sind, sondern Medikamente, zu denen in der Familie oft unbekümmert gegriffen wird).
- ■ Alkohol und Zigaretten nicht als Mittel gegen unangenehme Gefühle (schlechte Laune, Streß etc.) einsetzen.
- ■ Auf Festen zu Hause, im Kindergarten, in der Schule, bei denen Kinder im Mittelpunkt stehen, ganz auf Alkohol und Zigaretten verzichten.

Wenn Eltern dies alles in den ersten Jahren ihres Kindes beachten, müssen sie sich nicht mehr viel Sorgen machen, wenn es 13 oder 14 ist. Es wird dann so stabil sein, daß es den schlimmsten Verlockungen widersteht. Und daß Jugendliche nur deshalb süchtig werden, weil sie in schlechte Gesellschaft geraten, ist ein Irrtum. Stabile Kinder lassen sich nicht verführen.

□ Siehe auch *Entwöhnen, Eßstörungen, Grenzen setzen, Rauchen und Trinken, Selbstvertrauen, Verwöhnen, Zuwendung*

T

Taschengeld

Es gibt zwar keinen rechtlichen Anspruch auf Taschengeld, aber dennoch brauchen Kinder welches. Da wir in einer konsumorientierten Gesellschaft leben, ist es nur sinnvoll, wenn Kinder schon früh lernen, mit eigenem Geld umzugehen. Es ist für sie ein weiterer Schritt zu mehr Selbstbestimmung und Eigenverantwortung. Außerdem bieten Taschengeldzahlungen den Eltern die Möglichkeit, mit ihren Kindern über Themen wie Haushalten und Planen schon frühzeitig zu reden.
Spätestens zum Schuleintritt sollten Kinder Taschengeld bekommen. Sie sind dann schon in der Lage, kleinere Beträge nachzurechnen, und können in etwa den Wert von Dingen ermessen.
Endlich ist es ihnen möglich, sich kleine Wünsche selbst zu erfüllen, ohne bei den Eltern betteln zu müssen. Sie können damit aber nicht nur sich selbst, sondern auch anderen durch kleine Geschenke eine Freude machen.
Anfangs sind Eltern häufig etwas irritiert, weil die meisten

ELTERN VERDIENEN GUT – MEHR TASCHENGELD?

? *Meine Frau und ich verdienen nicht schlecht. Unsere Tochter argumentiert daher, daß es nur gerecht wäre, wenn auch ihr Taschengeld ein bißchen großzügiger ausfiele? Hat sie recht?`*

! Es kommt immer darauf an, wie sparsam oder verschwenderisch Sie mit Ihrem Geld umgehen, was Sie Ihrer Tochter vorleben. Es ist sicher nicht einfach, wenn man selbst das Geld mit vollen Händen ausgibt, sein Kind jedoch gleichzeitig sehr kurz hält.
Auch wenn Sie vielleicht in der Lage wären, Ihrer Tochter ein üppigeres Taschengeld zu zahlen, als eine finanziell schwächere Familie – als Orientierungspunkt sollte vor allem die schulische Umgebung eines Kindes oder Jugendlichen herangezogen werden. Erkundigen Sie sich, was bei Freunden und Klassenkameraden Ihrer Tochter üblich ist. So können Sie ihr eine Taschengeldbeschränkung am ehesten einsichtig machen. Schließlich orientiert Ihre Tochter sich ja auch sonst an ihrer Clique.

Kinder ihr Vermögen zunächst ziemlich planlos unter die Leute bringen. Manche verschenken viel, sparen dann wochenlang, um mit einemmal alles für ein scheußliches Spielzeug auszugeben, das sie schon einmal zu Hause haben. Oder sie setzen alles in Süßigkeiten um.
Das ist normal. Da müssen Mütter und Väter die Nerven bewahren. Wenn sie jetzt anfangen, das Budget ihres Kindes zu kontrollieren und ihm Vorschriften machen, ist der Zweck der Taschengeldzahlungen, nämlich das Erlernen selbstverantwortlichen Wirtschaftens, gleich dahin.

WIEVIEL TASCHENGELD?

Orientierungswerte für Kinder bis 9 Jahre – wöchentlich

unter 6 Jahren bis zu 1 Mark
6–7 Jahre 3-4 Mark
8–9 Jahre 4-5 Mark

Orientierungswerte für Kinder ab 10 Jahre – monatlich

10–11 Jahre etwa 25 Mark
12–13 Jahre etwa 35 Mark
14–15 Jahre etwa 45 Mark
16–17 Jahre etwa 60-80 Mark

Viele Beobachtungen zeigen, daß Kinder auf Dauer eine sehr ausgewogene Ausgabenpolitik praktizieren. Die meisten geben ihr Geld sowohl für Süßigkeiten und Getränke als auch für Spielsachen und Lesestoff aus.
Wichtig: Das Taschengeld sollte für die Kinder eine verläßliche Einrichtung sein. Damit sie lernen zu planen und zu haushalten, sollte Taschengeld regelmäßig fließen, bei kleineren Kindern wöchentlich, bei größeren monatlich. Die Höhe ist verhandelbar (siehe Kasten). Sie sollte nicht durch die Eltern willkürlich – als Strafe oder Belohnung – herab- bzw. heraufgesetzt werden.
Ein Kind muß über sein Taschengeld wirklich frei verfügen können. Es soll selbst entscheiden, was ihm wichtiger ist: Zeitschriften oder Schokoriegel, CDs oder eine außerplanmäßige Reitstunde. Aus der Erfahrung, daß Geld schneller ausgegeben als eingenommen ist oder daß manche Dinge ihr Geld nicht wert sind, wird das Kind nur klüger.
Das Taschengeld sollte von allen außerplanmäßigen Zuwendungen, z.B. durch Omas, aber auch durch Dazuverdientes, unberührt bleiben. Außerdem ist es nicht fair, Kinder für obligatorische Anschaffungen wie Schulmaterial oder Kleidung zahlen zu lassen, es sei denn, es hat bei den Klamotten Spezialwünsche, oder es verschlampt oder zerstört Schulsachen trotz mehrfacher Warnung. Dann ist es auch legitim, wenn das Kind sich mit seinem Taschengeld an den Kosten beteiligt.
□ Siehe auch *Geldverdienen, Konsumverhalten*

Zehn Mark im Monat, der Lohn für ein hartes Kinderleben

Teilen lernen

„Das ist meins!" lautet der Standardsatz, den Eltern von Zwei- bis Vierjährigen ständig hören, begleitet oft von verzweifeltem Gekreische oder wütenden Kämpfen.
Für das krampfhafte Festhalten am eigenen Besitz oder dem, was das Kind dafür hält, gibt es verschiedene Erklärungen:

- Kinder in diesem Alter identifizieren sich stark mit den Gegenständen, an denen sie hängen. Wenn sie ihr Schmusetier im Arm haben, glauben sie, der Hase gehöre untrennbar zu ihnen. Wer ihn wegnehmen will, bedroht das Kind selbst.
- Kinder müssen sich zurechtfinden in der Welt und herausfinden, was wichtig ist und was unwichtig. Dazu orientieren sie sich an den anderen. Deshalb wird das rote Auto, mit dem der andere spielt, wichtiger als das blaue, das man selbst mitgebracht hat.
- Dinge haben bei kleinen Kindern dieselbe Bedeutung und Macht wie deren Besitzer. Das wird deutlich, wenn ein Junge auf die Brille des Großvaters zeigt und „Opa" sagt. Wer sein will wie der bewunderte Sandkastenkönig, muß sich dessen Spielzeug aneignen.
- Kinder kennen zwar den Unterschied zwischen mein und dein, legen ihn aber in ihrem Sinn aus: Wenn sie selbst der Mittelpunkt der Welt sind, gehört ihnen das, womit sie spielen.

Im zweiten und dritten Lebensjahr findet das statt, was die Entwicklungspsychologen die Ich-Entwicklung eines Menschen nennen: Zunächst glauben Kinder, Dinge gehörten ihnen nicht nur, sondern sie gehörten *zu* ihnen. Kleinkinder haben einen erweiterten Ich-Begriff, der Gegenstände einschließt. Das können alle Eltern beobachten, wenn ein fremdes Kind zum erstenmal das Zimmer ihres Kindes betritt und das Spielzeug anfaßt: Der Eindringling wird mißtrauisch beäugt oder mit Wutgeheul vertrieben.
Kinder können sich in diesem Alter noch nicht in den Spielgefährten hineinversetzen und überlegen: Wie würde ich mich fühlen, wenn einer mich vertreiben würde? Kinder zwischen eins und drei verteidigen sich selbst – und damit ihren Besitz.
Der Besitztrieb ist wichtig, er gehört zu den Überlebensstrategien der Evolution. Im Kleinkindalter wird der Kampf um Gegenstände zu einem Symbol für die zentralen Fragen: Kann ich meine Wünsche durchsetzen? Wie weit kann ich gehen? Wo sind die Grenze zwischen mir und dem anderen?
Die gleichen Konflikte wie mit den Spielkameraden gibt es auch zu Hause mit den Eltern, nur nehmen sie, fürsorglich und wohlwollend, dies oft nicht wahr – oder geben nach. Wenn das Kind den Schlüsselbund nicht wieder hergeben will, unbedingt selbst einen Löffel verlangt oder abwechselnd mit der Mutter eine Brezel ißt, geht es auch um mein und dein. In der geschützten Atmosphäre der Familie übt das Kind – im Kontakt mit anderen Kindern lernt es die rauhe Wirklichkeit kennen.

WAS MUTTER UND VATER TUN KÖNNEN

Eltern helfen ihren Kindern, teilen zu lernen, indem sie

- ein gutes Vorbild geben: Fragen Mutter und Vater sich gegenseitig, bevor sie einander die Pralinen wegessen oder das Fahrrad des anderen aus dem Schuppen holen?
- Bereiche abgrenzen. Es gibt Dinge, die allen gehören, beispielsweise das Obst auf der Anrichte, und Dinge, die nur einem gehören, das gute Briefpapier der Mutter etwa, das keinesfalls zum Malen hergenommen werden darf;
- verschiedenes Spielzeug kaufen. Jedes Kind braucht Spielsachen nur für sich, z. B. Schmusetier, Lieblingspuzzle oder Puppe und anderes, das zum Teilen oder Spielen mit anderen gemacht ist: Bauklötze, Memory-Spiel und Lego;
- Eigentum respektieren. Erwachsene sollten den Besitz von Kindern respektieren und nicht das Lieblingsschmusetier in die Waschmaschine stecken, ohne zu fragen;
- Tauschgeschäfte anbieten. Tauschen ist die Vorstufe vom Teilen: „Wenn du mir ein Stück von deiner Banane abgibst, kriegt du etwas von meinem Apfel", klingt verlockend;
- nie zum Teilen zwingen. Nur wer freiwillig gibt, teilt leichten Herzens. Wer zum Teilen genötigt wird, hält bei allen anderen Gelegenheiten sein Eigentum zusammen.

Eltern sollten in den Streit zweier Kinder um Spielzeug möglichst wenig eingreifen, sie sollten lieber abwarten, ob die Kinder ihn nicht unter sich ausmachen können. Dies gilt auf dem Spielplatz mit fremden Kindern genauso wie im Kinderzimmer mit Geschwistern.
Bei Auseinandersetzungen mit fremden Kindern bringt es nichts, das weinende Kind mit einem „Jetzt wehr dich doch!" zu empfangen. Besser ist Trost.
So wird das enttäuschte Kind in seinem Gefühl bestätigt und kann aus dieser Sicherheit selbst eine Strategie entwickeln, sein Spielzeug wiederzubekommen, dem Angreifer aus dem Weg zu gehen oder sein Interesse anderen Dingen zuzuwenden. Nur so können Kinder eine gewisse Frustrationstoleranz aufbauen, die sie im Leben brauchen werden.
□ Siehe auch *Aggression, Geschwisterstreit, Kindergarten, Selbständigkeit, Selbstvertrauen*

Temperament

Die Art und Weise, wie ein Mensch etwas tut, seinen Verhaltens-Stil also, bezeichnet man als Temperament. Der Begriff umschreibt relativ konstante und typische Merkmale des Verhaltens wie z. B. Tempo, Stimmung, Ausdauer, Reizschwelle. Zwei Menschen können zu sehr ähnlichen Leistungen fähig sein und doch ganz unterschiedliche Temperamente haben. Der eine kommt durch Bedächtigkeit und Ruhe ans Ziel, der andere durch große Wachsamkeit und schnelle Reaktionen. Lange Zeit unterschied man die vier auf Hippokrates zurückgehenden Temperaments-Typen Choleriker, Melancholiker, Phlegmatiker und Sanguiniker. Im 20. Jahrhundert differenzierte die Temperaments-Forschung stärker – ohne sich freilich auf ein endgültiges Schema geeinigt zu haben.

Es sind vor allem vier Merkmale, mit denen Psychologen heute das Temperament eines Menschen beschreiben:

- **die Aktivität**, also Kraft, Intensität und Geschwindigkeit seiner Bewegungen, seines Denkens und Sprechens,
- **die Reaktivität**, das heißt Tempo und Intensität, mit der der Mensch auf äußere Reize reagiert, bzw. wie offen er für Reize ist,
- **Emotionalität**, die Häufigkeit und Intensität, mit der ein Mensch Gefühle wie Freude, Wut, Trauer oder Furcht äußert, sowie die Häufigkeit von Stimmungswechseln,
- **Soziabilität**, der Wunsch, die Nähe anderer Menschen zu suchen, und die Art und Weise, mit ihnen umzugehen.

Die Mischung dieser charakteristischen Eigenschaften macht das Temperament eines Kindes aus. Temperamentsunterschiede zwischen verschiedenen Menschen sind – daran besteht kein Zweifel – vor allem Veranlagung.

Ob aus dieser individuellen Mischung dann ein problemloses und ausgeglichenes oder ein schwieriges Kind wird bzw. ein Kind, das bei allem nur eine längere Anlaufzeit braucht, das entscheidet seine Umwelt mit, vor allem natürlich die Eltern.

Bereits im Mutterleib entwickelt sich die Persönlichkeit eines Kindes auch durch die Interaktion mit seinen Eltern: Wie antwortet das Ungeborene etwa, wenn seine Mutter laut Musik hört? Wie reagiert wiederum die Mutter (z. B. auf heftiges Strampeln durch Abschalten des Radios, durch beruhigendes Streicheln oder Reden, gar nicht)?

Für die Entwicklung eines Kindes kommt es ganz entscheidend darauf an, wie gut die Eltern auf das Temperament ihres Kindes eingehen. Wie passen das Temperament eines Kindes und die Erwartungen der Umwelt zusammen?

Stehen die Anforderungen in der Familie, im Kindergarten, in der Schule mit den Möglichkeiten des Kindes in Einklang? Wenn ja, dann wird sich das Kind wahrscheinlich zu einem zufriedenen Menschen entwickeln. Wenn nicht, ist die Gefahr psychischer Probleme groß.

Ein Beispiel: Ein Kind, das sich nur schwer mit neuen Menschen und Situationen anfreunden kann, hat Eltern, die sozial sehr aktiv sind, viel ausgehen, ihr Kind von früh auf mitnehmen und es bereits mit eineinhalb in eine Kinderkrippe geben. Lebensweise der Eltern und Temperament des Kindes passen nicht zusammen. Dies kann zu einer gestörten Entwicklung und unangemessenem Verhalten führen.

Gehen die Eltern dagegen stärker auf das zurückhaltende und aus ihrer Sicht vielleicht empfindliche Wesen des Kleinkindes ein, besteht eine gute Chance, daß es sich mit ihrer Hilfe im Laufe der Kindheit für das Zusammenleben mit Gleichaltrigen stärkt.

☐ Siehe auch *Aggression, Angst, Fördern, Geschwister*

Tics

Die meisten Eltern machen irgendwann Erfahrungen mit Tics. Wenn ihr Kind sich ständig räuspert, die Augen zukneift oder mit dem Kopf zuckt, finden sie das anfangs kurios, nach längerer Zeit aber nicht mehr lustig.

Die Definition der Tics liest sich eher trocken: Motorische Tics sind plötzlich einsetzende, nicht vom Willen gesteuerte, zwecklose, abrupte, kurze Bewegungen, die auf einige Muskelgruppen beschränkt sind. Vokale Tics sind durch die Nase, den Mund oder den Hals produzierte, einzelne und bedeutungslose Töne und Geräusche.

Jedes fünfte Kind hat irgendwann mal einen Tic, Jungen sind drei- bis viermal häufiger betroffen als Mädchen.

Tics verschlimmern sich unter Streß und schwächen sich in der Regel während des Schlafs beträchtlich ab. Auch bei Konzentration auf eine bestimmte Aufgabe können die Tics deutlich abnehmen.

Das Spektrum der Tics ist schier unvorstellbar. Motorische Tics zeigen sich am häufigsten im Augenzwinkern, Nasehochziehen, Grimassieren und Augenrollen. Manche Kinder nicken immer wieder mit dem Kopf oder ziehen ihn zur Seite, andere zucken mit den Schultern oder strecken den Bauch schnell vor und zurück. Zu den einfachen motorischen Tics zählen die Ärzte auch Zähneklappern, Mundaufsperren, Augenbrauen-Hochziehen oder kurzzeitig anhaltende abnormale Haltungen.

Der Tic kann aber auch wie eine scheinbar sinnvolle Bewegung ablaufen: Das Kind hüpft oder klatscht; berührt irgendwelche Dinge oder sich selbst; wirft oder schlägt einen unsichtbaren Gegenstand in die Luft.

Die Liste der ticartig erzeugten Geräusche liest sich genauso bizarr: Einfache vokale Tics können sich als Räuspern, Grunzen, Schnüffeln, Rülpsen oder Quietschen äußern, als Pfeifen, Spucken, Bellen, Gurgeln, Klicken, Lutschen, Schnalzen oder Blasen.

Manchmal werden sprachlich sinnvolle Äußerungen zu Tics: Das Kind wiederholt unwillkürlich Silben oder Wörter, manchmal sogar ganze Sätze, die es vorher selbst gesprochen hat, manchmal auch Kurzaussagen wie „O.k., o.k“, „Ja, ja“, „So, so, aha“.

Die Intelligenz der betroffenen Kinder ist übrigens nicht gestört, allerdings sind viele von ihnen zappelig bzw. leiden unter dem hyperkinetischen Syndrom, können sich nur schlecht kontrollieren und haben deshalb oft Probleme mit dem Lernen.

Die meisten Tics bei Kindern verschwinden so schnell, wie sie gekommen sind. Einfache Tics dauern meist nur wenige Tage oder Wochen, eventuell einige Monate. Sie können verschwinden, erneut auftreten und bessern sich spontan und eindeutig bei etwa 70 Prozent der Kinder innerhalb eines Jahres. In solchen Fällen handelt es sich meist um einen einzelnen Bewegungstic oder eine Lautäußerung. Aber selbst

schwerwiegende, kombinierte Tics, die viele Jahre anhalten können, verschwinden in den meisten Fällen im Alter von zwölf bis 13 Jahren.
Deutlich ungünstiger kann eine Sonderform der Tics verlaufen, die als „Tourette-Syndrom“ bezeichnet wird. Bei dieser Krankheit werden mehrere Bewegungstics mit mindestens einem vokalen Tic kombiniert. Häufig werden auch obszöne oder aggressive Wörter wiederholt. Das Syndrom kann ein Leben lang bestehenbleiben. Die Wissenschaftler schätzen, daß von 10 000 Menschen fünf vom Tourette-Syndrom betroffen sind, darunter dreimal mehr Männer als Frauen. In der Bundesrepublik erkranken jedes Jahr 300 Kinder neu daran, meist im siebten Jahr, fast immer vor dem zwölften Geburtstag.

Was ist die eigentliche Ursache eines Tics?

Man weiß es nicht genau. Früher nahm man an, daß Tics Zeichen einer Überforderung durch die Eltern und Ausdruck von unterdrückten Aggressionen sind. Heute scheint klar zu sein: Die Kinder von liebevollen und nachgiebigen Eltern können genauso Tics entwickeln wie Kinder in strengen und leistungsbetonten Familien.
Auch die Vorstellung, daß sich die Tics aus ursprünglich sinnvollen Bewegungen entwickeln (z. B. aus dem Blinzeln bei einer Bindehautentzündung oder aus dem Kopfwenden, um das über die Stirn hängende Haar zurückzuwerfen), hat sich nicht bestätigt.
Als am wahrscheinlichsten wird zur Zeit die Vermutung angesehen, daß es sich um eine Störung bestimmter Botenstoffe im Gehirn handelt, um eine Überempfindlichkeit der sogenannten Dopamin-Rezeptoren. Für diese Hypothese spricht auch die Tatsache, daß selbst schwere Fälle des Tourette-Syndroms sich mit Medikamenten behandeln lassen, die auf die Dopamin-Rezeptoren einwirken.
Die Neigung zu Tics kann vererbt werden. Rund 60 Prozent der Menschen mit mehrfachen Tics oder einem Tourette-Syndrom haben einen oder mehrere Verwandte mit einer Tic-Störung.

So sollten Eltern sich verhalten:

Das wichtigste ist Geduld. Da man am Anfang nicht beurteilen kann, ob es sich um eine vorübergehende Unart handelt oder ob sich der Tic später verschlimmern wird, lautet die wichtigste Empfehlung: Den Tic nicht beachten, das Kind nicht tadeln. Man sollte sich immer vor Augen halten, daß die Tic-Erscheinungen keine Marotte des Kindes sind, sondern von seinem Willen unbeeinflußt ablaufen. Die ständige Ermahnung „Zuck nicht!“ bewirkt deshalb nur, daß das Kind sich noch unglücklicher fühlt.
Statt den Tic immer wieder zu erwähnen, sollte man versuchen, mit dem Kind ruhige Gespräche über seine Probleme zu führen. Es muß das Gefühl von Schutz und Sicherheit haben und wissen: Meine Eltern lieben mich so, wie ich bin, und regen sich über mich nicht auf.
Übertriebene Nachgiebigkeit einem Tic-Kind gegenüber ist genauso fehl am Platze wie übertriebene Strenge.
Die Einhaltung solcher Empfehlungen fällt allerdings oft sehr schwer. Wird das Familienleben durch die seltsame Angewohnheit allzusehr belastet, kann eine Erziehungs- oder Familienberatung die Situation entschärfen.
□ Siehe auch *Hyperkinetische Kinder*

Tiere

Es kann mit fünf, sieben oder auch erst mit elf passieren, aber irgendwann ist es mit Sicherheit soweit: Ihr Kind wünscht sich ein Tier. Und wenn schon kein Pony, dann wenigstens ein Meerschweinchen.
Psychologen wissen, daß Kinder Tiere so mögen, weil sie in allen Lebenslagen ideale Gesprächs- und Spielpartner in ihnen haben. Tiere sind – im Gegensatz zu Eltern und Freunden – immer da, wenn man sie braucht. Man kann ihnen alles erzählen – und sie hören zu. Sie sagen nicht „ja, aber“, sie zanken nicht herum, sie verbieten nichts. Und sie nehmen das Kind ernst.
Mehr noch: Kennen sich Kind und Tier bereits länger, erziehen sie sich gegenseitig. Denn eine Maus, die unter dem Pullover herumkrabbelt, ein Hund, der einem Stöckchen hinterherjagt, ist nicht nur unterhaltsam und witzig, sondern fordert das Kind auch auf, mit ihm zu kommunizieren – im Spiel und ohne Worte. Kinder lernen auf diese Weise von

EIFERSÜCHTIGER HUND – WAS TUN?

? *Unser siebenjähriger Hund Strups findet sich nicht damit ab, daß wir jetzt eine Tochter haben. Er knurrt, wenn ich mit ihr in seine Nähe komme. Wir hängen an unserem Hund und wollen ihn nicht weggeben. Was tun?*

! Daß Hunde – wie auch andere Tiere – eifersüchtig auf Babys oder andere Neuankömmlinge sind, ist keine Seltenheit. Besonders Tiere, die vor Ankunft des Kindes sehr verwöhnt wurden, werden manchmal aggressiv oder erledigen ihr Geschäft wieder in der Wohnung.
Wie bei eifersüchtigen Kindern hilft auch bei Tieren, die sich vernachlässigt fühlen, nur eines: Schmusen und spielen Sie mit Ihrem Hund, wenn das Kind mal seine Ruhe braucht. Hunde gewöhnen sich besonders schnell an ein Baby oder Kleinkind, wenn sie es gleich am Anfang beschnuppern können. Dann akzeptiert das Tier das Kind meist wie sein eigenes.
Trotzdem muß klar sein, daß das Kind wie die anderen Familienmitglieder über dem Hund steht. Daß er sich unterordnen muß, vermitteln Sie dem Hund, indem Sie ihn immer erst füttern, nachdem Sie selbst gegessen haben und ihm nichts vom Tisch oder von dem, was Sie gerade essen, geben. Er sollte auch nicht auf den Möbeln oder auf Ihrem Schoß sitzen. In jedem Fall gilt: Lassen Sie ihn zunächst nie mit dem Kind allein.

Zusammen Spaß haben: Kinder lieben Hunde, die meisten hätten gern einen als Haustier, wie Umfragen beweisen

Tieren die Feinheiten nonverbalen Verhaltens: Eine Beziehung zu seinem Tier kann ein Kind nur aufbauen, wenn es Mimik, Gestik, Gebärden genau beobachtet, deutet und darauf reagiert. Und wer einmal gelernt hat, genau hinzuschauen, der kann dies auch in der Menschenwelt gut gebrauchen.
Noch ein weiterer Punkt spielt eine Rolle, wenn Kinder ihr Herz an eine weiße Maus, einen Dackel oder ein Katzenbaby verlieren: Ein Tier ist ein Teil der Natur, und die wird vielen Kindern immer fremder – vor allem, wenn sie in der Stadt leben. Um so spannender ist es, wenn ein Kind plötzlich entdeckt, daß Katzen im Dunkeln leuchtende Augen haben. Oder daß Hunde viel besser riechen können als wir Menschen und außerdem mit dem Schwanz „reden".
Eltern, die ein Tier anschaffen wollen, sollten zunächst herauszufinden versuchen, welches Tier am besten in die Familie paßt (alles Wichtige über die beliebtesten Heimtiere und ihre Vor- und Nachteile steht in der Tabelle). Nicht zuletzt hängt es von der Größe der Wohnung ab: Ein Kaninchen braucht mehr Platz als eine Maus und ein Hundebaby wird auch mal groß. Dies könnte vor allem dann ein Problem werden, wenn Sie zur Miete wohnen und der Wohnungseigentümer kein Tier duldet. Fragen Sie ihn also vorher.
Überschlagen sollten Sie außerdem die monatlichen Kosten. Denn nicht nur die Anschaffung eines Tieres kostet etwas, sondern auch Futter und Pflege. Und da ist ein Wellensittich nun mal weniger anspruchsvoll als ein Hund.
Der Goldhamster fehlt in der Aufstellung, weil er für Kinder weniger geeignet ist. Er ist ein Nachttier und tagsüber eher lahm und schläfrig. Will man mit ihm spielen, fühlt er sich in seinem natürlichen Rhythmus gestört und reagiert deshalb oft aggressiv.
Wenn Sie sich bereits für ein bestimmtes Tier entschieden haben, sollten Sie klären, wer sich um den neuen Mitbewohner kümmern wird. Von Tieren profitieren und mit ihnen spielen kann Ihr Kind zwar schon im Vorschulalter (darauf beziehen sich auch die Altersangaben in der Tabelle), wirklich für sie sorgen kann es aber frühestens mit zehn. Für Hund oder Katze sollte es sogar mindestens zwölf Jahre alt sein. Und selbst dann gilt noch: Besitzer und verantwortlich sind immer Sie als Eltern.
Wichtig auch: Pflichtbewußtsein und Verantwortungsgefühl müssen langsam wachsen und stellen sich nicht automatisch am zehnten Geburtstag ein. Ihr Kind sollte deshalb Schritt für Schritt Aufgaben übernehmen: Eine Sechsjährige ist voll damit ausgelastet, ihrem Meerschweinchen täglich frisches Wasser zu geben, mit neun kann sie auch den Käfig säubern und weiß, welches Futter das Tier verträgt.
Sie sollten auch nicht versäumen, Ihrem Kind etwas über die Lebensgewohnheiten und Eigenschaften des Tieres zu erzählen. Sicher hat es der Hund oder das Meerschweinchen gern, wenn es geknuddelt wird – aber auch Tiere brauchen hin und wieder Distanz, sonst beißen sie irgendwann zu.

Welches Tier paß

	KATZE
Ab welchem Alter	Zum Spielen ab 5 – falls die Katze neu angeschafft wird
Abstammung/ Rassen	Die Hauskatze stammt vermutlich von der ägyptischen Falbkatze ab. Ursprünglich ein Raubtier. Verbreitetste Rassekatzen: Siamkatzen, Perserkatzen
Eigenschaften	Ist ein sehr individuelles und sensibles Tier, nur bis zu einem gewissen Grad erziehbar. Eigentlich ein Nacht- und Dämmerungstier, doch auch tagsüber munter. Bei guter Behandlung sehr zutraulich. Wird sehr schnell stubenrein
Lebenserwartung	14 Jahre und länger
Wie spielfreudig?	Wenn die Katze von klein auf an Kinder gewöhnt ist, ist sie sehr spielfreudig und verschmust. Sie genießt es aber auch, mal allein gelassen zu werden, und reagiert bei unruhigen Kindern manchmal scheu und abweisend
Platzbedarf und Pflege	Kann auch nur in der Wohnung gehalten werden. Braucht aber mehrere Plätzchen für sich. Muß nicht unbedingt Auslauf nach draußen haben (Gewöhnungssache). Sehr pflegeleicht. Reinigung des Katzenklos: mindestens jeden zweiten Tag. Langhaarkatzen täglich bürsten. Kann im Urlaub von den Nachbarn versorgt werden
Ernährung	Fertignahrung (Trocken- oder Dosenfutter) deckt alle Bedürfnisse. Fleisch nur gekocht! Fette Milch wird schlecht vertragen. Außerdem täglich frisches Wasser
Zu bedenkende Nachteile	Haart das ganze Jahr. Außerdem wetzt sie an Möbeln ihre Krallen. Ausweg: Kratzbrett oder Kratzbaum. Nicht kastrierte Katzen können mit ihrem Liebesjammern sehr laut werden und dürfen nicht in der Wohnung gehalten werden. Vorsicht bei Allergien!
Übertragbare Krankheiten	Spul- und Bandwürmer, Hautpilze, Toxoplasmose, Tollwut, bakterielle Schnupfeninfektion. Braucht Grundimpfung gegen Katzenschnupfen und Katzenseuche und jährliche Auffrischung
Täglicher Zeitaufwand	Braucht viel Ansprache, Langhaarkatzen täglich ca. 20 Minuten bürsten
Kosten im Monat	Futter: ca. 60 – 80 Mark Katzenstreu: 30 – 40 Mark
Anschaffungspreis	Im Tierheim ab 60 Mark

zu Ihrem Kind?

HUND	MEERSCHWEINCHEN	MAUS	ZWERGKANINCHEN
Zum Spielen ab 5 – 6 Jahre. Kleine Kinder aber nicht mit dem Hund allein lassen	Zum Spielen ab 4 Jahre	Ab 6 Jahre	Ab 6 Jahre
Rudeltier, stammt vom Wolf ab. Aber seit Anbeginn der Kultur Gefährte des Menschen. 240 anerkannte Rassen – vom Zwergpinscher bis zum Bernhardiner	Zuchttier, ursprünglich aus Südamerika. Es gibt sie mit wuscheligen langen oder glatten, kurzen Haaren, einfarbig oder gescheckt	Die weiße Maus mit den typischen roten Augen kommt aus der Zucht. Nicht zu empfehlen sind Tanzmäuse und Wüstenspringmäuse	Stammt ursprünglich aus Spanien. Das Zwergkaninchen ist eine besondere Zuchtform des (größeren) Hauskaninchens. Verschiedenste Farben, auch langhaarig
Stark auf den Menschen bezogen und sehr gesellig. Wird sehr anhänglich und gehorsam, muß jedoch geduldig erzogen werden. Läuft und spielt ausgesprochen gern. Gut zu halten, da er schnell sauber wird	Gutmütiges Nagetier, ideal für Kleinkinder, weil es sehr gesellig, anhänglich und tagsüber munter ist. Fühlt sich schnell einsam, deshalb besser immer zwei. Wird rasch zahm und läßt sich widerspruchslos knuddeln.	Wird nahezu mühelos zahm und bleibt es auch. Die Tiere sind so gezüchtet, daß sie nicht beißen	Ist tagsüber munter und hat einen großen Bewegungsdrang. Wird praktisch nie stubenrein. Viele Tiere sind handzahm, andere können auch zubeißen. Die Weibchen sind meist anschmiegsamer
Bis über 15 Jahre, je nach Rasse	6 – 8 Jahre	Ca. 2 Jahre	10 Jahre und länger
Ausgesprochener Kinderliebhaber. Tobt und tollt gern und ist oft der geduldigste Spielgefährte, fühlt sich dann auch für das Kind verantwortlich und beschützt es. Wichtig: Der Hund sollte schon als Welpe Kontakt zu Kindern gehabt haben	Ausgesprochen kinderfreundlich, läßt sich viel gefallen: Streicheln, Herumtragen, Spazierenfahren, Schmusen. Reagiert auf zu starke Liebesbeweise allerdings manchmal mit Schock oder Tod. Läßt sich nicht dressieren	Ausgesprochen unterhaltend, dabei sehr gelehrig. Läßt sich gern anfassen und streicheln. Turnt auch gern auf (und in) der Kleidung herum	Spielt gern wild, schmust aber auch gern. Dressuren (außer Männchenmachen beim Füttern) sind selten möglich
Nach Rasse sehr unterschiedlich: Große Hunde brauchen auch im Haus viel Platz und möglichst einen Garten. Außerdem: mindestens zweimal täglich eine halbe Stunde Spaziergang. Bei langhaarigen Rassen ca. fünf Minuten das Fell bürsten. Wichtig: viel Ansprache und Zuwendung	Der Käfig sollte mindestens 100 x 50 cm groß· sein, mit Häuschen zum Schlafen und Verstecken. Käfigreinigung und neues Einstreu: alle zwei Tage. Die Krallen müssen ab und zu geschnitten werden. Langhaartiere regelmäßig bürsten. Braucht ständig Hartholz zum Nagen	Braucht einen nagefesten und ausbruchsicheren Käfig (mindestens 48 x 30 cm, mit engen Gitterstäben und Schlafkiste). Wichtig: Klettergerüste und Laufrad. Die Pflege ist leicht: nur die feuchten Stellen im Streu täglich entfernen, Käfigreinigung alle drei Tage	Großer Käfig (mindestens 60 x 90 cm) mit Schlafhöhle und Drahtdeckel. Meist ist tägliche Reinigung nötig. Kann im Sommer auch auf dem Balkon leben (zugfrei, ohne direkte Sonne). Wichtig ist täglicher Auslauf
Abwechslungsreiche Kost aus (abgekochtem) Fleisch und Flocken. Alle wichtigen Nährstoffe finden sich komplett in der Hunde-Fertignahrung	Mischfutter aus dem Tierhandel. Außerdem Heu, Knäcke, Holz zum Nagen (Buche, Haselnuß, Apfel- oder Birnbaum), Gras, Möhren, wenig Salat, Wasser. Kein feuchtes Gemüse, verursacht Koliken	Körner aller Art, dazu immer wieder mal (nicht zu oft) Leckerbissen vom Familientisch. Außerdem Obst und Gemüse, hartes Brot, auch Schinken, Käse, harte Eier – und natürlich Wasser	Kaninchen sind Dauerfresser. Im Zoohandel gibt es Fertigfutter. Sonst Gras, Möhren, Sellerie, hartes Brot, Obst und Wasser. Keine Kekse, keine Kohlgewächse
Muß betreut werden –auch im Urlaub! In der Stadt muß sein Geschäftchen beseitigt werden. Kann auch mal zubeißen – dann wird's ohne Haftpflichtversicherung teuer. Außerdem muß Hundesteuer bezahlt werden	Braucht viel Zuwendung, damit es nicht verkümmert. Wenn der Käfig nicht oft genug gesäubert wird, riecht es schnell. Bei falscher Ernährung besteht die Gefahr der Verfettung	Ohne regelmäßige Käfigreinigung unangenehmer Geruch. Zu bedenken: Bei Pärchenhaltung gibt es sehr viele Junge	Freilaufende Kaninchen knabbern in der Wohnung viel an, sogar Elektrokabel
Spul- und Bandwürmer, Leptospirose, Salmonellen, Tollwut, Tetanus. Braucht Grundimpfung gegen Tollwut, Staupe, Hepatitis, Leptospirose und Parospirose und eine jährliche Auffrischimpfung	Q-Fieber (ähnlich wie Grippe), Hautpilze, Hirnhautentzündung (es erkranken nur Tiere unter 5 Monaten)	Salmonellen, Hautpilze, Hirnhautentzündung (nur gefährlich für ungeborene Kinder)	Eitererreger, Salmonellen, Hautpilze
Mit Gassigehen, Füttern und Spielen 1/2 – 2 Stunden	Ca. 1/2 Stunde Spielen	Ohne 1/2 – 1 Stunde Beschäftigung am Tag wird es der Maus langweilig, sie verkümmert.	Braucht mindestens 1/2 Stunde Spiel am Tag, ebensoviel Freilauf (nur unter Aufsicht)
Futter: 80 – 200 Mark, je nach Größe und Rasse	Futter: ca. 15 Mark Einstreu: ca. 30 Mark	Futter: ca. 10 – 15 Mark Einstreu: ca. 15 Mark	Futter: ca. 20 –25 Mark Einstreu: ca. 25 Mark
Mischlinge ab 100 – 150 Mark, Rassehunde bis 1000 Mark und mehr	25 – 30 Mark je nach Rasse, Käfig 80 – 100 Mark	Ab 8 Mark, Käfig ab 60 Mark	Je nach Farbe ca. 60 –100 Mark

Toben

An stürmischen Regentagen liegt oft Spannung in der Luft: Wenn Kinder den ganzen Tag überhaupt nicht raus können, dann kribbelt es in den Füßen und in den Händen – dann wissen sie nicht, wohin mit all der Energie. Meist hilft nur eines: Bewegung. Notfalls in der Wohnung.

Bewegung ist wichtig. Kinder, die sich viel bewegen, haben mehr Selbstvertrauen, lernen besser und sind auch weniger krank. Besonders Kinder, die in Städten leben, in Etagenwohnungen, toben oft zuwenig. Die Folge bei einer zunehmenden Zahl von Kindern und Jugendlichen: Haltungs-, Koordinations- oder Wahrnehmungsstörungen.

Diesen Mädchen und Jungen fehlt einfach die Möglichkeit, die Welt auf eigenen Füßen zu erforschen. Sie brauchen Tobeflächen. Wohnung bzw. Kinderzimmer sollten so eingerichtet sein, daß großräumige Spiele möglich sind. Kleine Umbauten und ein paar Anschaffungen genügen, um die nötigen Freiräume zu schaffen: wenig Mobiliar im Kinderzimmer und im Flur, Matratzen, Matten, Kissen, Polster, die man kombinieren kann, eine Schaukel im Türrahmen, ein Seil an der Zimmerdecke, eine Hängematte, von Wand zu Wand gespannt.

Werden Kinder nicht gebremst, entwickeln sie spontan phantasievolle Bewegungsspiele: Da werden Teppiche zu Seen, Papierblätter zu Inseln, auf die man springen kann. Aus Stühlen, Tischen und Kommoden entsteht eine zweite Ebene – keiner darf auf den Boden treten.

Gewiß, diese Spiele sind nicht leise. Deshalb ist es wichtig, daß Eltern innerlich bereit sind, das „Remmidemmi" zu ertragen (und vielleicht auch die Nachbarn zu informieren).

Gefährlich kann es manchmal werden, wenn die Kinder so überdreht sind, daß sie allein nicht mehr zu normalem Verhalten zurückfinden. Gerade, wenn sie zwischen vier und acht, neun Jahren alt sind, gibt es immer wieder Situationen, in denen aus Spiel und fröhlicher Wildheit Ernst wird. Da stoßen Kinder zusammen oder rennen gegen irgendwelche Hindernisse, beginnen zu zanken; typische Situationen: der Ausklang eines Kindergeburtstages oder der Schlußpunkt eines verregneten Nachmittags.

Die Kinder sind dermaßen überdreht, daß sie mit normaler Ansprache nicht mehr zu erreichen sind. Sie haben das Gefühl für ihr Verhalten verloren und können sich selbst nicht mehr steuern. Manchmal droht regelrechte Verletzungsgefahr.

Jetzt zu schimpfen oder mit Strafen zu drohen, bringt nichts. Hier helfen nur ein paar kleine Tricks. Doch zunächst sollten auch die genervten Erwachsenen erst einmal tief Luft holen: Für Ruhe kann nämlich nur sorgen, wer selbst einigermaßen ruhig ist.

Trick Nr. 1: Die Toberei in Bahnen lenken. Die wilde Hatz muß in ein Spiel verwandelt werden. Da bieten sich beispielsweise Tier-Imitationen an: Der rasende Toni verwandelt sich in einen schleichenden Tiger, die hüpfende Sophie in eine geschmeidige Schlange. Nachdem jeder sich in seine Rolle eingefügt hat, setzen sich alle hin. Dann spielt jeder sein Tier vor.

Übermut – nichts, vor dem Mütter die Augen verschließen sollten

Trick Nr. 2: Den Effekt der Überraschung nutzen. Mit einem lauten Gong (oder zwei aneinandergeschlagenen Topfdeckeln) verschafft man sich zumindest für drei Sekunden überraschte Kinderohren. In diese Pause wird eine leise Botschaft geflüstert, so leise, daß sie nur verstanden werden kann, wenn alle still sind. Aus dieser Ruhe heraus kann man dann ein leises Spiel anbieten: mit Buch auf dem Bauch Atemübungen machen, Balancespiele oder etwas Meditatives wie beispielsweise ein Phantasiebild in einer Kerzenflamme entdecken.

☐ Siehe auch *Bewegung, Gefahren, Sport*

Träume

Schon in der Antike war bekannt, daß Träume ein Mittel zur Selbstreinigung der Seele sind. Der Arzt Hippokrates ließ sich von seinen Patienten Träume erzählen, bevor er eine Diagnose stellte.

Wie Babys und Kleinkinder träumen, das weiß man nicht. Denn erst mit zwei Jahren können Kinder über ihre Nacht-Erlebnisse reden. Die Träume der Zwei-, Drei- und Vierjährigen sind meist kurz und verwirrend, und es wimmelt nur so von Tieren.

Länger und detaillierter träumen Vorschulkinder, teilweise schon mit einer richtigen Handlung. Bei den Schulkindern kommen Tiere nicht mehr so häufig vor, dafür andere – oft abenteuerliche – Figuren: Hexen, Zauberer, Monster und immer öfter die Eltern und Geschwister.

Bis sie acht, neun Jahre alt sind, so glauben Wissenschaftler, halten Kinder Träume noch für etwas, das von außen kommt. Erst später wird ihnen klar, daß Träume im Kopf entstehen. Entsprechend verlieren die nächtlichen Erlebnisse mit zunehmendem Alter auch ihren Schrecken.

Traumforscher gehen davon aus, daß zehn Prozent aller Kinder einmal in der Woche oder häufiger Alpträume haben. Die Hälfte von ihnen leidet unter deutlichen Einschlafproblemen – weil sich diese Kinder natürlich jeden Abend davor fürchten, die Monster könnten wiederkommen.

Auf der Traum-Hitliste belegen Verfolgungsträume Platz eins: Ungefähr jeder zweite Alptraum bei Kindern handelt von Verfolgung und Flucht, von weißen Haien, die hinter dem Traum-Ich herschwimmen, von Räubern oder Indianern, von feuerspeienden Drachen und schnappenden Krokodilen.

Den zweiten Platz nehmen die sogenannten Fallträume ein: Stürze in dunkle Löcher oder in plötzlich auftauchende Schluchten, die wie bei einem echten Flug in die Tiefe ein flaues Gefühl im Magen verursachen können. Die Kinder erwachen dann oft mit einem Stöhnen oder Aufschrei.

Am dritthäufigsten sind Verlustträume. Dabei geht es fast immer um Verwandte oder enge Freunde, die sterben oder sonstwie verlorengehen.

Früher wurden die nächtlichen Visionen von schwarzen Männern, von Hexen und anderen unheimlichen Märchenfiguren bevölkert, heute träumen Kinder eher von Zombies oder Aliens. Jede Zeit hat eben ihre eigenen Horrorgeschichten.

Doch allen Angstträumen ist eines gemeinsam: Das Traum-Ich fühlt sich der Situation hilflos ausgesetzt.

Warum? Was bezweckt das Gehirn mit seinen nächtlichen Ausflügen?

Es ruht nicht, während wir schlafen, sondern es arbeitet, sagt die Schlaf- und Traumforschung. In den Traumphasen bereitet das Gehirn die Erlebnisse des Tages nach, blickt aber gelegentlich auch in die Zukunft und malt aus, wie es aussehen könnte, wenn unsere geheimen Wünsche Wirklichkeit würden. Oder aber der Traum läßt Ängste, die ganz tief in uns schlummern, plötzlich konkret werden: z. B., indem wir uns nackt auf dem Marktplatz vor Hunderten grölender Menschen wiederfinden oder von einem geliebten Menschen plötzlich im Stich gelassen werden.

Der Traum ist wie ein Spiel: Unser Denken probiert Möglichkeiten aus.

Bei Kindern ist dieses Spiel leider nur selten lustig. Die allermeisten Kinderträume handeln von ernsten oder unangenehmen Themen. Es geht fast immer um die Schwächen und Konflikte des Träumers, weniger um seine Talente.

Natürlich ist nicht jeder Traum leicht zu entschlüsseln. Zwar tauchen bestimmte Symbole und Themen (wie Flucht, Sturz, wilde Tiere) immer wieder auf. Das heißt aber noch lange nicht, daß sie bei jedem Kind das gleiche bedeuten.

Träumt ein Kind, im Kaufhaus seine Eltern verloren zu haben, muß man kein Psychologe zu sein, um herauszufinden, daß dahinter die (Ur-)Angst steckt, von Mutter und Vater getrennt zu werden.

Schwieriger wird es bei Verfolgungsträumen. Im allgemeinen vermuten Schlafforscher dahinter das Gefühl, nicht von der Stelle zu kommen, zu langsam zu sein. Hinter Fallträumen steht möglicherweise die Angst, keinen (Rück-)Halt von anderen Menschen zu bekommen.

Was die Traumdeutung so schwierig macht: Ängste und Wünsche greifen im Traum ineinander, Reales vermengt sich mit Irrealem. Oft werden auch äußere Reize aus dem Schlafzimmer (z. B. Straßenlärm oder ein kalter Luftzug) in das Traumgeschehen eingebaut. Die Erlebnisse des Tages werden im Traum meist weitergesponnen. Die Forscher nennen es „Tagesreste", wenn im Schlaf plötzlich Gestalten oder Geschehnisse aus der gerade erlebten Realität auftauchen.

Es soll hier nicht der Eindruck entstehen, als habe jedes Kind, das öfter mal schlecht träumt, ein psychisches Problem. Dazu gibt es für Angstträume zu viele Ursachen, Auslöser und Verstärker: Aufregende Erlebnisse am Tage haben oft auch eindrucksvolle, unruhige Traumbilder zur Folge. Das gilt besonders, wenn das Gehirn kurz vor dem Schlafen starken Sinnesreizen ausgesetzt wird.

Einleuchtend, daß ein spannender Film am Abend – bei Kleineren reicht auch ein Disney-Streifen – ruhigen Schlaf nicht unbedingt fördert. Fachleute bezweifeln zwar, daß schlimme

Träume allein durch Fernsehen und Video verursacht werden. Die falschen Filme zur falschen Tageszeit allerdings können verstärkend wirken.
Ähnliches gilt für körperliche Einflüsse: Einiges deutet darauf hin, daß Atembehinderungen im Nasen-Rachenraum, z. B. durch Polypen, das Alptraumrisiko erhöhen – ebenso wie Magen-Darm-Störungen oder ein (mit tierischen Fetten) überfüllter Magen.
Leidet ein Kind also regelmäßig unter schlechten Träumen, sollten die Eltern überprüfen, ob es vielleicht an den eben genannten Voraussetzungen liegen kann.
Das Kind sollte möglichst keine ungelösten Probleme mit ins Bett nehmen. Es sollte genug Gelegenheit haben, sich den Kummer mit Freunden, Kindergarten-Ärger oder Schulangst von der Seele zu reden. Einschlafrituale wie Vorlesen, Geschichtenerzählen oder Singen sorgen für die nötige Entspannung vor dem Schlafen.

□ Siehe auch *Angst, Einschlafprobleme, Magisches Denken, Märchen, Schlafprobleme*

WAS TUN, WENN EIN KIND SCHLECHT TRÄUMT?

Kommt das Kind nachts nach einem Alptraum weinend ans Bett, hilft nur eins: beruhigen und trösten – und zwar so lange, bis die Gespenster vertrieben sind. Denn mit Angst kann ein Kind nicht wieder einschlafen.
Viele Eltern verstehen unter Beruhigen: die Angst wegreden. Ein Satz wie „Ist doch nur ein Traum" hilft aber nicht. Für Kinder bis sieben, acht Jahre ist das Traum-Erlebnis genauso real wie ein Wach-Erlebnis.
Oft will das Kind in der Nacht gar nicht über seinen Traum reden – weil es fürchtet, die Monster könnten dadurch wiederkommen. Dann reicht es auch, wenn man sein Kind einfach nur fest im Arm hält. Am nächsten Morgen können die Eltern behutsam nachfragen. Von sich aus berichten Kinder nur dann über ihre nächtlichen Erlebnisse, wenn sie sich sicher und akzeptiert fühlen, wenn sie wissen, daß ihre Eltern den Traum ernst nehmen.
Oft sind es sensible und phantasiebegabte Kinder, die häufig unter Alpträumen leiden. Sie können versuchen die Nachtgestalten mit den eigenen Waffen zu schlagen, etwa beim Malen. Oft hilft es schon, den Gespenstertraum auf Papier zu bannen.
Wenn es Kindern, die immer wieder von den gleichen Träumen heimgesucht werden, dann noch gelingt, der Traumhandlung beim Zeichnen eine Wende zu geben, selbsterfundene Monster gegen die bösen Traumfiguren kämpfen zu lassen, dann zerstören sie das Eigenleben der Angstträume. Dann lernen sie vielleicht, daß man auch Bedrohungen im Schlaf nicht passiv hinnehmen muß.
Natürlich kann man sein Kind die Traumerlebnisse auch kneten oder mit Playmo- oder Lego-Figuren nachspielen lassen. So kann es die Gespenster im Spiel besiegen. Knetmonster lassen sich zerdrücken, auf Papier gemalte Ungeheuer kann man zerreißen, in den Müll werfen oder verschenken.

Trödeln

Eltern ärgern sich gelegentlich über die Trödelei ihrer Kinder. Kein Wunder: Erwachsene und Kinder haben ein ganz unterschiedliches Zeitgefühl. Und das birgt Konfliktstoff:
Wir Erwachsenen wissen zwar von unserer inneren Uhr, übergehen sie aber ständig. Termine bestimmen unseren Lebensrhythmus. Immer fürchten wir, zuwenig Zeit zu haben.
Anders unsere Kinder: Tage, Stunden, Minuten – ein solches Zeitraster existiert für sie nicht. Erst in der Grundschule entwickeln sie langsam ein Zeitgefühl; wie Erwachsene empfinden sie den Fluß der Zeit frühestens mit etwa zehn Jahren.
Was bedeutet das? Für Kinder etwas Wunderbares, denn ihre „Zeitlosigkeit" ermöglicht es ihnen, ganz nach ihren Interessen und Stimmungen zu handeln. Der Tag ist nicht aufgeteilt in 24 Stunden, sondern angefüllt mit Erlebnissen und Ereignissen: mit Mama einkaufen gehen, im Sandkasten spielen, Kuchen backen, ein Lego-Auto bauen.
Normalerweise freuen sich Eltern über die Fähigkeit ihrer Kinder, sich ganz in eine Tätigkeit zu vertiefen, denn sie wissen: Jede Viertelstunde, in der das Kind in sich selbst versunken spielt, ist eine kleine Konzentrationsübung und damit ein Mosaikstein auf dem Weg zu mehr Konzentrationsfähigkeit.
Aber der Alltag mit seinen vielen Terminen und Verpflichtungen zwängt uns in ein straffes Zeit-Korsett. Wir müssen ins Büro, zum Arzt, vorher noch eine Waschmaschine füllen, das Geburtstagspäckchen für unser Patenkind zur Post bringen. Es gibt tausend Kleinigkeiten zu tun, und wenn wir uns besonders unter Druck fühlen, mahnen wir allen pädagogischen Vorsätzen zum Trotz selbst Zwei- und Dreijährige zu mehr Tempo: „Beeil dich doch!", „Nun komm schon!", Ich kann mit dir jetzt nicht die Zeit vertrödeln!"
Doch das macht kleine Bummler keineswegs schneller. Im Gegenteil. Die Situation schaukelt sich hoch: Das Kind schreit, die genervte Mutter schimpft. Vielleicht glaubt sie sogar, ihr Kind wolle sie ärgern, und wittert einen Machtkampf. Doch Streitlust ist eher selten die Ursache.
Kinder trödeln nicht bewußt – sie schützen nur ihren Rhythmus und ihre Empfindungen. Wir überfordern sie, wenn wir von ihnen erwarten, unser Tempo mitzugehen.
Nur ganz selten, z. B. nach der Geburt eines Geschwisterchens, versuchen Kinder, mehr Aufmerksamkeit zu bekommen, indem sie den Schneckengang einlegen. Da hilft es dann oft schon, sich nur einmal am Tag eine halbe Stunde wieder ausschließlich dem Erstgeborenen zu widmen.
Ebenfalls möglich: Das Kind boykottiert mit seiner Langsamkeit einen zu vollen Terminkalender. Musikschule, Turnverein, Bastelnachmittag – was gut gemeint ist, nimmt dem Kind wichtige Freiräume und seine persönliche Spielzeit. Außerdem führen oft gerade solche Termine dazu, daß wir unser Kind durch den Tag hetzen müssen.
Denn eines ist klar: Die langsamere Gangart von Kindern wird nur dann zum Problem, wenn wir keine Zeit haben.

Nicht mal die Puppe darf man füttern: Kinder hassen es, wenn Eltern hetzen

Es ist kein Zufall, daß sich die dramatischsten Szenen in fast allen Familien morgens zwischen Aufstehen und Aus-dem-Haus-Gehen abspielen.
Etwa so: Das Kind soll um acht im Kindergarten sein, die Eltern um neun Uhr in der Arbeit. Jetzt ist es halb acht. Das Kind hat noch immer den Schlafanzug an, ist weder gewaschen, noch hat es gefrühstückt. Was tun?
Je knapper die Zeit und je kleiner das Kind ist, um so mehr müssen Eltern die Regie übernehmen. Ein Dreijähriges mag sich sonst allein anziehen können, unter Zeitdruck braucht es Hilfe. Auch wenn es jetzt Gemecker gibt – auf lange Erklärungen oder Diskussionen sollten Eltern verzichten. Gerade in Streßsituationen müssen sie liebevoll, aber kurz und knapp sagen, was zu tun ist und gleichzeitig deutlich Verständnis und Mitgefühl zeigen.
Erwachsene müssen sich unter Zeitdruck gelegentlich auch über die Bedürfnisse von Kindern hinwegsetzen. Die Kränkung besteht nicht darin, daß sie dies tun, sondern darin, daß sie darüber kein Wort verlieren.
Allerdings sind Entschuldigungen kein Freifahrtschein für täglichen Dauerdruck. So oft wie möglich sollten Eltern den Rhythmus ihres Kindes akzeptieren: Die dreijährige Puppenmutter kann nicht aufstehen und gehen, wenn sie doch gerade das Mittagessen für ihr Kind gekocht hat. Sie muß ihr Spiel zu Ende bringen können – eine Vorwarnung gibt ihr die Chance dazu. Allerdings bleibt die Ankündigung „Wir gehen in zehn Minuten!" zumindest bei Vorschulkindern wirkungslos. Wenn Sie dagegen sagen, daß Sie zum Arzt gehen, sobald das Puppenkind seinen Brei gegessen hat oder Teddys Arm verbunden ist, gibt das Kindern Orientierung und hilft ihnen, Tempo zu machen.

Was sonst noch funktioniert:

Für regelmäßige Termine genügend Vorlaufzeit einplanen. Morgens sind Kinder besonders langsam. Ideal ist es, wenn Sie selbst bereits fertig sind, ehe Sie Ihr Kind wecken. Das bedeutet für Sie zwar weniger Schlaf, aber es schenkt Ihnen einen ruhigeren Start in den Tag.
Entdecken Sie die Langsamkeit. „Wenn du es eilig hast, mach langsam", sagt der Volksmund zutreffend. Also nicht beim ersten Klingeln zum Telefon rasen, nicht „mal schnell" die Küche putzen oder die Hemden bügeln. Wenn Eltern Unruhe verbreiten, nervt das Kinder so, daß sie erst recht den Schneckengang einlegen.
Den Familienplan „ausmisten". Ob Musik, Turnen oder Spielkreis – zwei Nachmittags-Veranstaltungen pro Woche sind für Kinder das Maximum.
Kinder Konsequenzen selber tragen lassen. Mit etwa acht Jahren haben Kinder genug Zeitgefühl, um selbst die Verantwortung für ihre Pünktlichkeit zu übernehmen. Helfen kann man ihnen, indem man am Abend vorher bespricht, wie lange sie brauchen, bis sie ohne die Ermahnungen der Eltern startklar für die Schule sind. Am nächsten Morgen sagt man ihnen dann noch zwei-, dreimal die Zeit an.
Man sollte es sich dann wirklich verkneifen, sein Kind aus dem Haus zu schicken oder es gar zur Schule zu fahren. Kommt es zu spät, muß es das jetzt selbst ausbaden. Den meisten ist das so peinlich, daß sie sich in Zukunft lieber früher auf den Weg machen.

☐ Siehe auch *Konzentration, Langeweile, Selbständigkeit*

Trösten

Jedes Kind braucht Trost, wenn es seelisch oder körperlich leidet – egal, ob es zwei Monate, zwei Jahre oder zehn Jahre alt ist. Ein Baby zu trösten ist nicht immer einfach, denn es kann nicht sagen, was ihm fehlt. Oft schreit es, selbst wenn es gefüttert und gewickelt ist.
Zum Glück haben Eltern von Natur aus ein großes Repertoire an „Beruhigungsmitteln" zur Verfügung:

- Sie nehmen das Baby an ihren Körper, legen es sich auf den Bauch, damit es es Atmung und Herzschlag spüren kann.
- Sie reden beruhigend auf ihr Baby ein („Ist ja gut", „Du mußt nicht weinen").
- Sie singen ihm vor.
- Sie streicheln oder massieren es.
- Sie schaukeln oder wiegen es.

Wenn Eltern hier einfach auf ihr Gefühl hören und auf das

Beruhigende Wärme: Auf Mamas Schoß ist Kummer schnell vergessen. Babys in den ersten Lebensmonaten kann man nicht zuviel trösten

Jammern, Meckern oder Schreien ihres Babys gleich reagieren, können sie gar nichts falsch machen.
Probleme gibt es oft erst dann, wenn das Kind spürt: Mama oder Papa hat nicht viel Zeit, ist mit den Gedanken woanders oder zweifelt, ob es gut ist, ständig zu trösten.
Das Baby schreit dann womöglich immer mehr, und die Gefahr besteht, daß Mutter bzw. Vater und Kind in einen Teufelskreis geraten: Durch das Schreien ziehen sich die Eltern noch mehr zurück, was das Baby dazu veranlaßt, noch stärker zu schreien. Verschiedene Untersuchungen haben gezeigt, daß Babys, die immer gleich Trost und Beruhigung bei ihren Eltern finden, weniger schreien als Kinder, auf deren Unmutsäußerungen nicht sofort reagiert wird.
Deshalb darf es in den ersten Lebensmonaten keine Frage sein: Das Kind braucht möglichst umgehend Zuwendung, wenn es unglücklich ist. Ein Zuviel an Liebe gibt es nicht. Man kann innerhalb des ersten Lebenshalbjahres ein Baby nicht verwöhnen. Auch hat es vor dem ersten Geburtstag noch gar keinen Sinn, ihm andere Tröster wie Schnuller oder Schmusedecke wegzunehmen.
Im zweiten Lebenshalbjahr beginnt sich die Lage allerdings zu ändern. Das Baby kann zunehmend schon Unmutsäußerungen einsetzen, um etwas von den Eltern zu bekommen. Deswegen sollten Mutter und Vater lernen, diese Unmutsäußerungen zu unterscheiden: Wann geht es meinem Kind wirklich schlecht? In diesen Fällen ist Zuwendung, sind tröstende Worte oder In-den-Arm-Nehmen nie falsch.
Und wann meckert es einfach nur ein bißchen herum, vielleicht aus Müdigkeit? Wann will es, einfach weil es bequemer ist, Mama herbeimeckern, damit sie ihm das zehn Zentimeter entfernte Spielzeug reicht? Hier sollten die Eltern ihrem Kind auch ein bißchen Unmut zumuten.
Bei jedem Laut herbeizuspringen ist nun nicht mehr richtig. Denn im Laufe des Kleinkind- und Vorschulalters soll das Kind auch Frustrationstoleranz erwerben, das heißt, in der Lage sein, kleine Enttäuschungen auszuhalten.
Vor allem sehr besorgte und behütende Mütter müssen aufpassen, daß sie ihr Kind nicht für etwas trösten, das eigentlich ihnen selbst weh tut: Beim Abschied im Kindergarten z. B. weint manches Kind erst, wenn die Mutter fast unter Tränen ihm immer wieder sagt: „Es wird schon werden. Ich bin ja bald wieder da."
Bei der Frage, wann sie trösten sollen und wann nicht, müssen Mütter und Väter vor allem auf ihre Intuition hören.
Für intensiven Körperkontakt sind Kinder übrigens niemals zu alt. Auch Zehn- oder Zwölfjährige nehmen Trost in der Regel dankbar entgegen und werden gern gedrückt und gestreichelt, wenn es ihnen schlechtgeht.
□ Siehe auch *Angst, Entwöhnen, Schreien, Verwöhnen, Zuwendung*

Trotz

Die Zeit zwischen dem zweiten und vierten Lebensjahr wird Trotzphase genannt. In dieser Phase leiden nicht nur die Kinder, sondern auch ihre Eltern, die dem Zorn aus heiterem Himmel anfangs hilflos, später genervt gegenüberstehen.

Die „Symptome" können ganz unterschiedlich sein: Bei manchen Kindern verläuft die Trotzphase völlig unspektakulär, andere steigern sich mitunter so in Rage, daß sie nicht mehr ansprechbar sind. Es gibt aber auch eine Art von stummem Trotz – wenn ein Kind sich zurückzieht und kaum noch sprechen oder essen mag.

Am häufigsten äußert sich Trotz jedoch in den typischen Wutausbrüchen. Gerade sie sind für Eltern oft nur schwer nachvollziehbar. Das ganze Theater nur, weil der Vater das Memory-Spiel aus dem Regal geholt hat, obwohl das Kind es selbst tun wollte? Weil die Tochter in den Kindergarten soll, aber die Puppe noch nicht neu angezogen hat?

Wie bringt man sein Kind wieder zur Vernunft? Gut zureden? Selber brüllen? Nachgeben, um endlich Ruhe zu haben?

Vielleicht können Eltern die Wutausbrüche besser ertragen, wenn sie wissen, daß der Trotz nicht gegen sie gerichtet ist. Ihr Kind versucht nur, sich gegen Mutter und Vater abzugrenzen, selbständiger zu werden. Ein schwieriger und oft schmerzlicher Prozeß.

Im zweiten Lebensjahr lernt ein Kind laufen und beginnt zu sprechen. Seine Motorik wird immer ausgereifter. Es kann nach Gegenständen greifen, sie „beherrschen". Es merkt, daß sein Handeln Folgen hat, es lernt, daß es mit seinem Verhalten die Eltern zufriedenstellen oder reizen kann und daß seine Gefühle sich von denen der Eltern unterscheiden können.

In dieser Zeit strebt das Kind nach Autonomie. Aus der Verschmelzung mit den Eltern, dem „wir", sollen ein „ich" und ein „du" werden. Die Schlüsselwörter dieser Zeit – „nein", „ich", „allein", „selbermachen" – drücken diese Abgrenzung aus.

Autonom werden heißt aber auch, sich vom sicheren Hort bei den Eltern zu entfernen. Das Kind ist deshalb hin- und hergerissen. Einerseits will es die Welt erforschen und erobern. Andererseits braucht es den Schutz seiner Eltern, will Sicherheit und Stabilität. Durch seine neuerworbenen Fähigkeiten entwickelt das Kind ein Gefühl von „Mir gehört die Welt", es meint, alles zu können. Andererseits setzt ihm die Realität ständig Grenzen. Es kriegt eben doch noch nicht alles hin. Den Reißverschluß hochzuziehen ist leicht. Aber wie bekommt man den Knopf durch das Knopfloch?

Auch die Eltern funktionieren nicht so, wie das Kind es gern hätte. Sie wollen einkaufen gehen, obwohl das Puzzle noch nicht fertig ist. Die Folge: Schreien und Toben.

Daraus spricht die schiere Verzweiflung des Kindes, daß nicht alles so funktioniert, wie es sich das vorgestellt hat. Daß sein Wille nicht mit dem der Eltern oder mit den eigenen Fähigkeiten übereinstimmt. Es fällt schwer, gelassen zu bleiben, wenn das Kind schreiend auf dem Boden liegt, weil die Marmelade alle ist. Es wäre aber die richtige Reaktion. **Am besten, die Eltern helfen ihrem Kind, die Realität zu akzeptieren, indem sie Verständnis für seine Not zeigen:** „Ich weiß, daß du jetzt gern Stachelbeermarmelade hättest, aber leider ist keine mehr da."

Läßt sich das Kind nicht beruhigen, soll es zu Ende toben. Allerdings so, daß es dabei weder sich noch andere verletzen kann. Ist der Anfall vorbei, brauchen die Kinder oft Trost und Nähe. Sie wollen spüren, daß die Beziehung zu Mutter oder Vater nicht gelitten hat.

Eltern können Trotz nicht verhindern. Aber sie können versuchen, die Phase für ihr Kind weniger schmerzlich zu gestalten und damit auch für sich selbst. Das ist wichtig:

Freiräume geben und Grenzen setzen. Ein Kind braucht Freiheiten und Möglichkeiten, um seine Neugier zu befriedigen, seine Welt zu erforschen und sich auszutoben. Gleichzeitig müssen Grenzen sein, etwa, wenn es um Sicherheit geht.

Im täglichen Miteinander sind Ge- und Verbote nötig. Auf die Einhaltung dieser – möglichst wenigen – Regeln sollten Eltern konsequent bestehen; beispielsweise darauf, daß das Kind zur vorgesehenen Zeit ins Bett geht, es sich ein Mindestmaß an Tischmanieren aneignet, nicht an den Schreibtisch, den Computer oder die Stereoanlage geht. Je einschätzbarer und konsequenter Mutter und Vater sich verhalten, um so weniger wird das Kind protestieren.

Verhandeln. Ein Kind braucht das Gefühl, daß die Eltern es ernst nehmen und seinen Willen respektieren (siehe Kasten).

Konfliktsituationen meiden. „Welchen Joghurt möchtest du haben?" ist die falsche Frage. Denn: Die Wahl zu haben bedeutet für Kinder oft eine Qual. Eine Entscheidung für etwas heißt nämlich immer, auf etwas anderes verzichten zu müssen. Also: ein Kind in der Trotzphase nicht zwischen Spielplatz, Eis essen und Freibad wählen lassen. Die Eltern

WIE VERHANDELT MAN MIT TOBENDEN ZWERGEN?

Mutter und Vater sollten

- ihr Kind selbst Entscheidungen treffen lassen, wo es möglich ist. Ist es denn so schlimm, wenn die Dreijährige im Pyjama in den Kindergarten will? Die Kleidung kann man in einer Tüte mitnehmen. Aber Nachgeben hat auch Grenzen: Wenn dem Kind weder der gewünschte Haferbrei noch der Griesbrei schmeckt, wird nicht noch ein Vanillepudding gekocht;
- ihm ein „nein" erklären. Etwa: „Ich kaufe dir jetzt keinen Kinder-Kaugummi. Du hast heute schon Gummibären gehabt";
- ihm Kompromisse vorschlagen. Etwa: „Ich kann jetzt nicht mit dir spielen, weil ich telefoniere. Aber sobald ich fertig bin, lese ich dir etwas vor";
- Alternativen anbieten. Etwa: „Die Vase darfst du nicht mit in die Badewanne nehmen, aber du kannst den Meßbecher haben."

könnten statt dessen sagen: „Ich habe heute Lust, ins Freibad zu gehen. Du auch?"

Ablenken. Ein Kind, das im Einkaufswagen Rosinen aus der Schachtel pult, übersieht möglicherweise den Ständer mit Lutschern und Überraschungseiern.

Vorwarnen. Kinder, die in ihr Spiel vertieft sind, haben kein Verständnis für Ladenschlußzeiten und Terminabsprachen. Deshalb ist es sinnvoll, frühzeitig anzukündigen, wann man gehen wird. „Du darfst noch dreimal rutschen, dann gehen wir." Dann sollte man das auch tun.

Ein Kind, das trotzen durfte und dessen Wille respektiert wurde, hat am Ende dieser schwierigen Entwicklungsphase viel gelernt. Es weiß jetzt, daß es nicht allmächtig ist, kann sich aber durchsetzen, wenn es sein muß. Es akzeptiert, daß es neben seiner Welt auch die Welt und die Bedürfnisse der Eltern gibt. Es hat gelernt, auch Kompromisse zu schließen, sich anzupassen, Rücksicht zu nehmen, zu verzichten.

Und es weiß, daß seine Eltern es lieben, auch wenn es eine andere Meinung hat.

☐ Siehe auch *Grenzen setzen, Konsequenz, Selbständigkeit, Selbstvertrauen, Strafen*

Ü

Überbehüten

Als Überbehütung bezeichnet man ein Erziehungsverhalten, das dem Kind sehr wenig Freiheit läßt. Doch der Begriff führt etwas in die Irre: Es geht nicht darum, daß ein Kind zuviel an Geborgenheit und Wärme bekommen könnte (beides schadet nie).

Gemeint ist vielmehr ein Übermaß an Kontrolle: Das Baby darf keinen Schlüssel (Infektionsgefahr!) und keinen Löffel (Verletzungsgefahr!) in den Mund nehmen, der Fünfjährige darf nicht auf den Baum klettern, die Zehnjährige nicht bei ihrer Freundin übernachten. Überbehütende Eltern wissen stets, was gut für ihr Kind ist. Manchmal handelt es sich um Mütter oder Väter, die sehr viel von ihrem Kind erwarten und dazu neigen, es zu überfordern, ohne ihm emotionale Wärme zu geben.

Häufiger als die Eltern, die um ihrer eigenen Freiheit willen die Freiheit ihres Kindes begrenzen, sind jedoch Eltern, und vor allem Mütter, die sich für ihren Nachwuchs geradezu aufopfern. Eltern, die ihrem Kind oder ihren Kindern von Anfang an jedes Hindernis aus dem Weg räumen, die aus Furcht, ihm könnte etwas passieren, es könnte Mißerfolge erleiden oder irgendwie frustriert werden, ständig in seiner Nähe sind und ihm zur Hand gehen.

Ihnen fällt es schwer, sich im Kindergarten von ihrem Dreijährigen zu trennen. Sie bringen ihr Kind noch jahrelang zur Schule und sitzen ihm täglich bei den Hausaufgaben im Nacken.

Eltern, die ihr Kind schwer loslassen können, tun ihm keinen Gefallen. Es sollte schließlich schon als Kindergartenkind lernen, kleine Trennungen zu ertragen. Es hat das Recht, vom Klettergerüst zu fallen und sich Schürfwunden beim Fußball zu holen.

Überbehütende Eltern richten sich in Wirklichkeit nicht nach den Bedürfnissen des Kindes, sondern nach ihren eigenen. Hinter der ständigen Furcht, dem Kind könnte etwas passieren, steckt in der Regel eigene Angst und Unsicherheit. Diese Eltern versuchen, alles, was ihnen angst macht, von ihrem Kind fernzuhalten, und machen es so erst recht angstempfindlich, weil es sich nie selbst in einer ungewohnten Situation erproben konnte. Kinder überängstlicher und behütender Eltern nehmen irgendwann die Umwelt als überwiegend bedrohlich wahr.

Das Besitzergreifen kann auch Ausdruck eines besonderen Bedürfnisses nach Nähe sein, z. B. nach Verlust des Partners bzw. Scheidung.

Wer das Kind zu seinem einzigen Lebensinhalt macht und ihm zuliebe auf alles verzichtet, der versperrt nicht nur ihm den Weg in die Unabhängigkeit, der macht auch sich selbst das Leben schwer.

Je nach Temperament bäumen sich die Kinder schon früh gegen die Umklammerung der Eltern auf und versuchen, sich der elterlichen Kontrolle zu entziehen. Das kann jahrelange Kämpfe in der Familie nach sich ziehen.

Oder die Kinder lassen zunächst alles mit sich geschehen, sind auch als Schulkinder und Teenager noch ziemlich unselbstständig, brechen aber vielleicht irgendwann urplötzlich aus ihrem Käfig aus. Man sollte also schon frühzeitig die Weichen stellen und seinem Kind den Weg in die Selbständigkeit bahnen. Dazu gehört, im richtigen Moment loslassen und ihm vertrauen zu können. Dazu gehört aber auch ein gesunder Egoismus. Mütter, die gern gearbeitet haben, sollten sich beispielweise sehr genau überlegen, ob sie wegen des Kindes oder der Kinder den Beruf ganz an den Nagel hängen.

Riesengroß ist auch die Gefahr, daß die Partnerschaft Schaden nimmt, wenn sich alles nur noch ums Kind dreht und die Eltern nichts mehr zu zweit unternehmen. Damit raubt man seinem Kind genau das, was man ihm eigentlich bieten wollte: ein geborgenes Heim mit sich liebenden Eltern, in das die Kinder, auch wenn sie selbst erwachsen sind, immer wieder gern zurückkehren.

☐ Siehe auch *Angst, Einzelkinder, Erziehungsstil, Gefahren, Selbständigkeit, Selbstvertrauen, Sucht, Trotz, Zuwendung*

V

Verhaltensstörung

Der Definition gestörten Verhaltens liegt immer das zugrunde, was die Allgemeinheit für normal hält. Als verhaltensauffällig oder verhaltensgestört bezeichnet man also jemanden, der von der Norm abweicht. Normal ist, was wir, die Eltern, die Erzieherinnen, die Lehrer, Freunde und Nachbarn von einem Kind erwarten, aber auch das, was das Kind von sich selbst erwartet.

Verhalten, das von der Norm abweicht, ist z. B. eine Eßstörung wie Bulimie, ist übertriebenes Kratzen und Beißen bei Kleinkindern, Onanieren in der Öffentlichkeit, Depression, häufiges Schuleschwänzen oder intensives Nägelkauen.

Handelt es sich um eine leichtere Form, spricht man von Verhaltensauffälligkeit, tritt das von der Norm abweichende Verhalten deutlich und dauerhaft auf oder kehrt es regelmäßig wieder, spricht man von einer Verhaltensstörung.

Dieses besondere Verhalten hat für die Kinder eine ganz bestimmte Funktion: Einerseits ist es ein – freilich unbewußter – Versuch, die eigenen Probleme zu lösen. Und sei es nur, daß sich das Kind durch seine offenen Aggressionen oder exzessives Daumenlutschen kurzzeitige Entlastung verschafft. Auf der anderen Seite ist das Verhalten aber auch als Signal an die Umwelt zu verstehen: Seht her, mit mir stimmt etwas nicht. Helft mir! Auch wenn die Gründe für die Verhaltensstörung manchmal klar erscheinen (z. B. Scheidung der Eltern), ist meist ein ganzes Bündel von Ursachen dafür verantwortlich. Natürlich können einschneidende Erlebnisse wie die Trennung der Eltern maßgeblich zur Entstehung beitragen, und doch müssen oft noch andere Faktoren hinzukommen: Vielleicht durchläuft das Kind gerade eine ohnehin schwierige Entwicklungsphase, gab es in der Familie gerade noch andere wichtige Ereignisse (Geburt eines Geschwisterchens, Umzug), leidet das Kind unter einer hirnorganisch bedingten Störung, wie z. B. am hyperkinetischen Syndrom. **Kindertherapeuten gehen immer mehr dazu über, nicht das Kind als gestört anzusehen, sondern die Situation, in der es lebt**, das Gleichgewicht in der Familienkonstellation. Der Tod eines nahen Verwandten oder die Geburt eines Bruders kann dazu führen, daß ein Kind, das sowieso schon immer um die Beachtung durch die Eltern kämpfen mußte, sich emotional vernachlässigt fühlt. Es schafft sich dann Trost bzw. Beruhigung selbst und schläft beispielsweise nur ein, indem es Kopf und Oberkörper rhythmisch hin und her schlägt.

So erschreckend Verhaltensstörungen für die Eltern oft sind und sosehr diese unter einem schlechten Gewissen leiden – in den meisten Fällen kann man etwas gegen die Störungen tun. Oft hilft es schon, wenn ein Profi, z. B. ein Psychologe, das Gewirr der Ursachen ein wenig entflechten kann.

Kleine Änderungen im Familienalltag, eine neue Arbeitsteilung zwischen Mutter und Vater, klarere Regeln oder gewisse Freiheiten bringen mit ein bißchen Glück das System Familie wieder ins Lot. Manchmal allerdings können auch langwierige Therapien notwendig werden, insbesondere wenn alle zu lange gewartet haben, bis etwas unternommen wurde.

Oft lassen sich Verhaltensstörungen nicht allein lösen. Eltern sollten ohne Scheu professionelle Hilfe in Anspruch nehmen. Erste Adresse ist die nächste Erziehungsberatungsstelle.

☐ Siehe auch *Aggression, Erziehungsberatung, Eßstörungen, Familienprobleme, Hyperkinetisches Kinder, Legasthenie, Nägelkauen, Stehlen, Sucht, Tics*

Was Eltern Tränen in die Augen treibt, sind kleine Karate-Kids

Verhütung

Die meisten Mädchen und Jungen sind mit 13, 14 Jahren noch gar nicht scharf auf Sex (das weiß man aus vielen Befragungen). Dennoch sollten Eltern spätestens jetzt mit ihnen über mögliche Verhütungsmittel sprechen.

Mädchen haben ihre erste Periode heute im Schnitt bereits mit knapp zwölf Jahren, mit 16 haben deutsche Jugendliche im Durchschnitt ihren ersten Geschlechtsverkehr. Je früher und je besser sie über Empfängnisverhütung Bescheid wissen, desto geringer das Risiko einer ungewollten Schwangerschaft. Medizinisch spricht zwar nichts dagegen, daß eine 14jährige Mutter wird. Doch die seelischen und sozialen Konflikte, die sich daraus ergeben, wenn Kinder Kinder kriegen oder abtreiben, sollten unbedingt vermieden werden. Bei allen körperlichen Voraussetzungen, die Teenager in diesem Alter heute haben, fehlt ihnen doch die Reife der Persönlichkeit, um Mutter- bzw. Vaterschaft problemlos zu bewältigen.

Welche Möglichkeiten der Verhütung gibt es?

Grundsätzlich kommen alle Methoden in Frage, die auch erwachsene Frauen und Männer anwenden können.

Natürliche Methoden gelten als unsicher – nicht nur, weil die Mädchen noch nicht die Erfahrung beim Messen und Beurteilen der Aufwachtemperatur bzw. bei der Schleimbeobachtung haben oder weil sie nicht gewissenhaft genug wären. Ihre Zyklen sind oft auch noch unterschiedlich lang und unregelmäßig.

Die Spirale kann zu schmerzhaften Regelblutungen führen und wird von Mädchen meist schlecht vertragen.

Das Diaphragma ist schwer zu handhaben, Mädchen führen die nötigen Handgriffe meist nur ungern aus. Scheidenzäpfchen bzw. Gelees schützen ohnehin nur in Verbindung mit dem Kondom zuverlässig.

Bleiben die Pille und das Kondom.

Kondome sind beim „ersten Mal“ immer noch das am häufigsten benutzte Verhütungsmittel. Man kann jedoch nicht sagen, daß sie beliebt wären, denn das Überziehen empfinden die meisten Jugendlichen eher als lästig oder peinlich.

In Verbindung mit Spermiziden bieten Präservative jedoch eine gute Sicherheit gegen ungewollte Schwangerschaft. Und nicht nur das: Sie schützen auch vor Ansteckung mit Aids oder anderen Geschlechtskrankheiten. Ein Argument, das Eltern ihren Kindern auf jeden Fall nahebringen sollten.

Für Mädchen bis 14 Jahre ist dies auf jeden Fall die beste Verhütungsmethode, zumal viele Frauenärzte sehr jungen Mädchen ohnehin kein Pillenrezept ausstellen.

Die Pille gibt es nach Verschreibung für Frauen unter 20 Jahren kostenlos. Viele Frauenärzte halten sie für das geeignetste Verhütungsmittel bei Jugendlichen ab 14. Sie ist einfach in der Handhabung und sehr sicher. Sie kann Pubertätsakne ebenso wie Menstruationsbeschwerden lindern.

Frauenärzte verschreiben die Pille nicht blind, sondern gehen normalerweise sicher, daß das Längenwachstum des Mädchens abgeschlossen ist. Bei der neuen Generation niedrigdosierter Produkte sind medizinische Risiken nahezu ausgeschlossen. Allerdings bedarf es eines eingehenden Gesprächs mit dem Arzt oder der Ärztin. Dort wird das Mädchen unter anderem erfahren, daß sich Rauchen und Pille überhaupt nicht vertragen.

☐ Siehe auch *Aufklärung, Sexualität*

WIE REDE ICH MIT MEINEM KIND?

Auch Eltern, die ein enges und vertrauensvolles Verhältnis zu ihrem Kind haben, tun sich manchmal schwer, offen über sexuelle Details zu reden.

Wenn Sie unsicher sind – blättern Sie doch gemeinsam mit Ihrem Kind in Büchern oder Broschüren (die Bundeszentrale für gesundheitliche Aufklärung, 51101 Köln, verschickt zu diesem Thema kostenlos eine Broschüre für Jugendliche sowie eine für Mütter und Väter). So ergibt sich leichter ein Gespräch.

Wenn Ihr Kind nicht so gern über diese Fragen redet, empfehlen Sie ihm eine Frauenärztin mit Teenager-Sprechstunde oder – am besten gemeinsam mit Freund bzw. Freundin – das Gespräch in einer Beratungsstelle, beispielsweise von Pro Familia (Adressen im Telefonbuch).

Verkehr

Keine schöne Statistik: Alle zehn Minuten verunglückt in Deutschland ein Kind im Straßenverkehr, und jeden Tag stirbt eines an den Unfallfolgen.

Wir sollten als Eltern deshalb alles tun, um unser Kind möglichst früh mit den Gefahren des Verkehrs vertraut zu machen.

- Anfangs können wir ihm noch keine Regeln oder Verbote erklären, sondern allein durch unser alltägliches Verhalten Vorbild sein. Kinder sind scharfe Beobachter. Selbst wenn sie noch auf dem Arm getragen werden, bekommen sie genau mit, was im Verkehr passiert.
- Die Gehwegkante muß zur magischen Grenze erklärt werden, an der man anhält und nach beiden Seiten schaut. Die Fahrbahn ist absolut tabu. Oberstes Gebot: Nie allein auf die Straße treten! Im zweiten Lebensjahr können Kinder das schon verstehen, auch wenn sie noch nicht in der Lage sind, allein konsequent danach zu handeln. Deshalb: immer wieder erklären!
- Beim Überqueren der Straße müssen Sie Ihr Kleinkind immer an die Hand nehmen. Damit signalisieren Sie ihm: „Auf der Straße brauchst du meine Hilfe!“ Die Regel sollte auch dann eingehalten werden, wenn gerade kein Fahrzeug zu sehen ist.
- Zweijährigen sollten Sie die Verkehrsampeln („Nur bei Grün dürfen wir rüber“) erklären.

AB WANN DÜRFEN KINDER ÖFFENTLICHE VERKEHRSMITTEL NUTZEN?

? *Mein Sohn, 7, ist gerade in die Schule gekommen. Am schnellsten käme er mit der Straßenbahn dorthin, aber ich bin mir nicht sicher, ob ich ihm das zutrauen kann.*

! Einfache Strecken mit Bus oder Straßenbahn können Kinder in diesem Alter normalerweise schon bewältigen, längere Fahrten mit Umsteigen bzw. mit U- und S-Bahn je nach Entwicklungsstand eher erst mit acht, neun Jahren. Entscheidend ist, daß Sie mit Ihrem Sohn die Strecke schon ein paarmal abgefahren sind, daß er weiß, wo er die Fahrkarte lösen kann, wie er die Abfahrtszeiten herausbekommt, wo die Gefahren beim Ein- und Aussteigen liegen. Sprechen Sie vorher auch über kritische Situationen: Was soll Ihr Kind tun, wenn ein Bus ausfällt? (Auf den nächsten warten!) Wenn es zu weit gefahren ist oder in der falschen Straßenbahn sitzt? (Fahrer oder nette Dame um Hilfe bitten!) Wenn in U-Bahnhöfen angetrunkene Personen herumlungern? (Einen großen Bogen um sie machen!) Geben Sie Ihrem Kind immer eine Telefonkarte und Kleingeld mit, damit es im Notfall bei Ihnen anrufen kann. Für die Fahrkarte sollte es möglichst die abgezählte Summe dabeihaben.

- Die Straße bei einer Ampel betreten Sie nur zu Beginn der Grünphase, damit beim Überqueren keine Hektik aufkommt. Nie hastig gehen, sondern ruhig und zügig! Ihr Kind muß lernen, dem Verkehr gelassen zu begegnen.
- Gehen Sie nie auf der Fahrbahn, wenn ein Gehweg da ist, selbst wenn er schmal sein sollte. So prägt das Kind sich ein, daß Fußgänger nichts auf der Fahrbahn zu suchen haben.
- Ein Kleinkind darf auf dem Gehweg höchstens zwei Meter vorausgehen. Sonst erreicht man es nicht mehr, wenn es plötzlich auf die Straße rennt. Man kann über die Gefahren des Verkehrs schon mit Zweijährigen reden – möglichst ohne ihnen angst zu machen. Kinder sollen die Autos nicht fürchten, sondern lernen, sich vorsichtig im Straßenverkehr zu bewegen.

Ab wann kann man ein Kind allein auf die Straße lassen? Immer dann, wenn es den Schwierigkeitsgrad der betreffenden Straße(n) beherrscht. Kleinere, einfache Wege an ruhigen Straßen (zu Spielkameraden, zum Einkauf in der Nähe usw.) kann man ab fünf Jahren einüben.

Je schwieriger der Weg, desto mehr Zeit müssen Sie sich für dieses Einüben nehmen. Lassen Sie Ihr Kind erst dann allein gehen, wenn Sie (zuerst durch Führenlassen, dann durch heimliches Nachgehen) festgestellt haben, daß es diesen Gang auch allein bewältigt. Frischen Sie ab und zu das richtige Verhalten auf einem gemeinsamen Gang auf.

Auch für den Kindergartenweg gilt: das Kind nicht zu früh allein gehen lassen, selbst wenn der Weg nur an ruhigen Straßen entlang führt. Denn:

Kleinere Kinder sind noch nicht fähig, im Laufen abrupt zu stoppen; sie hören kaum, aus welcher Richtung ein Geräusch kommt; ihr seitlicher Blickwinkel ist enorm eingeschränkt; sie können Entfernungen und Bremswege nicht einschätzen. Sie haben überdies große Probleme, sich lange oder auf mehrere Dinge gleichzeitig zu konzentrieren und sich nicht ablenken zu lassen. Diese Fähigkeiten entwickeln sich erst schrittweise bis zum Jugendlichenalter. Verlangen Sie also nichts, wozu das Kind körperlich oder geistig noch gar nicht in der Lage ist.

Bevor Ihr Kind in die Schule kommt, sollten Sie den Schulweg schon ein paarmal mit ihm abgegangen sein. Haupt-Gefahrenquellen sind ungesicherte Übergänge, enge Gehwege an stark befahrenen Straßen, unübersichtliche Kreuzungen. Interessante Läden oder Baustellen lenken Kinder oft ab.

Kinder, die zu spät dran sind, hetzen zur Schule und vergessen dabei alles Gelernte. Deshalb sind ein geruhsames Frühstück und zeitiges Losgehen wichtig für die Sicherheit Ihres Kindes auf dem Weg zur Schule. In der Regel gibt die Schule vor Beginn des Schuljahres einen sogenannten Schulwegplan aus. Er zeigt die Umgebung der Schule und empfiehlt

Achtung, Autos! Schulanfänger sind im Stadtverkehr oft noch überfordert

die sichersten Routen. Fragen Sie in der Schule danach! **Grundschüler sollten noch nicht mit dem Fahrrad zur Schule fahren.** Auf dem Rad gehört Ihr Kind zu den am meisten gefährdeten Verkehrsteilnehmern. Den richtigen Weg fahren, das Fahrrad beherrschen, auf die Regeln und andere Verkehrsteilnehmer achten, dabei noch an die (nicht gelernten) Vokabeln oder den Tag in der Schule denken – das alles gleichzeitig ist zuviel!

Wann sollten Kinder mit dem Fahrradfahren anfangen? So spät wie möglich. Auch wenn Eltern vor Stolz platzen, weil ihre Vierjährige schon ohne Stützräder fahren kann – vor dem siebten oder achten Lebensjahr sollte ein Kind aus den oben genannten Gründen auf keinen Fall mit dem Rad am Verkehr teilnehmen. Sicher fahren Kinder erst mit zehn!

Im Vorschulalter sind Roller klar die sinnvollere Alternative: Eine Studie des Fördervereins für Psychomotorik in Bonn hat gezeigt, daß Rollerfahren bei deutlich geringerem Unfallrisiko die meisten Fähigkeiten fördert, die man auch fürs Fahrradfahren braucht, inbesondere die motorischen wie Finden und Halten des Gleichgewichts, Körperkoordination, Beschleunigung, Reaktion und Ausdauer. Das Unfallrisiko ist geringer, weil meist nicht so hohe Geschwindigkeiten wie auf dem Fahrrad möglich sind; weil der Körperschwerpunkt tiefer liegt und die Füße im Notfall schneller auf dem Boden sind; weil das Kind vor einem Aufprall den Roller besser auslaufen oder fallen lassen kann.

Ein Kind, das Roller-Erfahrung hat, braucht beim Radfahren-Lernen keine Stützräder. Die sind ohnehin nicht zu empfehlen. Das Kind bekommt damit ein trügerisches Sicherheitsgefühl und lernt weder, das Gleichgewicht zu halten, noch, Kurven zu fahren. Mit Stützrädern dauert es eher länger, bis das Kind gut radfahren lernt.

Von Anfang an gilt jedoch – da sollten Eltern sehr konsequent sein: Niemals ohne Helm!

Und sie sollten an der richtigen Ausrüstung nicht sparen. Sowohl beim Kauf des Fahrrads als auch des Helms muß das Kind dabeisein.

Empfehlungen für Kinderfahrräder, für Kinderhelme, aber auch für Kinderfahrradsitze, Fahrradanhänger oder Kindersitze fürs Auto sowie weitere Informationen gibt es unter anderem

- bei der Stiftung Warentest, Postfach 30 41 41, 10724 Berlin, Tel. 0 30/ 26 31-0,
- beim Allgemeinen Deutschen Fahrradclub (ADFC), Grünenstr. 8, 28199 Bremen, Tel. 04 21/34 62 90,
- beim ADAC, Verkehrserziehung und -aufklärung, Am Westpark 8, 81373 München, Tel. 0 89/76 76-0,
- bei der Deutschen Verkehrswacht, Am Pannacker 2, 53340 Meckenheim, Tel. 0 22 25/88 4-0
- und beim Deutschen Verkehrssicherheitsrat (DVR), Beueler Bahnhofsplatz 16, 53222 Bonn, Tel. 02 28/40 00 1-0.

Verliebtsein

Erste Gefühle der Zuneigung fürs andere Geschlecht zeigen sich zur Verwunderung der Eltern bei einigen Kindern schon früh, so zwischen sechs und acht Jahren. Manche Mädchen und Jungen verbindet in diesem Alter eine Beziehung, die über eine normale Freundschaft hinausgeht.

Sie reden von Verliebtsein, ohne daß sie verknallt wären wie die Teenager. Es kann sein, daß Sexualität durchaus angesprochen wird, daß sie den Kindern aber letztlich unheimlich bleibt. Sie mögen tiefe Zuneigung füreinander empfinden, sie mögen bei Berührungen prickelnde Gefühle haben, doch irgendwie ahnen sie, daß sie damit in eine Situation geraten, die den Größeren vorbehalten ist. Körperliche Berührungen, der zaghafte Kuß, bleiben in diesem Alter denn auch die Ausnahme.

Diese ersten Ansätze von Verliebtsein überdauern die Grundschulzeit praktisch nie. Spätestens in der zweiten Klasse trennen sich die Welten von Mädchen und Jungen.

Bis aus Kindern Jugendliche, Erwachsene werden. Wenn sich mit elf, zwölf Jahren, bei Jungen vielleicht etwas später, der Körper langsam verändert, kann aus dem Kinderspiel ernst werden: Die erste Teenager-Liebe steht bevor.

Auch sie bahnt sich meist ganz allmählich an. Mit zwölf oder 13 haben die meisten Teenager ihren ersten Schwarm. Oft nur auf Distanz. Bei Klassenfeten wird geknutscht. Gerüchte

DEN FREUND DER TOCHTER ÜBERNACHTEN LASSEN?

? *Meine Tochter ist 15 und hat seit einiger Zeit einen 17jährigen Freund, mit dem sie viel zusammen ist. Jetzt möchte sie, daß er am Wochenende bei uns übernachtet. Machen wir als Eltern uns damit strafbar?*

! Sie spielen auf den sogenannten Kuppelei-Paragraphen an: Danach konnten Eltern anzeigt werden, wenn sie den minderjährigen Partner ihres Kindes bei sich übernachten ließen. Doch dieser Straftatbestand gilt heute nicht mehr. Rechtlich spricht also nichts dagegen, daß Ihre Tochter mit ihrem Freund bei Ihnen übernachtet. Möglicherweise steckt hinter Ihren Bedenken aber noch etwas anderes. Auch wenn die meisten Eltern heute sehr viel liberaler mit der Sexualität ihrer Teenager-Kinder umgehen und häufig nichts dagegen haben, daß der Freund oder die Freundin zu Besuch kommt – für viele Mütter und Väter ist es gewöhnungsbedürftig, wenn sie merken, daß ihre Kinder nun ein eigenes Sexualleben haben. Das ist verständlich. Vielleicht können Sie mit Ihrer Tochter ja einmal darüber reden und bei dieser Gelegenheit auch die Verhütung ansprechen.
Davon abgesehen, sollten Sie sich aber freuen, daß Ihre Tochter Sie so offen um Einverständnis fragt. Denn das ist ein echter Vertrauensbeweis und zeigt, daß sie sich zu Hause noch geborgen und verstanden fühlt.

Die erste große Liebe: Anfangs will man einfach nur viel zusammensein. Miteinander ins Bett gehen – das kommt später

tauchen auf: Die Maria geht jetzt mit Markus. Zwei Wochen später geht Markus dann mit Iris.
Sex findet meist noch nicht statt. Wie „es" geht, ist dennoch hochinteressant. Theoretisch jedenfalls.

Viele Informationen holen sich Teenager in dieser Zeit aus Zeitschriften wie „Bravo" oder „Mädchen". Für Eltern gilt: offen und interessiert sein, Gesprächsbereitschaft signalisieren. Das Thema Verhütung und Schutz gegen Aids behutsam ansprechen. Aber auch den Rückzug akzeptieren, nicht drängeln und neugierig nachfragen. Und vor allem: keine Frotzeleien, wenn die Tochter sich dauernd die Haare föhnt oder der Sohn Mädchenbesuch bekommt.

Die günstigsten Gelegenheiten für Gespräche bieten sich meist dann, wenn sie gar nicht geplant sind. Einklinken kann man sich als Mutter oder Vater, wenn der Sohn einen Fernsehspot über Kondome mit „Die Dinger sind doch Mist" kommentiert. Bekommt die Tochter dauernd Anrufe von einem hartnäckigen Verehrer und rollt jedesmal genervt die Augen, kann man ein bißchen von sich erzählen, wie man sich mal ähnlich bedrängt gefühlt hat. Oder wie man sich – andersherum – einmal furchtbar abserviert vorkam.

Oft sind diese Gespräche eine schwierige Gratwanderung, bei denen man als Mutter oder Vater mal zurückgeschubst, mal dringend gebraucht wird. Entscheidend ist: Je aktueller und konkreter ein Problem für die Tochter oder den Sohn zu sein scheint, desto mehr sollten Eltern sich beim Nachfragen zurückhalten. Denn es ist zweierlei, ob man über Liebe und Sex allgemein redet oder über eigene Ängste.

Irgendwann ist es soweit: Der Sohn oder die Tochter hat sich richtig verliebt. Und es beruht auf Gegenseitigkeit: Man verbringt viel Zeit zusammen, redet viel, schmust viel. Und zum erstenmal kommt der Wunsch, miteinander zu schlafen. Die meisten Teenager sind dann 15, 16 oder 17. Eltern können diesen Zeitpunkt oft nur erahnen. Denn das Gefühlschaos der ersten große Liebe, die Angst vorm ersten Mal – das besprechen die meisten Jugendlichen lieber mit Gleichaltrigen oder älteren Geschwistern.

Eltern sollten sich jetzt extrem zurückhalten. Eine Mutter darf nicht den Anspruch erheben, die beste Freundin ihrer Tochter zu sein, um dann mit ihr über Männererfahrungen zu reden.

Für Eltern ist es nicht ganz einfach, all diese neuen Entwicklungen zu akzeptieren: Plötzlich haben die Kinder ein eigenes Sexualleben. Und trotz aller Liberalität befällt viele Mütter und Väter bei diesem Gedanken Unbehagen. Es ist auch Angst, die Kontrolle über das „Kind" zu verlieren und nicht mehr wichtig in seinem Leben zu sein.

Doch je weniger Eltern Tochter oder Sohn belehren, je weni-

ger sie sich über den Freund oder die Freundin lustig machen oder an ihm bzw. ihr herummäkeln, desto größer die Chance, daß das Kind Mutter und Vater weiterhin Vertrauen entgegenbringt, bei echten Problemen mit ihnen spricht.
Studien zeigen, daß Eltern heute eher weniger befürchten müssen als noch vor 20 Jahren. In einem großangelegten Vergleich über das Sexualverhalten von Jugendlichen in den siebziger und neunziger Jahren fand der Hamburger Sexualforscher Gunter Schmidt heraus, daß die meisten Jugendlichen heute ihre Freunde und Freundinnen mit nach Hause bringen: Der erste Sex findet nicht mehr draußen oder im Auto statt, sondern zu Hause im Bett.
Ob das erste Mal nun tatsächlich zum richtigen Zeitpunkt stattfindet, ob es für ihre Kinder schön oder eher enttäuschend ist – diese Erfahrungen können Eltern kaum beeinflussen. Denn das ist eine Frage des Selbstbewußtseins und der Durchsetzungskraft.
„Wenn Teenager zum ersten Mal zusammen geschlafen haben, ist die Erziehung gelaufen", sagt Martin Kessel, Sexualpädagoge bei Pro Familia. „Alles vorher durchzusprechen wäre sinnlos. Sexualität ist mit jedem Menschen anders. Außerdem: Sex lebt auch vom Tabu. Ein bißchen Heimlichkeit macht ihn erst aufregend."
□ Siehe auch *Pubertät, Sexualität, Verhütung*

Verwöhnen

Wenn ein Kind oft zuviel von etwas bekommt, sagt man, es werde verwöhnt, daß heißt: Es eignet sich schlechte Gewohnheiten an, bzw. wir Eltern drängen ihm solche Gewohnheiten auf. Typische Beispiele sind Kinder, die stets bekommen, was sie wollen:

● Die Mutter kocht ihrem Vierjährigen dreimal in der Woche Fischstäbchen mit Kartoffelbrei und zweimal Wiener mit Bratkartoffeln, weil er an allem anderen herummäkelt.

● Ein sechsjähriges Mädchen darf fernsehen, wann immer es will – an manchen Wochenende sitzt es acht Stunden vor der Glotze.

● Die Eltern von siebenjährigen Zwillingen haben zwar sehr viel zu tun, verlangen von ihren Jungen aber trotzdem nicht, daß sie ihr Zimmer selbst aufräumen, das Eßgeschirr zur Spülmaschine bringen oder den Mülleimer raustragen. Wenn sie nach etwas zu trinken rufen, bringt ihre Mutter ihnen umgehend Saft aufs Zimmer.

● Ein gutverdienender Vater bringt seiner Tochter und seinem Sohn nach jeder Dienstreise – und das ist mindestens eine pro Woche – üppige Geschenke mit. Die Kinder bekommen ein Taschengeld, das doppelt so hoch ist wie das ihrer

„Meine Tochter, ist es dir so weich genug?"

Mitschüler, und von Oma und Opa gibt es auch oft mal einen Geldschein zwischendurch.
Es sind mehrere Gründe denkbar, warum Eltern bzw. Verwandte so handeln. Manche sagen sich: „Warum nicht? Mir geht es gut, warum soll es dem Kind nicht auch gutgehen?"
Andere sind langsam unter die Tyrannei ihres Nachwuchses geraten und finden inzwischen gar nicht mehr gut, was sich als Gewohnheitsrecht in der Familie festgesetzt hat.
Viele Eltern haben Angst, die Liebe ihres Kindes zu verlieren, wenn sie nicht tun, was es – mal mit Terror, mal mit unschuldigem Augenaufschlag – von ihnen verlangt. Anfangs tat es ihnen in der Seele weh zu sehen, daß ihr Kind unzufrieden ist. Deshalb erfüllten sie ihm seine Wünsche immer möglichst prompt.
Aber es gibt auch Eltern, die einer Versuchung erlegen sind – denn Verwöhnen kann zunächst auch ziemlich bequem sein. Man muß sich kein Gebettel anhören, wenn man Wünsche erfüllt, kaum daß sie ausgesprochen sind. Fischstäbchen mit Fertigkartoffelbrei lassen sich überdies flotter zubereiten als abwechslungsreiche und ausgewogene Speisen mit Gemüse und Obst.
Für verwöhnte Kinder ist das Leben vordergründig angenehm. Sie müssen sich wenig anstrengen, haben vieles, was ihre Freunde vielleicht nicht besitzen.
Doch auf Dauer macht sie das nicht zufrieden. Sie erleben seltener als andere Kinder das beglückende Gefühl, selbst etwas erarbeitet zu haben. Wer lange auf seine Wunsch-CD oder den Modellbaukasten gespart hat, freut sich mehr darüber als der, der sich das mal eben kaufen kann, weil Opa ihm wieder einen großen Schein in die Tasche gesteckt hat.
Wer verwöhnt wird, lernt nicht so gut, Frust und Ärger aus eigener Kraft zu überwinden. Der wächst vielmehr in dem Glauben auf, es falle einem im Leben alles zu, wenn man nur laut genug schreit. Dabei verkümmern bei diesen Kindern wichtige Fähigkeiten, die man spätestens als Erwachsener dringend braucht, um im Leben zu bestehen, um zufrieden und erfolgreich zu sein. Eines Tages kommt die Ernüchterung, wenn diese Kinder merken, daß der Rest der Welt ihnen nicht alles hinterherträgt wie Mama.
Eltern sollten also früh damit beginnen, ihrem Kind wohldosiert auch einmal etwas abzuverlangen und nicht gleich beim ersten Mucks zu springen. Sie sollten vernünftige Grenzen setzen, im Familienleben klare Regeln aufstellen und bereit sein, diese Regeln auch durchzusetzen.
Wenn den Eltern dies gelingt, spricht auch nichts dagegen, ihr Kind in Ausnahmefällen mal richtig zu verwöhnen. Wenn es krank ist oder etwas sehr Unangenehmes erlebt hat, vielleicht aber auch als Belohnung für eine außerordentliche Tat, dürfen sie ihm ruhig (für eine kurze Zeit) jeden Wunsch von den Lippen ablesen.
☐ Siehe auch *Entwöhnen, Geldverdienen, Grenzen setzen, Konsumverhalten, Laissez-faire, Pflichten, Taschengeld, Überbehüten, Zuwendung*

WANN BEGINNT DIE VERWÖHNUNG?

Einiges spricht dafür, daß angenehme, aber bald unangemessene Hilfestellungen schon Babys zur lieben Gewohnheit werden können: schnelle Tröster, die beim ersten Gemecker zur Hand sind, Spielzeuge oder Unterhaltung durch Mama beim kleinsten Zeichen der Unruhe, aufwendige Einschlafrituale.
Dies gilt nicht für die ersten Lebensmonate. In den ersten drei, vier Monaten braucht ein Kind die ganze Fürsorge, die seine Eltern ihm bieten können. Hilferufe des Babys sollten in dieser Zeit möglichst nicht unbeantwortet bleiben. Kleine Babys brauchen Trost, wenn es ihnen nicht gutgeht. Sie schreien zu lassen ist unsinnig und herzlos. Spätestens jedoch mit einem halben Jahr können es Babys aushalten, wenn Mama oder Papa bei Weinen nicht sofort herbeieilt. Ein wenig Geduld kann jetzt schon geübt werden, in kleinen Portionen.
Das klappt allerdings nur, wenn das Kind in den ersten Monaten sicher gelernt hat: Meine Eltern sind für mich da, wenn ich sie brauche.
Im zweiten Lebenshalbjahr können Babys nicht nur schon Karottenbrei essen oder an einem Butterkeks lutschen. Sie müssen jetzt auch lernen, daß ein Keks am Nachmittag genug ist, und daß auch Mama im Haushalt viel zu tun hat und vielleicht erst nach zwei Minuten kommen kann, um den heruntergefallenen Schnuller aufzuheben. Kurz: daß nicht die ganze Welt um ihre Person kreist.
Bei alledem dürfen Eltern aber nie vergessen, ihrem Kind zu zeigen: Für alles gibt es gewisse Grenzen, aber von unserer Liebe zu dir wird immer genug dasein.

Vorbilder

Es gibt verschiedene Arten, die Welt zu begreifen: Kinder lernen am Objekt, z. B. durch Lutschen an Papas Finger oder beim Spielen mit Bauklötzen. Sie lernen, indem Erwachsene oder ältere Kindern ihnen Dinge erklären, sie anleiten, unterrichten. Und: Sie lernen durch Nachahmung, am Vorbild. Manche Forscher behaupten gar, dies sei die wichtigste Methode, sich Fähigkeiten anzueignen.
In den ersten Lebensmonaten und -jahren sind Eltern und Geschwister das Ein und Alles eines Babys. Es ahmt nach, was es bei ihnen sieht und hört: Laute, Mundbewegungen, Lächeln.
Das Kleinkind will mit Messer und Gabel essen, weil Mama und Papa das so machen, es lernt Sprechen durch Nachsprechen und gewöhnt sich Redewendungen an, die seine Eltern verwenden.
Das Verinnerlichen des elterlichen Modells geschieht auch in späteren Jahren ganz unbewußt. Alles, was ihm zu Hause begegnet, ist für das Kind normal.
Erst im Schulalter, wenn es auch immer häufiger Kontakt mit Gleichaltrigen bekommt und sieht, daß andere Familien ganz anders funktionieren können, lernt es, familiäre Gepflogen-

Vorbild im Spiegel: Sich rasieren wie Papa – das läßt kleine Jungen mindestens einen Meter wachsen

heiten zu relativieren, Regeln und Verhaltensweisen zu hinterfragen.

Bis dahin jedoch ist es durch sein Elternhaus bereits stark geprägt: Unsere Kinder ahmen von Anfang an nicht nur Handlungen nach, sondern auch unsere Methoden, das Leben zu meistern, den Ton, mit dem wir anderen Menschen begegnen, Strategien, um zu persönlichem Erfolg zu kommen:

- Sie übernehmen, wie Mutter und Vater miteinander reden, ob einer bestimmt oder meist gemeinsam entschieden wird.
- Sie lernen, daß Frauen oft anders handeln und empfinden als Männer, daß sie im Alltag oft verschiedene Aufgaben wahrnehmen.
- Sie verinnerlichen Methoden, mit denen Konflikte gelöst werden: Durch offene Gewalt? Mit stillen Vorwürfen? Mit fairem Streit? Durch ruhiges Diskutieren?
- Sie erleben, ob Leistung etwas ist, das ihren Eltern Spaß macht, oder ob sie Arbeit nur als lästigen Broterwerb empfinden.

Die Liste ließe sich unendlich weiterführen.

Für die Eltern ist die Erkenntnis, in allem Modell zu stehen, verpflichtend und entlastend zugleich. Einerseits sind sie sozusagen immer im Dienst, auch wenn sie glauben, ihr Kind im Moment nicht zu erziehen. Andererseits dürfen sie in vielen Fällen ruhig darauf vertrauen, daß bei einem guten Vorbild weitere Erziehungsmaßnahmen kaum nötig sind.

So bringt es beispielsweise wenig, seinem Kind lange Lektionen zum Thema Höflichkeit zu erteilen. Wenn die Eltern sich selbst so verhalten, wie sie es von ihrem Nachwuchs erwarten, wenn sie „bitte" und „danke" sagen und im Bus älteren Leuten den Platz freimachen, braucht das Kind keine großen Instruktionen mehr.

Das heißt umgekehrt: Eltern sollten möglichst nichts von ihrem Kind verlangen, was sie selbst nicht leisten wollen. Erziehung und Zusammenleben in der Familie gestalten sich deutlich leichter, wenn das Vorbild, das die Eltern abliefern, mit dem, was sie von ihrem Kind erwarten, einigermaßen übereinstimmt. Wer selbst den Fernseher schon ab 17 Uhr dauerlaufen läßt und seinem Kind vorwirft, es sehe zuviel fern, der handelt sich permanenten Ärger ein.

Je älter Kinder werden, desto mehr orientieren sie sich außerhalb des Elternhauses. Grundsätzlich taugt jeder zum Vorbild: ältere Kinder bzw. Jugendliche, Lehrer, Sportler, Pop-Stars, jede Person, die das Kind beeindruckt und zu der es eine emotionale Bindung aufbauen kann.

Wen sich ihr Kind zum Vorbild oder gar zum Idol nimmt, können Eltern kaum beeinflussen. Eher schon, wie viele Idole es überhaupt braucht, denn: Je mehr Eltern mit ihrem Kind unternehmen, je mehr sie ihm bieten, die Freizeit mit ihm verbringen, ihm erzählen, mit ihm Sport treiben – desto größer die Chance, daß sie selbst noch sehr lange Vorbild, vielleicht sogar das wichtigste im Leben ihres Kindes, bleiben werden.

☐ Siehe auch *Autorität, Freunde, Geschwister*

W

Waldorf-Pädagogik

Etwa 400 Waldorf-Kindergärten und 140 Waldorf-Schulen gibt es in Deutschland. Sie arbeiten nach den pädagogischen Vorstellungen ihres Begründers Rudolf Steiner und sollen nicht nur Wissen und Können vermitteln, sondern auch einen „Sinnhorizont für das Leben". Leistung, Konkurrenzdenken haben in diesen Schulen wenig Platz.

Wer Waldorf-Kindergärten betritt, spürt, daß hier vieles anders ist als in herkömmlichen Einrichtungen: Erdige Farbtöne und Holzmöbel schaffen eine warme Atmosphäre. Als Spielsachen dienen zersägte Aststücke, Tannenzapfen, Kastanien oder Holzklötzchen. Die Puppen haben stark vereinfachte Gesichter, die Holzautos keine Details, das Kind soll alles in seiner Phantasie ergänzen.

Nach Steiners Lehre fügen sich Geist, Seele und Körper des Menschen im ersten „Lebensjahrsiebt" zusammen. Beste Voraussetzung dafür sei eine Atmosphäre der Geborgenheit, in

der das Kind umgeben ist von einfachen, natürlichen Dingen, geschützt vor der Reizüberflutung des Technik-Zeitalters. Die Förderung intellektueller Fähigkeiten im Kindergarten hielt Steiner für schädlich.
Bei der musischen Erziehung, wenn die Kinder malen oder Wachs formen, gibt die Erzieherin kein Thema vor. Kinder lassen sich vom Spaß am Tun leiten.
Entscheidend ist das Vorbild der Erzieherin. Weil Kinder durch Nachahmung lernen, ist es Waldorf-Pädagogen wichtig, daß die Erzieherin nicht beaufsichtigt und dirigiert, sondern selbst etwas Sinnvolles tut – Puppenkleider nähen, Spielzeug schnitzen oder Essen vorbereiten.
„Rhythmische Wiederholung kräftigt den Willen", sagen Waldorf-Pädagogen. Wie in anderen Kindergärten auch gibt es deshalb einen festen Tagesablauf und wöchentlich wiederkehrende Übungen wie z. B. Eurhythmie (Bewegungskunst) oder Spracherziehung.
In Waldorfschulen gibt es keine Zensuren, Sitzenbleiben ebensowenig. Die Zeugnisse bestehen aus ausführlichen Charakterisierungen.
Steiner ordnete das erste Lebensjahrsiebt dem Prinzip Nachahmung zu, das zweite, also achtes bis vierzehntes Lebensjahr, dem Prinzip Autorität. Deshalb werden Waldorfschüler in den ersten acht Schuljahren ohne Unterbrechung vom selben Lehrer geführt.
Zu den pädagogischen Grundsätzen gehört weiterhin der „bildhafte Unterricht". In den ersten vier Jahren gibt es keine Schulbücher, der Unterrichtsstoff wird nur durch die Erzählungen der Lehrer vermittelt. Weil die Kinder sich so im Kopf ihre eigenen Vorstellungen von den Dingen schaffen, soll der Stoff tiefer in ihr Bewußtsein eindringen. Aus diesem Grund ist es auch unerwünscht, daß Waldorfschüler zu Hause fernsehen oder Kassetten hören – der Konsum vorgegebener Bilder könnte die Vorstellungkraft schwächen.
Typisch für die Steiner-Schulen ist der „Epochenunterricht". Etwa vier Wochen lang beschäftigen sich die Schüler zwei Stunden täglich mit einem Thema: z. B. mit einem bestimmten Tier oder einem Teil der griechischen Mythologie. Durch die ganzheitliche Beschäftigung mit dem Stoff könnten Kinder besser lernen als durch rasche und partielle Wissensvermittlung in herkömmlichen Schulen, sagen die Waldorf-Lehrer.
Grundsätzlich sollen die Schüler das Tempo vorgeben. Ob einer in der zweiten Klasse oder erst in der dritten schreiben kann, ist für die Lehrer nicht wichtig.
In der Regel besuchen Kinder die Waldorf-Schule bis zur zwölften Klasse und schließen dann mit der mittleren Reife ab. Schüler, die das Abitur machen wollen, müssen in der 13. Klasse eine Regelschule besuchen.
So beliebt und gefragt Waldorf-Schulen nach wie vor sind – immer wieder wird auch Kritik an der Steiner-Ideologie laut. Die sanfte, behütete Welt, in der alles Künstliche verpönt ist, entspricht kaum noch den Erfahrungen heutiger Kinder, die mit CDs, Videos und Computerspielen groß werden.
Wenn es nach den Vorstellungen von Steiner und seinen Nachfolgern geht, sollten Schule und Elternhaus möglichst einheitlich handeln, die Eltern also Steiners Ideen auch zu Hause leben. Da dies nicht immer der Fall ist, so fürchten Kritiker, zwinge das den Waldorfschüler, etwa wenn er zu Hause fernsieht, mitunter zur Unehrlichkeit. Auch würden alle aggressiven oder sexuellen Seiten des Menschen durch die Waldorf-Pädagogik großenteils geleugnet oder nicht wahrgenommen. Dies sei der kindlichen Entwicklung nicht unbedingt förderlich.

STEINER UND WALDORF

Rudolf Steiner (1861–1925), Goethe-Verehrer und sehr religiös, entwickelte eine spezielle Lehre von Gott und der Welt: die Anthroposophie, laut Brockhaus der „Erkenntnisweg, der das Geistige im Menschenwesen zum Geistigen im Weltall führen möchte". 1919 gründete Steiner im schwäbischen Waldorf die erste Schule dieser Art – auf Initiative des Besitzers der Zigarettenfabrik „Waldorf-Astoria". Deshalb wurden Steiners Ideen als Waldorf-Pädagogik berühmt.
Informationen über Waldorf-Einrichtungen gibt es beim Bund Freier Waldorf-Schulen, Heidehofstr. 32, 70184 Stuttgart, Tel. 07 11/21 04 2-0.

Z

Zuwendung

Jedes Kind, jeder Mensch hat das Bedürfnis nach Zuwendung. Schon das Baby braucht von der ersten Minute an das Gefühl, bedingungslos geliebt zu werden.
Die unmittelbarste Art von Zuwendung, die Eltern ihrem Kind geben können, ist Wärme, Hautkontakt, Berührungen. Sanftes Streicheln, zartes Anstupsen oder ein harter Schulterschlag – jedes Kind spürt sofort die Mitteilung, die sich dahinter verbirgt.
Berührungen sind das erste, was wir auf dieser Welt wahrnehmen. Ohne Berührungen, das weiß man heute, können Babys sich nicht optimal entwickeln. Sie brauchen die zärtlichen, streichelnden Hände von Mutter und Vater so dringend wie

Kleine Abenteuer und viel Beachtung – was braucht ein Kind mehr!

die tägliche Milch. Und zwar bereits von der ersten Minute an: Neugeborene, die nach der Geburt sofort in die Arme ihrer Mutter gelegt werden, weinen und strampeln nicht.

Wissenschaftler haben festgestellt, daß Babys, die in Waisenhäusern, also ohne Mutter, leben, wesentlich langsamer wachsen, kleiner bleiben und auch in ihrer geistigen und motorischen Entwicklung zurück sind. Die Forscher führen dieses Phänomen vor allem auf mangelnde Berührungen und sonstige Zuwendung zurück.

Älteren Kindern kann man Zuwendung und Geborgenheit immer mehr auch auf andere Weise zuteil werden lassen – doch der Wunsch nach Körperkontakt, nach In-den-Arm-genommen-Werden, Drücken und einem liebevollen Kuß bleibt. Auch bei Jungen, selbst wenn sie zehn, zwölf oder fünfzehn sind (oft sind Eltern bei einem Jungen schon früh zurückhaltend, weil sie glauben, er empfinde das als unmännlich. Interessant ist auch: Väter schmusen meist länger mit Töchtern, Mütter länger mit den Söhnen).

Aber natürlich hat ein Teenager andere Bedürfnisse als ein Kleinkind. Wenn es in der Schule Ärger gab, wird er sicher noch gern in den Arm genommen, aber er möchte sich wahrscheinlich auf dem Schulhof nicht mehr von seiner Mutter abküssen lassen.

Zuwendung heißt nicht allein Körperkontakt, sondern auch: sich Zeit nehmen, sich seinem Kind geistig zuwenden, etwas mit ihm spielen, es für eine Leistung oder eine Anstrengung loben. Es trösten, wenn ihm etwas mißlingt.

Bekommt ein Kind zuwenig Zuwendung, leidet es nicht nur selbst darunter. Die Auswirkungen bekommt in der Regel die ganze Familie zu spüren. Häufigstes Beispiel: die Ankunft einer Schwester oder eines Bruders.

Die Erstgeborenen müssen dann oft durch eine Phase, in der für sie nicht mehr viel Aufmerksamkeit übrig ist. Sie versuchen, ihren Eltern mit allen möglichen Mitteln zu sagen: Hallo, ich bin auch noch da! Die einen stören plötzlich nur noch, indem sie jedes Gespräch und jede gemeinsame Unternehmung torpedieren, andere jammern viel, wieder andere werden krank. Psychologen wissen, daß mangelnde Zuwendung eine der Hauptursachen für Verhaltensauffälligkeiten ist.

Dabei zeigt sich immer wieder, daß es gar nicht darauf ankommt, wieviel Stunden am Tag sich eine Mutter bzw. ein Vater um das Kind kümmert. Wichtiger ist, daß jedes Kind dann seine Zuwendung bekommt, wenn es sie gerade braucht. Zehn Minuten, wenn es gerade ein Problem beim Legobauen gibt, können wertvoller sein als ein stundenlanger Spaziergang. Und: Wenn mehrere Kinder da sind, brauchen sie die Aufmerksamkeit in den seltensten Fällen wirklich gleichzeitig. Es ist völlig in Ordnung, sich einem Kind, das gerade einen Durchhänger hat, intensiver zu widmen als seinem Geschwister. Über Wochen und Monate gesehen, verteilen Eltern ihre Liebe dann schon wieder gerecht.

Schließlich sollte man sich von der Vorstellung verabschieden, immer alles gemeinsam machen zu müssen. Besser, Mutter und Vater teilen sich öfter auf. In gewissen Phasen hilft es sehr, wenn einer vor allem für das eine Kind und der andere für das zweite da ist. Fehlt einer der Partner, sollte man ruhig auch mal Oma, Opa, Tante oder Freunde einspannen.

□ Siehe auch *Loben, Verwöhnen*